여성운동 새로 쓰기

이 도서의 국립중앙도서관 출판시도서목록(CIP)은 e-CIP홈페이지(http://www.nl.go.kr/ecip)에서 이용하실 수 있습니다. (CIP제어번호 : CIP2008000252)

한국여성민우회 20년 운동사

여성운동 새로 쓰기

한국여성민우회 20년 운동사 연구위원회 엮음

한울
아카데미

한국여성민우회의 상징인 로고

과거

억압의 상징인 사슬을 끊고, 타오르는 해방의 횃불과 여성의 머리를 같은 모양으로 표현, 구성하고 완만한 곡선으로 생명력과 움직임을 주었음·

현재

친근하게 다가오는 원의 이미지 변형으로 한국여성민우회가 나아갈 모습을 상징하고 있습니다· 수렴과 확산! 여성들의 뜻과 의지를 하나로 모으고 다시 펴나가는 모습을 나타낸 것으로 회원의 힘이 한국여성민우회로 모아져 큰 힘을 낸다는 뜻입니다·

여성의 삶과 함께 해온 민우회 20년

2007년은 한국여성민우회 창립 20주년이 되는 해입니다.

1987년 9월 12일 200여 명의 여성이 모여 시작한 민우회는 2007년 말 현재 2만여 명의 회원조직으로 성장하여 10개의 지부와 생활협동조합이 있고 성폭력상담소, 미디어운동본부 등 2개의 부설기구가 있습니다.

조직이 커진 것 못지않게 민우회가 해온 활동의 내용도 많은 변화를 겪었습니다. 여성운동이라는 단어조차 생소하고 척박했던 시절에 시작하여 여성정책전담기구의 탄생을 보았고 성평등 관점의 통합을 이야기하는 것이 낯설지 않은 지금까지 민우회는 쉼 없이 앞만 보고 달려왔습니다.

이 책의 제목으로 '한국여성운동사'를 감히 추천한 사람이 많았음은 한국 현대 여성운동의 발자취를 설명하는 데 민우회 운동이 그 중요한 궤적 중 하나라고 여기는 사람이 많기 때문으로 생각되어 영광으로 느끼고 있습니다.

20년 역사를 정리하는 일은 참으로 방대한 작업이었고 그만큼 이 책이 만족스럽지는 않습니다. 누락된 내용도 많으며 완성도에도 아쉬움이 남습니다.

민우회 운동이 회원들의 순수한 자발적 참여의지로 운영되는 점을 감안한다면 20년 세월의 무게를 결코 가볍게 볼 수 없음을 운동사의 집필 과정에서 새삼 확인하였습니다. 그런 의미에서 20년의 버팀목인 회원들의 땀과 열정을 제대로 녹여내지 못한 일은 정말 안타깝습니다.

그럼에도 민우회의 까다로운 요구에 최선을 다해준 필자들의 노고에 깊은 감사를 드리며 비록 작지만 20년 역사에 한 번의 쉼표를 찍었다는 것 자체에 의의가 있다고 생각합니다. 아울러 미비한 내용이 있다면 그것은 어디까지나 민우회의 탓임도 이야기하고 싶습니다.

민우회는 20년 운동사의 발간으로 회원과 활동가들이 이루어낸 성취를 모아내는 작업의 한 단계를 마쳤다고 생각합니다.

이번 기회에 더욱 여성운동의 현장에서 담론을 만들어내고, 실천적 지평을 넓혀가는 것의 소중함을 깨달을 수 있었습니다. 부디 20년 운동사가 민우회 운동의 성과를 돌아보고 의미를 성찰하는 데서 나아가 새로운 여성운동의 전망을 모색하는 디딤돌이 되기를 희망합니다.

2008년 1월

한국여성민우회 공동대표 유경희, 권미혁, 최명숙

20년 운동사 발간을 기념하며

민우회 초대회장이었던 사람으로서 이 운동사의 머리말을 쓰게 되니 여러 가지 감회가 깊군요. 내 나이 여성의 평균수명인 82세로, 이미지나 고령화사회에 부담되는 존재로서 착잡한 느낌이 없지 않군요. 그러나 여성민우회 20주년을 맞아 여러분들과 같이 축하할 수 있으니 장수의 보람을 느끼게 되는군요. 그동안 나에게 우송되는 계간지 《함께가는 여성》과 민우회 생협 소식지를 통해 몸은 멀리 있으나 민우회의 성장과 늘 함께 해온 느낌이에요.

10년 전 서울생활을 청산하고 진해에 내려온 후, 계절 따라 소식지를 기다리며 받을 때마다 첫 쪽부터 마지막까지 관심 있게 읽었지요. 민우회의 지방조직이 한 곳 두 곳 늘어나는 소식에 기뻐하였지요. 복잡하게 변하는 시장경제시대에 일상생활에서 다양하게 제기되는 문제들을 노동, 가족, 성, 건강, 생협 등의 여러 분야별로 이슈로 삼아 운동과제로서 이끌어가는 활동에서 민우회의 생명력을 느낄 수 있어요. 더욱이 활동가들과 회원들 사이의 원활한 소통과 내적 성장을 위한 논쟁과 성찰의 노력에서 연대를 이루며 주체성과 시민의식의 성장을 위한 노력을 엿보게 되는군요. 이러한 소식은 계곡에 흐르는 신선한 물줄기처럼 혼탁한 일상생활에 변혁을 위한 잔잔한 힘과 새로운 희망을 느끼게 돼요. 참여와 연대로서 조직활동의 어려움과 고민을 극복하며 운동단체의 활력을 이어가는 젊은 활동가들의 모습을 보게 됩니다. 이러한 양적·질적 기록들이 민우회 20년 운동사로 발간될 수 있어 참으로 의미 있고 보람된 일이군요. 20년 전 민우회 창립에 참여한 선배들이 열띤 논쟁을 통해 《함께가는 여성》을 소식지 명칭으로 정하던 그때의 열기를 계속 이어가기 바랍니다. 분단국가로서 남북화해와 평화통일을 갈망하는 우리 앞에 '함께가는 여성'의 그 이념은 이제 남북여성을 다함께 아우르는 방향으로 시대적 요구에 다가서기 바랍니다.

2007년 8월 10일
진해에서 이이효재

달려온 길에서 한국 민주주의의 족적을 발견하고, 달려갈 길에서 희망을 발견한다

역사는 기억과 경험을 '기록'으로 전환함으로써 만들어집니다. 그리고 그 기록에서, 당사자들이 고투(苦鬪)하고 경험한 일들의 기록은 일차적인 의미를 갖습니다. 이 책은 지난 20년 동안 민우회를 중심으로 하는 여성운동이 행한 일들을 기록으로 전환함으로써 여성운동의 한 역사를 성립시키는 의미를 갖고 있다고 생각됩니다.

저는 여기 쓰여진 여러 글의 행간에서 많은 다양한 목소리를 만났습니다. 독재 및 그 유산과 대결하면서 힘겹게 싸운 투쟁의 기록이 있으며, 가부장적인 남성 중심의 문화 속에서 '들리지 않았던' 여성의 목소리를 들리게 하려고 고투하면서 뽑어낸 한탄과 결의도 들리는 듯했습니다. 자신이 끌어안고 싸우는 중차대한 문제들이 공론(公論)의 장에서, 그리고 운동공동체의 토론의 장에서도 주목받지 못하는 상황 속에서도 — 시린 겨울을 보내듯 — 자신을 지켜가야 하는 선진운동가의 고독도 보이는 듯했습니다. 불명확한 상황적 변화 속에서 올바른 전략과 전술을 고안하려고 잠 못 자며 고민한 흔적도 느끼는 듯했습니다. 이제 돌이켜보면, 그 아득바득한 고투의 몸부림이 모여서 그래도 오늘의 이 정도의 민주주의와 이 정도의 양성평등의 현실을 이룬 것임을 확인하게 됩니다. 저는 옷깃을 여미고 20년 고투의 역사에 축하의 꽃다발을 바치는 심정으로 이 글을 씁니다.

여성민우회 운동의 긴 여정이 빼곡히 적혀 있는 이 여성민우회 20년사를 보면서, 저는 여성민우회가 지난 20년간 달려온 길은 곧바로 한국 민주주의 발전의 족적을 그대로 보여주고 있으며, 여성민우회가 달려갈 길에서 한국 민주주의와 사회진보의 새로운 희망을 발견할 수 있다는 생각을 했습니다. 여성민우회가 탄생한 1987년은 이른바 '87년 체제'가 만들어지는 시기였습니다. 87년 체제는 아래로부터의 광범한 국민적 반독재투쟁을 통해서 독재체제가 종결되었으나 그것이 독재세력의 완전한 극복의 형태로가 아니라 구세력이 제도적·비제도적 권력을 가지고 구체제의 개혁에 저항하는 체제였습니다. 여기서 독재체제는 단순히 정치적 억압체제나 군부통치체제만을 의미하는 것은 아니었습니다. 그것은 노동자와 농민 등 민중에 대한 가혹한 수탈체제였으며 여성을 비롯한 다양한 하위주체들을 배제하고 그들의 요구와 이해를 주변화하는 체제였습니다. 87년 체제는 그러한 구 독재체제가 붕괴되고 민주개혁의 공간이 주어졌으나 그것이 자동적으로 성취되지 않고—개혁반대세력의 부단한 반대가 교차하기 때문에—지속적인 아래로부터의 노력과 투쟁을 통해서 쟁취되는 체제였습니다. 이런 점에서 여성민우회가 20년 동안 질주하며 쟁취해온 각종 개혁의 의제들과 그 고투의 과정은 87년 체제라는 불완전한 공간에서 전개되어온 한국 민주주의의 궤적을 그대로 보여주는 것이며 이 책은 그 산 기록이라고 할 수 있을 것입니다.

여성민우회를 포함한 진보적 여성운동의 출현 자체가 개발독재적 국가와 여성의 관계에 있어 큰 전환을 의미하였습니다. 1953년 한국전쟁 이후의 '반공규율사회(反共規律社會)' 조건 속에서 그리고 60년대 개발독재의 과정에서 여성운동은 위로부터의 이른바 '국가조합주의적' 동원과 통제의 일부이자 통로로 작용했습니다. 새마을부녀회 등 각종 보수적 여성운동조직들은—

그 자체가 독립적인 시민사회적 조직으로서— 여성들의 요구와 이해를 국가와 정치의 장에 대변하기보다는, 독재적 국가에 의해서 여성들이 국민의 일부로 통합되고 '여성산업전사'로 호명되는 통로로 작용하였습니다. 독립적 여성이 기보다는, 공산주의에 반대하는 전시(戰時)국가 및 '민족'국가의 국민으로 나아가 추격산업화를 진행하는 근대화 국가의 충실한 여성산업전사였던 것이지요. 여성의 정체성 자체가 '반(反)여성적'으로 구성되고 동원되었던 것입니다. 87년 6월 민주항쟁에서 정점에 이르는 일련의 변화과정에서 기존의 여성운동에 대립하는 진보적 여성운동의 흐름들이 형성되었고 여성민우회는 바로 이러한 '위로부터의 동원'으로서의 보수적 여성운동의 시대를 마감하고 독립적 여성운동, 개발독재적인 질서를 극복하는 진보적 여성운동으로 성립할 수 있었습니다.

70년대 여성노동운동의 성장이 개발독재에 충실한 여성 산업전사를 저항적인 주체로 전환시키는 과정이었다고 한다면, 87년 이후 여성민우회를 포함한 진보적 여성운동의 역사는 저항적 국민을 넘어서서 독립적인 평등한 주체로 자기실현을 하는 과정이었다고 생각됩니다. 사실 산업전사로서의 여성이 저항적 국민으로, 양성평등을 주장하는 새로운 주체로 변화해오는 과정에서 역으로 반독재운동과 민주개혁운동 자체의 심화이자 발전, 나아가 지양(止揚)이 이루어졌습니다. 여성민우회는 이러한 흐름의 추동자이자 일부로 존재했다고 생각됩니다.

다른 한편에서 여성민우회 20년사는 한국 민주주의와 사회진보운동이 달려가야 할 미래의 길, 그리고 현재의 한국 민주주의의 한계지점 혹은 병목지점을 잘 보여주고 있다고 생각됩니다. 주지하다시피 지난 20년간 한국의 민주주의운동과 사회진보운동은 많은 것을 성취하고 먼 길을 온 것 같지만 모종의 병목지점에 도달하고 모종의 한계지점에 도달해 있습니다. 저는 여성민우회 역사를 보면서, 한국 민주주의운동과 사회진보운동이 개척하고 고투해왔으나 충분히 돌파하지 못한 바로 그 병목지점이 바로— 여성민우회가 많은 것을 이룩했지만—아직 돌파하지 못한 과제에 의해서 구성되고 있다고 생각했습니다.

제 생각에, 현재의 한국 민주주의운동과 사회진보운동은 몇 가지 점에서 병목지점에 직면해 있습니다. 그 첫째, 한국의 민주주의운동은—분명 아시아의 많은 나라들에 비해서 '중앙정치의 민주화'라는 점에서 많은 것을 이룩했지만—지역 및 풀뿌리 수준에서 여전히 강고한 보수의 사회적·대중적 기반이 존재하고 있습니다. 다시 말하면 그동안의 정치적 민주화를 통해 과거의 독재적 보수세력과 구별되는 반독재 중도개혁자유주의 세력 간의 다원적 경쟁구도가—비록 신보수 정권시대로 이행했다고 하지만—만들어졌지만, 지역사회 및 풀뿌리 수준에서는 여전히 대중들이 보수적인 세력의 영향력하에 있다는 것입니다. 둘째, 개발독재하에서 반독재 세력도 성장했지만, 개발독재의 지원을 받으면서 우리 사회의 계급적·사회적 기득권세력도 강력하게 성장했습니다. 그 중에는 《조선일보》를 포함한 미디어 보수세력도 존재합니다. 매일매일 대중들은 미디어 보수세력이 '정치적 관점'에서 구성해낸 기사에 의해서 '보수적인 정치적 교양'을 받고 있습니다. 이명박 정부로 대변되는 '신보수주의시대'의 등장은 바로 이러한 보수적 미디어의 강력한 힘과 분리해서 설명될 수 없습니다. 이런 점에서 언론과 보수적 미디어의 문제는 대단히 중요한 한국 민주주의의 병목지점을 상징합니다. 셋째, 정치경제적 민주화가 진전됨에도 불구하고 사회문화적·생활세계적 민주주의는 여전히 갈 길이 멉니다. 각종 양성평등을 촉진하는 법들이 만들어지고 호주제 폐지 등 제도적 개선이 이루어졌음에도 불구하고 우리들의 생활세계, 그 속에서의 사회적 관계를 규정하는 문화와 관행은 여전히 기존의 다수자 중심으로 짜여 있습니다. 여전히 보수적 문화와 관행이 강고하게 존재하고 있는 것입니다. 가정 내에서의 분업, 가정폭력 등 많은 의제들, 직장 등 가정외의 영역에서의 비제도적인 관행과 문화는 여전히 과거와 크게 다르지 않습니다.

3가지 병목지점과 관련하여, 여성민우회는 분명 중요한—병목지점을 돌파

할 수 있는—대안적 실천의 영역들을 틀어쥐고 있었다고 생각됩니다. 이런 점에서 저는 여성민우회가 앞으로 자신들의 과제들을 지속적으로 수행할 때 바로 이러한 한국 민주주의와 사회진보의 병목지점이 극복될 것이라는 희망을 가져봅니다.

먼저 여성민우회는—한국의 민주주의운동과 사회진보운동이 간과한—지역적 수준에서의 지구전(持久戰)적인 대중적 실천에 일찍부터 주목하고 그것을 진전시켜왔다고 생각합니다. 여성민우회의 활동 속에서 바로 대안적 문제의식이 초기부터 있었음을 이 책을 통해 알게 됩니다. 여성민우회는 초기부터 '대중이 조직의 중심이어야 한다'고 하는 중요한 모토 위에서 창립되고 활동이 전개되었습니다. 모두가 중앙정치 중심의 '공중전(空中戰)'에 몰려간 사이에 '대중 사이에서의 보병전(步兵戰)'에 착목하고 있었다고 저는 생각합니다. 저는 바로 이 점은 한국 민주주의 운동의 현 병목지점에서 새롭게 확인하고 강화해야 하는 덕목이라고 생각합니다. 다음으로, 여성민우회가 초기부터 추진해온 생협운동은 대안적 실천의 또 다른 모습을 보여준다고 생각합니다. 여성민우회는 일찍부터 지역 및 풀뿌리 수준에서 생활운동으로서의 생협운동을 전개하여 왔습니다. 저는 '체계(體系)지향적 운동'과 '생활세계적 운동'을 나눕니다. 민우회의 고투의 역사는 모두가 정치행정체계나 경제체계 등 '체계'의 문제점에 주목하고 '생활세계'적 운동에 착목하지 못하던 시기에 이를 주목하고 실천으로 이를 개척한 중요한 역사라고 하는 점입니다. 특히 여성민우회의 생협운동은 '생활세계적 운동'의 한 전형으로 대단히 중요한 의미를 갖습니다. 특히 생협운동은 개발독재하에서 거대하게 성장한 시장과 자본의 영역에 포획되지 않은 대중들의 삶의 영역을 존재케 하고 그 자체로 재생산의 기제를 갖게 하는 운동으로서 특별한 의미를 갖습니다. 저는 여전히 경제체계 자체를 체계의 수준에서 사회화하고 공유하기 위한 꿈이 유효하다고 생각합니다. 그러나 대중들의 삶의 영역이 점차 자본과 시장의 영역에 포획되어가는 현실 속에서, 자본주의의 한가운데서 그 포획으로부터 독립된 탈(脫)시장적 영역을 구축하는 것은 진보의 물적 기반이라는 점에서도, 신자유주의적 지구화의 현실에서의 대안적 공간이라는 점에서도 큰 의미를 갖고 있다고 생각됩니다. 공동체적 사회의 물질적 기반이자 생활세계적 기반이 이런 탈시장적 풀뿌리운동의 기초 위에서만 비로소 가능하다고 생각합니다. 한국의 운동이 일본 운동에서 배울 점도 바로 이 지점이라고 많은 운동가들이 이야기하고 있는데, 여성민우회가 이런 일들을 선도적으로 해왔다는 점은 여성민우회의 예견적 감수성을 말해준다고 생각합니다. 셋째, 여성민우회가 일반여성들 속에서 전개해온 미디어감시운동입니다. 여성운동에서 특히 미디어감시운동을 일찍부터 착목하고 진전해왔습니다. 참여정부로 상징되는 중도개혁정부의 몰락은 주체적 역량의 실패를 상징하기도 하지만, 중도개혁 자유주의 정부를 '희화화'하면서 이와 대결해온 보수적 미디어권력의 승리를 상징한다고 생각됩니다. 더구나 미디어는 점점 더 민주개혁에 반대하는 '반(反)개혁지'에서 시장과 자본의 요구와 이해를 국민적 이해와 요구로 번안(飜案)해내는 '우파 계급지(階級紙)'로서의 성격이 강화되어가고 있습니다. 이런 점에서 여성운동 중에서 남다르게 추동해온 미디어 감시운동은 한국 민주주의의 현 병목지점을 고려할 때 중요한 의미를 갖는다고 생각됩니다. 네째, 여성민우회에서 전개되어온 여성운동의 자기실현과정은, 한국 민주주의가 단색(單色)의 민주주의가 아니고 다양한 소수자적 정체성으로 풍부화될 수 있는 계기를 갖게 되었고 바로 여성민우회적 활동의 진전 속에서 한국 민주주의의 진정한 희망이 개척된다고 생각합니다. 사실 87년 이전 한국 민주주의운동은 다종다양한 소수자집단들의 분립된 정체성에 기초한 연합운동이기보다는 미분화된 통합운동으로 전개되었습니다. 기존의 반독재 민주화운동과 87년 이후의 민주개혁운동을 한계의 측면에서 보면 다양한 하위주체들의 정체성이 적극적으로 긍정되지 않고 저항적 국민 혹은 민중 혹은 때로는 시민이라고 하는 '통합적 정체성'에 기반하고 있었습니다. 여성민우회의 운동은 구조 중심의 운동, 남성 중심의 운동, 다수자 권력 분배 중심의 운동,

통합적 정체성 중심의 운동에 많은 변화를 촉발했습니다. 이런 점에서 여성민우회를 비롯한 여성운동은 이런 점에서 사적으로 간주되는 생활세계의 이슈를 공적인 운동으로, 국가적 권력을 젠더적 평등에 기초해 새로 재편하기 위한 운동으로, 단색(單色)민주주의를 다색(多色)민주주의로 풍부화시켜가는 과정이었습니다. 가족 내에서의 성평등, 성폭력, 노동현장에서의 성평등의 문제들은 그 자체가 남성 중심적 운동문화 속에서 쟁점화되지 못하는 의제들을 한국 사회의 중심의제로 만듦으로써 국가와 정치 자체의 성격을 바꾸어가는 운동이었던 것입니다. 바로 이러한 흐름에 한국 민주주의와 사회진보의 진정한 희망이 있을 것입니다.

우리는 분명 아시아의 많은 나라들과 비교하여, 민주주의의 진전이라는 점에서 많은 성취를 이룩했습니다. 그러나 '다수자(多數者) 통치'로서의 민주주의하에서 소수자가 어떤 위치와 지위를 갖는가 하는 점과 관련해서는 여전히 많은 과제들이 산적해 있습니다. 이제 본격적으로 민주주의의 질을 문제 삼아야 하는 지점에 도달했습니다. 지난 20년간의 민주개혁운동에 의해서 다수자들의 각종 특권과 기득권, 독점적 지위—넓은 의미의 독점—가 얼마나 폭넓게 변화하였는가 하는 질적 측면에서 본다면, 많은 한계가 존재합니다. 더 높은 소수자적 민주주의, 더 높은 양성평등적 민주주의, 더 높은 사회적 민주주의라는 점에서는 갈 길이 멀다는 것입니다. 그리고 그것은 정확히 여성민우회가 아직 성취하지 못한 지점, 가지 않은 길 위에 놓여 있습니다. 이렇게 본다면, 한국 민주주의의 한계지점은 민우회 20년의 역사가 돌파하려고 노력해온 점, 그리고 그것이 달려가지 못한 길과 정확히 일치합니다. 여성민우회 20년을 축하하고 그 성취를 경하의 념(念)을 가지면서 동시에 여성민우회가 가야 할 길을 쳐다보고 그 역할을 주목하게 되는 이유도 바로 여기에 있습니다.

그동안 여성민우회가 한국 민주주의와 사회진보, 양성평등을 성취하기 위해 흘린 많은 희생, 땀과 눈물을 정작 그것을 향유하는 존재들은 일상적으로 느끼고 감사하지 않습니다. 시민사회운동이 온갖 희생을 통해서 성취한 과제들은 주어진 삶의 일부가 되고 당연한 것으로 여기면서 때로는 그것을 향유하는 존재들이 기억하지조차 않는다는 것입니다. 오히려 현재까지의 성취를 '주어진' 것으로 받아들이고 더 높은 미래를 주문합니다. 때로는 안타깝고 원망스럽기까지 합니다. 모든 시민사회운동의 슬픈 역설이자 시지프스적 운명이기도 합니다. 그런 점에서 여성민우회 20년의 정리는 이를 기억하고 기리는 의미도 있지만, 그것을 역사로 돌리고, 새로운 과제를 향해서 출발하는 통과의례입니다. 물론 이 20년사에 기록된 많은 고투와 희생의 역사가 ― 불완전하지만 ― 오늘의 한국 민주주의와 여성현실을 만들어온 기초이고 우리 사회를 지키는 굳건한 믿음에서 말입니다. 저 역시 이 땅의 민주주의와 이만큼의 여성현실이 비로소 '주어진 현실'이 되기까지 '빛도 없이 이름도 없이' 이어진 '희생의 고투'가 바로 인간다운 사회를 바라는 우리의 희망을 지금 떠받치고 있음을 굳게 믿습니다.

성공회대 통합대학원장, 한국여성민우회 이사
조희연

차례

서론

한국여성민우회 20년이
만들어온 여성운동

김경희

1. 한국여성민우회 20년 운동사의 기획과 탄생

1987년 민주화운동의 시대적 흐름 속에서 창립된 한국여성민우회(이하 민우회)가 올해로 20년이 되었다. 지난 20년을 되돌아보면서 민우회의 오늘과 내일을 짚어보자는 의도에서 1년 여 전부터 준비한 책이 드디어 모습을 드러 냈다.

이 책은 민우회 20년의 역사를 성찰적으로 반추하는 것이지만 1987년 이후 한국 사회에 새롭게 형성된 진보여성운동의 역사와 함께하는 것이기도 하다. 민우회를 비롯하여 한국의 여성운동은 민주화운동 과정에서 부천서 성고문 사건, 시청료 납부 거부, 최루탄 추방 등을 의제로 6월 민주화운동을 고조시켰으며, 90년대 이후 현재까지 우리 사회의 여성문제를 공론화하고 실질적인 대안을 만들어가는 운동을 해왔다. 그러나 여성운동은 부분적인 관심을 받아왔을 뿐, 구체적인 내용과 역사에 대한 정리가 드문 것이 우리의 현실이다. 한국의 사회운동에 대한 정리도 운동론이나 연대기적 정리가 주를 이루고 있어 정작 운동에서 주체인 활동가, 대중, 운동조직에 대한 조명이 부족한 것도 사실이었다. 운동사에서 노동자, 민중, 시민과 같이 중립적으로 보이는 언어들을 사용하지만, 참여자가 남성인지 여성인지 알기 어렵다. 이 책은 이런 문제의식에서 출발하였다. 그래서 민우회 20년사라는 책을 통해 여성들이 언제, 어떻게, 왜 민우회 운동에 참여하고 무엇을 했는지 기록하고 남겨둘 이유가 분명해졌다.

이러한 문제의식을 지니고, 지난 1년간 민우회 운동사 팀과 연구위원들이 모여 토론을 통해 집필 방향에 대한 합의를 만들어갔다. 그러나 그 과정이 순조로운 것은 아니었다. 우선은 지난 20년 동안 한국 사회가 변화되고 여성의 삶 또한 변화한 것만큼 민우회가 벌인 일들이 워낙 많다는 점에서 갈피를 잡는 일이 쉽지 않았다. 이런 이유 때문에 많은 경우 운동사가 연대기적인 정리를 표준으로 한다는 점을 십분 이해하게 되었다. 20년 동안 해온 운동을 정리하기 위하여 그동안 여성운동 관련 출판물들을 찾아보았고, 그것들은 민우회 20년사를 쓰는 데 이정표 역할을 하기도 하였다. 최종적으로 연구위원들은 민우회 20년의 운동을 관통하는 키워드들을 찾아내 그것을 따라가는 방식으로 집필하자는 합의에 도달했다. 즉, 20년의 활동을 몇 개의 주제로 분류하여 집필해보기로 한 것이다. 그 많은 활동들을 몇 가지 주제로 좁히는 과정에서는 선별된 주제에 대한 이견도 많았고, 누락된 활동에 대한 아쉬움이 많았음은 말할 것도 없다.

최종적으로 이 책에는 첫째, 일상의 문제를 사회적이고 정치적으로 해석하고 변화를 추구한 '개인적인 것이 정치적인 것이다', 둘째, 한국 사회의 가부장적 제도인 가족에 대한 도전과 실천, 셋째, 여성들의 삶의 기반인 지역에서 벌여온 대안정치로서의 지역여성운동, 마지막으로 운동과정에서 드러난 다양한 주체들 간의 차이와 논쟁, 그리고 이를 수렴하고 통합하려는 소통의 노력이라는 주제어로 민우회 20년 운동이 표현되어 있다.

돌이켜보면 실제 우리 사회의 주요한 여성문제의 공론화와 대안은 민우회

운동을 통해 이루어진 것이 많다. 이 책의 곳곳에 쓰여 있고, 이미 우리 사회에서 고유명사처럼 회자되는 용모제한 철폐, 일상생활의 여성차별 드러내기, 한부모, 명절문화 개선, 지역여성들이 주축이 된 생협운동, 러브호텔 반대운동 등 생활 속의 많은 실천 활동들이 민우회 운동인 것이다. 나를 바꾸고, 사회를 바꾸어간 실천 활동들을 가급적 있는 그대로 기록하면서 그 의미와 한계를 짚어보는 작업이 민우회 20년사에 드러나 있다. 그래서 이 책은 민우회 운동의 성과와 한계에 대한 성찰적 글쓰기라고도 할 수 있겠다.

또한 민우회 20년사에는 지역여성들이 만들어온 민우회 운동에 대한 각별하고 집중된 관심이 들어 있다. 생활 속의 운동을 실천하는 지역의 많은 여성들이 해온 운동은 다양한 정체성과 관심, 유형화하기도 어려울 정도의 수많은 이슈로 이루어져 있다. 이것에 대한 기록과 해석이 필요하다고 생각했고 20년사를 집필하면서 이를 시도했다. 더불어 민우회 20년사는 그동안의 민우회 운동을 정리하는 작업이지만, 동서고금을 막론하고 여성운동과 페미니즘에 있어 쟁점이 되어온 여성들의 리더십, 여성들 간의 차이, 평등의 개념, 정체성 등에 관한 논쟁들을 다시 불러들이고 있다.

민우회 20년사를 쓰면서 각별하게 고민한 것 중의 하나는 방법론에 관한 것이었다. 단순히 민우회 20년의 기록물에 그치는 것이 아니라 민우회 운동의 성과와 사회적 파급력, 참여한 여성들의 보람, 좌절, 고민, 성찰을 생생히 그려내야만 온전한 역사 쓰기가 될 것이라는 공감대가 만들어졌다. 분명 이러한 작업이 무난히 이루어진다면 민우회 20년사 출판 작업을 통해 새로운 도전을 맞고 있는 여성운동의 미래를 전망할 수 있는 기회도 얻을 수 있을 것이라는 믿음이 생겼다.

민우회 20년사의 연구위원들은 직접 해당 운동을 기획하고 진행시킨 활동가, 민우회와 인연을 맺어온 연구자들, 민우회를 제3자의 입장에서 관심을 가지고 관망했던 연구자들로 구성되었다. 민우회 운동에 직간접적으로 연관된 사람들이 연구위원으로 참여하기 때문에 칭찬과 미화보다 냉정한 시각을 유지하려는 노력을 했다. 그럼에도 불구하고 한계가 분명히 있을 것이라는 점도 지적하지 않을 수 없다.

민우회 20년사를 집필하면서 문헌, 성명서, 자료집, 신문자료뿐 아니라 20년의 역사를 따라가면서 활동에 관여했던 여성들과의 인터뷰, 사진자료 등을 가능한 많이 참고하고 활용하려고 애썼다. 그러나 민우회가 보유한 자료의 방대함과 그것을 책으로 가공하는 작업이 만만치 않아 이 책에 모두 담을 수 없었다. 이 과정에서 남는 가장 큰 아쉬움은 회원들의 활동이 활발하다는 특징을 가진 민우회에서 그 회원들의 활동과 활약상 모두를 충분히 조망하지 못했다는 점이다. 예를 들어 2002년의 회식문화 바꾸기 캠페인이나 ('날아라 기획단' 활동) 2006년 외국영화 더빙의 성차별문제를 제기한 '외화모니터링 사업'은 회원들이 아이디어를 내고 실천한 사업이다.

서론에서는 지난 1년간 많은 사람들의 공동 노력으로 이루어진 민우회 20년사의 탄생 과정을 간략하게 정리해보았다. 다음에서는 민우회 20년의 발자취를 살펴보고, 책의 구성과 개요를 통해 민우회 20년사에 대한 전체적인 윤곽을 그려본다.

2. 한국여성민우회 20년의 발자취

1) 민주화운동의 흐름 속에서 창립된 한국여성민우회

한국여성민우회는 1987년 민주화운동의 흐름 속에서 창립되었다. 이 시기에는 여러 진보적 여성운동단체들도 만들어졌고, 이어서 전국적인 연합체인 한국여성단체연합도 결성되었다. 민우회의 창립은 해방 이후 새롭게 형성된 '진보' 여성운동의 역사와 함께하고 있다.

1987년에 민우회를 비롯한 진보적 여성운동단체들이 만들어질 수 있었던 것은 1970년대의 반독재 투쟁, 1980년 광주항쟁과 이어지는 반정부 투쟁에 참여한 민중여성운동이 배경이 되었다. 1983년 정부의 유화정책이 사회운동 세력들에게 확대된 정치적 공간을 제공하면서 여성의 전화, 민청련 산하의 여성부, 그리고 여성평우회와 같은 여성운동조직들이 만들어졌다. 이들은 당시에 존재하던 자유주의적 여성운동과 차별성을 갖는 진보적 여성운동을 주창하면서 여러 단체들 간의 연대활동을 통해 도시빈민과 노동자 여성들의 생존권 운동을 전개하였다. 이런 경험을 공유하고 있던 활동가들이 모여 1987년에 한국여성민우회가 창립된 것이다.

이처럼 민우회는 창립 당시에 이전 시기의 여성운동이 관변적이며 엘리트 조직 성격이 강한 것에 대한 문제의식에서 출발, 대중이 조직의 중심이 되어야 한다는 취지에서 출발하였다.

그래서 민우회는 창립 당시에 중간층, 주부, 생산직과 사무직, 청년여성을 조직대상으로 하였다. 창립선언문에서 민우회는 궁극적인 조직 목표를 자주적 민주사회의 건설, 민족 자립경제의 수립, 진정한 남녀평등의 실현으로 정하였다. 1987년 창립에서 80년대 말까지는 민우회도 한국 사회의 주요 과제였던 소위 '민주화운동'에 적극적으로 참여하면서 여성이슈를 결합하여 운동을 전개하였다. 6월 민주항쟁의 성과로 얻어진 대통령직선제와 88년 총선의 결과로 형성된 여소야대 국회는 불완전하고 왜곡된 상태이기는 하였지만 여성문제를 정부와 국회로 가져갈 수 있는 정치적 공간을 허용하였다. 이는 여성운동이 정부를 적대적으로 보고 협상의 대상으로 여기지 않았던 지난 시기와 비교하면 상당한 변화라고 볼 수 있다. 이는 정치민주화라는 배경이 있었기에 가능한 일이었다.

따라서 그동안 법이나 제도 속에서 형식적으로만 있어온 여성정책들을 개정하거나 새롭게 만드는 운동을 시작하게 되었고, 그동안 민주화 과제에 묻혀 드러나지 않았던 다양한 여성차별에 관한 이슈들을 사회적으로 공론화시키는 운동을 전개하였다. 더욱이 1980년대 말의 동구권의 몰락으로 한국의 마르크시즘과 민중이념이 가지고 있던 정당성이 흔들리기 시작하였고, 여성운동의 기반이 되었던 사회주의와 마르크스주의 페미니즘의 내용 또한 문제제기를 받게 되었다. 당시의 민주화와 독재정권에 대한 반정부 운동이 사회운동의 공통과제로 주어졌지만, 이 운동 속에서 여성문제(woman question)를 수용할 수 있는 공간은 허락되지 않았다는 점이 드러나게 되었다(김경희, 2007).

1989년에 이르러 민우회는 조직 대상을 사무직 여성과 주부로 집중하며 생산직 여성노동자를 조직화의 주요 대상에서 제외했다. 그 이유는 여성운동이 대중조직을 만들기 위해서는 지나치게 광범위한 대상을 포괄할 수 없다는 한계를 인식했기 때문이다. 또한 사무직과 생산직 여성, 그리고 여대생과 일하는 여성, 주부 등 다양한 조직 대상을 망라하다 보니 이들 간의 정체성, 관심, 이해관계 등에서 긴장과 갈등을 창립 초기의 활동에서 경험했기 때문이다. 이때부터 민우회 운동의 중심인 생활자치센터와 사무직 여성 노동센터의 골격이 갖추어졌다.

사무직 여성을 위한 활동은 창립 초기에 노조탄압 저지, 결혼퇴직제 반대, 여성생존권 투쟁에 대한 지원활동과 교육, 선전사업이 주를 이루었다.

88년에서 89년에 이르는 시기에 생활자치운동은 주부운동을 통하여 이루어지기 시작하였다. 여성문제, 교육문제에 관심이 있는 진취적인 주부 중심의 소모임 활동을 구성하여 주부운동을 전개했다. 소모임을 민우회의 조직활동으로 발전시키기 위하여 민우여성학교를 개설하여 민우회 창립의 주요 활동가들이 교육활동을 통하여 주부활동가를 배출시켰다. 지역에서는 집중지역교육이라 하여 환경문제, 식품오염문제를 중심으로 교육을 실시하였다. 이러한 과정에서 함께가는 생활소비자협동조합을 창립하게 되었다. 89년 이후 생활협동조합 활동은 여성들의 일상생활의 경험을 소비생활, 환경보호, 국내농업보호 등과 같은 문제에 사회적인 의미와 해석을 부여하면서 민우회의 주요한 운동이 되었다. 민우회의 생협운동은 '작게작게 천천히' '부엌에서 세상을 보자'는 슬로건을 내걸고 일상생활의 경험을 사회적인 것으로 만들어 가는 운동을 전개하여 주부운동과 여성운동의 확장에 기여했다.

2) 대중여성운동의 모색

1990년대의 민우회는 연합체여성운동의 주요 회원단체로서 연대활동에 적극적으로 참여하면서 대중여성운동을 지향하는 활동에 초점을 두었다. 이 시기의 민우회의 운동 목표와 의미는 생활 속의 여성운동, 참여하는 여성운동, 함께가는 여성운동으로 정리되었다. 90년대 초반까지는 대중여성운동에 대한 필요성과 이를 실현하려는 노력이 주를 이루었다면, 점차 대중여성운동의 기반이 될 수 있는 구체적인 모색으로 지역에 대한 강조가 이루어진 것이다. 민우회의 지역대중운동의 출발점은 대중의 특징에 대한 인식에서 찾을 수 있다. 민우회는 여성대중들은 단일한 범주가 아니라 다양한 이해에 기초한 정체성을 가지고 있다는 관점을 견지하고 있었다. 따라서 이를 반영하기 위한 민우회 운동의 방법으로 환경과 생활협동조합운동, 미디어 운동, 여성들의 경제세력화를 위한 평등고용과 노동권을 중심으로 한 운동, 가족과 성상담소 운영, 그리고 생활정치와 여성들의 정치세력화를 위한 지역정치를 모색하게 되었던 것이다.

1992년부터 각 지회가 활성화되면서 본격적인 지역 중심의 활동이 이루어졌다. 지역에서 운동을 대중화하기 위해서는 가정을 중심으로 거주지역에 근거를 두고 있는 일반주부들을 운동에 참여하게 하는 것이 관건이 되었다. 이 시기에 생협운동과 환경운동을 중심으로 한 생활자치센터의 활동을 통해 민우회는 여성운동의 영역을 확대해갔고, 활동가 중심의 여성운동을 대중운동으로 전환하려는 노력을 기울여 민우회 운동의 독자성을 세워갔다.

90년대에 들어 수천 명의 회원을 확보하게 된 생협운동은 환경과 소비의 문제뿐만 아니라 주부들의 다양한 관심을 담아낼 필요를 제기하였고 이를 위한 방법으로 94년 가족과성상담소를 개설하게 되었다. 이 상담소는 민우회가 더 가깝게 여성들의 삶의 현장에 다가가기 위해 만들어진 것이다. 즉 기존에 해왔던 노동영역의 활동만이 아니라 보다 '사적' 영역에서 일어나는 여성들의 문제를 고민하고 조직을 확대하려는 것이었다. 생협을 통해 여성들의 부엌까지 들어갔다면 상담소를 통해 일상으로 들어가자는 것이었다. 또한 상담 자체가 서비스 기능을 갖고 있으므로 지역여성들에게 이 서비스를 제공하려는 의도도 있었다.

그리고 여성운동의 대중적 신뢰와 정당성의 확보를 위하여 1994년에 정부에 사단법인으로 등록하였다. 김영삼 정부로 들어서서 한국여성단체연합을 비롯하여 그 회원단체들은 대내외적인 합법성을 인정받기 위해 정부에 공식적으로 등록했다. 93년 문민정부가 성립되고 나서 국가나 그동안 제도권 밖에서 활동해온 사회운동 세력 모두에게 정당성의 문제는 중요한 것이었다. 문민정부로 이행하면서 시민사회가 확대되었고 삶의 질 향상과 세계화라는 사회적 담론과 정부의 정책들은 운동세력, 일반대중, 그리고 제도정치 모두에 영향을 끼쳤다. 특히 국회의원과 지방의회 선거, 그리고 세계여성대회는 여성운동이 여성적 관점의 활동을 구성할 수 있는 정치적 배경이 되었다.

이 시기의 한국의 여성운동에서 주요한 쟁점은 고용평등, 성폭력, 가정폭력, 모성보호 등과 같은 여성 특수의 과제들에 비중을 두면서 여성의 권리와 여성적 관점을 운동의 담론으로 형성해갔다. 이러한 쟁점들은 87년 민주항쟁과 88년 총선을 거치면서 우리 사회의 정치민주화가 실현되어가고 있었지만, 여전히 여성에 대한 차별과 배제를 온존시킨 불완전한 민주주의에 대한 문제제기였던 것이다. 특히 민우회 노동센터의 활동은 고용평등과 여성노동문제에 대한 선구적인 문제제기와 연구활동으로 커다란 기여를 하였다. 고용평등은 "여성의 평생평등 노동권과 모성보호"라는 쟁점을 가지고 제기되었다. 90년대에 고용평등에 대한 여성운동의 인식은 사회적인 차원에서 모성보호를 재평가하는 것이 필요하며, 모성보호를 노동문제의 하나로 인식시키고 평생평등 노동권을 확보하는 방법 중의 하나로 삼았다. 구체적인 활동은 남녀고용평등법 개정, 탁아법 제정, 생리휴가 폐지에 대한 방어, 그리고 근로자 파견법 제정에 대한 저항 등 정부의 노동정책에 대한 비판적인 대응이었다 (김경희, 2007).

민우회에서는 특별히 사무직 여성들의 주요한 노동문제인 신인사제도, 비정규직 확산과 같은 차별적인 인사제도와 고용관계를 사회적인 쟁점으로 부각시켰다. 또한 직장 내 성희롱 및 모집 채용 시 용모제한의 문제를 대중적인 이슈로 부각시켰다. 95년에 민우회의 여성노동센터 내에 고용평등추진본부를 설립하여 고용차별에 대한 모니터링과 대안제시의 역할을 하였다.

97년 이후의 경제위기와 함께 여성실업 문제에 대한 연구활동과 캠페인을 통하여 사회적인 문제로 부각시켜나가고 있다. 특히 대학졸업 여성들의 실업 문제를 희망선언의 조직을 통하여 제기하고 있다. 결국 여성들의 실업문제는 정부의 단기적인 실업정책을 통하여 해결될 수 있는 것이 아니라 고용차별이라는 여성노동의 근원적인 문제에서 파생된다는 것을 민우회의 활동을 통하여 지적해왔다.

90년대 중반을 전후하여 주요한 이슈 중의 하나는 여성의 정치세력화였다. 당시에 지방자치제가 부활되고 지방의회 선거가 중요한 배경이 되었다. 사실 여성운동이 여성들의 정치세력화에 대한 관심을 부각시켜오기는 했으나 대중적인 기반이 취약함으로 인해 중요한 선거마다 가시적인 성공을 이루지 못한 상황이었다. 이는 한국 사회에서 여성들의 정치참여가 불평등하게 구조화되어 있을 뿐만 아니라 선거를 통하여 여성의제를 협상할 수 있는 대중적인 기반이 형성되어 있지 않았기 때문이다. 민우회는 다른 여성단체들과 함께 생활정치를 슬로건으로 여성들의 정치적 역량강화(empowerment)를 위한 활동을 적극적으로 추진하였다. 한국의 정치과정은 주로 남성 지배적이며 특정 정당이나 집단에 의해 통제되며 정당정치 또한 개인이나 지역에 기반을 두고 있는 특징이 있다. 따라서 여성들의 정치참여는 그다지 쉽지 않아 여성들이 정치적 영역으로 쉽게 진입할 수 있는 길은 지방의회에 참여하는 것이었다. 생활정치는 환경, 교통, 주거, 의료시설, 교육과 여가를 위한 시설과 같이 여성들의 사적인 영역에서 제기되는 모든 문제들이 정치를 통하여 사회적인 이슈가 될 수 있다고 보는 것이다. 이러한 생활정치에 대한 강조는 당연히 지역여성운동의 중요성을 부각시켰다. 민우회가 벌여온 지속적인 지역활동은 95년 지방자치 선거에서 6명의 의원을 배출한 원동력이 되었다.

요약하자면, 1990년대 민우회의 활동은 생활정치를 통하여 여성대중의 이해와 관심에 부응하려는 노력으로 평가할 수 있으며, 특히 사무직 여성들의 현실과 매우 밀접한 이슈인 고용평등을 위한 노력에 집중하였다.

3) 일상의 문제를 사회적으로

90년대 말은 그동안 이루어놓았던 여성운동과 여성정책의 성과들이 경제위기와 신자유주의적 정부의 정책기조 속에서 무력해질 수 있는 위험한 시기였다. 오히려 경제위기와 신자유주의의 확산 과정에서 고용평등의 이슈는 여성노동의 비정규직화와 실업, 그리고 빈곤여성의 확산으로 난항을 겪었다. 다른 나라의 경험과 비슷하게 경제위기나 긴축재정의 시기에 정부는 비용절감을 목적으로 국가의 서비스를 비정부기구나 가정의 책임으로 위임하는 경향을 보였다. 90년대 말에 여성운동단체들은 여성실직자 프로그램, 일하는여성의집, 그리고 성폭력상담소와 같은 공적 기구가 수행하던 일을 대행하는 역할을 부여받게 되었다. 민우회도 1997년부터 2001년까지 일하는여성의집을 운영하였다.

그러나 1990년대 말의 경제위기가 여성들의 삶에 지대한 영향을 끼친 것과 동시에 김대중 정부가 들어서면서 여성정책을 담당하는 독립적인 중앙행정기관이 설립되고, 여성운동이 정부의 정책에 영향력을 끼칠 수 있는 정치적 기회구조도 만들어졌다. 2000년대에 들어서면서 여성운동의 노력으로 여성발전기본법 개정, 호주제폐지, 건강가정기본법, 성매매방지특별법 등 여성관련 법과 정책들이 만들어지고, 개정되는 성과들이 있었다. 민우회는 주요한 법률의 제정과 개정 과정에 공동의견을 내는 역할을 하였다.

그러나 2000년대 민우회의 활동에서 두드러지는 경향은 일상의 문제에 대한 사회적인 캠페인을 통해 정책에 반영하고 사회문화적인 기류를 바꾸어 냈다는 점이다. 그것들은 정책의 개정이나 제정이 목적이 아니었지만, 민우회 운동이 가진 사회적 파급력이라 볼 수 있다.

99년의 나의 여성차별 드러내기 운동은 세대, 계층, 지역을 망라하여 민우회가 전개한 대사회적인 캠페인이었다. 이 운동은 사적 영역과 공적 영역에서 한국의 가부장제가 어떻게 구체화되고 배태되어 있는지를 개인 여성들의 경험에서 끌어내고 일상생활에서의 대안을 모색했다는 점에서 그 의의를 평가할 수 있다. 2000년대에 들어서면서 민우회의 운동은 사회적인 파급력이 큰 프로젝트들을 수행하였다. 대표적으로 2001년부터 민우회의 6개 지부에서부터 시작된 성인지 예산운동, 웃어라 명절 캠페인, 회식문화 바꾸기, 가족 내에서 가부장적인 호칭 바꾸기 등을 들 수 있다. 이러한 민우회의 운동들은 매번 사회적으로 찬반논쟁을 불러일으켰으며, 많은 경우 정부의 정책에 반영되기도 하였다. 예를 들면 성인지 예산운동이 정부의 양성평등정책제도의 근간이 된 것이나, 웃어라 명절 캠페인이 여성부의 사회문화 개선 운동의 일환으로 받아들여진 것을 들 수 있다.

3. 민우회 20년이 만든 여성운동: 민우회 20년사의 구성과 개요

1) 개인적인 것이 정치적인 것이다

민우회에서 다루어온 여성운동의 의제들은 하나가 아니다. 사실 노동,

성폭력, 가정폭력, 가족문제, 미디어, 건강, 환경, 예산, 정책 등 우리의 생활영역 전반에서 여성과 관련된 사안들을 모두 다룬다고 해도 과언이 아니다. 이 때문에 민우회 운동의 특징이 여성문제에 대한 백화점식 운동이라는 지적을 듣기도 한다. 민우회 20년사를 쓰면서 던진 첫 번째 질문은 "여성운동은 무엇인가?"라는 것이었다. 사실 여성운동에 대한 정의는 동서고금을 막론하고 학계와 운동사회에서 계속되고 있는 쟁점이다. 운동의 성별 분포라는 측면에서 여성운동은 여성의 개선된 조건을 추구하는 사회정치적인 운동이며 반드시 그럴 필요는 없지만 주로 여성으로 구성되어 있는 운동이라고 정의하기도 한다. 또는 이념적 지향의 측면에서 개량적, 자유주의적, 진보적, 반동적 운동과 같이 구분하기도 한다. 하지만 이는 별로 만족스러운 정의는 아니다. 그래서 여기서 좀 더 나가서 여성운동을 페미니스트와 페미닌 운동으로 구분하는 시도들도 있다. 일반적으로 여성의 억압에 대한 분석과 이를 극복하기 위한 전략적인 목적을 가진 운동을 페미니스트 운동, 여성이 자신의 성역할 분업 관계에서 주어진 위치와 조건에서 파생되는 즉각적인 요구에 반응하는 운동을 페미닌 운동이라고 정의하는 것이다. 그러나 여성들의 운동은 이러한 유형에 정확히 들어맞는 것은 아니다. 그렇다면 이러한 도식에 맞춘 여성운동의 정의를 넘어 구체적으로 20년간의 민우회 운동을 어떻게 정의할 수 있는가라는 질문을 던지게 된다.

그래서 이 책의 제1부에서는 그동안 해왔던 민우회 운동은 많은 비중이 우리의 일상생활을 바꾸어낸 활동들이었는데, 이를 '개인적인 것을 정치적인 것으로 만든 운동'이라는 잠정적인 답을 끌어냈다. 페미니즘의 성장과 함께 제기된 "개인적인 것이 정치적이다(personal is political)"라는 슬로건이 가진 보편성이 민우회 운동에도 적용될 수 있다는 것이다. 이 슬로건은 정치와 일상생활, 그리고 개인의 일상의 욕구와 사회변화를 직접 연결시키면서 여성운동의 의제를 확장시키는 역할을 하였다. 다른 나라의 사례에서 보더라도 낙태, 재생산권, 가정폭력, 성희롱, 보육, 가사노동과 같은 개인 여성의 사적인 문제들은 국가적인 정치의제들과 갈등 및 협상의 과정에서 경합하게 되는 것이다. 이처럼 일상의 개인적인 것이 정치적이라는 주장은 공사 영역의 구분과 경계를 허무는 작업이기도 하다.

제1부에서는 민우회 운동 20년 동안 여성들의 개인적인 문제를 정치적인 것으로 만든 많은 운동들에 대한 이야기를 쓰고 있다. 최명숙의 여성노동에 관한 글에서는 지난 20년간 민우회의 여성노동관련 활동을 정리하면서 각 활동들이 여성노동운동사에서 갖는 함의와 한계, 향후 과제들을 살펴보고 있다. 민우회는 1987년 창립과 동시에 여성노동자를 의식화·조직화하면서 수많은 여성노동문제를 이슈로 생산해내고 사회적인 의제로 확산시키는 운동을 해왔다. 지난 20년간의 민우회 여성노동운동은 고용평등, 고용안정, 모성보호, 가정과 직장의 양립을 위한 지원, 여성노동기본권 확보라는 과제를 중심으로 한국 사회의 노동시장의 변화, 여성노동자 지위의 변화, 성평등 의식의 확산 등을 주도해왔다. 또한 각 영역의 활동에 '차별', '평등'의 개념을 확산시키고 일상과 보다 더 밀접하게 연결시키며 남성 중심적인 노동조합활동에서 제기되지 않은 여성노동자의 문제를 주요 이슈로 제기하면서 '여성노동'이라는 독자적인 영역을 개척해왔음을 알 수 있다.

이임혜경과 정하경주가 함께 쓴 「민우회 20년, 반성폭력 운동을 만나다」는 1995년 가족과성상담소를 시작으로 2005년부터는 민우회 성폭력상담소라는 이름을 내걸고 수행한 반성폭력 운동에 대하여 쓰고 있다. 이 글은 성폭력은 개인의 문제가 아니라 공적인 문제이며 전체 여성의 문제라는 관점에서 출발하고 있다. 이 글에서는 피해자 보호라는 의미로 대상화하고 약자화하며 주체성을 부인하지 않는 것이 반성폭력 운동임을 강조하면서, 성폭력에 대한 해석에 그 중요성이 있으며 이제 주체적으로 여성의 섹슈얼리티를 말하고 또 수용되는 문화를 만들어야 한다고 말한다. 앞으로의 반성폭력 운동의 과제로 다양한 상담을 분석해내면서 관계로부터 도출되는 성별권력과 성에 대한 여성들의 많은 감정들에 대해 끊임없이 질문하여 언어로 만들어내고 재해석하는 작업이 필요하다는 점을 제언하고 있다. 또한 '성'이라는 것이 여성 자신에게 즐거움일 수 있고 환상, 쾌락도 있으며 성에 대한 다양한 선택을 할 수 있는 권리가 자신에게 있다는 것을 알게 되면서 자신의 요구나 감정에 당당해질 수 있으므로 폭력이 아니더라도 성에 대해 얘기할 수 있는 지형을 마련하는 운동이 필요하다는 점을 강조하고 있다.

백영경의 「전환기에 선 민우회 여성건강권 운동」은 몸에 대한 권리는 여성이 누리고 살아가야 할 건강한 삶을 찾아가는 과정에서 빼놓을 수 없는 지극히 개인적인 것이지만, 또한 정치적이라는 점을 보여준다. 이 글에서는 우선 그간 한국여성운동에서 불모지나 다름없는 여성 건강 분야를 다뤄온 민우회의 활동이 어떤 식으로 시작되어, 어떤 틀로 어떻게 진행되어왔는가를 살펴보고 있다. 특히 민우회가 황우석 사태를 겪으면서 경험한 성장과 변화는 무엇인가를 통해, 전환기에 선 민우회 여성건강운동이 이후 나아가야 할 바를 짚어보고 있다. 백영경은 몸에 대한 의료화나 여성의 몸을 출산의 도구로 보는 사회적 시각으로부터 여성 몸의 자율권을 확보하고자 하는 여성건강운동의 중요성을 강조하고 있다. 그러나 백영경의 글에서는 한국 사회의 의료 현실과 여성의 건강에 대한 문제제기를 자신의 활동 영역으로 삼아온 여성운동 단체는 아주 드물어서, 한국 여성운동에서는 건강운동은 아직도 개척해가야 할 분야로 남아 있다는 중요한 메시지를 전하고 있다. 한국여성민우회 역시도 여성건강과 의료문제를 단체의 중심 이슈로 다루어온 것은 아니며, 민우회 활동 초기부터 건강관련 활동을 의식적으로 지속해왔다고 보기도 어렵다. 그럼에도 1988년 복강경 후유증 보고 운동 이래로 대안생리대 운동, 제왕절개 분만율 낮추기 운동, 생명공학감시 운동 등 민우회가 벌여온 여성건강관련 활동은 건강 영역에서 여성단체가 펼친 거의 유일한 활동임을 이 글에서 알 수 있다. 이 글을 통해 우리가 확인할 수 있는 것은 과거의 민우회 활동의 성과뿐 아니라 앞으로 민우회가 여성 건강 문제를 어떻게 접근해야 하며 이후 어떤 영역에서 활동을 해나가야 할 것인가라는 고민을 하게 되는 미래지향성에 있다. 시험관아기나 생식세포공여 등 보조생식기술이 여성건강에 대해 끼치는 문제뿐만 아니라, 난자 이외 장기의 매매와 이식 문제, 청소녀들의 신체활동 문제, 완경기 여성의 호르몬제 이용 문제 등이 관심사로 떠오르고 있으나, 이 문제를 어떻게 접근해야 하며, 특히 민우회가 집중해야 할 문제는 무엇인가에 대한 과제를 제시하고 있다.

강혜란의 「세상을 바꾸는 또 하나의 출발점, 미디어」에서는 민우회 미디어 운동 20년의 성과와 한계를 되돌아보고 있다. 미스코리아대회가 지상파 방송에서 퇴출되도록 결정적인 역할을 한 초기 활동에서부터 미디어운동본부라는 부설기구로 독립된 현재에 이르기까지의 수많은 활동들을 소개하고 있다. 특히 시청률 지상주의라는 유일한 잣대를 벗어나 시청자가 참여하는 질적 평가를 시도하였던 시청자캠페인, 제작자들과의 충돌을 감수하면서 제작 관행의 문제점들을 제기하고 의제화하였던 모니터링 보고, 방송정책 전반에 수용자의 요구를 분명히 한 공론장 '미디어포럼21', 미래세대의 변화를 도모하는 미디어교육의 현장과 전문강사로 변신한 회원들의 모습 등 그간의 성과를 되짚을 수 있다. 이제는 법이 아니라 일상에 주목해야 한다는 목소리가 크지만, 여전히 일상을 변화시키는 데 중요한 역할을 할 수 있는 공교육이나 미디어에 대한 관심은 저조하다. 이 글을 통해 이러한 여성운동의 흐름에 변화를 가져올 수 있는 노력을 함께 모색할 수 있는 기회를 갖게 될 것이다.

2) 경계를 넘어 더불어 사는 삶

민우회가 지난 20년 동안 해왔던 운동의 주요한 기둥들 중의 하나는 평화의 안식처라는 상상과 이념의 공동체인 가족에 대한 도전과 대안적인 실천이다. 지난 20년 동안 우리 사회는 가족의 변화를 어느 시기보다 첨예하게 경험했다. 해마다 늘어나는 이혼율, 출산기피, 아버지의 권위실추, 기러기 아빠들, 아동학대, 아내학대 등 신문의 지면을 장식하는 기사들을 어렵지 않게 접해왔다. 이런 징후들을 우리 사회는 가족의 위기라고 진단하면서 그 대안으로 '가장 기살리기' 캠페인이나 가족 유대의 강화라는 메시지를 제시하곤 하였다. 그러나 민우회는 도덕적인 담론을 고수하면서 현실의 변화를 외면하는 단순한 대안보다는 기존의 가족관계와 관행에 균열을 내는 방식으로 가족에 대한 대안적인 실천들을 해왔다.

제2부에서는 '경계를 넘어 더불어 사는 삶'이라는 제목으로 가족 및 생협과 관련된 민우회의 운동을 살펴보았다. 이재인의 「가족, 차별과 경계를 넘어서」라는 글은 민우회 가족 운동을 두 개의 목적과 가치인 '공/사 영역을 가로질러 새로운 경계 설정하기'와 가족 내 민주주의의 신장과 '정상가족 이데올로기의 해체'라고 압축하면서 서술하고 있다. 이재인은 한국여성운동의 담론을 대략 90년대 초반 시기까지는 여성(생물학적 근거에 의한) 차별에 대한 문제제기와 평등권, 그동안 획득하지 못한 권리의 획득을 중심으로 진행된 반면 그 후 90년대 후반부터 최근으로 오면, 여성의 문제가 성별 차이의 문제뿐만 아니라 여성 내의 차이와 함께 다른 여러 가지 복합적인 문제에 얽혀 있다는 인식으로 현저히 이동하였다고 관찰하고 있다. 이재인은 이러한 담론변동이 가족운동에도 반영되어 민우회 초반의 가족운동은 가족 내에서의 여성의 정체성인 주부의 역할에 초점을 맞춘 주부(주부=여성) 노동의 가치인정 투쟁, 사회주부 대회, 가족법 개정운동, 웃어라 명절, 열린 가족 캠페인, 나 여기 캠페인 등을 전개하였으나, 2000년대 들어오면서 민우회는 그동안 가져왔던 가족의 관점에서 불완전한 부분을 계속하는 한편, 이른바 가족주의에 대한 비판을 포함하여 정상가족이데올로기 그 자체에 대한 문제제기를 하며, 또한 젠더와 섹슈얼리티에서의 정상성을 해체하는 작업, 그리고 젠더의 경계를 허무는 운동을 하고 있다고 진단하고 있다. 이재인의 글에서는 민우회 가족 운동 20년에서 성취하고자 한두 가치를 중심으로 각 가치에 연관된 개별 사업들을 일목요연하게 정리하고 있으며, 각 사업별로 그것이 나온 맥락과 채택된 운동방식, 그리고 성과를 알 수 있다.

유경희의 「새로 짓는 우리집」은 민우회 운동의 중요한 영역인 한부모운동이 '정상가족'의 문제를 넘어서는 운동 이슈로 어떻게 목적지향성을 갖고 진화해왔는지 분석하고 있다. 이 글에서는 '정상' 가족 담론의 해체와 더불어 한부모들의 생활자립 지원 정책과 심리정서적 지원을 위한 교육의 필요성을 알린 민우회 한부모가족 운동의 과정과 성과, 한계점을 상세하게 서술하고 있다. 이 글에서 유경희는 민우회 한부모가족 운동의 핵심은 여성 한부모들의 임파워먼트를 위한 지원이라고 정의하고 있으며, 민우회 한부모 운동은 기존의 수혜적인 대상에 머물러 있던 여성 한부모들에게 상담, 교육 등 다층적인 프로그램을 개발하고 실시함으로써 스스로의 역량을 키워내는 여성주의적인 접근이라는 차별성을 끌어냈다는 점을 강조하고 있다.

박영숙의 「생활협동조합: 여성의 힘으로 만든 대안적 생산과 소비시스템」에서는 지금까지 해왔던 민우회 생협운동을 지역에 기반을 둔 주부대중조직을 통하여 주부(여성)의 생활운동 영역을 여성운동의 한 부분으로 설정하며 대량생산·대량소비·대량폐기의 사회에 맞선 대안경제 시스템을 만들기 위한 실험적 시도로 보고 있다. 이것은 생협운동이 단순히 먹거리를 나누는 활동이 아니라 우리의 생활과 우리 사회의 변화를 추구하는 운동이며 나아가 물질위주의 현대문명의 흐름을 바로잡겠다는 주부들의 의지가 모아진 것으로 진단한다는 점에서 새롭고 중요한 분석이다.

민우회 생협운동은 여성운동을 생활의 영역까지 확장시켰다는 면에서 여성운동 내부에서 민우회만이 갖는 독자성으로 평가되고, 생협운동계에서는 아무나 쉽게 손을 대지 못하는 농산물 유통 사업체를 여성들의 힘으로 섬세한 경영과 협동의 원칙을 지키면서 운영해온 것으로 평가받고 있다. 이 글을 통해 민우회 생협운동의 조직적 발전과정과 사업체 운영방식, 생활재의 의미와 생산자와의 관계 등을 통해 여성들이 어떻게 대량생산, 대량소비, 대량폐기의 자본주의 물질문명에 도전하며 대안적 생산과 소비시스템을 만들어 활동했는가를 잘 알 수 있다.

한정원의 글은 가족과성상담소의 초기 슬로건이자 주요 활동이었던 '내 몸의 주인은 나'를 글 제목으로 하고 있다. 이 글에서는 '내 몸의 주인은 나'라는 슬로건을 걸고 민우회가 해온 다양한 사업들을 살펴보고 있다. 이 사업들은 사업대상을 청소년에 초점을 맞추었으나 미혼, 비혼 여성, 기혼여성 모두를 포함해서 성인여성으로 확대해나갔던 역사를 보여주고 있다. 이 글에서는 '내 몸의 주인은 나'를 통하여 민우회가 만들고자 했던 대안적인 성문화와 그것의 사회적인 영향력을 보여준다.

3) 대안정치로서 여성운동: 달려라, 지역여성운동

민우회 20년사에서 민우회 회원들과 한국여성운동에 던지는 또 다른 질문은 민우회의 여성운동이 다른 운동들과 갖는 차별성 혹은 대안적 성격은 무엇인가라는 문제이다. 그것은 지역대중 여성운동에서 실마리를 찾을 수 있을 것이다. 민우회는 연합체 여성운동의 주요 회원단체로서 연대활동에 적극적으로 참여하면서 대중여성운동을 지향하는 활동에 초점을 두어온 특징이 있다. 민우회의 운동 목표와 의미는 생활 속의 여성운동, 참여하는 여성운동, 함께가는 여성운동이라는 슬로건에서 잘 나타난다. 제3부에서는 민우회가 지난 20년 동안 벌여온 지역여성운동에 대한 많은 이야기들을 풀어놓는다. 그러나 풀어놓은 이야기들을 관통하는 키워드는 생활정치와 임파워먼트라는 것을 알게 된다. 민우회 운동의 특징 중 하나로 생활정치의 실현이라는 점을 들 수 있겠다. 그러나 생활정치가 민우회만의 고유한 것은 아니다. 전 세계적으로 볼 때 다른 나라의 여성들과도 공감대를 형성할 수 있는 기반이 있으며, 한국적 맥락에서 민우회의 지역운동이 갖는 차별성이 또한 있다는 것이다.

전 세계적으로 여성들이 행하는 일상의 정치는 지역정치의 성격을 띠기도 하는데, 경계에 서 있는 페미니즘(feminism on the border)으로 묘사되기도 한다.

이것은 지역성, 계급, 성에 의해서 구성되는 물질적인 조건 안에서 자신들의 권력을 증진시키는 노력을 말하며, 자신들 스스로 페미니스트라고 규정하지 않더라도, 공동체를 위한 일에 여성이 중심이 되어 사적 영역과 공적 영역의 가교 역할을 하는 경계의 공간을 형성한다는 의미이다. 즉 여성들의 전통적인 성역할은 여성들로 하여금 공사영역, 지역공동체와 일터라는 이항대립적인 도식에 도전하도록 만들었다. 여성들은 시장에서, 병원에서, 학교를 비롯한 교육기관 등에서 협상과 투쟁을 하면서 공적 영역의 국가와 기관들이 자신들의 삶에 영향을 끼친다는 것을 자연스럽게 알게 된다. 이 과정에서 여성들은 지역주민과 가족들을 중심으로 일상생활에서 형성된 연결망을 정치적 연결망으로 활용한다. 이처럼 드러나지 않았던 여성들의 집합적인 임파워먼트를 위한 활동을 표현하는 것으로 생활정치(politics of everyday life)라는 개념이 유용하게 된다.

따라서 민우회의 지역여성들이 수행한 생협운동, 성인지 예산운동, 러브호텔반대운동, 환경운동은 생활정치의 전형이라고 볼 수 있다.

제3부는 달려라, 지역여성운동이라는 큰 제목을 달고 있다. 박기남과 김연순이 함께 쓴 「여성, 지역을 세상의 중심으로 바꾸다」는 지난 20년간 민우회 지부들이 상근활동가 중심의 운동보다는 지역에 거주하는 풀뿌리 여성들을 운동의 중심에 두고 전개해온 지역여성운동을 살펴보고 있다. 이 글에서는 지난 10여 년간 민우회 지부들이 지역의 여성문제들을 찾아내고 이를 적극적으로 해결해나가는 과정을 통해서 지역여성들이 스스로 변화하고 리더십을 키워온 과정을 보여주고 있다. 그것은 지역여성들이 자신들의 목소리로 필요한 정책을 요구하고 의회에 직접 진출하기도 하였으며, 젠더의 관점에서 지방자치단체 정책을 분석하고 예산을 요구하는 등 지역 정책의 성 주류화를 위해 노력하는 데서 잘 알 수 있다. 이러한 민우회 지역여성운동을 통해서 여성운동이 더 이상 소수 엘리트 여성의 운동이 아니라는 인식의 변화를 가져왔고, 여성들이 지역의 여성문제와 현안들을 자신의 문제로 인식하고

보다 많이 참여할 수 있도록 풀뿌리 여성운동의 저변을 넓혀왔음을 알게 된다. 그러나 이 글에서는 현재 지역여성운동이 당면하고 있는 어려움들을 비교적 상세하고 분석적으로 제시하고 있기도 하다. 즉 그동안 지부 회원들의 수가 양적으로 늘어나면서 지부의 조직활동이 안정기에 접어들었으나, 최근 들어 회원 수가 완만하게 증가하거나 정체되는 경향을 보이고 있다는 것이다. 이 글에서는 여성운동이 여성 내의 다양한 차이를 반영하여 세분화되고 인터넷을 통한 여성운동 방식이 새로운 흐름으로 나타나고 있다고 진단한다. 따라서 민우회 지부들도 풀뿌리 여성운동의 활동영역을 넓혀가려면 새로운 모색이 필요하다는 과제도 함께 제언하고 있다.

4) 차이와 논쟁, 그리고 소통

민우회 운동 20년을 풀어가면서 많은 이슈에 대해 공감대를 형성하기도 하였지만, 또 다른 발견은 여성들 내부의 차이가 있으며, 이러한 차이를 확인하고 좁히려는 논쟁과 소통의 노력들이었다.

무엇보다도 이제는 여성들 내부의 차이와 분화로 인해 동질적인 집단으로서의 여성 혹은 단일한 여성운동이라는 호명이 적절하지 않게 되었다. 이제는 다른 요구와 정체성을 가진 다양한 여성들이 다양한 '여성운동'을 하고 있다. 80년대 후반과 90년대 초반까지는 우리 사회에서 여성억압의 구도는 선명한 편이어서 여성운동이 대변하고 활동하기가 비교적 용이했다. 그러나 최근 10년만 보더라도 단일한 여성의제라도 경합을 거쳐야 하는 시대가 되었다. 그동안 여성운동 내에서 차이의 문제는 여성학과 여성운동, 영 페미니스트와 올드 페미니스트 등 경험과 세대의 차이 정도로만 거론되어온 감이 있다. 이성애와 동성애, 성매매와 성노동, 낙태, 대리모문제, 기혼여성과 비혼여성, 노동자계급 여성과 중산층 여성, 이주여성 등 여성의제의 경합 그 자체는 여성운동이 풀어가야 할 새로운 의제가 되었다.

따라서 이러한 문제의식을 가지고 제4부는 차이와 논쟁, 그리고 소통이라는 주제로 꾸며졌다. 다소 거창한 대주제이지만, 3부까지 다룬 다양한 주제 이외에 민우회 20년간 해왔던 활동에서 꼭 짚고 넘어가야 할 주제들을 수록했다. 하나는 그동안 민우회가 벌인 활동에서 촉발되었던 몇 가지 논쟁들을 살펴보았다. 김경희의 「논쟁의 정치」에서는 최근 들어 오히려 크게 부각되고 있는 돌봄노동에 대한 관심의 연장이라 볼 수 있는 가사노동의 가치, 생리휴가나 생리공결제와 같은 남성과 여성의 다름과 같음에 대한 이슈, 그리고 여성운동을 비롯하여 시민사회운동의 성장과 확대과정에서 나타나는 운동의 제도화에 대하여 민우회의 활동과 그 과정에서 벌인 논쟁들을 다루었다. 가사노동 가치 논쟁은 서구사회나 일본 등지에서 사회적인 주목을 받으면서 페미니스트 그룹들과 보수세력들이 오랫동안 논쟁해온 사안이다. 생리휴가나 생리공결제는 다른 나라에서 찾아보기 어려운 매우 드문 사안이다. 그러나 서구사회에서는 모성보호와 여성에 대한 적극적 조치를 매개로 하여 여성과 남성의 차이와 같음에 대한 오랜 논쟁을 벌여왔다. 운동의 제도화도 현재 전 세계적으로 이슈가 되고 있다. 비록 우리 사회에서 본격적으로 공론화되어 담론투쟁의 형태로 진행된 것은 아니지만, 여성운동 내부에 존재하고 있는 논쟁의 주요 축을 살펴보는 것은 의미 있다는 생각에서 기획된 글이다. 외형적으로는 여성운동의 대표성을 띠고 진행된 활동들은 마치 일관되고 합일된 관점이 존재하는 것처럼 보이기 쉽다. 하지만 지난 20년간 드러난 활동의 이면에는 운동의 진화뿐 아니라 여성들 내부의 차이가 다양한 방식으로 드러나고 있음을 알 수 있다. 그 외에 20년간의 운동 과정에서 다양한 논쟁들이 있겠지만 모두 다루지 못한 한계를 밝히지 않을 수 없다.

4부에서 다룬 또 다른 주제는 리더십에 관한 것이다. 김양희의 글은 민우회 20년의 활동에서 드러나고 성장해온 여성들의 리더십에 관한 내용이다. 이 글은 민우회가 창립이념에서 밝힌 대로 일상적인 실천을 통한 여성 인식의 확장과 사회변화에 대한 열망을 실현하기 위하여 어떠한 리더십을 실천해왔으며, 그 과정에 참여한 회원들의 리더십은 어떻게 육성되었는지에 초점을 두고 있다. 김양희는 민우회의 리더십의 특징을 배려와 신뢰를 중시하는 관계 지향적 리더십, 소통과 합의를 추구하는 수평적 리더십, 권한과 책임을 공동 소유하는 분담된(shared) 리더십, 개개인을 키우고 임파워하는 리더십으로 나누어 살펴보고 있다. 특히 민우회 회원들이 풀뿌리 조직 활동을 통하여 임파워되고 리더십을 형성하는 과정은 인식의 확장, 조직능력과 일머리를 알게 되는 것, 자신감, 마지막으로 자신과 주변의 변화를 체험하고 이루어내는 것으로 나타났다. 이 글에서는 향후 리더십과 관련한 민우회의 과제를 도출하여 제안하고 있는데, 구체적으로 인간관계 중심의 리더십의 한계 극복, 권력 개념에 대한 재해석과 수용, 교육과 상호 피드백의 활성화, 운동의 비전 설정, 새로운 세대의 운동가 통합 전략 마련, 활동가들의 커리어 관리 등을 들고 있다.

사실 개인의 일생이든 정치, 경제, 사회, 문화의 역사이든지 간에 20년이라는 시간을 일관된 주제로 정리하고 해석하는 것이 쉬운 일은 아니다. 때로는 누락되는 것도 있으며, 과도하게 특정 사건이 부각되기도 한다. 또한 어떻게 해석하는가에 대한 관점이 문제가 되기도 한다. 물론 민우회 20년사가 역사 쓰기에서 직면하는 이러한 문제들을 모두 극복했다고 할 수는 없다. 그러나 집필 초기부터 이러한 문제의식을 염두에 두고서 성찰적으로 민우회 20년사를 정리하려고 노력하였다. 한국여성민우회라는 한 여성운동단체의 구체적인 역사를 통해 독자들이 지난 20년간 한국 사회와 여성들의 주요한 이슈와 변화의 노력들을 이해하는 데 일조할 수 있기를 바란다. 또한 이 책의 발간 과정에서 보여주었던 여성운동에 대한 성찰이 밑바탕이 되어 앞으로 한국여성민우회가 한국의 여성운동과 페미니즘을 만들어가는 데 기여할 수 있기를 스스로 기대해본다.

개인적인 것이 정치적인 것이다 | 01

제1장

여성노동자들과 함께 만들어온 희망과 열정*

최명숙

민우회는 여성노동문제가 노동문제와 여성문제가 중첩된 과제인 만큼 두 운동의 통합성을 이뤄내기 위해 노력해왔다. 1987년 창립 당시부터 여성노동 문제는 민우회의 주요한 과제였고, 이에 여성노동자를 의식화·조직화하면서 수많은 여성노동문제를 발굴, 사회적인 의제로 확산시켰다. 그동안 민우회 여성노동운동은 고용평등, 고용안정, 모성보호, 가정과 직장의 양립을 위한 지원, 여성노동기본권 확보라는 과제를 중심으로 한국 사회의 노동시장의 변화, 여성노동자 지위의 변화에 대응해왔다. 남성 중심적인 노동운동에서 제기되지 않은 여성노동자의 문제를 주요 이슈로 제기하여 '여성노동'이라는 독자적인 영역을 개척했다. 이러한 활동은 각 영역에 '차별', '평등'의 개념을 접목시켜 결과적으로 성평등 의식을 확산하고, 여성노동운동의 주체를 형성하여 여성노동운동, 여성운동이 대중화하는 데까지 나아가게 만들었다.

* 이 글을 쓰기 위해 민우회 여성노동분야 20년사 자료 조사와 자료 정리 등 기초 작업은 박봉정숙(사무처장), 박정옥(노동팀 팀장)과 함께 했고, 최명숙이 대표로 집필했음을 밝혀둔다.

여성노동자 문제는 민우회가 1987년 창립 때부터 가장 중요하게 다루어온 과제였다. 지난 20년간의 민우회 여성노동운동은 수많은 여성노동문제를 발굴하고 많은 여성노동자를 의식화, 조직화해온 시간이었다.

한국 사회 노동시장과 여성노동자 지위의 변화에 따라 차이는 있지만 민우회는 고용평등, 고용안정, 모성보호, 가정과 직장의 양립을 위한 지원, 여성노동기본권 확보라는 과제를 중심으로 일터와 노동자의 생활 속에 성평등 의식을 확산시키는 운동을 주도했다.

특히 남성 중심적인 노동조합활동과 노동운동에서는 제기되지 않았던 여성노동자의 문제를 주요 이슈로 제기하면서 '여성노동'이라는 독자적인 영역을 개척했다.

여성노동의 문제를 일상과 밀접하게 연결시켜 제기한 민우회의 이와 같은 노력은 여성노동자의 문제를 전 사회의 의제로 확산시키는 데 기여했고 노동영역에서 '차별'과 '평등'의 개념이 자리 잡는 계기를 마련하였다.

이 글을 통해 지난 20년간 민우회의 여성노동관련 주요활동을 정리하면서 각 활동들이 여성노동운동사에서 갖는 함의와 한계, 향후 과제들을 살펴보려고 한다.

먼저 민우회 여성노동관련 활동의 시기별 특성을 살펴보도록 하자.

• 1987~1990년: 여성노동과제 개발기

당시 노동운동과 노조의 탄압도구로 쓰이던 구사대 폭력을 비롯한 폭력추방을 위한 '직장 내 폭력추방운동' 등 여성생존권 투쟁을 지원하는 활동으로부터 시작하여 당시 아무도 주목하지 않았던 사무직 여성노동자의 현실과 문제를 의제화한 여성노동과제 개발기이다. 이후 사무전문직 여성노동자 중심의 여성노동운동 기반을 만들어가며 노동조합 여성부 결성 및 결혼임신퇴직제 철폐 등의 활동을 펼쳐나갔다.

• 1991∼1994년: 여성노동운동의 활성화 시기

  사무직 여성노동운동 의제에 대한 적극적 제기와 더불어 교육, 조직화
사업을 통해 사무직 여성노동운동이 활성화되는 시기이다. 여행원제와 여사
원제 폐지 등 성별분리호봉제 철폐를 위한 대응활동을 전개했고 모집채용
시 용모 제한, 직장 내 성희롱 등의 이슈를 사회의제로 제기하였다. 남녀고용
평등법 등 법망을 피하면서 차별을 합리화하기 위한 제도로 사용되던 신인사
제도, 시간제·용역 등 비정규직 문제가 대두하기 시작하면서 이에 대한 대응
에도 주력한다.

• 1995∼1997년(IMF 전): 고용평등 의제의 가능성을 확인하고 확산시킨
  시기

  고용평등운동의 대중화·전문화를 위해 1995년 고용평등추진본부를 발족
한 시기. 이곳에서 정부와 기업의 여성인력정책 등 분야별 모니터링, 정부투
자기관과 제1, 2금융권을 대상으로 고용평등 기업평가를 실시했다. 1997년
IMF경제위기 이후 노동시장은 보다 유연화됐고 여성이 일차적으로 노동시장
에서 퇴출당하기 시작하면서 새로운 여성노동운동 국면이 조성된다.

• 1998∼2001년: 여성노동운동의 암흑기이자 모색기

  IMF 체제 이후 여성의 노동시장 퇴출문제를 사회의제화하는 데 주력하던
시기이다. 사내부부 해고 등 여성우선해고와 비정규직 확산, 노조 조직률
저하 등 여성노동운동은 힘든 과정을 겪게 된다. 이 시기 민우회는 여성우선
해고 반대운동, 사내부부 해고 반대운동 등의 활동을 전개하고, 여성노동관련
법 개정운동을 통해 간접차별 금지, 직장 내 성희롱금지 및 예방 조항을
신설하고 육아휴직과 산전후휴가 사회보험화의 길을 열었다. 한편 1997년
개원한 '일하는여성의집'을 통해 새로운 여성 직업훈련을 시도했고 1999년
여성 실업자 조직인 '희망선언'을 결성하여 실업운동을 모색하기도 했다.

• 2002년 이후 현재까지: 일상에서의 문화 바꾸기, 여성의 비정규직 차별 철폐
  운동에 힘을 쏟는 시기

남녀고용평등법 등 여성노동관련 법과 제도는 많이 정비되었으나 이러한
제도가 제대로 작동하지 않는 현실에 주목하고 일상의 의식과 문화를 바꾸기
위한 활동에 집중한 시기이다. 대표적으로 '회식문화를 바꾸자', '평등한 일·
출산·양육 캠페인—삶의 패러다임을 바꾸자', 'stop! 출산해고, go! 평등양육',
'아빠권리찾기프로젝트—아빠가 간다' 등이 있었고 이러한 활동은 성별분업
이데올로기를 변화시키는 데 많은 기여를 하였다. 한편 여성의 비정규화,
노동법 적용에서 제외되는 여성노동자층의 증가, 여성의 빈곤화 등이 가속화
되면서 비정규직 보호법안에 대한 투쟁, 비정규직 집중상담 등 비정규직
차별해소를 위한 활동이 증가하고 있다.

1. 사무직[1] 여성노동자가 보이기 시작하다

1987년을 거치면서 사무직 여성노동자들은 한국 사회에서 새로운 운동세
력으로 부상한다. 87년 노동자대투쟁을 경험하기 전까지만 해도 사무직 노동
자, 특히 사무직 여성노동자는 노동자계급에서 제외되는 대상이었다.

사무직 여성노동자들은 생산직 여성노동자들에 비해 상대적으로 나은 조
건 속에서 '직장여성'이라는 이름으로 안주하여 노동운동에 참여하기 어려운
집단으로 여겨왔다. 그러나 1987년 6월항쟁과 7, 8월 노동자대투쟁을 통해
이들은 기존의 통념을 깨고 여성운동 및 노동운동의 새로운 세력으로 부상하
게 된다. 사무직 여성노동자들이 조직 가능한 운동세력으로 평가받게 된
것은 그 규모가 급속히 확대되었을 뿐 아니라 사무직 노동운동이 활성화되는

---

1) 여기서 사무직은 사무·전문·판매직 등 비제조업종을 포괄하는 개념으로 사용되었다.

사무직 여성노동운동 1세대를 배출한 민우회 교육

과정에서 사무직 여성들이 노동조합의 건설과 유지에 무시할 수 없는 역할을 하였기 때문이다.

1988년 10월 민우회가 마련한 간담회에서 나눈 노동조합 여성간부들의 이야기를 통해 사무직 여성노동자들이 기존의 통념을 깨고 움직인 이유를 찾아볼 수 있다(민우회, 1989).

"여직원들이 순수하다, 동정심이 많다, 고참·후배 간에 유대관계가 깊다 등의 이유는 부차적인 것이고 가장 근본적으로는 여직원들에 대한 차별대우 때문에 우리들이 평소 불만에 눌려왔던 것이 잠재적으로는 누구에게나 강했다 는 거지요. 이것이 가장 큰 이유라고 봅니다."

"그런 저런 게 겹쳐서 여직원은 이판사판이다 하는 기분이 들어서 노조활동 에 남자보다 더 용감할 수 있는 것도 같아요. 사실 남자들은 진급도 해야 하고, 여자는 시험을 봐도 발령도 안 내주고, 또 남자는 평생직장이기 때문에 잘리는 것을 두려워하지만 여자들은 어차피 진급도 없고, 인사고과에 찍혀도 지금보다 나빠지면 얼마나 나빠지겠냐 하는 거지요. 어차피 평생 다닐 수 있는 직장도 아닌데 눈치 볼 것 있느냐, 오십 보 백 보다 하는 기분이 많이 작용하는 것도 사실이에요."

한마디로 말해서 여성노동자들이 처한 상황은 바닥이었기에 더 이상 빼앗길 것도 물러날 곳도 없었던 것이다.

이러한 상황에서 민우회는 새로운 운동의 주체인 사무직 여성노동자문제에 관심을 갖고 운동을 전개하기 시작했다. 민우회뿐 아니라 지역의 여성단체들도 사무직 여성노동자에 주목하면서 운동의 활성화를 위해 적극적 활동을 펼쳐나갔다. 1989년 7월 열린 전국사무직조직활동가 수련회에서(한국여성단체연합 주최) 정리한 사무직 여성노동자운동단체의 역할은 다음과 같다.

① 전체 변혁운동의 방향성 견지 ② 사무직 여성노동자의 차별 철폐 운동 지원(조직된 여성노동자에 대한 지원을 통해 영세·미조직 여성노동자들의 제반 조건까지 향상시킬 수 있다는 점에서 조직사업장에 대한 1차적인 지원에 집중) ③ 노조 내에서 여성조직(여성부) 강화 지원 ④ 영세·미조직 사업장 여성노동자의 조직화를 통한 사무직 여성노동자운동의 외연 확장.

이에 민우회는 사무직 여성노동자들이 새롭게 운동의 주체가 되어 여성으로서, 노동자로서 통합된 관점에서 운동과제를 개발하고 이를 통해 여성문제를 해결할 수 있다고 보고 사무직 여성노동자운동을 확산하게 되었다.

사무직 여성운동의 대중적 확산을 꾀하는 방법으로 16mm 영화 〈작은 풀에도 이름 있으니〉(1991년)를 제작했다. 이 영화는 당시 여성노동자들의 절박함과 노동조합 결성 과정을 감동 깊게 그리고 있어 노동조합과 여직원회, 대학 여학생회의 상영 요청이 쇄도했고 여성운동의 매체 개발에 새로운 장을 연 것으로 평가받기도 하였다.

다른 한편으로 민우회는 사무직 여성노동운동의 방향성과 방법론을 정립하기 위한 고민과 시도를 다양화했다. 사무직 여성노동자는 그 나름의 노동의 특성과 생활상을 가지고 있으므로 생산직 여성노동자의 상태를 대입하거나 운동방법론을 그대로 적용할 수 없었기 때문이다.

민우회는 창립 초기부터 결혼퇴직 강요에 대한 대책활동과 노조 탄압이나 여성생존권 투쟁에 대한 지원활동을 했으며 여성노동자에 대한 조사연구, 상담 등을 병행하였다. 또한 여성노동자들을 의식화하고 교육·조직하는 활동에도 주력했다. 여성노동자의 조직화, 세력화의 중요 기반으로 노조 여성부, 여직원회 등 사업장 내 여성단위 조직을 주목하였고 조직화의 핵심인 노동조합 여성간부, 여성활동가 교육에 집중했다.

대표적인 예로 87년 10월 시작된 '직장여성교실'은 여성문제, 여성노동문제 해결에 목말라 있던 여성노동자들이 대거 참여하여 1주일 단위로 1기와 2기 교육을 연달아 개최할 정도로 성황을 이루었다. 이후 여성조합원교육, 여성간부교육, 업종별 여성간부교육, 기혼여직원교육, 현장위탁교육 등 교육 대상에 따라 내용을 더욱 세분화하여 다양한 교육을 실시하게 되었다.

'한국 사회의 이해', '여성문제와 여성운동의 이해', '사무직 노동운동', '여성조직활동' 등을 내용으로 한 교육은 사무직 여성노동운동을 이끌어나가는 1세대를 배출하는 데 큰 역할을 했을 뿐만 아니라 여성노동자 스스로 자신의 문제를 인식하고 노동조합 활동에 관심을 가지고 참여하는 계기가 되었다. 민우회 역시 교육활동을 통해 사무직 여성노동자들이 어떻게 노동운동의 확실한 주체로 설 수 있을까, 각 사업장에서 여성노동자가 어떻게 여성문제를 제기하고 해결해나갈 것인가를 함께 고민하고 대응하게 된다.

이러한 과정을 통해 민우회에 대한 인지도와 신뢰가 높아졌으며 회원도 증가했다. 그러나 민우회의 역할에 대한 고민은 계속되었다. 예를 들어 민우회는 노동운동 내에서 어떻게 자리를 잡을 것인가, 노동운동의 전개에 어떻게 개입할 것인가, 여성조합원과 노동조합 여성간부의 1차적인 정체성과 집중해야 할 역할은 자신의 사업장이어야 하는가, 아니면 민우회 회원이어야 하는가

제4기 직장여성교실 수강생을 모집합니다

직장여성들의 많은 관심과 참여 속에 진행되어온 '직장여성교실'이
1988년 5월 14일부터 제4기 교육을 시작합니다.

▌ 첫째 날: 5월 14일(토) 3시
여자 팔자 두레박 팔자라는데 우리 주위에서 쉽게 접할 수 있는 여성의
모습을 이야기하면서 진정한 인간으로서의 여성의 삶을 생각해봅시다.
• 강의 '주체적인 삶과 여성의 직업의식' – 김경애(이화여대 한국여성연구소
  연구원)

▌ 둘째 날: 5월 20일(금) 7시
우리가 살고 있는 이 사회, 어떻게 돌아가고 있을까요? 해방 이후의 한국
사회를 머리로, 피부로 이해하는 시간입니다.
• 강의 '한국 사회의 이해' – 장명국(노동문제 전문가)

▌ 셋째 날: 5월 28일(토) 3시
여성은 남성보다 능력이 부족한 것일까요? 오늘날의 여성의 지위를 알아보
고 나아가 일하는 여성들의 문제 또한 진지하게 이야기해봅시다.
• 강의 '현대산업사회에서의 여성문제' – 지은희(덕성여대 강사)

▌ 넷째 날: 6월 3일(금) 7시
우리 가까이에서 생활하고 일하는 직장여성들이 당면한 문제를 함께 생각
해보고, 자주적인 직장여성의 나아갈 길을 모색해보는 시간입니다.
• 강의 '자주적 직장여성과 여성운동' – 이옥경(이화여대 강사)

▌ 다섯째 날: 6월 11일(토) 3시
법이란 딱딱하고 어렵다는 선입견을 깨고 직장여성과 관련된 법을 쉽고
재미있게 배우는 시간입니다.
• 강의 '여성과 법' – 한명숙(이화여대 강사)

┃ 여섯째 날: 6월 18일(토) 4시~6월 19일(일)

선배언니와 대화도 나누고, 우리들의 고민도 함께 풀어보고, 신명나게 어우러져 하나가 되는 시간입니다. 이 하나된 힘으로 샘솟는 평생일터를 가꾸기 위한 방법도 모색해봅시다.

• 평생직장을 위한 사례 발표
• 강의 '보람된 직장생활과 조직운영의 실제' – 최영희(한국여성민우회 부회장)
• 공동체놀이

- 곳   : 본회 교육실
- 수 강 료 : 2만 원
- 접수마감 : 5월 10일
- 문   의 : 313-1060

등의 고민이었다. 이와 같은 고민은 특히 정체성을 잡아가는 조직의 초기단계에서는 더 클 수밖에 없었다.

많은 고민과 논의 속에서 초창기의 민우회는 참여하는 인적 자원과 활동의 성과를 민우회로 우선 수렴시키기보다 그들이 노동운동 내에서 확실한 주체가 될 수 있도록 하자고 결론 내렸고 이에 따라 사업장에 대한 지원활동에 보다 집중하게 되었다. 이러한 결정을 내린 배경에는 이미 조직된 여성노동자에 대한 지원을 통해 영세·미조직 여성노동자들의 제반 조건까지 향상시킬 수 있다는 판단이 있었다.

한편 『사무직 여성의 현실과 운동』(1989), 『실천하는 여성, 힘찬 노동조합』(1991), 『사무직 여성과 임금』(1991), 「건강한 삶, 안전한 노동」(1991) 등 연구결과 책자와 계간 《사무직여성》, 격월간 《평등》 등의 기관지를 발간함으로써 여성노동운동의 이론화 작업과 확산을 꾸준히 펼쳐나갔다.

1990년에 창간된 계간
《사무직여성》

2. 제도를 바꿔라

여성노동운동이 활성화됨에 따라 여성노동자의 과제 역시 점점 다양하게 확대되고 문제제기 수위도 점점 높아지게 되었다.

결혼퇴직제로 직장은 결혼 전에 잠시 거쳐 가는 임시정거장으로 위치해 있었기에 여성노동자의 장기근속에 따른 임금과 승진급체계나 출산휴가 등 모성보호제도는 너무나 먼 남의 나라 이야기였다. 여성들의 저항에 의해 결혼퇴직제가 철폐되면서 이후에 실현해야 할 과제들이 쏟아져나온 것이다.

성차별적인 임금과 직급체계 철폐, 모성보호 확대, 결과적으로 성차별을 불러오는 인사제도와 고용형태의 규제, 고용안정의 최대 걸림돌이 되는 비정규직문제, 여성노동권을 위협하고 고용차별로 이어지는 직장 내 성폭력과 성희롱, 보육시설 확보, 사무자동화로 급증하는 VDT증후군 등 신종 직업병, 누적된 성차별 해소를 위한 적극적 조치의 도입 등이 그것이다.

이러한 여성노동자들의 요구는 단순히 한 개인이나 한 사업장 내의 해결로 끝나지 않고 법과 제도의 개선 요구로까지 연계되어 여성노동자 전체의 문제로 확산되었다. 특히 법·제도 개선은 여성단체, 노동조합이 연대 틀을 형성하여 공동 대응하는 경우가 많았는데, 주요하게 대응한 법·제도 개선 투쟁은 남녀고용평등법, 근로기준법, 고용보험법, 영유아보육법, 성폭력특별법, 남녀차별금지및구제에관한법률의 제·개정운동과 파견법, 시간제법, 기간제법 등 비정규직 입법저지운동, 남녀고용평등 기본계획 수립 등 정부의 여성노동정책에 대한 대응활동 등이 있다.

또한 여성노동사안 중 법적 소송을 하고 있거나 사회적 상징성이 있는 주요한 사건에 대해서 민우회는 적극적인 지원활동을 통해 그 의의와 성과를 확산시키고 법·제도상의 해결과제를 뽑아 정부와 기업, 노동조합에 개선을 촉구하는 활동을 하였다.

1) 남녀고용평등법을 쓸모 있게 만들어라!

1987년 12월 남녀고용평등법(이하 평등법)이 제정되기 이전까지 고용상의 성차별을 규제하기 위한 제도적·법적 기반은 극히 미비했다. 근로기준법에 "사용자는 남녀근로자에게 차별적 대우를 하여서는 아니 된다"는 균등처우 조항이 있었으나 추상적이고 포괄적이라 다양하게 발생하는 고용상의 성차별에 적용하기 어려웠다. 채용 이후의 근로관계에만 적용되다 보니 모집·채용단계의 성차별 행위를 규제하지 못하는 한계가 있었다.

현실이 이렇다 보니 여성에 대한 고용차별을 규제하여 여성노동자의 평등권, 노동권, 생존권을 보장하고, 여성고용차별사건을 처리할 수 있는 법·제도의 필요성이 계속 제기되었다.

이런 와중에 1987년 12월, 대통령선거와 이듬해 총선이라는 정치적 상황이 결합되면서 충분한 논의 없이 평등법은 졸속 제정되었다. 평등법은 제정되자마자 실효성 논란에 휩싸였고, 졸속으로 제정되는 통에 어떠한 개입도 할 수 없었던 여성단체들은 곧바로 개정운동에 돌입하게 된다. 민우회 역시 평등법 개정운동에 적극 참여하였고, 이후 이 활동은 민우회의 주요한 운동이

남녀고용평등법 개정을 위한
정당초청 토론회(1989)

되었다.

민우회가 평등법 개정운동에 적극 개입한 이유는, 여성노동자의 평등노동권 확보와 관련된 핵심쟁점을 사회 의제화함으로써 정부와 기업, 노조의 변화, 노동시장의 변화를 이끌어낼 수 있다고 보았기 때문이다. 또한 평등법이 여성노동자들 스스로 자신들의 문제를 해결하고 조직해가는 데 기본적인 틀이 될 수 있다고 판단했기 때문이다.

평등법 개정은 여성노동단체와 노동조합의 적극적인 연대를 통해 이루어졌고 따라서 평등법의 개정 역사를 살펴보는 것은 여성노동운동의 핵심쟁점을 추적해보는 것과 같다.

1989년 1차 개정을 통해 차별정의 규정, 동일가치노동 동일임금의 원칙, 육아휴직기간의 근속기간 산입, 분쟁에 대한 입증책임을 사업주에게 부과하는 내용이 신설되었다.

1995년 2차 개정에서는 모집·채용 시 용모제한을 금지하도록 규정하고 임금 외 금품에 있어서의 차별을 금지하는 조항을 신설하였고 육아휴직 적용대상을 여성노동자에서 '근로여성 또는 그를 대신한 배우자인 근로자'로 확대하였다.

또한 1999년 3차 개정에서는 직접적인 차별뿐만 아니라 간접차별까지도 차별로 규제할 수 있는 근거를 마련하였으며, 직장 내 성희롱관련 조항을 신설하여 직장 내 성희롱을 예방하고 규제할 수 있도록 하였다.

2001년 4차 개정은 평등법 적용범위를 전 사업장으로 확대하고 그동안 여성만 대상이었던 편면성을 해소하여 남녀 모두에게 적용하도록 했다. 근로 기준법과 고용보험법도 함께 개정하여 산전후 휴가기간을 60일에서 90일로 확대하고 산전후 휴가급여와 육아휴직 급여의 일부를 사회 부담화하였다.

2005년 5월 5차 개정에서는 산전후 휴가 90일에 대한 급여를 사회보험에서 충당하도록 근로기준법이 개정되면서 이와 연관된 조항이 개정되었고, 같은 해 12월 6차 개정으로 적극적 고용 개선조치가 명문화되었다. 그러나 비정규 직과 임금현황이 포함되지 않은 채 단순히 직종별·직급별 남녀현황만 보고하 도록 하는 현재의 적극적 고용개선조치는 누적된 성차별과 불평등을 실질적 으로 개선할 수 있는 적극적인 차별시정정책이라 보기에는 많은 한계를 가지 고 있다.

2007년 근로기준법 개정에 따른 일부개정으로 현재 법안에 이르고 있다.

평등법 개정 활동은 우리 사회 여성노동자의 현실을 개선하기 위한 주요한 수단이었다. 여성노동자들은 이 법을 근거로 사업장에서 합리적인 이유 없이 벌어지는 성차별이나 불이익에 대해서 자신들의 권리를 주장할 수 있었으며 개별 여성노동자에 대한 성차별과 사업장 전체의 고용상의 성차별을 개선할 수 있었다. 또한 간접차별 도입 등 차별의 개념을 확대하고, 직장 내 성희롱, 모성보호비용의 사회부담화 등 여성노동자에게 절실히 필요한 과제를 공론 화하고 해결하는 장을 마련하였다.

민우회가 지속해온 상담창구 운영과 회원조직의 활성화, 노조 여성간부들 과의 소통 등은 평등법 개정 과정에서 중요한 밑바탕이 되었다.

2) 여자라서 '여행원' '여사원'? '여' 계급을 떼기 위한 투쟁들

1989년 남녀고용평등법에 동일노동 동일임금 조항이 신설되자 그 실효성을 확보해야 하는 과제가 대두되었다. 그동안의 성별 임금격차에 대한 문제제기에도 불구하고 많은 사업장에서 교육·배치부터 승진에 이르기까지 성차별은 심각한 수준이었고 이는 남녀 간 임금격차로 나타났다. 남녀노동자가 거의 동일한 업무를 수행하지만 남녀 분리 임금체계와 승진체계로 임금 격차가 존재했다. 여성이 승진과 승급을 하는 것이 하늘의 별따기인 것은 말할 나위가 없었다. 기업에서는 애초 보조업무를 시키기 위해 여성을 채용했다는 논리로 여성에게 승진 기회를 주지 않는 것을 합리화했다.

당시 은행권에는 76년 결혼퇴직제 폐지를 시작으로 77년 5월을 전후하여 중견여행원제도, 여행원에서 일반 행원이 될 수 있는 특별전환고시, 보통승격고시(책임자 승진시험), 15년 이상 근속자의 일반직 전환제도 등 제한적이나마 여행원의 승진·승급제도가 마련되어 있었다. 그러나 남자행원들은 4년 근무하고 실무연수 교육만 받으면 자동적으로 중견행원이 되는 데 반해 여행원이 거쳐야 하는 고시들은 응시자의 5~10%, 혹은 인원수를 미리 제한하는 T.O제였다. 형식적으로는 남녀 동등한 공개시험이었지만 결국은 여성만의 경쟁이었던 것이다. 그나마 이러한 제도도 여성노동자들이 오랫동안 꾸준히 싸워온 결과였다.

1990년대에 들어서면서 은행과 제2금융권을 중심으로 '여행원제', '여사원제'와 같은 성별분리호봉체계를 폐지하고 단일호봉제를 쟁취하기 위한 다양하고 적극적인 운동이 시작되었다. '여'행원제, '여'사원제는 '여성'이기 때문에 붙은 호칭이 아니라 남성에게 적용되는 임금, 승진체계와는 다른 차별적인 '제도'로서의 의미를 가지고 있었다.

그러나 오랫동안 뿌리 깊게 자리 잡은 관행과 차별을 변화시키려는 노력은 많은 남성노동자들로부터 외면당했다. 남성노동자들은 여성들의 요구를 집단적 이기주의로 치부하거나 자신들의 몫을 빼앗아가는 게 아닌가 하는 의구심으로 오히려 여성노동자들과 대립적인 입장에 서기도 했다. 또한 여성문제는 급하고 중요한 문제가 해결된 이후 생각해도 되는 부차적인 문제로 여겼다.

'곪어 부스럼이 되지 않도록' 가능하면 덮어두려는 경향을 보이기도 했다.

상황이 이렇다 보니 노동조합 여성간부들은 남성들의 눈을 피해 민우회 활동가들을 만나야만 했다. 민우회 활동가를 만난다는 사실 자체만으로도 회사를 시끄럽게 할 '위험인물'이라는 시선을 받아야만 했기 때문이다. 그러나 그럴수록 민우회와 여성노동자들의 연대는 더욱 강고해졌다. 민우회와 노조 여성간부들이 모여 개별 사업장의 차별임금 실태를 분석하고 이를 해결하기 위한 구체적인 실천방안들을 토론할 때는 마치 부흥회와도 같은 분위기가 형성되었다.

분위기가 고조되면서 여성노동자들의 소송이 잇따랐다. 20년을 근무했음에도 남자 정규직 용원 임금의 1/5 정도를 받는 연세대 여성 일용직 노동자들의 차별임금소송(1990년), 남자행원에 비해 덜 받은 임금 중 3년치에 해당하는 9백 92만 4천4백94원을 지급하라는 국민은행 이선자 씨의 임금지급청구소송(1991년), 차별임금 개선을 요구하다 해고된 두산의 문정숙 씨의 민사소송, 새로운 승진차별제도에 항의하다가 해고된 대한생명 김화연 씨의 민사소송(이상 1992년), 승진차별로 증폭된 차별임금 문제를 제기한 한양대 민숙기 씨의 민사소송(1993년) 등이 그것이다. 수많은 사건들이 소송으로 이어졌던 것이다.

특히 이선자 씨의 소송은 이전에 동일노동 동일임금에 대한 판례가 없었다는 점에서, 그리고 8만여 여행원뿐 아니라 전체 여성노동자들에게 미치는 영향이 크다는 점에서 세간의 관심이 집중될 수밖에 없었다. 소송 소식이 알려지자 이선자 씨에게는 국민은행뿐 아니라 타 은행 남녀행원들의 격려와 지지를 보내는 전문과 전화가 쇄도했다. 하지만 "기존 질서를 흔들어 혼란을 준다", "너무 급진적이니 취하하라"는 압력 또한 만만치 않았다.

민우회는 계속되는 소송사건에 간담회, 공청회, 토론회, 언론홍보 등의 지원을 하였다. 이러한 활동은 차별임금의 부당성과 동일노동 동일임금의 정당성을 사회적으로 여론화했다. 민우회의 조직적인 후원과 여론형성은

동일노동 동일임금 실현을 위한 심포지엄(1991)

싸움을 이끌어가는 중요한 힘이 되었다. 특히 '동일노동 동일임금 실현을 위한 심포지엄'('91년 7월) 등을 통해 성차별적 저임금 극복 방법 중의 하나로 제기되는 직무평가의 내용과 적용상의 문제점을 살펴보고 우리 실정에 맞는 노동가치 평가기준 개발의 필요성과 해결방안을 제시했다. 차별임금 해소를 위해서는 연공급을 기준으로 하기보다 직무평가를 해서 재설계를 하는 것이 필요하다, 누구의 눈으로 직무 평가를 하는가에 따라 다른 결과가 나오므로 성인지 관점에서 직무를 평가하고 적용해야 하는 것이었다.

　계속된 차별임금 소송과 1990년부터 시작된 전국금융노동조합연맹과 개별은행 노동조합 차원의 대응활동 속에서 노동부는 1991년 7월 전국 은행에 남녀행원분리채용금지지침을 내렸다. 또한 1993년 3월에는 그해 5월 말까지 보험·증권사 등 제2금융권과 30대 재벌그룹의 주력 기업에 여사원제나 성별분리호봉제 등 평등법을 위반하는 취업규칙을 개정하지 않으면 사업주를 형사처벌하겠다는 지침을 내렸다. 임금협상을 앞두고 단일호봉제 관철을 위해 교육, 홍보활동에 주력했던 노동조합 여성간부와 이를 지원하고 있던 민우회에게는 가뭄에 단비를 만난 듯 반가운 소식이었다. 여성들의 강력한 요구와 노동부의 지침에 힘입어 92년 9월 제일은행에서 처음으로 여행원제를 폐지하면서 은행권과 보험, 증권 등 제2금융권에서 성별분리호봉제가 명시적

으로는 폐지되었다. 여기에 오기까지 오랜 시간
이 걸렸고 숙원이었기에 더욱 크게 다가온 성과
였다.

그러나 완전한 성별분리호봉체계 철폐를 원했
던 여성들의 염원과는 달리 많은 기업들은 노동
부가 제시한 시한에만 초점을 맞춰 노동조합과
협의과정 없이 일방적으로 개편안을 노동부에 보
고하면서 남자고졸사원의 초봉을 여직원의 초봉
으로 하향조정하는 등의 방식으로 근본적 개선을
회피하였다. 다른 한편에서는 종합직, 일반직으
로 나눠 성차별을 고착하는 신인사제도를 도입하
는 문제점이 나타나기도 했다.

사무전문직 임금실태 분석과
차별임금 개선을 위하여 발간
한 『사무직여성과 임금』(1991)

2006년 통계에 따르면 여성노동자의 임금은 남성노동자의 63.4%에 불과
하였다. 노골적으로 성차별을 하는 임금체계가 많이 변화되었다고는 하지만
여성노동자들이 남성에 비해 근속년수가 짧고 저임금을 받는 직급이나 직무·
직종, 그리고 비정규직에 집중되어 있는 상황에서 임금 격차는 계속 벌어질
수밖에 없었다. 민우회는 여성고용문제의 핵심이라 할 수 있는 임금과 승진차
별 해소를 위해 상담, 대응활동과 함께 조사연구 작업을 했다.

"심각한 차별임금, 우리의 대응책은 무엇인가?"(1990), 『사무직 여성과 임
금』발간(1991년), 5대그룹 대졸취업여성 배치, 승진, 교육 실태에 대한 모니터
링 및 토론회(1997년), 토론회 "임금체계의 유연화와 여성노동"(1999년)은 이
러한 작업의 일환이다.

2006년 7월 28일 대법원 승소 판결을 받은 '정영임 40세 직급정년 사건'은
민우회가 지속적으로 지원한 사건 중 하나이다. 1985년 한국○○공사협회에
입사한 정영임 씨는 동일한 자격임에도 불구하고 5급으로 시작하는 남성에
비해 단지 여성이라는 이유로 6급으로 시작할 수밖에 없었다. 이후에도 3~4

년 만에 승진하는 남성노동자에 비해 정영임 씨는 15년 1개월 만에 승진이 되었고 결국 40세 직급정년으로 해고를 당하게 되었다. 채용부터 동일자격·동일노동에 차등 직급, 승진차별 등 성 고정관념에 기초한 각종 차별에 더해 6급은 40세에 퇴직해야 한다는 직급정년에 걸린 것이다. 이는 과거의 누적된 성차별이 40세 직급정년에 영향을 미친 명백한 성차별 사건임에도 정영임 씨는 지방노동위원회, 중앙노동위원회, 행정법원에서 모두 차별로 인정받지 못하다가 민우회와 결합하면서 보다 조직적인 대응활동을 하게 되었다. 민우회는 2004년 10월 7일에 민주사회를 위한 변호사 모임과 공동으로 긴급토론회 "정영임 40세 직급정년 사건, 왜 성차별인가?"를 개최하였다. 또한 해당 재판부에 의견서 제출, 언론 대응 등의 소송지원 활동과 후원모임 성격의 '정영임 사건이 남 일 같지 않은 사람들' 모집 등의 지원활동을 하면서 직급정년과 승진차별의 심각성을 알려내고 차별판단기준에 대한 논의를 확산시켜 나갔다.

정영임 사건은 결국 대법원의 승소 판결을 받게 되었다. 대법원은 여성만 존재하는 6직급을 10여 년간 승진이 제한되는 상용직으로 직제변경하고, 15년 만에 5직급으로 승진하여 40세 정년으로 퇴직한 것은 '결과적으로 여성근로자인 원고의 승진 및 정년을 차별'한 것이라고 판시하였다. 간접차별을 인정하는 의미 있는 판결이었다. 그러나 이 판결 역시 회사 입장을 그대로 인용하여 채용상 성차별을 합리적인 것으로 판단한 한계를 가지고 있다. 문서 타자작업과 회계업무 등 보조업무는 상업계 출신 여성노동자에게 적합한 업무로, 대외 기관업무를 수행하는 것은 힘들고 남성노동자에게 적합한 업무로 규정함으로써 직급별 직무의 성격에 따라 여성을 6직급으로, 남성을 5직급으로 채용하는 것은 업무상 필요에 의한 합리적 채용이라 판단하였던 것이다. 사법부의 성역할 고정관념과 성차별적인 의식을 확인함과 동시에 차별을 없애기에 우리 사회는 여전히 높은 장벽을 가지고 있다는 것을 확인한 사건이었다.

3. 논쟁거리를 만들어라: 평등과 차별 개념의 확장을 위한 시도들

노동시장에서 여성들이 당면하고 있는 문제를 담론화하고 사회 의제화하는 데 주력해온 민우회는, 거시적인 담론들이 구체적으로 여성노동자의 삶과 일상에 어떤 영향을 미치게 되는지, 그리고 이런 영향에 우리는 어떻게 대응할 수 있는지 방안을 모색하였다.

그 결과 노동문제나 노동운동의 틀거리에서만 여성노동문제에 접근하는 방식은 여성 삶의 일부분만 해석하고 개선할 수 있다는 결론에 이르게 되었다. 즉, 여성노동문제를 해결하기 위해서는 사업장 내의 직접적인 근로조건과 관련된 문제해결만 아니라 여성의 삶 전반, 일상의 차별 해소가 중요하다는 점을 인식하게 된 것이다.

이에 민우회는 법·제도의 미비점을 개선, 보완하려는 활동을 꾸준히 전개하는 동시에 법·제도와 현실 간의 괴리를 좁히고자 하는 활동을 함께 진행하게 되었다. 회식문화 바꾸기 캠페인, 평등한 일·출산·양육 캠페인 등 다양한 내용과 방식의 캠페인, 인식 개선운동이 바로 그것이다. 이처럼 그동안 일상 깊숙이 스며들어 당연시해왔던 것들을 차별의 문제로 해석하고 변화시키는 과정은 사회적으로 논란을 불러일으키기도 하였다.

1) 남녀차별인가? 여여차별인가?

평등법이 제정된 이후에도 모집·채용단계에서 여성에 대한 다양한 형태의 차별은 계속되고 있다. 모집·채용에서의 성차별은 여성들이 노동시장에 접근조차 못하게 함으로써 여성의 일할 권리를 제한하게 되고 남녀 분리 직무와 직종·군을 형성했으며, 임금, 승진 등의 노동조건의 차별을 야기하고 있다.

모집채용 시 성차별을 유형별로 보면, 모집·채용에서 여성을 아예 배제하는 것에서 채용방식과 고용형태상의 차별, 채용하고자 하는 직종·직무·직급에서의 차별, 군복무를 한 남자에게 가산점 부여, 여성채용비율을 남자에 비해 낮게 제한하는 것, 용모단정·미혼·나이제한 등 여성에게 부가기준을 요구하는 것 등이 있다

모집·채용상의 성차별과 관련한 본격적인 대응활동은 94년 초 여자상업고 등학교의 취업담당교사가 국내 굴지의 기업들이 보낸 추천의뢰서 한보따리 를 들고 민우회를 찾아오면서 시작되었다. 추천의뢰서에는 '키 160cm 이상, 몸무게 50kg 이하, 안경착용 불가, 용모단정, 미혼' 등의 제한조건이 너무나 선명하게 명시되어 있었다. 용모제한은 이미 관행으로 굳어진 공공연한 사실 이었지만 직접적으로 문제제기를 하지 못했던 사안이었다. 모집·채용 시의 용모제한은 노동시장에서 여성에게 주어지는 지위와 역할, 심각한 외모지상 주의, 왜곡된 교육현실 등 수많은 문제가 복합적으로 작용하는 문제이다.

본격적으로 실태 파악과 대응방안을 논의하면서 1994년 5월 25일 민우회, 전국교직원노동조합(이하 전교조), 참교육학부모회 등 33인의 명의로 여직원 채용 시 용모를 제한한 44개 대기업을 헌법과 남녀고용평등법 위반으로 서울 지방검찰청에 고발하였다.

고발장을 제출한 당일 민우회와 전교조는 한국경영자총협회 앞에서 집회 를 열었고, 명백한 물증으로 드러난 모집채용상의 성차별이 사회에 충격을 주면서 언론의 관심을 끌었다. 민우회에는 당사자인 상업고 여학생들, 학부모 들의 격려전화가 걸려왔고 면접 시 차별을 경험했다며 상담을 요청해온 사람 도 많았다. 사회적인 관심이 높아지면서 6월 30일 '모집채용고발사건대책교 수모임'에서 철학·경제학·여성학·법학·인류학적 관점에서 용모제한을 심층 적으로 접근한 의견발표회를 열었다.

고발 이후에도 기업에서는 서비스업종에서 용모제한은 어쩔 수 없다, 남녀 차별이 아닌 여성과 여성 간의 차별이다, 기업 돈 주고 부릴 직원을 기업 맘에 드는 사람 뽑아 쓰는데 뭐가 잘못이냐 등의 항변을 늘어놓았다. 상업고 등학교에 보내는 공문에 키 제한 등을 명시적으로 표기하지 않는 대신 별도의

전화 등을 통해 기존의 용모제한 조건을 계속 요구하는 행태를 보이기도 했다.

94년 12월 30일 연말연시 어수선한 분위기 속에서, 7개월간 침묵을 지키고 있던 검찰은 고발된 44개 기업 가운데 36개 기업은 무혐의처리하고 8개 기업만 약식 기소하겠다는 결정을 내렸다. 검찰의 결정이 나오기 전 이미 무혐의 처리하겠다는 방침이 모 일간지를 통해 기사화되었다. 사전에 여론을 떠보기 위한 '작전'으로 파악한 민우회는 검찰에 항의방문을 했고, 민우회, 전교조, 한국여성단체연합(이하 여성연합), 한국여성단체협의회(이하 여협) 등이 모여 94년 12월 15일 서울지방검찰청 앞에서 용모제한 기업에 대한 기소를 촉구하는 시위를 벌였다.

동일 분야의 남성에게 요구하지 않은 조건을 여성에게만 부과한 8개 기업을 제외하고 검찰은 나머지 기업에 무혐의 결정을 내렸다. 그 이유는 '여성만을 채용하는 분야에서 여성에게 용모제한을 두는 것은 남녀차별이 아니라 여성 간의 경쟁이므로 평등법으로는 규제할 수 없다'는 것이었다. 즉, 평등법의 주요 취지는 남녀 간에 차별을 막는 것이므로 비교대상인 남성과 여성간에 여성을 남성과 다르게 대우함을 명시적으로 보여주어야 평등법 위반으로 처리할 수 있다는 것이다. 이 같은 검찰의 결정은 '남녀차별인가, 여여차별인가?'라는 논쟁을 불러일으켰고, 고발인들은 95년 1월 27일 서울고등검찰청에 항고하였다. 서울고등검찰청의 항고 결과는 10여 년이 지난 지금도 나오지 않고 장기 미제사건으로 남아 있다.

검찰의 결정은 평등법의 입법취지와 차별의 정의 규정을 무시하는 중대한 오류였다. 검찰처럼 '여여차별'로 본다면 직종이나 직급을 제한하여 여성을 채용하는 경우 비교대상인 남성이 있을 수 없어 업무, 배치, 승진상의 성차별은 합리화될 수밖에 없는 등 많은 문제점이 드러나게 된다. 남성들에게는 없는 '용모제한'을 여성들에게만 두는 것 자체가 바로 성차별적 의식에 의한 것임을 인식하지 못하고 여성끼리의 차별이라는 황당한 이론을 제시한 당시

검찰의 수준이 현재는 과연 얼마나 달라졌을까?

성과라면 이 고발사건으로 95년 평등법 2차 개정 시, 여성의 모집·채용 시 직무수행에 필요하지 않는 용모, 키, 체중 등 신체적 조건, 미혼 조건 등의 제시 및 요구를 금지하는 조항이 신설되었다는 점이다.

그러나 모집채용상의 성차별 규제를 위한 법·제도가 마련되었음에도 불구하고 모집채용상의 성차별은 지금도 다양한 형태로 드러나고 있다. 입직과정에서의 성차별은 임금, 승진에서의 구조적 성차별로 이어지고 성차별을 합리화하는 전제로 작용된다. 이에 민우회는 모집채용 시의 성차별 해소가 중요하다고 판단하여 꾸준한 대응활동을 하고 있다.

대표적으로 '평등한 모집·채용 모델 만들기 사업'(2000년), '성차별적인 면접 가이드라인을 제시한 서강대 취업수첩 폐기 요구사건'(2004년), '기혼여성의 노동시장 진입장벽에 대한 문제제기'(2005년), '남성만을 채용하거나 여성 선발 인원을 현저히 제한하는 소방공무원의 성차별적 채용공고 및 기준에 대한 문제제기'(2005년~현재) 등이 있다.

2000년에 실시한 '평등한 모집·채용모델 만들기'사업은 문제제기 차원을 넘어 새로운 모집채용 관행을 만들기 위한 활동이었다. 신문, 인터넷, 잡지 등의 모집채용광고를 모니터링하여 성차별적인 모집채용공고를 낸 9개 기업을 고발하였다.

민우회는 한 발 더 나아가 '평등이력서'라는 새로운 대안을 제시하였다. '평등이력서'는 사이버공모전 등을 통해 성별, 결혼 여부, 학력, 나이가 드러나지 않는 형식의 이력서로 탄생되었다. 이때 개발된 '평등이력서'는 보다 많은 사용을 권장하기 위해 대기업, 시민사회단체 등에 발송되었다. 민우회는 지금도 이때 개발한 평등이력서를 사용하고 있고 많은 사람들로부터 좋은 평가를 받고 있다.

모집채용에서의 학력차별, 성차별, 연령차별 철폐에 대한 사회적 관심이 높아지면서 당시 민우회의 선행연구와 차별철폐운동은 매우 중요한 자료와

'평등한 모집·채용 모델
만들기' 사업 중 평등한
입사지원서 사이버 공모전
수상작(2000)

선례로 활용되고 있다. 지금은 국가인권위원회, 여성가족부 등에서도 기존의
이력서에 대해 차별의 소지를 들어 시정할 것을 권고하고 있는 등 사회 전반적
으로 '열린 채용'이 확대되어가는 추세이다.

사실 모집채용에서의 차별은 채용공고뿐 아니라 면접에서 더욱 광범위하
게 발생하고 있다. 실제 얼마나 많은 여성들이 불이익을 겪고 있는지는 한
대학교가 여학생들을 위해 제시한 취업 시 면접 가이드라인을 보면 역반추해
볼 수 있다. 2004년 11월, 서강대학교 취업정보과에서 '복사와 차심부름'은
여성의 일로, '성희롱'은 조크로 잘 받아쳐야 하고, '출산퇴직'을 감내해야
한다는 면접답변[2]을 담은 취업수첩을 제작 배포하는 사건이 발생하였다.
민우회는 취업수첩의 제작배포에 대한 공식사과와 폐기처분을 요구하는 공
개요구서를 보냈다. 언론을 통해 취업수첩의 내용이 알려지면서 서강대학교
는 홈페이지에 공개사과하고 수첩을 폐기하겠다는 내용을 게재하였다.

---

2) 문제의 취업수첩에 나와 있는 한 사례를 그대로 적어보면 다음과 같다.
   질문: 아기가 태어난다면?
   답변: 여성으로서 한때 아이 기르기에 전념할 것이라고 생각합니다. 그 사이의 시간을
         유용하게 활용하여 실력을 쌓고, 만약 그 능력을 인정받을 수 있다면, 또다시
         일을 하고 싶다고 생각합니다.

2) 노동권의 관점에서 직장 내 성희롱문제 제기

(1) 최초의 민사소송으로 수면에 떠오른 직장 내 성희롱문제

민우회는 창립부터 여성노동자에 대한 폭력, 성폭력이 여성노동자의 생존권과 인권에 커다란 영향을 미치는 현실에 주목하고 지속적인 대응활동을 해왔다. 상담이나 사건 대응을 통해 드러난 직장 내 폭력(성폭력)의 심각성을 어떻게 알릴 것인가 고민해왔던 민우회는 1992년 여성연합의 '성폭력특별법 제정추진특별위원회'에 결합하였다. 여성에 대한 성폭력, 특히 직장 내의 (성)폭력을 '노동권'의 관점에서 새롭게 접근할 필요가 있다고 판단한 민우회는 1993년 서울대 신교수 성희롱사건[3]을 계기로 직장 내 성폭력문제를 사회적으로 의제화, 언어화하기 시작했다.

'서울대 신교수 성희롱 사건'은 용기 있는 한 여성의 소송으로 우리 사회에 처음으로 수면 위로 떠오른 '직장 내 성희롱' 사건이다. 민우회는 한국성폭력상담소, 한국여성의전화연합 등과 함께 '서울대 조교 성희롱 사건 공동대책위원회'(이하 서울대 공대위)를 만들었다. 그동안 사소한 것, 개인적인 것으로 치부되어왔던 직장 내 성희롱 문제가 여성노동자에 대한 성차별이자 인권의

---

3) 서울대 화학과 신교수는 여자 조교들을 상습적으로 성희롱하고 거절할 경우 부당해임 시켜왔다. 신교수는 (이후 민사소송을 제기한) 조교에게도 기기연수 등을 명분으로 뒤에서 껴안거나 손과 어깨를 어루만지는 등 신체접촉을 계속해왔고, 등산과 여행을 함께 가자며 집요한 데이트를 강요했다. 조교가 계속 거부하자 신교수는 조교의 업무량을 제한하여 업무소홀이라는 평가를 받게 하였고, 임기만료일(8월 31일) 이전인 7월 1일부터 출근하지 말라는 일방적인 통고를 해왔다.
조교는 총장과 교육부 등에 신교수의 성희롱 사실과 부당해임에 대하여 탄원과 진정서를 냈으나 어떤 해답도 듣지 못했고, 이에 교내에 대자보를 통해 성희롱 사실을 밝히게 된다. 총학생회와 대학원자치회협의회가 진상조사단을 구성하여 대자보 내용이 사실임을 확인하였으나, 오히려 신교수는 조교를 명예훼손과 협박의 혐의로 고소하기에 이른다. 조교는 신교수와 서울대 총장, 국가를 대상으로 성희롱으로 인한 책임을 묻는 손해배상청구소송을 제기하였다.

문제임을 제기하기 위해서였다. 1993년 11월 23일 서울민사지방법원에서 첫 재판이 열린 이후 1998년 2월 조교가 일부 승소하는 대법원 판례가 나오기까지 이 사건은 무려 5년여에 걸친 지난한 과정을 견뎌내야만 했다.

3천만 원 배상판결로 조교가 승소하는 1심 판결과 달리 신교수가 승소한 2심 판결문에서 보여준 재판부의 시각 및 용어 사용 등은 당시 많은 논란과 비판을 불러일으켰다. 서울대 공대위는 2심 판결 직후 이를 비판하는 기자회견을 열었고, 단체들의 성명을 조직하고 성희롱

서울대 신교수의 성희롱 사건을 계기로 직장 내 성희롱은 인권의 문제, 성차별의 문제로 인식되었다.

판결에 항의하는 집회, 성희롱사건 위증고발건과 관련한 담당검사면담 등 다양한 활동을 했다.

그 당시 비판의 대상이 되었던 2심 판결문의 문제점은 지금도 별반 변하지 않은 채 성희롱판결문에 나타나고 있다. 남성 중심적 시각을 여실히 보여주었던 2심 판결의 문제점은 다음과 같다. '건전하고 품위와 예의를 지닌 일반 평균인의 입장'에서 성희롱을 판단해야 한다, 피해자의 의사에 반하여 집요하게 반복적으로 이루어지는 중대하고 철저한 행위태양이 있어야 하며, 중대한 정신적 고통을 받았다고 입증하여야 하고, 그 직장을 떠나지 않으려면 또는 업무를 충실히 수행하려면 그 침해를 수인할 의무가 있는 경우도 있다는 수인의무론 등이 그것이다. '일반 평균인의 입장'이 과연 누구의 입장인지, 이 사회에서 '평균인'이란 누구를 의미하는지에 대한 질문은 최근 '술 따르기 강요'를 성희롱이라 판단하지 않고 '평균인'이라면 받아들일 만한 일이라고 한 '초등학교 교감 술 따르기 강요' 사건판결에서 다시 묻게 된다.

신교수 성희롱 사건 2심 패소판결을 계기로 개인과 시민사회·여성단체 등 87개 단체가 참여하는 '성희롱 시민연대'(이하 시민연대)를 구성하여 지지 집단의 폭을 더욱 확대하게 된다. 시민연대는 1995년 12월 2일 대학로 마로니 에 공원에서 '성희롱추방을 위한 시민문화제 및 걷기대회'를 개최하고 서명 운동을 시작하여 초등학교 교사, 고려대학생, 걷기대회에 참여한 시민, 하버 드 법대 학생 167명의 서명과 의견서를 전달하였다.

대법원으로 넘겨져 2년 6개월이 지난 1998년 2월, 대법원은 고등법원의 원심 판결을 깨고 우조교의 일부 승소 판결을 내렸다. 최종적으로 500만 원 피해보상을 하라는 판결이었지만 민우회를 중심으로 한 서울대 공대위의 끈질긴 활동을 통해 승소를 이뤄냈다. 최초의 직장 내 성희롱 소송사건으로서 성희롱을 일반적인 불법행위의 한 유형으로 보는 역사적 판결을 이끌어냈으 며, 명시적 거부가 성희롱의 요건은 아니라는 점, 신체접촉뿐 아니라 언어적· 시각적 성희롱까지 폭넓게 확대한 판결을 받아냈다는 의미를 평가할 수 있다. 그리고 이러한 성과는 이후 직장 내 성희롱을 법제화하고 사회적으로 개념화 하는 데 커다란 영향을 주었다. 이러한 의의에도 불구하고 대법원 판결은 성희롱의 유형과 범위를 명확히 규제하지 않았고, 누구의 관점에서 성희롱을 판단해야 하는가가 구체적이지 못했고, 국립대학인 서울대 총장과 국가의 책임을 받아들이지 않은 한계를 가지고 있다.

(2) 침묵에서 외침으로

직장 내 성희롱 실태를 알리고 법제도 마련의 필요성을 설득할 만한 현장조 사 자료가 필요하다는 판단 하에 1993년 11월 민우회는 국내 최초로 직장 내 성폭력실태와 법·제도 신설에 대한 노동자들의 의식을 조사하여 발표하게 된다. 그 당시까지 직장 내 성희롱 문제에 대한 체계적인 조사는 전무했다. 1987년 12월 민우회에서 실시한 '사무직 여성 실태조사'에서 조사대상자의 24%가 음담패설 등의 희롱, 23%가 손으로 만지는 등의 육체적 접촉을 경험했다고 대답한 조사결과가 그나마 직장 내 성희롱과 관련 있는 실태조사의 전부였다. 93년의 실태조사는 관련 자료 조사와 사례 수집, 실태조사 설문지의 문항 작성 등을 꾸준히 해온 회원 모임 '직장 내 성폭력연구반'의 활동이 기반이 되었다.

서울지역 사무직 여성을 대상으로 한 '직장 내 성희롱에 관한 실태조사'는 직장 내에서 여성들이 경험한 유형별 성희롱 실태, 가해자의 특성, 여성들의 대응, 여성노동자에게 미치는 영향에 대한 조사를 통해 직장 내 성희롱의 대책방향을 수립하는 데 목적을 두었다. 조사결과는 93년 12월 서울대 공대위 주최로 열린 "직장 내 성희롱 문제에 대한 토론회 – 직장 내 성희롱 실태와 대책"을 통해 발표되었다. 87%의 여성이 성희롱을 경험한 적이 있다는 조사결과는 대단히 충격적이었고 직장 내 성희롱의 심각성을 여실히 보여주는 것이었다.

소송을 계기로 고조된 사회적 관심이 민우회의 실태조사를 통해 심각한 것으로 드러났음에도 직장 내 성희롱의 개념과 그 범위에 대한 합의부족으로 문제의 심각성이 간과되거나 본질이 왜곡되는 일이 발생하기도 했다. 특히 신교수 성희롱사건 1심 판결의 손해배상액수는 마치 성희롱 행위에 대한 대가처럼 인식되어 사건 자체보다 배상액수에 대해 논란이 일어 '이 정도의 성희롱이면 얼마짜리냐?' 등으로 희화화되기도 했다.

이러한 여건을 해결하기 위해선 직장 내 성희롱에 대한 사회적 인식을 높일 필요가 있었다. 이에 민우회는 각종 자료들을 제작, 배포하면서 여론화 작업을 하였다. 토론회도 조직하였다. 1심 판결이 나오자마자 직장 내 성희롱의 개념을 명확히 하고 성희롱 문제 해결을 노동조합의 과제로 설정하도록 하기 위해 94년 4월 말 전국사무노동조합연맹과 공동주최로 열린 "이것이 직장 내 성희롱이다"라는 토론회가 그것이다.

94년 10월에는 『직장 내 성희롱 예방 지침서』[4]를 발간하여 노동조합, 여직원회 등을 통해 배포됐고, 이 지침서는 이후 기업과 노동조합에서 성희롱 예방 지침이나 단체협약을 마련하는 데 촉매가 되었다.

다른 한편 민우회는 87%의 성희롱 경험이 있다는 93년 실태조사 이후 직장 내 성폭력과 관련한 제반 상황을 모니터링하여 직장 내 성폭력 문제의 현실을 구체적으로 드러내기 위해 98년에도 '남녀직장인 성의식 및 성문화에 대한 실태조사'를 실시하였다. 노동자들의 성의식 및 성폭력 실태를 조사한 이 사업에서 민우회는 여전히 직장여성의 84%가 성폭력의 피해경험이 있다는 사실을 밝혔다. 또한 성역할에 기반한 성폭력(Gender Harassment)을 포함한다면 성폭력의 피해경험은 90%를 넘는 심각한 현실임을 폭로했다. 다양해지고 있는 성폭력 유형을 알리고 기업차원의 대책 부재 등 제도적인 장치 미흡 문제를 제기하며 다시 한 번 직장 내 성희롱 예방과 규제를 위한 법제도적 장치의 필요성을 역설하였다.

(3) "이런 사소한 문제를 법으로 만들다니!!" 기업과 남성들 발칵 뒤집히다

지속적인 활동의 결과, 99년 평등법 개정으로 직장 내 성희롱 관련 조항이 신설되었다. 최초의 민사소송, 서울대 공대위 구성과 소송지원 활동, 각 단체의 조사연구와 상담 등 일상적으로 일어나고 있는 직장 내 성희롱 대응활동과 더불어 법적·제도적 장치 마련을 요구해온 결과였다.

직장 내 성희롱 관련 조항의 신설을 둘러싸고 많은 논란이 있었다. 경영계는 '개인 간의 사소한 문제'인 성희롱을 고용관계법의 범주에 포함시켜 기업의 책임으로 만드는 것은 기업에 대한 지나친 규제이며 부담만 높인다고

---

4) 지침서의 주요 내용은 다음과 같다. 1) 직장 내 성희롱이란 무엇일까요? 2) 왜 직장 내 성희롱이 문제일까요? 3) 직장 내 성희롱의 다양한 유형들 4) 직장 내 성희롱은 여성에게 어떤 영향을 미칠까요? 5) 직장 내 성희롱에 대한 몇 가지 의문들 6) 만약 당신에게 성희롱이 일어난다면 7) 성희롱을 예방하기 위해서는 8) 가해자로 오해받지 않으려면 9) 고용주와 관리자를 위한 특별한 지침 10) 성희롱을 예방하기 위한 노동조합의 지침 11) 알아둡시다! - 직장 내 성희롱관련 법조항들 12) 자, 이제 당신은 할 수 있습니다.

강력 반발하였다. 이 법안에 대한 언론의 반응 역시 대부분 부정적이었다. 구조조정 등으로 분위기도 썰렁하고 노동강도도 강화되는 판국에 이제 말도 맘대로 못하게 하니 스트레스 쌓여서 못살겠다는 이야기들, 음흉한 눈이 성희롱이면 이제 직장에도 선글라스를 끼고 다녀야 한다, 여자가 좀 참으면 모두 행복하게 살 수 있는 걸 긁어 부스럼을 만드느냐는 식의 기사들은 직장 내 성희롱 문제를 희화화하거나 그 의미를 폄하했다.

이 와중에 그 수는 적었지만 성희롱예방교육의 의무화를 환영하는 기사도 있었다. 직장 내 성희롱 예방 및 금지조항의 신설이 얼마나 사회적으로 큰 이슈였는지는 한 토크쇼에서 '섹시하네'라는 말이 성희롱이냐 아니냐를 놓고 패널토론과 전화찬반투표를 실시했다는 사실만으로도 짐작할 수 있다.

그간 직장 내 성희롱의 실태를 알리고 법·제도 마련에 주력해오던 민우회는 증가하는 성희롱 상담, 쏟아지는 언론의 인터뷰와 기업 담당자들의 여러 문의에 시달리며 새로운 국면을 맞이했다. 새로이 마련된 법제도가 실효성을 가지고 정착될 수 있도록 해야 하는 과제가 남은 것이다.

우선 민우회는 법 개정 내용을 반영한 『직장 내 성희롱 예방 지침서』를 다시 제작하였다. 그 안에는 직장 내 성희롱의 개념과 유형, 대처방안에 대해 상술하고, 직장 내에서 실천할 수 있는 구체적인 10계명을 담았다. 또한 기업의 올바른 성희롱예방교육을 위해 강사뱅크를 구성하였다. 그리고 직장 내 성희롱 상담의 증가에 대응하여 워크숍을 열고 소송 변호인단을 구성하기도 하였다.

특히 직장 내 성희롱 예방교육에 대한 인사담당자, 교육담당자들의 문의가 끊이지 않았는데, 그간 연구와 상담, 해결사례 등을 통해 축적된 내용과 경험이 풍부했던 민우회는 1999년 기업의 성희롱 예방교육 담당자를 위한 특강 "성희롱 없는 일터 만들기"를 2회에 걸쳐 실시하였다. 특강에는 매회당 100여 명이 넘는 사람들이 신청했는데 이것으로 그 당시의 급박한 분위기를 짐작할 수 있다.

3) 군복무가산제 폐지운동: 안티 페미군단 탄생의 씨앗이 되다

민우회 역사를 돌아보면, 심한 욕설과 인격적 모독을 느끼면서도 속수무책으로 전화기를 들고 있어야 하거나, 당장 쫓아와 사무실을 폭파하거나 누군가를 다치게 하는 건 아닌지 하는 위협을 느끼는 사건이 1년에 몇 번씩 발생한다. 이런 종류로 가장 격렬한 반응을 받았던 때가 1999년 12월 제대군인 가산점 제도에 대한 헌법재판소의 위헌확인 판결 이후였다.

공무원채용 시험의 경쟁률이 매우 치열하고 불과 영점 몇 점 차이로 당락이 좌우되고 있는 현실에서 제대군인가산점은 합격 여부에 결정적 영향을 미쳤다. 심지어 98년 5월에 치러진 순천지방 철도청 일반기계직(9급) 합격선은 100점 만점에 100.5점이었다(경향신문, 1998년 9월 16일). 상황이 이렇다 보니 결국 여성이나 장애인은 100점 만점을 받아도 불합격될 수밖에 없었다.[5]

1998년 군경력을 호봉·승진에까지 반영시키려는 병역법 개정안이 입법예고되면서 여성연합에서는 "군경력에 대한 채용·급여·승진 3중 혜택 무엇이 문제인가?" 긴급토론회를 개최하고 헌법소원을 조직하였다. 1998년 10월 여대생 5명과 장애인 남성 1명이 제대군인지원에관한법률에 의한 제대군인 가산점제도[6]가 평등권, 직업선택권, 공무담임권을 위반한다는 내용으로 헌법소원을 제출했다.

민우회는 진입장벽에 대한 대응활동으로 군가산제 폐지운동을 진행해왔다. 특히 1999년 학생단위 비상대책위원회, 나우누리 여성모임 '미즈', 장애인실업자연대, 에바다 비상대책위원회, 여성연합, 민우회 등이 연석회의를 구성하여 적극적으로 대응활동을 진행하였다. 공무원 시험장소 앞에서 군가

---

5) 「군복무 3중 혜택, 무엇이 문제인가?」, 《평등》 제13호, 한국여성민우회 고용평등추진
   본부(1999).
6) 공무원채용 시 과목별 득점에 과목별 만점의 5% 또는 3%를 가산하는 제도.

산제 폐지에 대한 유인
물을 배포하거나 국민
회의 당사 앞에서 군가
산점제 폐지요구 시위,
군가산제 폐지에 대한
의견서를 발표하는 등
의 활동 및 제대군인법
에 의한 군경력 가산점
피해자 고발창구를 개
설하기도 했다.

군가산제 폐지운동(1999)

　1999년 12월 23일 헌법재판소가 위헌 판결을 내린 이후, 군가산제 폐지운
동을 해왔던 민우회는 전화테러, 사이버테러의 집중대상이 되었다. 또한 인터
넷에서는 여성과 관련된 예민한 기사와 여성운동가에 대해 집단으로 악플을
다는 '안티 페미군단'을 형성하는 계기가 되었다.

　헌법재판소의 위헌 판결 이후 제대군인에 대한 가산점 부여 움직임은
몇 차례 다시 떠올랐다. 헌법재판소 판결 이후 군가산점제를 존치하기 위해
정부에서 발표한 국가봉사경력 가점제 논란(2000년 1월), 군가산제 부활을
골자로 하는 '제대군인 지원법개정안'(2005년 주성영 의원 발의, 2007년 고조홍
의원 발의) 등이 그것이다. 그때마다 여성·장애·평화단체들은 반대입장을 표
명했고, 인터넷에서는 남녀 간 대립구도가 형성되고 여론이 들끓었다.

　최근 들어 2007년 6월에는 한나라당 고조홍 의원이 군가산점제 부활을
골자로 하는 '병역법 일부 개정법률안'이 국회 국방위원회 법안심사소위원회
를 통과하여 다시 한 번 찬반논란으로 들썩였다.[7] 이에 대해 평화·장애·시민

---

7) 고조홍 의원의 개정안은 과목별 득점 2% 범위 가산과 가산점제로 인한 합격 인원을
　채용 시험 선발예정 인원의 20% 이내로 제한한 규정, 채용 시험 응시 가점 부여

사회·여성단체는 반대성명 발표, 국회 국방위원회에 의견서 제출 등 대응활동을 하고 있다.

주기적으로 반복되는 군가산점제 논쟁은 여성운동에 대한 백러시와 그 맥을 같이한다. 1999년 위헌 판결 이후 인터넷의 여성관련 뉴스에는 다양한 악플이 따라다니고 주제가 무엇이든 상관없이 언제나 "여자도 군대 가라"라는 결론으로 마무리되곤 했다. 여기에 언론은 남녀대결구도를 만들며 선정적 이슈를 만들기에 바쁘다. 현실에서 벌어지는 군가산점제 관련 논란의 큰 문제점은 군대와 징병제에 대한 진지한 고민을 왜곡하고 무마시켜버린다는 점이다. 군가산점제 논란은 남녀차별문제로부터 출발했지만, 문제의 본질은 사실상 민주적 군대문화 확산, 군대제도 개혁, 징집제 개선 등에 있다. 때문에 문제의 본질을 명확히 하고 대안을 마련하는 게 중요하다고 생각한다.

4) 회식문화를 바꾸자!

여성노동자에 대한 차별 해소를 위해 법·제도 마련은 그 시작이자 최소한의 조건일 것이다. 그러나 법·제도가 실효성 있게 작동하여 실질적으로 변화를 이끌어내기 위해서는 의식과 문화를 바꾸는 노력을 함께 해야 한다. 이러한 맥락에서 기획된 것이 '회식문화 바꾸기 캠페인'(2002년)이다.

이 캠페인의 목적은 일상적이면서도 다양한 성차별적 요소를 갖고 있는 회식문화를 자율적이고 평등한 회식문화, 가정과 직장을 양립할 수 있는 회식문화, 성차별적이지 않은 회식문화로 만들려는 것이었다. 이를 위해 민우회는 구체적이고 실천적인 프로그램을 개발하였다. 술 중심이 아닌 대화로

횟수를 제한하고 있는 것을 주요 내용으로 하고 있다. 가산점이 합격 여부에 미치는 효과를 축소하였다고 하나 1999년 위헌 심판의 정신에 따른다면 이와 같은 제한적 기준 또한 위헌적일 수밖에 없다.

팀워크를 다지는 회식, 억지로 술을 권하지도 먹지도 않는 유쾌한 회식, 여성에게 술 따르기·끼워 앉기·블루스 강요 등의 성희롱이 없는 회식, 자율적인 참여로 즐겁고, 퇴폐향락업소로 2차 3차 이어지지 않아 편한 마음으로 동참할 수 있는 건강한 회식, 다양한 회식문화를 시도해 창의성과 다양성이 살아나는 회식 등을 주요 실천 내용으로 제안하였다.

회식문화 바꾸기 캠페인은 여성의 일상과제를 사회적으로 끌어내고 구체적이고 실천 가능한 대안을 제시하였다는 점에서 관심과 주목을 받으며 많은 공감대를 형성하였다. 특히 남성 1,000인 실천선언이나 기업선언, 상사의 실천, 직장인 10가지 실천8) 등 구체적인 내용을 구성하여 남성들과 기업이 실제적으로 참여하고 변화되는 성과를 이끌어냈다.

한편 회식문화 바꾸기 캠페인은 다양한 운동방식을 개발하여 대중적인 접근성과 참여도를 높였다는 점에서도 큰 성과를 거뒀다. 특히 오프라인(거리 캠페인에서의 퍼포먼스, 선언 참여 등)뿐 아니라 온라인 공간(웹-선언참여, 웹카드, 플래시애니메이션, 우리직장테스트, Cyber-poll, 배너 제작 및 홍보 등)을 활용하는 등 다양한 내용과 방식으로 캠페인을 전개하였다. 캠페인을 통해 1,259명의 남성이 실천서명을 하였고, 20개 기업, 7개의 시민사회단체가 선언에 참여하였고, 6개 사이트를 통해 진행된 Cyber-poll에는 총 3,076명의 네티즌이 응답하

8) 민우회가 제안한 10가지 실천 내용은 다음과 같다. 1. 회식날짜와 장소는 모두의 일정과 의견을 고려하여 함께 정한다. 2. 자율적인 회식참여를 보장하고 억지로 술을 권하지도 먹지도 않는다. 3. 술 따르기, 블루스 강요, 끼워 앉히기 등 성희롱을 하지 않는다. 4. 음담패설을 하지도, 재밌는 척 듣지도 않는다. 5. 고기 굽기, 수저 놓기, 안주 찢기 등 회식자리 도움일은 모두가 함께 한다. 6. 여성을 성적 대상화하는 단란주점, 룸살롱 등 퇴폐향락업소에 가지 않는다. 7. 회식자리 성희롱, 폭언, 폭행 등을 문제제기하는 동료의 든든한 지지자가 된다. 8. 가정과 직장의 양립을 저해하는 잦은 장시간의 회식을 삼간다. 9. '여자니까', '남자니까', '니가 어리니까', '밥하러 안 가?' 등의 권위적이고 성차별적인 발언을 하지 않는다. 10. 평등한 관계에서 소통하며 팀워크를 다지는 회식 문화를 만들어간다.

회식문화바꾸기 캠페인

였다. 신문, 방송, 잡지 등 총 40여 매체에서 회식문화 바꾸기 캠페인이 보도되면서 기업이 자체사업으로 진행하는 등 개인, 기업, 노조에 큰 반응과 참여를 불러일으켰다. 특히 회식문화 캠페인에는 회원들이 적극 참여하였는데 민우회 회원들은 '날아라 기획단'을 구성하여 자신의 직장문화 체험에 기반한 실제적인 접근을 할 수 있도록 했다. 이들의 아이디어로 캠페인 전반이 기획됨으로써 사업의 성과는 물론 회원활동으로서의 성과도 거두었다.

5) 남성에게도 아이 키우는 기쁨을!

2001년 8월의 평등법, 근로기준법, 고용보험법의 개정은 여성노동운동사에서 큰 의미를 가진다. 산전후휴가 기간을 90일로 확대하고 산전후휴가·육아휴직 급여를 사회분담화하는 내용을 포함하고 있는 이 개정은 직장과 가정생활의 양립을 지원하는 새로운 전기를 마련했기 때문이다.

당시 우리 사회의 모성보호는 국제적으로 매우 낮은 수준이고, 산전후휴가와 육아휴직기간의 급여가 전적으로 기업의 부담으로 되어 있었다. 때문에 기업은 모성보호와 가정·직장의 양립지원을 여성고용의 부담으로 인식해 이 제도가 오히려 여성차별을 정당화하는 구실로 작용하고 있었다. 이러한 현실은 사회보장제도를 통해 사회가 공동으로 책임질 수 있도록 관련 비용을 사회분담화하는 정책 마련이 절실하다는 문제의식으로 연결되었다.

2001년 평등법이 개정되기 훨씬 이전부터 여성단체들은 모성보호비용의 사회분담화를 요구해왔다. 90년대 이후 민우회는 여성노동자의 고용안정, 고용의 지속성 보장의 관점에서 '직장과 가정의 양립지원'과 관련한 제도가 시급히 마련되어야 함을 강조하였다. 이러한 문제의식을 공론화하기 위해 93년 모성보호 비용의 사회부담화에 대한 실태조사와 '한국의 모성보호와 국가정책'에 대한 심포지엄을 개최(한국여성연구회, 한국여성노동자회협의회와 공동 주최)했다. 이후 모성보호 비용의 사회부담화에 대한 논의는 더욱 확대되어 여성연합을 중심으로 워크숍, 전문가 간담회가 개최되었다. 96년 11월에는 민우회와 한국여성노동자회(이하 여노회), 여성연합, 서울YWCA, 여협, 민주노총, 한국노총 등이 공동으로 전 국민 의료보험에서 모성보호비용을 부담해야 한다는 내용의 정책제안서를 대통령, 국회 등에 제출했다.

여성의 경제활동참가율이 25세에서 34세 사이에 현격히 떨어지는 M자형을 보이는 것은 여성들이 육아문제로 노동시장에서 퇴장하기 때문이다. 결국 육아문제가 해결돼야만 여성들이 계속 노동시장에 참여할 수 있는데, 이를 위해서는 육아휴직, 보육시설 설치 등 직장과 가정을 양립할 수 있는 지원조치가 확대되어야 한다. 민우회에서는 94년 '육아휴직과 직장보육시설의 충족 방안'에 대한 심포지엄을 개최하여 육아휴직 사용률을 높이기 위한 법·제도적 장치 보완과 직장과 지역을 결합한 직장보육시설 설치 확대를 요구하였다.

특히 2001년 평등법, 근로기준법 개정 이후에는 직장과 가정의 양립과 관련하여 크게 두 가지 방향으로 활동을 전개했다. 먼저, 양육책임의 사회화와 관련된 활동이다. 이와 관련해 민우회는 요보호아동에 대한 보육만이 아니라 보육요구가 있는 모든 아동들에게 평등한 기회를 제공하는 보편주의적 관점에서 보육의 사회화가 필요하고, 이를 위해선 국·공립보육시설의 확대가 매우 중요함을 강조하고 있다. 실제 공보육 정책은 여성노동수요를 촉진하는 정책과 병행되어야 실질적인 효과를 발휘할 수 있다.

두 번째, '정상노동자'라는 노동자 상에 대한 문제제기이다. 남녀를 불문하

평등한 일·출산·양육을 위한 3·3·7 캠페인(2005)

고 모든 노동자는 가족 책임이 있는 노동자라는 전제하에 만들어진 기업문화, 노동정책으로 재구조화되어야 한다는 생각이었다. 이를 위해선 공사영역에서의 성별역할 분업을 해소하는 것이 매우 중요한 과제이다. 즉, 남성의 사적 영역 참여가 노동시장에서의 여성퇴출, 여성차별의 문제를 해결하는 주요 방안이 되는 것이다. 이에 민우회는 남성의 양육참여를 이끌어낼 수 있는 정책적·제도적·문화적 개혁의 필요성을 주장, 관련 활동을 전개하게 된다.

2003년에 열린 국제포럼 "'삶의 패러다임을 바꾸자' - 평등한 일·출산·양육"은 이런 맥락에서 개최한 것이다. 포럼에서는 한국 상황에 대한 분석과 외국의 양립지원제도 소개, 그리고 삶의 패러다임을 바꾸는 직장과 가정의 양립지원 조치에 대한 구체적인 대안을 제시하여 사회적·정책적 관심을 높여 나갔다. 국제포럼을 앞두고 '직장과 가정의 조화로운 양립을 가능하게 하는 조건'에 대한 설문조사를 하였는데, 제일 중요하게 '보육시설의 확대와 질적인 향상', 두 번째로 '자녀양육을 여성의 책임으로 여기는 의식의 변화'라는 결과가 나왔다. 결국 성별분업구조를 깨뜨려 여성에게는 보다 적극적인 경제활동을, 남성에게는 가사와 양육의 분담을 하도록 삶의 모델을 바꾸고, 정부와 기업은 일과 가족의 양립을 적극 지원해주어야 한다는 결론인 것이다.

이 과정에서 법·제도 개선 노력과 함께 삶의 패러다임을 바꾸기 위해서는 우리 사회의 인식, 문화 개선을 위한 노력이 필요하다는 점을 강하게 인식하

[국제포럼] 삶의 패러다임을 바꾸자!

평등한 일·출산·양육

민우회 여성노동센터에서는 현재 우리 사회에 만연해 있는 성별분업에 대해 문제제기하고 남녀가 평등하게 가정과 직장에 참여함으로써 진정한 가정과 직장의 양립을 가능하게 하는 조건과 제도를 제시하기 위한, 2003년, '평등한 일·출산·양육을 위한 프로젝트'를 진행하고 있습니다.

지금까지 평등한 일, 출산, 양육의 실태를 조사하기 위해 아이를 키우고 있는 남녀 노동자들을 대상으로 설문조사를 진행하였고, 아이를 양육하며 어떤 어려움을 겪고 있는지에 대해 설문조사로 담아내기 어려운 구체적인 이야기를 듣기 위한 심층 인터뷰를 진행하였습니다.

이러한 조사 내용을 공유하고 직장과 가정을 병행하면서의 어려움을 해소하기 위한 방안을 토론해보는 자리로, 평등한 일, 출산, 양육을 위한 국제포럼을 개최합니다.

> 일 시 : 2003년 9월 3일(수) 오후 1시~6시
> 장 소 : 한국프레스센터 국제회의장(20층)

[프로그램]

• 환영사(1:00~1:10) - 김상희(한국여성민우회 상임대표), Scott Snyder (Representative the Asia Foundation)
• I 부(1:10~2:20) 사회: 정강자(한국여성민우회 공동대표)
영상물 상영
주제발표 1 실태조사 분석결과 발표: 일, 출산, 양육의 현주소 - 장지연(한국 노동연구원 연구위원)

주제발표 2 해외 정책 비교연구 발표: 가족수당에서 일,가족 양립지원으로
      - 박옥주(한국여성연구소 연구위원)
• Ⅱ부(2:40~6:00) 사회: 조은(동국대학교 사회학과 교수)
주제발표 3 평등한 일, 출산, 양육을 위한 정책제언 - 정강자(한국여성민우
      회 공동대표)
주제발표 4 여성인력, 양립 지원 정책의 현황과 전망: 해외 사례(Asia
      Pacific: IBM, German: Federal Ministry for Family Affairs,
      'Senior Citizens, Women and Youth')
주제발표 5 여성인력, 양립 지원 정책의 현황과 전망: 국내 사례(삼성생명,
      한국전력공사)
토론 양승주(노동부 고용평등국 국장), 김애량(여성부 여성정책실 실장),
      Betty Chung(Co-Chair, Professional Women's Committee, American Chamber
      of Commerce Korea), 김태홍(한국여성개발원 연구위원), 황덕순(한국노
      동연구원 연구위원), 이호성(한국경영자총협회 사회복지팀 팀장), 조
      숙현(KTF 청년이사회 '하트보드' 멤버)

게 되었다. 그러한 노력의 일환이 2003년에 시작하여 2006년까지 4차례에
걸쳐 진행한 '평등한 일·출산·양육 캠페인'9)이다. 이 일련의 캠페인은 임신·
출산·양육이 결과적으로 여성노동자에게 불이익으로 작용하는 현실을 드러
냄과 동시에 남성의 양육노동 참여와 이를 위한 제도적 기반 마련과 의식변화

---

9) 2003년 국제포럼 이후 캠페인의 주요 내용은 2004년 평등한 일·출산·양육 캠페인
'STOP! 출산해고', 'GO! 평등양육', 2005년 평등한 일·출산·양육을 위한 3·3·7 캠페인
'바꾸자! 만들자! 남성육아휴직제!'(사이버 폴, 홍보물 및 지침서 발간 및 배포, 거리
캠페인), 2006년 '참여하는 남성이 아름답다!'(교육용 애니메이션 — 1화 : 불량아빠의
하루 / 2화 : 문제없다구요?! — 제작, 아빠권리찾기를 위한 세 가지 약속 담은 포스터
제작 및 배포) 등이다.

의 필요성을 알리는 것을 주 내용
으로 하고 있다.

특히 출산과 양육을 지원하는
것은 '여성을 위한 제도'라는 잘
못된 인식을 개선하고 남성의 양
육참여를 위한 조건으로 남성육
아휴직 할당제를 제기하기도 하
였다. 그리고 일상에서 개인들이
실천할 수 있는 구체적인 지침들
을 개발하여 사회적으로 공론화
했다. 남성들의 실천지침을 담은
지침서, 남성의 양육참여를 권리
로 인식하고 실천할 수 있도록 한
'아빠권리찾기 포스터', 남성의

참여하는 남성이 아름답다 캠페인(2006)

양육참여에 대한 편견을 없애기 위한 교육용 애니메이션 제작 등이 그 예라
할 수 있다.

4. 흔들리는 여성노동권, 여성들이 갈 길은 어디인가?

1) 채용은 제일 나중, 해고는 가장 먼저: 여성우선해고 반대운동

97년 말부터 시작된 IMF 경제위기는 여성노동자들에게 큰 영향을 미쳤다.
남성들의 실업이 늘어나고 일자리가 불안정하자 '남성가장 이데올로기'가
판을 치면서 사회분위기는 '고개 숙인 남자'의 기를 살리는 것이 지상명령이
되었다. 한편 여성노동자들은 우후죽순 노동현장에서 퇴출당했다. 이러한

현실에서 민우회는 그동안의 고용평등운동이 한순간에 쓰러질지도 모른다는 위기감을 느끼게 되었다.

이 시기에 민우회는 대량실업 시기, 여성노동자들의 생존권 투쟁시기에는 어떤 내용과 방식으로 활동을 전개해야 하는가에 대한 고민과 방향 모색을 하게 된다. 민우회는 IMF 이후 변화된 노동시장에서 새롭게 등장하는 이슈들을 개발, 대응하는 활동을 전개하였다. 여성실업 문제가 주요한 화두로 등장하면서 실업운동에 대한 모색을 하기도 하였다. 특히 예비취업교육캠프, 신규 실업문제해결을 촉구하는 거리캠페인 등을 통해 여성신규실업자조직에 대한 가능성을 타진해왔다.

그러한 노력의 일환으로 민우회는 1999년 여성신규실업자조직 준비위원회를 띄우고 취업실태 설문조사발표와 취업실태관련 학생 간담회를 진행한 후 여성신규실업자조직인 '희망선언'을 발족하게 된다. '희망선언'은 입사과정의 성차별(취업실태조사, 군복무가산제), 실업정책 모니터링(정부지원 인턴제 모니터링), 예비취업여성을 위한 책자 『꿈을 찾아가는 JOB소리』 발간 등의 활동으로 그동안 전혀 드러나지 않았던 신규여성실업의 심각성을 알려냄으로써 대사회적으로 여성실업문제의 범위를 확장시켰다. 다른 한 축으로 97년에 설립된 여성 직업훈련기관인 '일하는여성의집'은 대량 실업 시기를 맞아 '여성실업자 힘내기 한마당' 등 여성실업문제해결 및 극복을 위한 다양한 프로그램을 진행하게 된다.

그러나 이때의 가장 핵심적인 사건은 무엇보다도 여성들에 대한 해고바람이었다. 기혼여성에 대한 해고, 산전후휴가 중인 여성에 대한 해고, 장기근속여성에 대한 해고, 비정규직 여성에 대한 해고…… 등. IMF 구제금융의 여파가 시작된 97년 12월부터 민우회 사무실에는 여성들이 1차적인 해고대상이 되고 있다는 상담이 들어오기 시작하더니 시간이 갈수록 하나의 거대한 흐름을 형성하였다. 일할 의지도, 능력도 아무 소용이 없었다. 단지 여자라는 이유만으로 해고의 사유가 되었다. 무자비하게 휘두르는 해고의 칼날 앞에

여성우선해고에 대한 기자간담회(1998)

여성들은 추풍낙엽처럼 떨어져나갔다. 여성들이 더 이상 벼랑 끝으로 내몰리지 않기 위해서는 발 빠른 대응이 필요했다.

민우회는 여성들을 일차적으로 해고하는 현상을 '여성우선해고'로 명명하고 그 부당성을 공론화하였다. 그래서 여성우선해고의 문제점을 알리고 그러한 흐름에 제동을 걸기 위해 기자간담회를 열어 '여성우선해고반대운동'을 선언하였다. 동시에 여성우선해고를 한 기업들 중 삼성에버랜드, 대우자동차, LG건설 등 대기업을 대표적으로 노동부에 고발하였다.

민우회의 여성우선해고 반대운동 선언과 상담사례가 언론을 통해 알려지자 상담이 빗발치기 시작했다. 1997년까지 150~200건 정도였던 상담이 1998년에는 352건을 기록했고 97년까지 전체 상담건수의 약 15~25%를 차지하던 해고상담이 98년에는 158건이 접수된 것만 보아도 그 당시 상황을 짐작해볼 수 있다. 나라가 어렵다, 기업이 어렵다는 이유로 해고대상 1순위가 되어야 하는 여성노동자의 현실, 거기다 특별히 어려운 상황이 아닌데도 경제위기라는 사회적인 분위기에 편승하여 눈엣가시 같은 여직원을 내보내려 하는 기업들의 부당행위가 고발과 상담전화를 통해 쉴 틈 없이 이어졌다.

민우회는 이러한 여성우선해고 흐름이 향후 여성노동권에 큰 영향을 끼칠 것이라고 보고 이를 담론화하기 시작했다. 대표적인 예가 "남녀고용평등법

10년, IMF 1년 – 흔들리는 여성노동권, 대안을 모색한다"라는 정책토론회 개최이다. 이 사업의 주요 내용은 실태조사를 통해 현재 경제위기 속에서 여성노동자들의 고용안정과 고용평등의 현황을 고발하고 과제를 도출하는 것이었다. 그 결과 노동부에서 이 실태조사를 실증적 근거로 삼아 금융기관, 공기업 등에 성차별적 해고를 금지하는 행정지도를 내리는 계기가 되었다.

이 같은 여성우선해고 반대관련 활동의 결과로 정부는 정리해고 시 성차별을 금지한다는 내용을 국정 100대과제와 포함시키고 노동법 개정안에도 규제조항을 명시하게 되었다. 또한 전국지방노동관서는 '여성차별해고 신고창구'를 설치하게 되었다.

2) 762쌍 사내부부 중 752쌍이 사표를 내다

여성우선해고의 가장 흔하고 대표적인 방식은 바로 부부사원해고, 맞벌이 여성해고였다. 성차별적 해고라는 혐의를 피하기 위해 '부부사원', '맞벌이사원'을 대상으로 했다 하더라도 대부분 해고압력은 여성노동자에게 쏠려졌고 결과적으로 주로 여성들이 해고되었다는 점에서 여성우선해고의 다른 말이기도 했다. 사실상 '여성'해고임에도 기업이나 언론은 '맞벌이여성'의 퇴사라는 점을 강조함으로써 남성은 생계 책임자이므로 남아야 한다는 가부장제이데올로기를 그대로 유지·강화시켰다.

이는 맞벌이기혼여성의 경제적 주체성을 인정하지 않을 뿐 아니라 성차별적인 '여성'해고임을 은폐하고 해고의 정당성을 보다 강조하기 위한 것이 아니었을까. 시기도 어려운데, 혼자 버는 사람이 잘리는 것보다 둘이 버니 그중 한 사람이 나가는 것이 낫지 않겠냐는 이야기가 상당히 합리적인 논리로 여성들을 압박하는 가운데, 기혼여성들은 별다른 저항도 못해 보고 소문, 강요, 설득에 의해 퇴직을 당하고 있었다. 하지만 남편들이 같은 직장에 볼모로 잡힌 상황이라 어떤 여성도 과감히 해고의 부당성을 제기하지 못하고 있었다.

민우회에도 사내부부라서 해고 대상이 되고 있다는 상담, 그만두고 싶지 않은데 시집에서 남편 잡아먹을 X이라고 하니 더 이상 버티기 어렵다는 상담, 남편과 이혼하면 잘리지 않을 수 있냐는 상담 등 사내부부해고 상담이 줄을 이었다. 그러나 막상 공식적으로 문제제기를 할라치면 결국 남편 때문에 좌절하는 일들이 반복되었다.

그러다가 99년 초 농협중앙회에서 대규모 사내부부 해고가 이뤄지면서 두 명의 여성을 만나게 되었다. 이들은 지금까지 경제위기 시 특히 금융권에서 여성노동자들이 대거 퇴출한 사건, 남성가장 이데올로기로 여성노동자를 경제위기의 1차적 희생양으로 만든 대표적인 사건의 주인공들이다.

농협은 1998년도 기준 372억 원의 흑자를 내는 등 긴박한 경영상 이유가 없음에도 불구하고 인원감축 계획을 강행했다. 1999년 1월 11일에서 1월 15일까지 명예퇴직을 실시하면서 '상대적 생활안정자'라는 명분하에 사내부부를 겨냥해 퇴직을 강요했다. 사내부부 중 1명이 명예퇴직을 신청하지 않을 경우 향후 명예퇴직금이 없을 뿐만 아니라 명령휴직 조치를 내리겠다고 발표한 것이다. 특히 여성에 대한 부당한 압력이 계속되는 상황에서 762쌍의 사내부부 중 752쌍이 명예퇴직을 신청했고 그 가운데 91%인 688명의 여성이 퇴직하는 결과로 나타났다.

농협의 성차별적 구조조정에 대해 1999년 5월 해고자 김미숙, 김향아, 여성단체 대표·교수 등 25인은 헌법 제32조 제4항(고용·임금 및 근로조건에 있어서의 남녀평등), 근로기준법 제5조(균등처우), 제30조(해고 등의 제한), 제31조 제2항(경영상 이유에 의한 해고의 제한), 남녀고용평등법 제2조의 2 제1항(정의), 제8조 제1항(정년 퇴직 및 해고)을 위반한 혐의로 농협중앙회를 고소·고발하였고, 1999년 6월 부당해고무효확인소송을 제기하였다.

그러나 농협중앙회의 부당해고무효확인소송에 대해 서울고등법원 민사제18재판부는 서울지방법원의 원고기각판결에서 한 발자국도 나아가지 못

농협 사내부부 해고 반대투쟁(1999)

한 채, '사내부부'라는 기준이 '합리적'이며, 이들의 명예퇴직은 '강요'에 의해서가 아니라 "당해 부부가 자율적으로 판단할 사항"으로 자발적 선택이 었으며, 그러므로 '아내가 유난히 많이 퇴사한 것'도 "남녀평등에 반하여 여성을 차별한 것이라고 볼 수 없다"고 원고 패소 판결을 내렸다. 2심 판결의 논리를 기조로 하여 2002년 11월 8일, 대법원 또한 원고 패소 판결을 내렸다.

한편 농협사건과 동일한 사내부부해고사건으로 '농협소송 후원의 밤' 행사에서 용기를 얻어 소송을 하게 된 알리안츠 생명 여성우선해고 사건은 기나긴 싸움 끝에 대법원에서 먼저 승소[10]했다. 긴 시간 동안 민우회와 함께 울며 웃으며 함께 해온 알리안츠 생명 사내부부해고자들은 민우회와 함께 그 기쁨을 나누며, 승소평석회를 진행하기도 하였다. 이렇게 유사사건에 대해 서로 다른 판결이 난 것이 대법원 스스로도 이례적이었는지 별지로 판결이 다른 이유를 발표했으나 설득력은 없었다.

---

10) 83명의 사내부부 여성들이 집단해고당한 알리안츠 제일생명의 부당해고무효확인소송은 당사자들의 굳은 의지와 민우회의 소송 지원 속에서 2002년 4월 대법원 승소판결을 받았다. 사내부부라는 기준을 정해 부부 중 일방이 나가도록 종용한 것은 '강요'이므로 이는 '사직'이 아니고 '해고'라며 원고승소판결을 내린 것이다.

농협 사내부부 해고사건은 4년이라는 긴 시간 동안 진행된 싸움의 결과로서 '패소'는 쓰라린 경험이었다. 그러나 소송 기간 동안 이 사건이 사회적으로 미친 파장은 대단했고 역사적으로도 큰 의미를 가진다. 이 사건은 경제위기 시 남성가장 이데올로기를 기반으로 사회적 약자(여성)를 발판으로 위기를 극복하려는 관행에 경종을 울리며, 사내부부 해고와 같은 성차별적 해고가 반복되지 않도록 하는 파급효과를 가졌다.[11] 특히 유사한 상황에 처해 있는 많은 사내부부들에게 이 소송 자체가 큰 힘이 되었다. 또한 남녀차별금지및구제에관한법률의 차별금지기준, 그리고 평등법의 남녀고용평등업무처리규정에 성차별적 해고 기준으로 명문화되었다.

민우회 역시 사건접수 시부터 2002년 대법원 판결까지 긴 시간 동안 다양한 내용과 방식으로 실천활동[12]을 벌이고 단일사건으로서 전무후무할 정도

---

11) 당시에 국민연금관리공단, 한국통신 등에서 사내부부를 해고의 기준으로 하여 여성들에게 실질적 퇴직압력을 넣는 비슷한 사건들이 발생했고 이에 노조, 민우회가 함께 대응하고, 집회에 농협소송자가 지지발언을 나가는 등의 활동을 펼쳤다. 이러한 활동으로 사내부부 해고압력이 중단되거나 철회되었다.

12) 농협 사내부부 해고사건과 관련된 활동 내용을 일자별로 보면 다음과 같다.

1999. 5. 11 농협 성차별적 구조조정 대응을 위한 교수간담회
1999. 5. 13 농협중앙회 고소·고발(고소: 김미숙, 김향아, 고발:정강자, 이은영, 조은 외 25인)
1999. 5   사내부부해고소송 지원 모금운동
1999. 6. 3   농협소송 지원하는 공동변호인단 구성(13인) 및 민사소송
1999.   신종 조기퇴직 반대 긴급 기자회견 및 항의집회
1999. 6. 23 농협구조조정에 대한 전문가 간담회
1999. 7. 30 전문가의견(조순경, 이은영, 조은, 전경옥, 이대 여성학과 대학원생 4인) 검찰제출
1999. 10. 19 "사내부부해고, 왜 성차별인가?" 토론회
1999. 10   서울지방경찰청에 의견서 제출
1999. 12   민우회, 이대 여성학과 주최 농협 사내부부해고 규탄시위(장소: 농협중앙회 앞)
1999. 12   농협 사내부부 여성해고자 36명 2차 민사소송
           농협 사내부부 사건을 다룬 다큐멘터리 〈평화란 없다〉 제작시사회 및

로 상당한 조직적인 투여를 했다. 그만큼 농협사건이 가지는 중요성은 컸다. 먼저 소송결과를 떠나 사내부부해고, 여성우선해고라는 흐름이 남성생계부양자논리를 기반으로 하고 있다는 점을 드러내고 이에 대한 이데올로기적 대응이 매우 필요하다고 보았다. 또한 다른 사안에 비해 여성노동자 당사자들이 주체가 되어 적극적으로 활동하기에 어려운 상황(해고라는 상황, 대부분 배우자가 고소한 직장에 다니고 있는 상황)에서 지원활동이 큰 비중을 차지할

배포
2000. 1   농협 사내부부 여성해고자 9명 3차 민사소송
2000. 3   복직 희망하는 서명운동, 한국여성대회에서 김미숙, 김향아 디딤돌로 선정
2000. 4   민우회, 고발인 28인 성명서 발표
2000. 10   민우회 외 10개 단체 탄원서 제출 및 촉구서한 재판부에 제출
2000. 11   1심 선고에 대한 성명
           인터넷상에서의 사내부부해고소송기각판결에 대한 항의메일 조직, 검찰
           과 재판부에 엽서쓰기조직
2001. 2.   농협 소송자 모두모두 모이는 날 진행
2001. 3   농협 사내부부 여성해고자 원직복직 소송 후원의 밤
           농협 사내부부 해고자 다음 카페 진행
2001. 6   농협 상고 대책 회의, 소송자 모임
2001.   한국통신 사내부부 여성해고자 모임,
           차별적 해고 대응지침서 『사직서는 절대 안 돼! 차라리 해고를 당하라!』
           제작
           알리안츠생명 사내부부해고사건을 다룬 영상물 〈83명의 인질〉 제작
2001. 12   농협 승소를 바라는 마음을 담은 학 접기
2002. 1~4 〈83명의 인질〉 KBS 열린채널 방영, 여론화 작업(신문칼럼 4군데, 라디오,
           TV, 독자칼럼 조직, 웹사이트 등)
2002. 5   2심선고에 대한 성명, 사내부부 해고 항소심 판결 평석회
2002. 5   농협 사내부부해고 무효확인 소송 3심 공동변호인단 16인 구성
2002. 7. 22~8. 23까지(5주간 매일) 3심승소를 위한 대법원 앞 릴레이 1인 시위
2002 7. 26 알리안츠 제일생명 대법 승소판결 환영논평
2002. 11. 8 3심 규탄성명 "사내부부해고는 성차별이다!"
2004. 12   사내부부해고 사건백서 제작

수밖에 없었다. 그리고 비슷한 일련의 사건들이 발생하는 상황에서 이 사건이 다른 사업장에 미치는 영향이 컸기 때문에 이에 대한 대응활동이 중요하다는 판단이었다.

그러나 결국 '패소'라는 판결은 당사자와 민우회, 이 문제에 관심을 갖고 지원을 했던 많은 이들에게 큰 좌절을 안겨준 것은 사실이다. 뿐만 아니라 법적 투쟁에 일정한 한계를 느끼게 했고 법률적 접근을 통한 사회 의제화나 활동방식에 대해 민우회가 성찰을 하게 되는 계기가 된다.

3) 희망을 만들어가야 하는 비정규직 문제

2007년 4월 현재 여성의 경제활동참가율은 50.7%로 95년의 48.3%에 비하여 겨우 2.4% 증가된 것에 반해, 여성의 비정규직화는 급속도로 확대되어왔다. 2007년 3월의 통계청 '경제활동인구조사 부가조사'에 따르면 여성의 경우 정규직이 216만 명(32.5%), 비정규직이 447만 명(67.5%)으로, 비정규직이 2배 이상 많은 것으로 나타났다(김유선, 2007).

정규직과 비교하여 채용과 해고가 자유롭고 저임의 노동력을 탄력적으로 활용할 수 있는 방안으로 비정규직이 확산되었고, 이는 주로 여성노동자를 대상으로 진행되었다. 이러한 비정규직의 확대는 결국 여성노동자들의 고용 불안정 강화, 노동조건의 후퇴, 노동조합의 약화라는 문제점을 드러내며 전반적으로 여성고용의 질을 낮추어왔다.

97년 IMF 경제위기 이전인 90년대 초부터 이미 여성노동자의 비정규직화가 진행되는 흐름 속에서 민우회는 실태조사와 상담 등을 통해 비정규직의 현실을 여론화하고 노조가 대책을 수립하도록 하는 데 많은 노력을 기울였다.

정부는 91년 근로기준법 개정안에 인력난 해소와 기혼여성의 취업증진을 위해 시간제 고용의 확대실시 방안을 내놓았다. 정부는 시간제 고용을 여성노동자의 근로시간, 근로장소의 유연화로 가사노동과 육아부담을 줄이고 여성의 노동시장 참여를 촉진할 수 있는 방안으로 보았다. 그러나 여성노동계는 비정규직의 확산은 노동시장에서 여성의 지위하락으로 이어지므로 시간제 고용증가는 고용평등의 관점에서 결코 바람직하지 못하다는 입장을 갖고 노동법개악 철회를 포함하여 정부의 여성노동정책 전반에 대한 수정을 요구하였다.

이러한 흐름 속에서 민우회는 정책토론회 "임시고용과 노동조합의 나아갈 방향"(1992년) 등 몇 차례의 심포지엄을 개최하고, 병원·유통·은행노조에 '시간제연구팀' 구성을 제안하여 활동하였다. '시간제 연구팀'에서는 시간제 노동관련 대책을 논의하고 또 시간제 고용실태를 조사하여 "시간제 노동의 실태와 정책방향"(1995) 토론회를 개최하면서 정책대안을 마련했다. 1996년 에는 『시간제노동 가이드북』[13]을 발간하여 시간제 노동자들의 권리에 대한 정보를 제공하였다.

한편 이중적인 고용관계에 의해 중간착취를 합법화하려는 근로자파견법 제정 움직임에도 대응했다. 93년부터 전국노동조합협의회 고용문제대책위원회에 결합하여 "무권리, 이중착취. 용역노동의 실태와 대응"에 대한 공동토론회를 주관하는 등 노동조합, 여성단체들과 연대하여 근로자파견법 제정 저지활동을 하였다. 1993년에는 토론회 "파견노동의 문제점과 대응방안"을 공동주최하였고, 파견법 제정이 여성노동자에게 미칠 악영향을 심각하게 우려하여 1995년에는 '남녀고용평등법 내 간접차별, 직장 내성희롱 금지조항 신설과 근로자파견법 제정반대를 위한 공동대책위'를 발족, 시위 조직과 의견서 발표 등 파견법 제정 저지를 위한 다양한 활동을 하였다. 이러한 입법 저지활동에도 불구하고 1998년 파견근로자보호 등에 관한 법률은 제정

---

13) 『시간제노동 가이드북 - 시간제도 퇴직금을 받을 수 있나요?』에서는 파트타임 노동자 의 법적 권리, 파트타임에 관한 국제협약, 파트타임 노동자에 대한 노동권 침해가 있을 때 권리구제방안과 절차 등의 정보가 제공되어 있고 그 해결방안이 제시되어 있다.

되었고 비정규직은 더욱 확산되었다.

IMF 경제위기 전후로 비정규직은 확산되었고 비정규직에 대한 차별은 노동시장에서 광범위하게 진행되고 있다. 특히 2000년 들어서면서 노동시장의 유연화, 글로벌화라는 시대적 상황은 여성노동 전반에 지대한 영향을 미쳤다. IMF 경제위기 시 구조조정 과정에서 등장했던 경제위기 담론, 혹은 경쟁력 강화 담론 하에서는 가장 취약한 위치에 있는 여성노동자가 가장 치명적인 영향을 받게 된다. 민우회는 전반적인 세계경제의 변화, 그에 따르는 노동시장의 재편에 대한 분석과 함께 이러한 거시적인 담론들이 구체적으로 여성노동자에게 어떤 영향을 미치게 되는지, 그리고 그에 어떻게 대응할 수 있는지에 대한 방안을 모색하게 되었다.

비정규 관련 활동은 상담으로 집중되었고, 그 외에 비정규공대위, 최저임금 연대회의 등 연대 단위에 참가하여 활동하는 것으로 나타났는데, 여성단체, 시민사회단체, 노동조합 등과 연석회의, 공동대책위원회 등을 구성하여 비정규 노동자 기본권 보장과 차별 철폐를 위한 대응활동을 벌여나갔다. 그러나 한편 비정규직의 확대 등으로 열악해지는 여성노동자의 지위와 고용 불안정성을 돌파해나가지 못한다는 고민은 더욱 깊어졌다.

비정규직관련 법안이 논의되면서 민우회는 관련 법안이 실효성 있는 내용을 담을 수 있도록 노력했다. 특히 많은 반대와 논란 속에서 2007년 7월부터 시행된 현행 비정규직관련법에 대해서 민우회는 노동단체·시민사회단체와의 공동 기자회견 혹은 성명서 발표 등을 통해 법 제정과정에서부터 적극적으로 개입했다. 즉, 사유가 있는 경우에 한하여 비정규직 사용을 제한적으로 허용하여 비정규직의 확산과 남용을 규제하고, 비정규직 노동자에 대한 차별 금지를 명확히 해야 한다고 주장했다. 비정규직 문제에 대한 상담과 대응, 지원활동을 통해 사유제한이 매우 중요함을 확인했기 때문이다.

그리고 이러한 주장을 공론화하기 위해 민우회는 한국비정규노동센터와 공동으로 "비정규직 여성 노동자 증언대 – 2005년 계약직 여성노동자 이야기,

정부의 비정규직 법안은 누구를 보호하는가?" 토론회를 개최하였다. 이 토론회에서는 비정규직 여성노동자들이 직접 자신의 사례를 이야기함으로써 당시 국회에서 논의 중인 비정규직관련 법안의 문제점을 구체적으로 제기하였다. 증언대에서 발표된 사례 중 계약직으로 근무하면서 매년 형식적인 재계약 과정을 거쳐 5년 동안 근무하다가 해고당한 S대 사건에 대해 민우회는 학교 측에 부당해고 철회촉구 의견서 발송과 복직을 촉구하는 동문들의 탄원서를 조직, 제출하였다. 특히 민우회 회원들은 2006년 11월 중순 8일 동안 학교 앞에서 1인 시위를 하며 학생과 교직원들에게 해고의 부당성을 알리는 지원 활동을 하였다.

2007년 현재 금융업과 서비스업 등에서는 정규직과 구분되는 별도의 직군을 설치하여 기존의 비정규직을 전환, 배치하는 직군분리제가 확산되면서 비정규직의 대다수를 차지하는 여성노동자에 대한 차별을 고착화한다는 우려를 낳고 있다. '직군분리제'와 관련된 논의는 2006년 우리은행에서 창구업무를 담당하는 비정규직을 정규직 노동자와 별도로 관리하는 직군으로 분리하여 제도화하기로 노사가 합의하면서 촉발되었다. 이에 민우회는 '직군분리제' 논란을 짚어보면서 당시 제출된 '비정규직법안'의 문제와 극복방안을 모색하는 토론회 "금융권 신인사제도, 차별시정의 대상인가? - 창구업무 여성비정규직 사례를 중심으로"를 개최(한국비정규센터와 공동주최)하였다.

기간제및단시간근로자보호등에관한법률(제정), 파견근로자보호등에관한법률(개정)은 민우회를 비롯한 시민사회단체와 노동계가 반대하는 와중에도 2006년 11월 통과되어 2007년 7월 1일부터 시행되었다. 비정규직 노동자에 대한 보호법안은 무분별한 비정규직 사용을 막고, 실질적으로 차별을 금지할 수 있도록 만들어져야 한다. 그럼에도 불구하고 7월부터 시행되는 비정규직 관련법은 비정규직 보호법으로서의 명분을 상실했을 뿐 아니라 내용 역시 '비정규직 보호'가 아닌 '비정규직 양산'하는 법으로 기능하는 문제점을 드러내고 있다.

민우회와 차별연구회가 공동주관한 토론회 "KTX 여승무원 직접고용, 왜 필요한가?"(2006)

2007년 현재 우리 사회에서 비정규직 문제는 중요한 사회적 해결과제로 떠오르고 있고, KTX 승무원, 이랜드 등의 투쟁은 지난한 과정을 거치고 있다. 2007년 8월 현재 500일 넘게 싸우고 있는 KTX 승무원들의 현실은 성차별적인 간접고용의 문제점을 적나라하게 보여주는 대표적 사례이다. 이러한 인식하에서 민우회는 KTX 승무원 농성이 시작되자 KTX 여승무원 업무에 대한 외주 위탁이 갖고 있는 문제점을 다양한 각도에서 짚고 직접고용의 필요성과 대안을 찾아보기 위해 토론회 "KTX 여승무원 직접고용, 왜 필요한가?"를 개최(2006년 4월 26일. 한국여성민우회, 차별연구회 주관, 여성연합, 장애인편의시설촉진시민연대 등 공동주최)하는 등 지원활동을 전개하였다. 그러나 철도공사는 2008년 1월 현재까지 직접고용을 요구하는 수많은 시민사회단체·법조계·학계의 주장뿐 아니라 국가인권위원회의 권고[14]조차 무시하면서 문제해결 의지를 보이지 않고 있다.

---

14) 국가인권위원회는 KTX 여승무원의 진정건에 대해 "합리적인 이유 없이 KTX 고객서비스 업무를 여성의 업무로 한정하고 이 사건 피해자인 KTX 여승무원들을 성별분리 채용하여 불리한 고용조건을 형성한 것은 성별을 이유로 한 고용차별에 해당한다"고 결정하였다.

이랜드불매운동, '여성에게 좋은 기업 만들기 실천단'(2007)

비정규법의 시행으로 가장 우려되었던 점은 외주·용역화를 통한 간접고용의 확산이었고, 이러한 우려는 법 시행 직후 이랜드 사건을 통해 현실화되었다. 이랜드 기업은 비정규법 시행에 맞춰 차별해소부담을 회피하고 비용을 절감하기 위해 직접고용하고 있던 계약직 노동자들을 해고하고, 업무를 용역화한 대표적인 사업장이다. 이에 여성노동연대회의(여성연합, 민주노총, 한국노총, 민우회, 여노회, 전국여성노동조합)는 2007년 7월 19일 '이랜드 비정규직 여성노동자 차별 실태 드러내기 증언대회'를 열었다. 또한 민우회는 '나쁜 기업 이랜드 불매 시민행동'과 '여성에게 좋은 기업 만들기 실천단'에 참여하여 이랜드 계열 기업에 대한 불매운동을 적극적으로 펼치고 있다. 그러나 2008년 1월 현재까지 이랜드 문제는 아직 해결되지 않고 있다. 이것이 현재 여성노동자의 현실이다.

5. 과제와 전망

87년 창립 이후 여성노동운동을 해온 민우회는 여성노동문제가 노동문제와 여성문제가 중첩된 과제라는 점을 강조해왔다. 이에 민우회는 노동운동과 여성운동의 통합성을 이뤄내려는 노력을 열심히 해왔다. 또 성별역할분업구조의 타파를 위해 여성노동자의 고용평등과 고용안정, 모성보호 및 가정과 직장의 양립 지원을 위해 노력해왔다. 여성의 일상적이고 구체적인 삶과 연계된 다양한 이슈를 개발하고 법·제도를 개선하고 정착시켰으며, 단체협약·취업규칙 등 기업 내의 성차별적인 인사제도를 개선해왔다. 이를 통해서 여성노동운동의 주체를 형성하고 저변을 확산하였으며, 여성노동운동, 여성운동의 대중화를 시도하였고 결과적으로 성평등 의식을 이 사회에 확산할 수 있었다.

이러한 진전에도 불구하고 비정규직의 증가, 빈곤의 여성화, 6%에 머물고 있는 여성노동자의 노동조합 조직률 등 여성의 사회적·경제적 지위는 전체적으로 열악한 상황으로 치닫고 있다. 여성 간 계층·계급적 격차 발생 등 여성 내에서도 양극화가 심화되어 여성노동운동은 그동안 경험하고 축적해온 성과와 과제, 운동 내용과 방식 모두를 재점검하고 대안을 찾아야 하는 도전에 직면해 있다.

다음에서는 이러한 현실 인식을 바탕으로 하여 향후 민우회가 고민하고 해결해야 할 과제를 이야기하고자 한다.

첫째, 고용상의 성차별 해소를 비롯한 성평등을 실현할 수 있는 활동은 계속되어야 한다. 민우회가 중점적으로 전개해왔던 고용상의 성차별 해소와 성평등 실현을 위한 활동은 지금의 성별분업적 노동시장구조에서 여전히 필요하므로 관련 활동을 보다 폭넓고 다양하게 전개해야 한다고 생각한다. 차별의 형태가 다양해지면서 하나의 기준으로는 판단하기 어려울 정도로 복합적으로 작용하고 있기 때문에 연령, 비정규직 등 고용형태, 장애, 인종 등의 차별과 기존의 고용상의 성차별에 대한 대응을 연계하는 것도 적극 고민하려고 한다. 차별 개념의 확대, 차별금지의 영역과 대상의 확대, 교육과 캠페인 등 차별을 예방할 수 있는 활동을 통해 법과 제도에 머물지 않고 공사영역에 걸쳐 다양하게 나타나는 편견과 차별의식을 바꾸어나가는 활동을 확산시켜나가야 할 것이다.

둘째, 여성의 비정규직화에 어떻게 대응할 것인가에 대한 해법을 찾아야 한다. 비정규직 확산으로 여성고용의 질이 하락하고 있음에도 관련 법의 제·개정이나 대표적이고 상징적인 사건에 대한 지원에 머물고 있는 실정이다. 물론 이는 전 지구적 차원에서 진행되는 노동시장의 유연화 전략, 제반 운동 세력 대응의 어려움과 맞물려 있지만 여성노동운동 차원에서 적극 대응하지 못한다는 무력감에 계속 짓눌리게 된다.

비정규여성노동자의 근로조건 개선과 삶의 질 보장, 여성빈곤해소, 여성일자리 창출, 노동시장의 성차별 해소, 여성인적자원 개발 및 활용 등 산적해 있는 과제해결에 있어 기존의 시장질서와 고용구조의 틀에 매몰되지 않고 대안적인 경제, 대안적인 사회에 대한 전망 속에서 이를 현실로 전환시킬 수 있는 중·장기적인 전략이 필요하다.

셋째, 여성노동운동이 풀어나갈 활동과 과제의 외연을 확대하여 연대의 폭을 넓혀야 한다. 장년남성 중심의 노동시장의 패러다임 전환, 성역할분업구조의 해결을 통해 여성에게는 보다 적극적인 경제활동을, 남성에게는 가사와 양육의 분담을 하도록 삶의 모델을 바꾸는 운동을 적극적으로 펼쳐야 한다. 여성노동문제를 사회 제반 문제와 연결고리를 강화하고 여성노동운동의 영역을 노동시장으로 제한하지 말고 인권운동, 지역운동, 실업운동, 사회복지운동, 생활공동체운동과 결합해나가야 한다.

결국 여성노동운동은 다변화되는 여성노동자들의 조건과 요구에 근거하여 대중적으로 공유하고 실천하는 운동을 어떻게 다시 만들어갈 것인가에 달려 있기 때문이다.

지금까지 여성노동운동은 숨차고 열정적으로 달려왔다. 그 결과 많은 성과를 거두었다. 여성들의 저력이 있었기 때문에 가능한 성과였다. 이 같은 힘을 바탕으로 현재 여성노동자들이 당면한 고민과 논란은 극복 가능할 것이고, 질적 전환을 통해 또 다른 멋진 드라마를 만들어낼 수 있을 것이다.

참고문헌

김유선. 2007. 「비정규직 규모와 실태 – 통계청, '경제활동인구조사 부가조사'(2007.3) 결과」.
　　　한국노동사회연구소.

한국여성민우회 자료
1989. 『사무직 여성의 현실과 운동』. 석탑.
1991. 『사무직 여성과 임금』.
1996. 「시간제 노동 가이드북 – 시간제도 퇴직금을 받을 수 있나요」.
2003. 「평등한 일·출산·양육」. "국제포럼 삶의 패러다임을 바꾸자 – 평등한 일·출산·양육"
　　　자료집.
2004. 「사내부부해고사건 백서」.
2006. 「한국 사회 여성노동자의 지위변화에 관한 연구」. 미간행
계간 《사무직 여성》
격월간 《평등》
한국여성민우회 총회 자료집. 각 년도.
한국여성민우회 홈페이지(뉴스, 자료실)

제2장

민우회 20년, 반성폭력 운동을 만나다

이임혜경, 정하경주

이 글은 민우회가 그동안 해온 반성폭력 운동의 내용을 짚어봄으로써 그 성과와 한계, 그리고 앞으로의 새로운 길 찾기를 모색해보려는 목적으로 쓰여졌다.

민우회는 성폭력, 성매매, 성적 소수자와 관련된 각종 세미나와 강연을 시작으로 성폭력 예방을 위한 성폭력특별법 제·개정활동까지 일상과 제도를 넘나들면서 초기 '가족과성상담소' 시절을 거쳐 '성폭력상담소'로 변화하며 성(섹슈얼리티)의 불균형을 가시화시킨 운동을 해왔다.

사이버성폭력 추방운동, 지하철 성추행 방지방송 활동을 통해 일상의 성폭력을 수면 위로 드러냈고, 상담을 통해 성폭력·성희롱 사건들에 개입하고 해결하면서 성폭력 문제를 사회에 제기하였다. 또한 이 글에서는 여성주의적 관점의 성폭력관련 교육의 사례들을 만날 수 있다.

반성폭력 운동이 이제 제도화로 인한 지형의 변화 속에 성폭력 개념의 확장과 재정립문제, 운동의 새로운 방법론의 필요성 등의 과제에 직면해 있음도 이 글을 통해 확인할 수 있을 것이다.

여성과 남성에게 다르게 적용되는 성(섹슈얼리티)[1]의 불균형에 대한 문제제기는 성평등 사회를 지향하는 민우회의 중요한 활동영역이다.

우리가 '성'이라 정의하는 것은 하나의 역사적 구성물이며 생물학적, 정신적 가능성—성별적 정체성, 신체적 차이, 출산능력, 욕구, 욕망과 환상들—이 뒤엉켜 만들어진 것이다(제프리 윅스, 1994).

여성운동 현장에서는 이 복합적인 '성' 영역에서의 사회구조적인 변화를 위해 노력해왔다. 우리 사회의 차별적인 성문화, 남녀에게 다르게 적용되는 이중적 성문화로부터 생겨나는 왜곡과 편견을 깨기 위한 운동, 권력에 대한 저항으로서의 반성폭력 운동을 펼쳐온 것이다.

1987년 창립 초기부터 민우회는 학부모 성교육을 시작으로 성폭력, 성매매 등에 관심을 가졌다. 90년대 초기의 성폭력특별법 개정 운동은 1995년 한국여성민우회 부설 가족과성상담소의 개소에 영향을 미쳤고 이후 민우회는 가족과 성문제를 포괄적으로 다루던 것에서 2005년 성폭력상담소로의 전환을 통해 섹슈얼리티 영역에 집중하게 되었다.

1994년 성폭력특별법이 제정된 이후 200여 개의 성폭력상담소와 시설이 생겨나고 성폭력은 '나쁜 것'이라는 사회적 합의도 형성되었다. 성교육 역시 그 중요성이 인식되어 전문영역으로 자리 잡았다. 그러나 지금 여성운동에서 강조하고 있는 성차별적인 문화, 남성 중심적인 성문화가 얼마나 바뀌었는지는 의문이다. 반성폭력 운동과 관련해서 보아도 성폭력상담소의 수는 늘었지만 사회 구조적 접근보다는 복지, 종교적 영역의 서비스로 접근하는 부분들이 더 많은 실정이다. 성교육 역시 '전문성'을 갖출 것이 요구되지만 그 전문성의 내용 안에 여성주의적 관점은 확인되지 않은 채 시행되고 있다.

---

1) 섹슈얼리티란 성기결합을 의미하는 개념을 넘어서 성적인 감정 및 성적으로 맺는 관계를 모두 포괄하는 개념으로서 즉 각 개인이 경험하는 성적인 욕망, 성적인 정체성 및 성적 실천을 뜻한다(이성은, 2005).

따라서 그동안 민우회가 펼쳐왔던 반성폭력 운동의 성과와 현재의 위치를 점검해보는 작업은 우리 사회 반성폭력 운동의 지형을 성찰하기 위해서도 반드시 필요한 일이다.

즉, 민우회가 지난 20년 동안 섹슈얼리티와 관련된 문제의식을 어떻게 확장시켜왔는가, 또한 반성폭력 운동의 담론과 지형은 어떻게 형성되어왔는가를 드러냄으로써 앞으로 민우회가 집중해야 할 과제를 찾아갈 필요가 있는 것이다.

이 글은 민우회 반성폭력 운동을 첫째 성폭력 사건대응 활동, 둘째 성폭력 예방을 위한 제도적 기반 마련 활동, 셋째 권리 담론 차원에서 실시되었던 성교육 등 세 영역으로 나누어 정리하려고 한다. 다만 시간과 역량의 부족으로 달빛시위, 여성폭력추방행동, 성매매를 비롯해서 활발하게 펼쳐왔던 반성폭력 연대 활동 등은 다 포괄하지 못했음을 밝힌다.

1. 반(反)성폭력을 외치다

1) 너와 나의 이야기, 일상 속 성폭력의 제기

반성폭력 운동에서 '나약한 피해자'의 모습이어야만 사회에서 성폭력 피해자로 인정받을 수 있다는 것에 대한 문제제기는 중요한 전환점이었다. 민우회는 성희롱을 포함한 성폭력 피해 상담과 사건지원 과정에서 피해자, 경험자, 생존자로 명명되는 내담자들을 만났다. 이들 내담자들과 함께 성폭력문제를 사회적으로 이슈화하고 문제를 제기해나갔던 것이다.

• 보이지 않는 폭력에 주목하라: 사이버성폭력추방운동
1990년대 들어 PC통신이 급속하게 발달하면서 사이버상에는 대화방, 토론방과 게시판 문화가 일상화되었다. 아이디라는 가상의 이름으로 익명성이 보장되면서 통신상 언어폭력문제가 수면 위로 떠올랐다. 특히 PC통신에서 여성에 대한 언어폭력, 성폭력 문제는 아주 심각했다. 그럼에도 이에 대한 대응은 쉽지 않았고 사이버 폭력을 제재하기 위한 처벌이나 조치는 거의 없었다.

1998년 민우회는 네티즌들이 겪는 심각한 피해사례들을 접하게 되었고 천리안, 하이텔, 나우누리, 유니텔 등 4개 통신사에게 통신공간에서 일어나는 성폭력 방지를 강력하게 요구하였다. 이에 각 통신사는 공지사항에 언어성폭력 방지문구와 처벌내용의 게시, 신규가입자에게 온라인 피해방지를 위한 안내 메일 발송, 가해자 ID 해제와 사후 재가입 불허 등의 조치를 취하였다.

한편 민우회는 빠르게 변하는 정보화 사회에 대처하기 위해 정보위원회를 구성하였다. 인터넷 음란물 규제 관련 간담회를 열어 인터넷 규제에 대한 논의를 쟁점화하였고 정보화교육도 병행하였다. 여기에서 '음란물'이라는 용어에 대한 논란에서부터 '규제'를 둘러싼 보호와 권리담론 간에 많은 논쟁들이 오갔다.

2000년에는 사이버성폭력에 적극적으로 대응하기 위해 '사이버성폭력 추방을 위한 네트워크'가 구성되었다(민우회를 포함한 8개의 여성단체와 1개의 네트워크 단체가 결합). 네트워크에서는 정보통신윤리위원회의 사이버성폭력 관련 사업에 대한 문제를 제기하고, 민우회는 사이버 반성폭력 배너 경연대회 및 사이버성폭력 온라인상담 사이트를 개설하였다. 경연대회에서는 15개의 수상작이 선정되었고, 배너달기 캠페인 활동을 통해 당시 심각했던 사이버성폭력 문제를 효과적으로 알려나갔다.

• 지하철 성추행 방지방송을 이끌어내다

많은 여성들이 평소 지하철에서 성추행을 경험하게 된다. 지하철에서의 성추행에 대한 불쾌감을 공감한 민우회는 1997년, 돌꽃모임[2]과 의기투합하

지하철 성추행 방지방송을 요구하는 거리 퍼포먼스(1997)

여 '지하철 성추행 방지를 위한 광고방송' 시행을 함께 기획하였다. 그 해 12월부터 1,038명의 여성을 대상으로 한 설문조사를 시작으로 서명운동, 거리에서의 깜짝 퍼포먼스, 서울지하철공사 사장과의 면담, 통신상에서의 토론방 운영과 언론보도 등 다양한 활동을 하였다. 민우회의 재기발랄한 활동은 사람들의 관심과 호응을 받았다. 당시 설문조사 결과에 의하면 75.2%의 여성이 지하철에서 성추행 피해를 경험하고 있었다. 지하철 성추행 방지방송의 필요성에 대해서는 응답자 중 97.2%가 공감하는 것으로 나타났다.

민우회와 돌꽃모임의 노력으로 1998년 3월 2일부터 지하철 안에서 안내방송이 시작되었다. 500장 정도의 알림 포스터도 주요 역에 부착되었다. 그러나 "남성을 잠재적 가해자로 몰고 시민의 정서를 해친다"는 이유로 '성추행은 범죄'라는 핵심 문구가 빠진 채 방송되었고 포스터 역시 눈에 잘 띄지 않게 부착되었다. 민우회는 지하철공사에 핵심이 빠진 성추행 방지 캠페인은 의미가 없음을 지적하고 항의하였으나 우리의 요구사항은 끝내 받아들여지지 않았다. 현재도 '옆사람에게 혐오감을 주는 불쾌한 행위'를 하지 말라는 내용의 방송으로 진행되고 있는데, 안타까운 일이다.

아쉬움이 남기는 했으나 일상적으로 경험하면서도 개인이 감수하고 참아야 할 문제로 여겨지던 지하철과 같은 공공장소에서의 성추행 문제를 사회에

---

2) 대학에서 여성운동을 하던 활동가 5명이 졸업 후 만든 모임. 일종의 게릴라 여성운동 조직이었다.

제기하고 '언어화'할 수 있었던 것은 소중한 경험이었고 나아가 성추행이 다른 사람의 인권을 침해하는 범죄라는 점을 명확하게 드러낼 수 있었던 신나고 재미있는 활동이었다.

• 왜곡된 성폭력 사건 보도에 딴지걸기: 성폭력 사건 보도태도 모니터링
"수치스러운 삶 대신 죽음을 택한 이양의 선택은 정조관념이 희박해진 요즘 같은 세태에 시사하는 바가 큽니다(1997년 MBC 9시 뉴스 마산 최영태 기자)."

지금으로부터 정확히 10년 전 9시 뉴스의 기자멘트이다. 성폭력 피해자인 여성은 정조를 잃어 수치스러운 삶을 살게 될 것이고, 그렇게 사는 것보다는 죽음을 택한 장한 여성상을 칭송하는 내용인 것이다. 이 뉴스는 당시 천리안 네티즌들 사이에서 비판여론을 들끓게 했고 민우회 역시 방송사에 강력하게 항의하였다. 방송사 측에서는 즉시 사과방송을 내보냈지만 이것으로 사건이 종결되진 않았다.

미디어의 영향력이 점점 강해지는 현실에서 성폭력사건을 보도하는 언론의 시각과 태도는 매우 중요하다. 언론이 어떻게 보도하느냐에 따라 고스란히 대중들에게 영향을 미치기 때문이다. 민우회는 그동안 신문이나 뉴스 등 미디어의 성차별적 보도 태도에 대해 지속적으로 문제제기를 해왔다. 민우회 미디어운동본부를 중심으로 펼치는 이 같은 활동과 함께 'TV모니터위원회', '신문모니터 위원회', '바른언론을 지키는 시민의 모임' 등 회원 모임에서도 여성주의 시각으로의 모니터링 활동을 전개해나갔다.

특히 성폭력에 대한 잘못된 편견을 재생산하고 확대하는 보도 태도에 대해 심각한 문제의식을 느끼고 있었다. 성폭력을 양산하는 성문화와 이중적인 성의식, 여성에 대한 왜곡된 통념 등이 성폭력을 조장하는 근본적이고 본질적인 문제이다. 예를 들어 2005년 유영철 성폭력사건이 일어났을 때, 언론에는 '밤길을 조심하라', '밤에 여성이 혼자 택시 타는 것은 위험하다'는

성폭력사건 보도 모니터링 작업(2006)

등 여성들의 활동을 제약하는 대응방법과 피해자유발론을 강조하는 기사들로 넘쳐났다.

이에 민우회에서는 2005년 5대 일간지를 대상으로 청소년성폭력사건에 대한 기사 분석을 했다. 그 결과 '선정적이고 폭력적인 제목과 가해자와 피해자에 대한 잘못된 통념을 재생산하는 이미지, 가해행위를 구체적으로 묘사하여 선정적인 도구로 활용'하고 있는 문제 등이 큰 문제점으로 지적되었다.

2005년에 이어 2006년에는 6개월 동안 6개 주요 일간지를 대상으로 전체 성폭력사건 기사를 분석하였다. 대부분의 신문에서 잘못된 통념을 재생산하며 실효성 없는 대책을 부풀린다거나 성폭력사건의 본질을 비껴 정치적 공방 소재로 이용하는 등이 심각한 문제로 분류되었다. 구체적인 사례와 문제점을 꼼꼼히 지적한 모니터링 내용은 언론에 보도하여 많은 관심을 모아냈다. 또한 성폭력사건 보도 시 지침으로 활용할 수 있도록 언론용 '성폭력사건보도 가이드라인'(표 2-1 참조)을 정리하여 언론사에 배포하였다.

2006년은 유난히 성폭력사건이 많았고 언론보도도 많아 방대한 사례를 모니터링하는 것이 쉽지 않았다. 그러나 성폭력사건 보도 태도에 대한 민우회의 문제제기는 기자와 독자 모두에게 성폭력에 대한 인식을 성찰하는 기회를 제공하고 왜곡된 성의식의 변화를 끌어낼 수 있었던 귀한 작업이었다. 특히 성폭력 사건 보도 태도 모니터링 결과와 언론사에 배포하였던 가이드라인은 한겨레신문사에서 성폭력사건 보도 내부 가이드라인을 제정하는 데 영향을 미치는 등 실질적인 성과로 이어졌다.

<표 2-1> 성폭력 보도 가이드라인

1	성폭력 사건을 선정적이고 호기심을 자극하는 이야기거리로 다루지 않는다.
2	폭력적인 사건을 연애, 성적인 관계로 바라보지 않는다.
3	불필요하게 피해의 내용을 자세히 묘사해 선정적으로 보도하지 않는다.
4	성폭력을 일상과 분리된 범죄로만 부각하지 않는다.
5	단순한 성욕의 문제로 성폭력을 바라보지 않는다.
6	성폭력을 '딸'들과 '딸 가진 부모'가 조심해야 하는 범죄로 다루지 않는다.
7	성폭력 사건 예방을 위해 '피해자가 되지 않기' 위한 여성 개인의 예방만을 강조하지 않는다.
8	성폭력을 여성의 순결함이 훼손된 일, 수치스러운 일로 바라보지 않는다.
9	자신의 가해를 변명하는 가해자의 말을 부각시켜 보도하지 않는다.
10	폭력성을 희석시키는 용어를 사용해 사건이나 가해자를 지칭하지 않는다.
11	검증되지 않은 대책을 단순 나열하지 않는다.
12	논의 과정 중에 있는 정책을 이미 시행 중인 것으로 오독하게 하는 표제를 쓰지 않는다.
13	성폭력을 정치적 공격의 소재로 이용하거나, 정치적 공격의 소재로 이용하는 형태를 여과 없이 보도하지 않는다.

• 경찰, 검찰, 법원, 이렇게 할 수 있다!

성폭력 피해 당사자들은 경찰, 검찰의 수사과정에서 위협적이고 강압적인 태도와 성폭력 문제를 남녀 간의 성적인 문제로 축소하는 것, 피해자 유발론 등으로 2차 피해를 받기도 한다. 반성폭력 운동단체들은 상담을 통해 수사나 재판과정에서의 성차별적 고정관념, 예를 들면 성폭력을 지나치게 사소한 것으로 취급하거나 사건과 연관되지 않는 성경험을 확인하는 등 인권침해를 초래하는 현실을 확인하게 되었고 이에 대한 문제제기를 시작했다.

2000년 이후 일부 성폭력상담소에서 진행된 법조인 성인식 조사 연구발표와 수사, 재판과정에서의 2차 피해 연구 등은 반성폭력 운동의 법 운용 모니터링에 많은 시사점을 주었다. 전국성폭력상담소, 피해자보호시설협의회가 만든 '성폭력 수사, 재판 시민감시단'에서는 모니터링 체크리스트를 개발하고 매년 수사, 재판담당자들을 대상으로 걸림돌과 디딤돌을 선정하여 발표하고

06 과음은 모든 사건·사고의 원인!

● 술에 취하면 판단력과 방어력이 떨어지므로 술자리는 가급적 일찍 끝내고 귀가하세요.

● 대중교통을 이용하고 가족들에게 연락해서 도착지에 미리 마중 나오게 하세요.

『여름철 성범죄 예방가이드』, 경찰청(2007)

있다. 최근에는 최협의설에 의한 대법원의 판례가 성폭력을 조장하는 측면이 있다는 점을 비판하며 '성폭력을 조장하는 대법원 판례 바꾸기 운동'과 '공소시효배제 및 연장을 위한 공익소송' 등의 활동을 하고 있다(이미경, 2006).

제도나 정책 마련만큼이나 중요한 것은 조사나 재판을 하는 과정에서 실제 조사담당자나 법원관계자의 시각과 관점이 제대로 되어야 한다는 것, 즉 성폭력에 대한 잘못된 통념이 바뀌어야 한다는 것이 민우회의 인식이었다.

2007년, 경찰청은 '지나치게 노출이 심한 옷은 성범죄의 원인', '술자리는 가급적 일찍 끝내고 귀가할 것' 등 지극히 남성 중심적인 여름철 성범죄 예방 수칙을 발표했다. 수사 담당자들의 성폭력에 대한 통념이 고스란히 드러난 발표였다. 민우회는 수사기관의 잘못된 통념에 근거한 범죄 예방 자료 배포에 문제를 제기하였고, 그후 경찰청으로부터의 이와 같은 예방수칙을 폐기하겠다는 답변을 받아냈다.

같은 해 민우회가 벌인 '검, 판사 이렇게 할 수 있다!' 프로젝트 역시 동일한 문제의식에서 출발했다. 내용은 성폭력사건을 다룬 공소장과 판결문에 관례적으로 사용되는 '순간적으로 욕정을 일으켜', '욕정을 못 이겨'라는 문구를 삭제하자는 취지였다. 욕정의 표출방식이 다른 사람에게 해가 되었다면 이는 범죄가 되는 것이고, 남성의 욕정은 '참을 수 없는' 것이므로 용인해주자는 사회의 잘못된 통념은 바뀌어야 한다는 것이 우리의 주장이었다.

언론에는 '날로 흉폭해지는 성폭력'이 앞 다투어 보도된다. 얼핏 보면 우리 사회가 성폭력 범죄의 대책마련에 많은 관심을 갖고 있는 것 같다. 그러나 성폭력의 대안으로 전자팔찌 같은 뜨거운 감자식 대책보다 '남성의 욕정은 참을 수 없는 것이다'는 잘못된 통념 하나만이라도 모든 사람들의 머릿속에서 걷어낸다면 사회는 변화할 것이라고 생각해 본다. 그런 의미에서 반성폭력 운동은 단지 범죄를 예방하거나 처벌하기 위한 활동이 아니며 왜곡된 성문화와 성인식을 바꿔나가는 활동이다.

- ## 나는 말한다: 성폭력 사건의 지원과 대응

민우회는 수많은 성폭력, 성희롱 사건 지원의 중심에 있었다. 변호사, 의사, 교사, 대학 강사, 직장상사, 라디오 진행자, 교도관, 문인, 농구단 감독 등 가해자들의 다양한 사회적 지위에서 알 수 있듯 생활의 모든 영역에서 성폭력 사건은 발생하였고, 노동조합 탄압이나 집회 저지 시에도 일어났다. 연예인들의 사생활을 비디오로 유포하는 것이나 군대 내 성폭력에 이르기까지 실로 다양한 사건들이 있었으며 민우회는 이런 사건들을 문제화하고 해결하는 과정에 참여하였다.

민우회가 그동안 지원했던 사건들을 돌이켜보면 반성폭력 운동이 딛고 있는 현실이 크게 변화하지 않았다는 것을 느끼게 된다. 예를 들어, 2007년의 S초등학교 교사 성추행사건과 1996년 S중학교 교장 성추행사건은 교사 성폭력 사건의 전형을 보여주고 있다. 가해자와 주변지지자들의 인식도 판박이다. S중 교장 성추행 사건을 조사한 교육청 관계자는 "교육의 기본이 안고 쓰다듬어 주는 것 아니냐, 학생을 지도하기 위해 안고 뽀뽀해주고 하는 것을 성폭행이라고 할 수 있느냐"라며 가해자를 옹호했고 S초등학교 교사는 성추행을 '일반적 친밀감'의 표시였다고 주장했다. 이 같은 사례를 통해 가해자의 인식과 사회의 의식을 변화시키는 일은 무한한 노력이 필요함을 절감한다.

성폭력 사건 지원은 단기간에 끝나기도 하지만 고소와 재판 과정을 거치면서 5년 이상 장기간 지속되기도 한다. 고소율이나 기소율이 낮은 성폭력사건

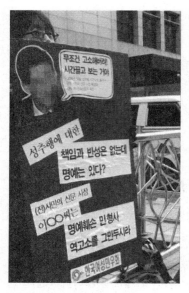

명예훼손 역고소 규탄 1인시위(2007)

의 현실을 감안할 때 여성단체들의 재판 지원 활동은 성폭력사건의 좋은 판례를 만들어가는 중요한 운동이었다. 그러나 단체들의 성폭력사건 지원에 대응하여 가해자들이 취한 전략 중의 하나가 '명예훼손 역고소'였다. 민우회 역시 가해자에 의해 명예훼손으로 고소당해 벌금형을 받은 적이 있다.

성폭력 가해자 KBS 전 노조부위원장 K씨의 역고소, 대구 지역 모 대학 교수에 의한 대구여성의전화 활동가 역고소 등 가해자에 의한 명예훼손 역고소는 빈번하게 일어났다. 이러한 일련의 사건에 대해 여성단체들은 공동대책위원회를 조직하였고 명예훼손 역고소에 대응하여 법적 싸움을 진행하였다. 그 결과 마침내 대법원으로부터 '공익적 활동에 대해서는 명예훼손이 인정되지 않는다'는 판결을 끌어내는 데 성공하였다.

반면 2003~2006년에 일어난 신부에 의한 유아 성폭력사건은 법논리 대응팀까지 만들어 활동했지만 법원이 가해자의 손을 들어주었다. 2003년의 회식 자리 술따르기 강요 성희롱사건도 마찬가지였다. 여성단체들은 무려 5년여에 걸쳐 법적 싸움, 의견서 제출, 토론회 개최, 판례 평석회 등을 하며 줄기차게 문제제기했으나 이 사건은 '일반 평균인의 시각으로 볼 때 성희롱이라고 할 수 없다'는 대법원 판결로 일보 후퇴하는 양상으로 끝나 많은 안타까움을 남겼다.

한편, 2006년에 발생해 2007년까지 끌어왔던 국회의원 최00 의원 성추행사건은 피해자가 의견서를 제출했다는 이유로 항소심에서 무죄나 다름없는 이례적인 선고유예가 내려졌으며, 같은 시기 성추행 사건의 가해자인 전 시민의 신문 사장 이○○ 씨는 《시민의 신문》을 재창간하는 등 여전히 활동하고 있다. 성폭력사건의 법집행에서의 온정주의적 태도에 기반한 감형 사유의 문제, 경미한 처벌 등에 대한 강력한 제기와 사회적 변화를 어떻게 이끌어낼지는 여전히 숙제로 남아 있다.

초기 성폭력사건 지원은 성폭력 문제를 사회적으로 이슈화하는 것이 중심이었다. 성폭력특별법, 남녀고용평등법 등 강간 이외의 성폭력과 직장 내 성희롱을 제재할 수 있는 법이 만들어지면서 피해자는 법을 믿고 호소하게 되었다.

상담소의 피해자 지원 역시 증거를 마련하는 데 도움을 주거나 법정에서 피해자가 '이길 수' 있는 방법에 집중하게 된다. 그러나 이 과정에서 피해자는 재판에서 이기기 위해 '고통받는 약한 피해자'의 모습을 강조하게 된다. 이 같은 전략은 결과적으로 피해자의 다양한 경험과 정황을 사장시키게 되며 피해 여성의 목소리를 사회적으로 드러내는 것을 중요하게 여기는 반성폭력 운동 활동가들은 갈등을 느낄 수밖에 없다.

법적 싸움에서 이기기 위해 약하고 고통받는 피해자로 설정하게 되면서 가해자와 피해자가 늦은 시간까지 같이 술을 같이 마셨다는 사실이나 서로 호감을 가진 사이였다는 사실이 가해자에게 유리한 정황이 되는 이 불리한 사건 지원을 위해 무엇을 주장하고 설득해야 할지, 어떤 싸움을 해야 하는 것인지 함께 모색하고 고민해야 되는 것이다.

2) 학교 성폭력 없다? 있다!

민우회는 1996년 S중학교 교장 성추행 사건을 대응하면서 학내 성폭력 문제를 본격적으로 제기하게 된다. 교육의 장인 학교에서 성폭력이 일어날 수 있다는 생각을 하기 어려운 당시의 상황에서 학교 내 성폭력을 고발하고

학교 성폭력 없다? 있다! 심포지엄(2005)

드러내는 것은 어려운 일이었다. 학교 성폭력은 학내의 위계관계로 인해 은폐되었고 윤리적인 문제로 다루어졌다.

즉, 교사가 가해자인 경우 학생은 피해사실을 말하기 어려운 구조이며, 교사 간의 성폭력 또한 교사라는 신분의 윤리적인 문제로만 인식되었다. 또한 성폭력사건이 발생해도 학교의 명예를 훼손한다는 명분을 내세워 덮어버림으로 인해 사건화되지 못하곤 했다. 그러다 보니 성폭력 피해자는 타 학교로 전학을 하고 가해자는 그대로 남아 있는 사례 또한 많았다.

학교 성폭력이 드러나지 않는 또 하나의 이유는 피해자, 가해자가 모두 청소년일 경우 가해 청소년의 앞날 때문이었다. 성폭력사건으로 영원히 낙인찍힌 삶을 살게 될 것에 대한 우려에서였다. 어느 교사는 피해자도 가해자도 자신의 학생이고 가해학생을 범죄자로 규정하는 것에 심리적 압박을 많이 느낀다고 호소했다. 성폭력 가해학생의 미래에 대한 관심이 집중되면 주변인들은 사건해결에 소극적으로 대응하게 되고, 이로 인해 피해학생의 권리가 배제된 채 2차 피해로 이어지는 사례들이 있었다.

민우회는 상담활동과 학교 내 성의식, 성폭력 실태조사 등을 토대로 은폐되었던 학교 성폭력 문제를 드러내는 한편 학내 성폭력 예방 활동을 진행하였다. 1996년 교사대상 학교 성교육 실태조사를 하고 '학교 성교육 어떻게 할 것인가?'라는 제목의 토론회를 개최하였다. 1997년 당시 교육부 성교육 시범학교였던 상도여중 교사를 대상으로 성교육을 실시했고 이어 1998년에는 학교 성교육 활성화방안을 위한 교사 토론회를 개최했다.

2003년 중고등학교 내 성폭력예방을 위한 심포지엄, 2005년 중·고등학교 및 청소년 성폭력 가해자 성의식 조사와 청소년성폭력 가해예방을 위한 정책 심포지엄을 연속해서 열었다. 이를 통해 학교 내 성폭력에 대한 문제의식을 던짐과 동시에 학교가 성폭력을 예방하는 교육의 장으로서 자리매김할 수 있다는 가능성을 제시했다. 또한 S중학교 교장 성추행 사건 등 학교 성폭력사건에 대응하기 위해 참교육학부모회, 전교조 등과 함께 교육부와 면담을 시도하였다. 이 자리에서는 성교육의 교과목화를 주장하였다.

대학 내 성폭력 문제 또한 예외가 아니었다. 교수에 의한 성폭력과 선후배, 동료학생 간의 성폭력이 빈번하게 일어났고 사회문제화되었다. 대학에서 교수는 학생들을 지도하고 학점을 주는 위치에 있고, 특히 석·박사 과정에 있는 학생들의 경우 지도교수의 영향력이 클 수밖에 없다. 민우회 상담을 통해서도 학점이나 연구를 빌미로 성적 서비스를 요구하는 사례, 성폭력 피해가 있어도 공부를 계속하기 위해 참고 넘어가는 등의 사례를 접할 수 있었다.

대학 내 성폭력을 최초로 제기한 1993년 서울대 신○○ 교수 사건, 그리고 1996년 이대 대동제에서의 고대생 난동을 성폭력이라 규정한 사건은 학내 성폭력을 사회적으로 이슈화하는 역할을 하였다. 1997년 대학 내 성폭력근절을 위한 여성연대회의가 꾸려지면서 반성폭력 운동은 또 다른 전기를 맞게 된다.

1997년 남녀차별금지및구제에관한법률이 시행된 이후 이를 근거로 성폭력 예방과 조치를 포함하도록 권고한 교육인적자원부의 시행지침이 마련되어 각 대학에 전달되었다. 2000년 6월 서울대 성폭력에 관한 학칙 제정 이후 대부분의 대학들이 학칙을 제정하기에 이른다. 또한 운동사회 내 성폭력 뿌리뽑기 100인 위원회[3]의 활동을 통해서 학생회 내에서의 성폭력 사건도 가시화된다.

대학 내 반성폭력문화 확산을 의한 워크숍(2004)

민우회는 대학 내 여성운동 단위로부터 S대 신교수 사건 이후 D대 교수, S대 교수, C대 교수 성폭력사건을 접수받고 지원하였다. 이 과정에서 좀 더 체계적인 피해자 상담과 법률 지원을 고민하였고 이러한 활동은 학내 성폭력근절을 위한 연대모임, 교수 성폭력 뿌리 뽑기 연대회의, 교수 성폭력근절을 위한 여성주의자 연대회의, 교원징계재심의위원회 성폭력사건 처리문제 공동대책위원회 등의 활동으로 이어지게 되었다. 각 대학의 개별 사건은 개별 사건대로 가해자 교육을 병행하며 지원하였고 성과를 내었다.

그러나 대학 여성운동 단위가 1년 단위로 활동가들이 바뀜으로 인해 연대활동이 연속적으로 전수되지 않는 구조적인 문제점이 발생했다. 또한 성폭력에 대한 이해와 공감도가 떨어지는 학내 분위기에서 사건을 지원하는 대학내 활동가들이 소진되는 현상들 또한 나타났다. 이에 민우회 성폭력상담소는 2004년 대학 내 반성폭력문화 확산을 위한 워크숍으로 '활동가를 위한 도토리충전'을 기획해서 진행하였다. 90명 이상의 대학 내 여성운동활동가들이

---

3) 운동사회 내에 존재하는 가부장성과 권위주의 철폐를 위해 모인 100인. 진보넷 게시판에 학생운동권과 노조, 소설가 등 진보진영 내의 성폭력 사례를 밝히고 각 사건의 가해자들을 실명으로 공개하였다.

참여했던 당시 워크숍에서는 지원활동의 어려움을 나누는 과정과 학내 성폭력 문제해결을 위한 매뉴얼을 공유하는 등 활발한 논의가 이루어졌다.

2. 성폭력 예방을 위한 제도를 모색하다

1) 성폭력특별법 제·개정 운동

1990년 이후 여성운동은 생활 곳곳에 뿌리 깊이 박혀 있는 성차별적인 제도를 변화하고 개선하기 위해 법제화운동을 활발히 펼쳐나갔으며 이 과정에서 성폭력범죄의처벌및피해자보호등에관한법률(이하 성폭력특별법) 제정의 성과를 이루었다.

21년 전 자신을 강간한 이웃집 아저씨를 살해한 김00 사건(1991년)과 13년간 강간한 의붓아버지를 살해한 김00·김00 사건(1992년)은 성폭력특별법 제정의 기폭제 역할을 하였다. 이 사건들을 지원하던 여성단체들을 중심으로 성폭력특별법 제정 추진위원회가 구성되었고 이후 한국여성단체연합 '성폭력특별법 제정추진 특별위원회'⁴⁾로 바뀌었다. 특별위원회에서는 성폭력특별법 제정 운동과 함께 성폭력추방을 위한 일상적 실천지침을 만드는 등 대중적인 홍보활동을 하였다. 성폭력특별법 제정을 위한 조사와 공개 토론회⁵⁾, 공동기자회견, '친고죄 폐지 없는 성폭력특별법 반대한다'는 내용의 국회 앞 시위, 국회의원 면담, 성폭력추방문화제, 친고죄 존폐에 대한 설문조

---

4) 한국여성민우회, 한국여성의전화, 한국성폭력상담소 등 12개 단체로 구성.
5) 사례발표 · 성폭력 범죄구성 여건의 문제-여성의전화 / · 수사 및 기소과정의 문제 - 대구여성회 / · 근친간강 - 한국성폭력상담소 / · 어린이강간 - 김○○대책위원회 / · 직장 내 성폭력 - 한국여성민우회 / · 장애인 성폭력 - 장애우권익문제연구소(민우회 소식지, 《함께가는 여성》, 92. 6. 58호).

사 및 공청회 등 다각적인 활동들이었다.

성폭력특별법을 만드는 과정에서 민우회는 특히 직장 내 반성폭력 운동에 초점을 두었다. 성폭력 문제 중에서도 직장 내에서 발생하는 것은 여성노동자의 노동권의 관점에서 다가가야 한다는 판단에서였다(한국여성민우회, 2006).

1992년에는 회원들을 중심으로 직장 내 성폭력 연구반이 구성되었다. 자신의 직장에서 일어난 사례 수집 등 관련 자료를 모으고, 토요일 오후 땡볕이 내리쬐는 명동 한복판에서 '위험할 때 3번' 불라는 성폭력 예방 호루라기를 판매하는 이벤트를 하여 성폭력 문제의 심각성을 알리기도 하였다.

성폭력특별법 제정운동은 성폭력을 순결과 정조의 문제로 규정짓는 기존 형법에 대한 문제제기에서 출발한 것이었다. 제정운동 3년 만에 법이 통과되었으나 성폭력이 성적자기결정권을 침해하는 범죄임을 명확히 정의하지 못했고 전면적인 친고죄 폐지가 이루어지지 않았으며, 강간의 대상 및 내용 규정, 비동의 간음의 현실 배제[6] 등의 한계를 남기게 되었다.

성폭력특별법은 이후 수차례의 개정을 거치게 된다. 성폭력특별법의 제정과 개정 과정에서 여성주의자들은 여성주의 법학의 방법론에 충실하게 다음 사실을 알리기 위해 노력했다.

1) 성폭력 범죄의 피해자인 여성의 경험과 구체적인 피해사례를 통해 기존의 법률과 실무관행에서 여성의 경험이 어떤 식으로 배제되고 남성의 시각에서 법률이 적용되어왔는가를 밝혀야 한다는 점.

2) 기존의 형법에서 규정하고 있는 성폭력범죄의 규정만으로는 처벌할 수 없는 피해사례들이 있다는 사실.

3) 성폭력 범죄가 변태성욕자나 정신이상자에 의해 저질러지는 범죄이거나 정조개념이 희박한 여성들에게 벌어지는 사적인 피해가 아니라 가부장적

---

6) 폭행, 협박은 없지만 피해자가 동의하지 않은 상태에서 성교가 이루어지는 상황. 데이트 강간을 그 예로 들 수 있다.

이고 불평등한 성문화에 의해 조장되는 것으로 이러한 문화 속에서 남성들이 권력행사방법의 하나로 성폭력을 가할 수 있다는 점, 다시 말해 성폭력이 개인의 특수한 경험이 아니라 불평등한 가부장제 성문화가 만들어낸 여성에 대한 폭력이라는 것(이유정, 2005)이다.

성폭력특별법의 제·개정운동에도 불구하고 형법의 성폭력 규정을 모태로 하고 있는 성폭력특별법은 그 한계가 분명했다. 특별법이라는 형태로 인해 형법에 비해 덜 중요하게 다루어짐으로써 법을 해석하고 적용하는 과정에서 장점보다는 한계가 드러났다. 또한 성폭력특별법에서 끊임없이 제기되고 있는 최협의의 폭행, 협박 개념7)의 문제, 강간과 추행행위의 이분법, 친고죄 폐지 문제 등은 성폭력범죄를 바라보는 기본적인 시각, 성폭력에 관한 통념과 해석, 법 관행의 근본적인 개혁이 없으면 해결되기 어려운 인식론적·실천적 과제들인데 이런 내용을 성폭력특별법의 개정으로 담아낼 수 없다(2007, 이호 중)는 결론에 이르게 된 것이다. 이 같은 문제의식을 바탕으로 여성인권법연 대회의8)는 2005년부터 2여년에 걸친 논의 끝에 성폭력 관련 형법 개정안을 마련하였고 2007년 현재 성폭력관련 형법개정안 공청회, 의원 발의, 법사위 의견서 제출 등 형법 개정을 위한 활동을 하고 있다.

그러나 스토킹의 법제화에 대해서는 활발한 움직임을 갖지 못했다. 스토킹 이 연예인과 같은 특정인에게만 발생한다는 사회적 분위기와 함께 이를 범죄 가 아니라 '연애관계'로 바라보는 통념 때문이다. 그러나 스토킹은 물리적인 폭력뿐만 아니라 정신적인 폭력으로까지 이어지는 명백한 범죄이다. 그럼에

---

7) 최협의의 폭행은 상대방의 반항을 불가능하게 하거나 항거를 현저히 곤란하게 할 정도의 유형력의 행사로서 강도죄나 강간죄의 폭행이 이에 해당하고, 최협의의 협박은 상대방의 반항을 불가능하게 하거나 현저히 곤란하게 할 정도의 해악을 고지하는 것으로서 강도죄나 강간죄의 협박이 이에 해당한다.
8) 한국성폭력상담소, 한국여성단체연합, 한국여성민우회, 한국여성의전화연합, 뜻을 함 께하는 교수, 법조인.

도 스토킹의 가해자는 현재 폭행, 협박, 재물손괴죄 명목으로 처벌되고 있으며 이 명목으로는 벌금 등의 가벼운 처벌만 받게 된다.

2000년 말, 민우회에 접수된 스토킹 사건을 계기로 경찰과 사법기관에 스토킹 범죄의 본질을 지속적으로 제기한 결과 가해자가 1년 6개월의 실형을 받았으나 이는 예외적인 판례이다. 스토킹관련 법은 1999년 의원입법으로 제안되었으나 회기만료로 자동폐기되었고, 2005년 의원입법으로 '지속적괴롭힘행위의처벌에관한특례법안'이라는 이름으로 국회에 상정되었으나 이 역시 폐기되었다. 계속되는 스토킹관련 범죄와 이의 상담 실태를 볼 때, 스토킹관련 법 제정을 위한 긴급 대응이 필요한 시점이다.

2) 가해자가 없으면 피해자도 없다, 가해자 교육

가해자 교육은 말 그대로 성폭력 가해자에 대한 맞춤식 교육 과정이다. 대학 내 성폭력사건의 지원 과정에서 민우회는 가해자 교육의 필요성을 인식했다. 처벌로 끝내기보다는 가해자가 무엇을 잘못했는지 스스로 인식하고 반성, 성찰하게 하는 교육을 원하는 피해자도 많았기 때문이다. 이에 민우회 상담소에서는 이를 프로그램화하여 진행하였다.

> 성폭력범죄는 성폭력을 범죄가 아닌 '이성 간의 관계'로 보는 사회문화, 그리고 성폭력을 용인하는 문화가 깔려 있기 때문에 발생하는 것이다. 이 같은 인식은 가해자들에게도 자리 잡고 있고 이는 또다시 성폭력범죄를 저지르게 하는 요인이 된다. 그런 의미에서 1997년부터 시작된 민우회의 성폭력 가해자 교육은 성폭력을 근절하기 위해 반드시 필요한 활동일 것이다. 가해자가 더 이상 가해를 하지 않는다는 것은 그 사람 개인이 범죄자가 되지 않는다는 것 이전에 피해 받는 사람이 없어진다는 것을 의미하기 때문이다. 결론적으로 가해자의 인권 이전에 피해자를 지원하고 잠재적 피해자를 줄이기 위해 교육

이 시작되었다(박노상숙, 《디딤》 2005년 여름호, "우리가 성폭력 가해자 교육을 하는 이유").

1997년 시작된 가해자 교육은 대상에 따른 다양한 시행착오를 겪기도 하였으나 상담소 자문위원들의 도움과 교육 경험의 축적으로 점차 내용이 보완되었다. 초기에 4회로 진행했던 교육은 교육 과정에서의 충분한 피드백이 가능하도록 횟수를 조절하면서 주 1회, 최소 10회 이상 교육이 필요하다는 인식하에 현재는 10~12회의 교육으로 자리 잡았다. 교육을 원하는 당사자나 단체가 있을 때는 집단교육의 형태로 이루어지기도 하였다.

수년간의 교육 경험을 바탕으로 2003년에 『성폭력 가해자 재범방지를 위한 프로그램 매뉴얼』 개발에 이어 2005년에는 『청소년 성폭력 가해예방 교육 프로그램』을 정리, 매뉴얼화하였다. 민우회 성폭력상담소의 가해자 교육 매뉴얼은 가해자 교육을 처음 시작하는 개인이나 단체의 참고자료로 활용되고 있다.

가해자 교육에 대한 경험이 쌓여가고 있지만 30여 시간의 교육으로 가해자의 인식을 바꾸어내는 일은 녹록지 않다. 교육을 받은 가해자에게 이후 어떤 변화가 생겼고 그 결과 사회적으로 어떤 파장을 일으키고 있는지에 대해 아직까지 확인된 바가 없다. 또한 최근 가해자 교육의 필요성에 대한 사회적 논의가 활발해짐에 따라 여러 부처에서 가해자 교육 프로그램 개발을 지원하고 있고, 병리학·심리학적 전문성을 주장하는 다양한 영역에서의 교육이 진행되면서 민우회에 던져지는 고민들도 한층 강화되고 있다.

초기 민우회가 주안점을 두었던 성별 권력관계와 왜곡된 성 인식의 변화, 성적자기결정권의 문제 등이 부차적인 문제로 치부되거나 프로그램에서 사라지는 것을 어떻게 보아야 하는가, 가해자 교육이 면죄부로 활용되거나 감형의 사유가 되는 것을 어떻게 저지할 수 있는가 등은 현실적으로 떠오르는 고민들이자 논의해야 할 과제들이다.

민우회 내부적으로도 고민은 많다. '한정된 자원을 가해자 교육에 배당하기보다는 피해자 지원에 더 집중해야 한다', '아니다, 그래도 성폭력 예방을 위해 가해자 교육은 필요하다' 등 가해자 교육을 둘러싼 논쟁이 있었다. 지금은 성폭력에 대한 재범 방지 조치가 필요하며 가해자 교육은 성폭력 예방의 한 과정이라는 것에 합의가 이루어졌다.

97년 가해자 교육의 초석을 마련한 이후 지금까지 가해자 교육은 지속되고 있다. 가해자의 인식 변화가 있어야 우리 사회의 성문화가 변화할 수 있고, 성에 대한 사회 인식의 변화가 있어야 가해자의 변화가 가능하다는 것은 분명하다. 이 양면이 맞물려 돌아갈 수 있도록 성폭력 예방을 위한 톱니바퀴에 기름칠을 하는 작업은 꼭 필요한 일이다. 성폭력이 용인되는 우리 사회의 성문화에 대한 문제의식을 출발점으로 한, 여성주의적 관점이 반영되는 가해자 교육을 실시하는 것이 민우회의 활동이다.

3. 피해담론에서 권리담론으로
- '당당한 성·안전한 성·즐거운 성'

1) 청소녀(년)의 '성', 이제는 말할 수 있다

성폭력 피해 치유는 성폭력을 피해로 자각하고 드러내는 것에서 시작된다. 하지만 이것은 절반의 과정일 뿐이며 나머지 과정은 성을 당당하고 안전하게 그리고 즐거운 것으로 재해석하는 힘을 북돋우는 것이다. 이와 같은 인식에서 민우회는 가족과성상담소(현 성폭력상담소)를 중심으로 청소년을 대상으로 한 성문화 바꾸기, 성교육을 주요 활동으로 벌여왔다. 상담과정에서 청소년들이 여성을 대상화하는 남성 중심적 성문화를 그대로 답습하고 비공식적인 매체를 통해 왜곡된 성지식을 접하고 있음을 알게 되었기 때문이다.

민우회 가족과성상담소 개소 1주년 행사였던 "청소년의 성의식과 성문화 – 성폭력 예방을 중심으로" 토론회에서는 청소년의 성의식, 청소년 성폭력 가해자의 성의식 설문조사 결과를 바탕으로 성폭력 예방을 위한 제언을 만들어냈다. 청소년의 성의식을 드러내는 이 같은 운동은 상담소 10주년 기념 토론회 '청소년 성폭력 가해 예방을 위한 정책 심포지엄 – 학교 성폭력 없다? 있다!'까지 이어지고 있다.

1996년에 만들었던 성폭력 예방을 위한 수칙은 '음란 비디오나 서적을 대여하기 전에 모든 청소년은 나의 자녀라는 생각을 먼저 한다'는 내용에서 보듯 성적 관심을 자극할 수 있는 환경으로부터 청소년의 성을 보호하는 방향이었다. 반면 10주년 기념 심포지엄에서는 학교 성폭력사건 처리 규정 마련, 학내 성폭력 상담실 설치 등 학교 내 성폭력사건에의 적극적인 개입을 통해 궁극적인 환경 변화를 모색하는 등의 큰 변화를 읽을 수 있다. 이는 성적 존재로서의 청소년을 인정, 그들의 성적자기결정권을 양성화하고 적극 개입하는 전략이었다. 청소년의 성에 대한 담론이 '보호'에서 '권리'로 이동한 것이다.

2) 성과 제대로 만나기 – 체험식 성교육

민우회는 성폭력 예방의 차원에서 1996년부터 성교육을 활발히 해왔다. 성교육의 목적은 성적 존재로서의 자신을 긍정할 수 있도록 성에 대한 사회적 인식을 개선하고 성폭력을 예방하는 것으로, 성폭력 피해 지원활동의 한 부분이었다. 성교육 강사 양성 교육을 통해 강사 스스로의 성 인식을 점검함과 동시에 성교육 프로그램 개발과 매뉴얼화가 시도되었다.

1997년부터 현재에 이르고 있는 '내 몸의 주인 나 거리 캠페인', 1998~ 1999년의 청소년 성교육 캠프 '내 몸의 주인은 나 – 즐겁게 당당하게'와 여중생 성교육 캠프 'no means no!'는 청소년들과 만나 그들이 궁금해하는 성에

체험식 프로그램을 통한 성폭력 예방교육 워크숍(2005)

대해 듣는 기회를 마련해 주는 자리가 되었다.

참여식 교육을 위한 다양한 프로그램 매뉴얼 개발도 이어져 2003년의 '성범죄 피해·가해 예방을 위한 성교육 자료 개발 및 워크숍'과 2004년의 '체험식 프로그램을 통한 성폭력 예방 교육 워크숍', 2005년 청소년 성폭력 예방 교육 매뉴얼 『입장 바꿔 문화 바꿔』를 발간하였다.9)

3) 성적자기결정권 그리고 여성주의 시각으로 다시 보는 몸

다른 사람에 의해 강요받거나 지배당하지 않으면서 자신의 의지와 판단에 의해 자율성 있고 책임성 있게 자신의 성적인 행동을 결정하고 선택할 수 있는 권리를 '성적자기결정권'이라고 이야기해. 그리고 결정한 행동에 대해 존중받을 권리가 있지(민우회, 『당당한 성·안전한 성·즐거운 성』, 2004).

제프리 윅스의 말처럼 여성의 성은 경제적·사회적 종속에 의해, 성을 정의하는 남성권력에 의해, 결혼이라는 제약에 의해, 그리고 반여성적인 남성폭력에 의해 제한되어왔다. 이 모든 것에 대한 저항은 반성폭력 운동의 과제이다. 이 과정에서 여성이 자신의 '성'을 알고 그것을 즐기고, 거절하는 결정의

---

9) 캠페인과 체험식 성교육에 대한 내용은 이 책의 2부 '내 몸의 주인은 나'에 자세히 담겨 있다.

문제, 즉 성적자기결정권은 매우 중요하다.

민우회는 다양한 방법을 통해 성적자기결정권을 공론화하고자 힘써왔다. 또한 2000년부터 여성·몸·성 워크숍을 진행하며 순결 이데올로기나

성적자기결정권 훈련을 위한 피임 워크숍(2000)

처녀막 콤플렉스 등 남성 중심적 사고에 도전하는 작업, 그리고 여성의 경험으로 여성의 몸을 다시 보는 작업을 시도했다.

> 일반인에게 다소 낯선 이 프로그램은 진행 방식도 파격적이다. 첫경험이나 자위 등 성과 관련된 자신의 고민이나 경험담 털어놓기, 자신의 성기를 그림으로 그리며 느낌을 표현하기, 부부갈등에 관한 가상 상황 속에서 행동하기 등 다양한 접근이 이루어진다. 어찌 보면 다소 번거로워 보이는 듯한 이런 접근은 오랜 세월 동안 성적 억압 속에서 속박당해온 여성들의 외로운 몸부림과도 같아 보인다. 여성민우회는 이 프로그램을 지역 지부로까지 확대해 오는 6월과 9월 각각 진주와 광주에서 실시할 예정이다("내 몸 안의 진정한 나를 찾아서, '성 주체성' 회복을 위한 여성들의 낯선 여행", 《한겨레신문》, 2002년 4월 9일자, 백기철 기자).

2002년, 한 신문에 실린 워크숍 기사이다. 파격적이고 낯설다는 표현과 함께 성적 억압으로 속박당해온 여성들의 외로운 몸부림이라는 구절이 눈에 띈다. 여성을 성적 주체로 자연스럽게 인정하기 위한 운동이 아직도 진행형이어야 함을 알 수 있는 대목이다.

우리 사회의 이중적인 성문화, 남성 중심적인 성문화의 토대에서 여성들이

성적자기결정권을 이야기하는 것 자체가 도전이었다. 이 도전의 핵심은 여성의 몸을 피해가 일어나는, 보호받아야 하는 공간으로 말하지 않고 여성 스스로 자신의 몸을 이해하고 존중하며, 성적 주체로서의 자신을 긍정하는 것이었다. 이를 위해서는 '자신의 느낌과 의사를 존중하는 성적자기결정능력'을 키우는 것이 요구되었다.

여성을 당당한 성, 안전한 성, 즐거운 성의 주체로 드러내는 프로그램은 2000년 '성적자기결정권 훈련을 위한 피임 워크숍'을 시작으로 2002년의 '나를 찾아 떠나는 여행 여성·몸·성 워크숍', 2003년의 '성적의사결정능력 향상을 위한 워크숍', '비혼 여성의 성적의사결정능력 향상을 위한 캠프', 2007년 '여성·몸·성 워크숍' 등으로 여성의 성적 주체성 향상을 도모하는 프로그램이었다는 평가를 얻었다.

4. 반성폭력 운동의 과제를 고민하며

지금까지 민우회의 반성폭력 운동에 대한 대략적인 내용과 성과, 그 고민의 지점을 살펴보았다. 민우회는 지난 20년간 성폭력사건 대응활동, 사회안전망과 시스템 구축, 교육 등을 중심으로 반성폭력 운동을 해왔다. 즉, 성폭력 문제를 사회에 제기하고 관련 법과 제도를 마련했으며 여성주의적 관점을 지닌 다양한 교육을 개발하고 시행해왔다. 그러나 이러한 성과와 함께 민우회 반성폭력 운동의 영역과 내용의 확장을 도모해야 한다는 필요성이 제기되고 앞으로 풀어야 할 과제도 많다.

첫째, 법제화를 넘어 왜곡된 성문화와 성인식을 바꿔가는 활동은 여전히 중요하고 필요하다. 성폭력 관련 법제화 이후 상담소를 찾는 내담자들은 법적 해결을 간절히 원하나 수사, 재판 과정에서의 남성 중심적 사고의 한계에 또다시 분노하거나 좌절하게 된다. 또한 성폭력은 나쁜 것이라는 사회적

합의 속에서 치료적 접근과 의료적·법률적 지원 체계가 마련되고 있지만 정작 성별 권력 관계에 대한 근본적인 문제제기가 빠져 있거나 해결방안의 요원함에 답답함을 느끼기도 한다. 범죄를 예방하거나 처벌하기 위한 제도적 기반 마련을 넘어 우리 사회의 왜곡된 성문화와 성폭력에 대한 잘못된 통념을 바꾸기 위한 움직임이 더욱 활발해져야 한다.

둘째, 성폭력 개념에 대한 문제이다. 성폭력 행위들이 여성들의 맥락에 따라 어떻게 기억되고 말해지는지, 그리고 여성들이 말하는 피해의 의미는 무엇인지를 중심으로 기존의 성폭력 담론에 문제제기를 하는 여성학자들이 있다. 변혜정(2006)은 '성폭력의 침해를 성적자기결정권에 대한 침해에서 성적 자존감, 체화된 주체성에 대한 침해로 이해하여야 한다'며 성폭력 피해의 의미와 때로는 피해로 구성되지 않음의 의미를 분석함으로써 다양한 여성 주체성들을 가시화해야 한다고 주장한다. 이는 기존의 반성폭력 운동에서 간과해오고 있는 생존자에 대한 피해자화가 갖는 문제점과 성폭력 피해의 다양성 인식이라는 측면에서 매우 중요한 시사점을 주는 논의임에 분명하다 (이미경, 2007).

이는 성폭력에 대한 '피해자화'의 문제, 성폭력으로 명명되는 다양한 맥락들을 분석해야 한다는 과제를 던지고 있다. 즉, 여성이 자신의 경험을 어떻게 해석하고 있는지를 드러내고 그 판단 기준에 대해 질문하고 얘기하는 과정이 필요하다. 경험을 드러내고 그 차이를 분석하는 것은 성폭력 개념을 재구성하는 중요한 지점이다.

셋째, 반성폭력 운동의 새로운 정체성 확립에 대한 고민이다. 과연 반성폭력 운동이 무엇인가, 그리고 운동성은 어떻게 만들어가야 하나, 성폭력이 재판에서 이기면 해결되는 문제가 아닌 것이 자명한 이상 그렇다면 무엇이 해결이고 어떠한 방향으로 나아가야 하는가, '성폭력'이라고 이름 붙이는 작업이 나에게는, 여성에게는, 피해자에게는 어떤 의미인가. 반성폭력 운동은 이제 이러한 물음에 대해 답하면서 정체성을 새롭게 만들어가야 하는 과제에 놓여 있다.

민우회는 그동안 기존의 남성 중심적으로 구성된 욕망, 쾌락, 성문화로 인해 침해되는 여성의 삶, 일상, 관계, 권리를 언어화하며 드러내는 활동을 해왔다. 또한 일상의 사회적 관계로부터 도출되는 성별권력에 관한, 그리고 성에 관한 여성들의 다양한 감정들에 대해서도 끊임없이 질문하고 재해석해 왔다. 그러나 제도화로 인한 변화와 과제, 성폭력 개념 확장의 문제, 상담활동의 의미, 운동의 방법론 등에 대한 위의 고민과 함께 반성폭력 운동을 둘러싼 지형의 변화는 민우회에게 이제 적극적으로 새로운 답을 요구하고 있다.

피해자 보호라는 대의 속에 오히려 여성을 대상화하고 약자화하며 주체성을 박탈하는 것이 반성폭력 운동은 아닐 것이다. 문제는 성폭력 자체가 아니라, 성폭력에 대한 해석이다. 이제 주체적으로 여성의 섹슈얼리티를 말하고 또 그것들이 자연스럽게 수용되는 문화를 만들어가야 한다. 여성의 섹슈얼리티를 일상에서 말하고 공론화하는 일은 새로운 모험이며 이제 그 실천을 시작할 때이다(2005, 유경희).

참고문헌

김창연. 2007. 「직장 내 성희롱 대응활동의 평가와 과제 – 한국여성민우회 활동을 중심으로」. 『직장 내 성희롱 대응운동, 금지조항을 넘어서』. 한국여성민우회.
이유정. 2004. 「법여성학적인 관점에서 본 성폭력특별법 10년」. "성폭력특별법 시행 10주년 기념 토론회" 자료집, 한국성폭력상담소, 한국여성민우회 가족과성상담소, 한국여성의전화 연합.
유경희. 2004. 「반성폭력 운동의 성과와 과제」. "성폭력특별법 시행 10주년 기념 토론회" 자료집, 한국성폭력상담소, 한국여성민우회 가족과성상담소, 한국여성의전화 연합.
이성은. 2005. 『섹슈얼리티와 성문화, 새여성학강의』. 한국여성연구소, 동녘.
이호중. 2007. 「성폭력 형법개정안의 주요 내용과 쟁점」. "성폭력관련 형법 개정안 공청회" 자료집, 여성인권법 연대, 임종인 국회의원 사무실.

이미경. 2007. 「성폭력 피해생존자의 권리를 보장하는 형법 마련을 위해」. "성폭력관련
　　　형법 개정안 공청회" 자료집, 여성인권법 연대, 임종인 국회의원 사무실.
＿＿＿. 2006. 「반성폭력 법제화운동의 성과와 과제 - 성폭력특별법을 중심으로 - 」. 한국
　　　성폭력상담소 10월 월례 포럼 자료.
윅스, 제프리. 1994. 『섹슈얼리티: 성의 정치』. 현실문화연구.

한국여성민우회 자료

　정기총회 자료집. 1987년 1차~2007년 20차.
　성폭력상담소 소식지 《디딤》 1995년 1호~2007년 43호.
　성폭력상담소. 2004. 『당당한 성 안전한 성 즐거운 성』.
　소식지 《함께가는 여성》 1987년 창간호~2007년 181호.
　《사무직여성》 1990년 창간호~1996년 겨울, 봄 합본호.
　성폭력상담소. 2005. 『체험식 프로그램을 통한 성폭력 예방교육 워크숍』 자료집.
＿＿＿. 2006. 『한국 사회 여성노동자의 지위 변화에 대한 연구-남녀고용평등법 제·개정
　　　활동을 중심으로』.
＿＿＿. 2006. 여성노동운동사 모임 정강자 좌담회 녹취 내용.
＿＿＿. 2007. 반성폭력 운동 20년사 양혜경 녹취 내용(인터뷰어 변혜정).

제3장

전환기에 선 민우회 여성건강권 운동

백영경

이 글은 그동안 한국여성운동에서 불모지나 다름없는 여성건강 분야를 다뤄온 민우회 활동이 전환점에 서 있다는 판단 아래, 민우회 여성건강 활동의 역사를 살펴보고자 한다. 민우회는 90년대 이래 환경운동의 관점에서 생명공학기술의 발전을 감시하고 생명윤리관련 법안을 제정하는 등 의료화와 기술개입으로부터 여성의 몸과 건강을 지키는 활동을 벌여왔다. 그러나 운동의 발전과 더불어, 과학기술과의 관계에서 여성이 피해자만은 아니라는 점, 여성들 사이의 다른 이해관계의 문제, 건강운동에서 전문성과 권위의 문제 등이 제기되었고, 민우회는 건강운동을 여성들이 처해 있는 사회적이고 정치적인 관계들 속에서 어떻게 풀어갈 것인가를 고민해야 하는 지점에 이르렀다. 이를 위해서는 무엇보다 건강 문제를 좁은 의미의 의료화된 개념의 건강에 국한시키지 않고 민우회의 다른 활동 속에서 건강 이슈를 개발하며, 건강 부문과 기존 활동과의 연계를 찾아나가는 부문 간의 소통과 협력이 이루어질 필요가 있을 것이다.

몸에 대한 권리는 여성이 누리고 살아가야 할 건강한 삶을 찾아가는 과정에서 빼놓을 수 없는 부분이다. 몸에 대한 의료화나 여성의 몸을 출산의 도구로 보는 사회적 시각으로부터 여성 몸의 자율권을 확보하고자 하는 여성건강운동은 1960년대 이후 서구에서 여성운동의 중요한 영역이었다(보스턴여성건강공동체, 2005). 그러나 한국 사회의 의료 현실과 여성의 건강에 대한 문제제기를 자신의 활동 영역으로 삼아온 여성운동 단체는 아주 드물어서, 한국 여성운동에서는 건강운동이 아직도 개척해가야 할 분야로 남아 있다. 한국여성민우회 역시도 여성건강과 의료문제를 단체의 중심 이슈로 다루어온 것은 아니며, 민우회 활동 초기부터 건강관련 활동을 의식적으로 지속해왔다고 보기도 어렵다. 그럼에도 1988년 복강경 후유증 보고 운동 이래로 생리대관련운동, 제왕절개 분만율 낮추기 운동, 생명공학감시 운동 등 민우회의 활동은 운동 영역에서 여성단체가 건강과 관련하여 펼친 조직 활동으로는 거의 유일한 것이었다.

결국 2005년 여름부터 황우석 연구팀의 난자 획득과 이용이 문제가 되면서, 민우회는 난자채취 피해자들의 목소리를 대변하는 일련의 활동을 수행하였다. 이 과정에서 민우회는 그동안 자신이 해온 활동의 성과를 확인함과 동시에 한계를 경험하게 되었다. 다시 말해, 황우석팀의 난자 획득을 둘러싼 문제가 불거지자 민우회는 그간 해온 생명공학감시운동과 생명윤리관련 법안 준비 활동을 바탕으로 난자 문제를 고발하며 대처해가는 활동의 중심에 섰으나, 동시에 여러 가지 현실적인 벽에 부딪히게 되었던 것이다. 민우회 내에서 이 문제를 전담할 활동 인력이 부족하기도 했을 뿐 아니라, 생명공학 비판이라는 공통의 목표로 함께 연대해온 단체들에게조차 여성의 몸이란 종종 부차적인 관심 대상에 불과하다는 깨달음은 뼈아픈 것이었다. 또한, 건강이 법과 의료 혹은 생명공학 전문가들의 영역에 위치하고 황우석 사태를 수습하는 과정에서 생명윤리분야 역시 제도화와 전문화를 겪게 되면서, 여성운동 단체에게는 고발이라는 제한된 발언권만 주어졌을 뿐, 활동 과정에서 전문성을 끝없이 의심받는 상황에 처하기도 하였다(손봉희, 2006).

그런데 이러한 외부적 요인보다 더 중요한 것은 민우회 내부적으로도 여성건강 문제를 어떻게 접근해야 하며 이후 어떤 영역에서 활동을 해나가야 할 것인가라는 고민에 부딪히게 되었다는 사실이다. 시험관아기나 생식세포 공여 등 보조생식기술이 여성건강에 대해 끼치는 문제뿐만 아니라, 난자 이외 장기의 매매와 이식 문제, 청소녀들의 신체 활동 문제, 완경기 여성의 호르몬제 이용 문제 등이 관심사로 떠오르고 있으나, 이 문제를 어떻게 접근 해야 하며, 특히 민우회가 집중해야 할 문제는 무엇인가에 대해서는 아직도 논의가 진행 중인 상태라고 할 수 있다. 따라서 이 글에서는 우선 그간 한국여 성운동에서 불모지나 다름없는 여성건강 분야를 다뤄온 민우회의 활동이 어떤 식으로 시작되어, 어떤 틀로 어떻게 진행되어왔는가를 살펴볼 것이다. 그러고 나서 민우회가 황우석 사태를 겪으면서 경험한 성장과 변화는 무엇인 가를 통해, 전환기에 선 민우회 여성건강운동이 이후 나아가야 할 바를 짚어 보고자 한다.

1. 국가-의료 권력과 여성의 몸 : 환경운동으로서의 여성건강 운동

1) 운동의 전사(前史)-지역의 여성건강운동

민우회의 여성건강권 운동이 처음부터 '건강'을 화두로 해서 시작했던 것은 아니었다. 민우회 여성건강관련 최초의 활동이라고 할 수 있는 복강경 후유증 보고 운동은 1988년 지역운동으로 출발하였다. 당시 민우회 신소영 회원이 운영하던 해님방은 인천 십정동에 위치하여 초등학생들의 학습과 놀이 프로그램을 진행하던 공부방이었다. 해님방은 그밖에도 지역여성들을 대상으로 하여 한글교실과 영어교실을 운영하고 있었을 뿐 아니라, 지역

주민들의 생활에서 문제되는 이슈들을 문제제기하는 역할을 수행하였는데, 그 가운데 하나가 바로 복강경 시술 후유증 보고 운동이었다(명진숙 인터뷰, 2007). 당시 보건소는 가족계획운동의 일환으로서 종종 홍보요원을 통해 강제로 시술희망자들을 끌어모으곤 하였다(배은경, 2004). 보건소 직원들과 홍보요원들은 주로 저소득층 여성들이었던 이들 시술희망자들에게 후유증이나 합병증에 대한 사전 교육 없이 반강제로 수술을 강요하여 인천 십정동 지역에서도 많은 여성들이 부작용을 호소하고 있는 상황이었다. 이에 따라 민우회는 1988년 10월 간담회를 개최하여 반강제로 이루어진 복강경 시술에 대해 관심을 고조시켰던 것이다(이경숙, 1997).

여성건강과 직접 관련이 된 문제는 아니지만 건강과 관련하여 해님방의 또 하나 의미있는 성과는 제약회사가 지역 어린이들에게 시키는 침뱉기 부업에 대한 문제를 제기하여 중단시킨 것이었다. 사람의 침은 노인들의 백내장, 노화방지 약품의 원료가 되는데, 이들 약을 만들어 일본에 수출하던 동아제약은 십정동 같은 가난한 지역에서 돈을 주고 침을 수거해갔다. 100cc당 250원씩 받고 하는 침뱉기 부업을 열심히 한 것은 주로 초등학생들로 아이들은 껌을 씹어 침이 빨리 생기게 해서 하루 평균 300cc 정도 뱉고 750원을 받았는데, 무리한 침뱉기로 목이 심하게 아픈 것은 물론 심지어 억지로 침을 뱉다가 쓰러지는 경우까지 있어 당시 지역에서 큰 문제로 등장했던 것이다(이경숙, 1997).

2) 여성환경운동으로서의 여성건강운동: 출산문화 바로잡기 운동과 대안생리대 쓰기 운동

1989년 12월 16일 민우회에서는 '함께가는 생활소비자 협동조합'(이하 '생협')을 결성하여 지역의 환경관련 사안을 중심으로 활동하게 되었다. 이 과정에서 민우회는 현 사회 구조 속에서 여성들은 환경오염의 피해자일 뿐 아니라 파괴된 자연과 환경을 다시 살리고 가꾸는 데 있어, 여성의 경험에서 형성된 돌봄과 보살핌, 책임의 여성적 가치가 친생명적이고 친환경적이라는 점에 주목하게 되었던 것이다('함께가는 생활소비자 협동조합' 설립취지문, 1989). 전시기 여성건강 활동이 민우회 지역 활동의 산물이었다면, 1990년대 이후 민우회의 여성건강에 대한 관심은 당시 지역운동에서 특화되어 나오기 시작한 환경운동과 관련하여 이해해야 한다. 특히 1999년 조직 개편을 계기로 환경오염과 여성 건강 문제를 전담할 기구로서 여성환경센터가 설치되면서 민우회는 환경 이슈와 결합하여 활발한 활동을 펼치게 되었다. 여성환경센터는 '여성, 환경, 건강'이 맺는 연관성에 주목하면서 여성환경운동으로서의 여성건강운동을 내세웠으며, 출산 행위의 중심에 의료진과 병원이 아니라 여성이 있어야 함을 주장하는 활동을 주로 펼쳤다.

여성환경센터를 중심으로 민우회 여성건강운동의 주축이었던 명진숙은 당시 상황이 "유방암이나 자궁암에 대한 기초적인 역학조사조차도 되어 있지 않아 외국연구나 전해들은 이야기에 의존할 수밖에 없었던 상황이었다"라고 회고하고 있다. 여성건강의 현실에 개입하여 변화시키기 이전에, 우선 현실을 파악하여 문제를 분석하고 대안을 제시해야 하는 것 모두가 민우회 활동의 과제로 주어졌던 셈이다. '생명과 여성의 관점에서 출산문화 다시 세우기 운동' 혹은 '제왕절개 분만 줄이기 운동' 역시 "명확한 현실 파악과 과제가 제시된 상태에서 운동을 시작하였다기보다는 구체적인 현실에서 제기되는 문제들을 따라가다 보니 이르게 된 지점"이었다는 데서 당시의 어려움을 짐작할 수 있다(명진숙 인터뷰, 2007). 당시 2000년 건강보험공단은 1985년 6%에 불과하던 제왕절개 분만이 1999년에 43%에 이르렀다고 발표하였다. 여성 2명 중 1명이 제왕절개에 의해 분만을 하고 있다는 현실에 직면하여, 민우회 여성환경센터는 그 배경에 여성을 "건강의 주체가 아닌 의료의 대상으로, 인간의 몸과 마음을 분리시켜 질병 자체만을 파악하는 현대 의료체계가 가장 큰 원인구조로 작동하고 있다"고 진단하였다. 따라서 "여성의 출산

경험 실태를 살펴보고 의료행위가 출산과정에 개입되는 대표적인 형태인 제왕절개 분만의 증가 원인 및 감소 방안을 제시하여 우리 사회의 출산문화를 조명함과 동시에, 바람직한 출산문화의 정착 및 확대 방안을 제시"하는 것을 출산문화 다시 세우기 운동의 목표로 삼고, "출산을 질병이 아닌 정상적인 삶의 이벤트로, 출산의 중심에 의료행위와 병원이 있는 것이 아니라 여성과 태아가 있는, 그리고 개인적 행위만이 아닌 공동체적인 의미를 포함하는 것으로 그 의미를 자리매김"하고자 했다(민우회, 2006).

출산문화 다시 세우기 운동을 위하여 민우회는 자연출산과 외국의 대안적인 여성건강운동에 대한 내부 워크숍을 시작으로 전문가 외 지역, 회원들의 의견을 수렴하는 간담회를 개최하였을 뿐 아니라, 우리 사회에 출산문화의 심각성을 알리고 사회적인 관심을 불러일으키고자 2000년 5월 31일 "한국의 출산문화, 무엇이 문제인가?"라는 제목의 토론회를 개최했다. 이 토론회에서 제기된 주장들을 살펴보면, 우선 출산을 "여성이 갖는 생물학적·생리적 특성의 보편적 기능으로 간주하고 여성의 생식능력을 문화나 사회와는 독립적인 '자연적', '보편적 사실'로 간주하는 시각"을 비판하면서, 출산을 통해 얻어지는 모성 경험을 다른 사회적 관계와의 경합 속에서 볼 것을 역설하였다. 또한, 80년대 이후 출산이 완전히 의료화된 한국 사회의 현실을 비판적으로 고찰하면서, "여성이 신체적·정신적으로 소외되지 않은" 새로운 출산문화를 모색할 것을 주문하기도 하였다(민우회, 2000).

제왕절개 분만율을 낮추기 위한 노력은 지속적으로 이어졌다. 2000년 7월에는 그 해 초 이루어진 '못다한 나의 출산 이야기'라는 설문에 기초하여 "세계 최고 수준 제왕절개 분만율 (43.2%) 어떻게 낮출 것인가"라는 이름으로 토론회를 개최하였다. 2001년 7월에는 전국 8개 지역여성을 대상으로 임신 출산 기간 동안의 의료 서비스 만족도 조사를 실시하여 현실을 파악하고 출산에 대한 인식을 변화시키며, 여성에 대한 존중과 배려의 의료문화 및 제도의 정착, 임신과 출산에 대한 교육의 확대 필요성을 제기하는 '출산의료

서비스 향상과 제왕절개 감소를 위하여'라는 이름의 행사를 개최하였다. 제왕절개 분만율의 감소는 정부 정책 과제로도 반영되는 성과를 거두었으나, 2003년에 발표된 2002년 통계에서도 39.2%로 드러나, 이것이 단시간에 이루기 어려운 과제임을 확인시켜주었다.

그에 따라 민우회에서는 '출산 및 제왕절개 분만에 대한 인식조사'라는 연구조사를 시행하는 한편, 인천, 울산, 대전, 춘천, 제주로 이어지는 지역여성 네트워크를 구축하여 2003년 11월 14일 "제왕절개 분만율 39.2% 어떻게 줄일 것인가"라는 토론회를 개최하였다. 그 사이 여성환경센터에 접수된 고발 사례들을 기반으로 민우회는 2002년부터 제왕절개뿐만 아니라 무분별하게 이루어지는 양수검사 등 산전검사에 대해서도 비판을 확대해나갔다. 2001년부터 이루어진 '엄마와 아기가 함께 행복한 출산' 캠페인이나 제왕절개 분만율이 낮고 모유수유를 권장하여 출산과정에서 여성을 배려하는 병원 3곳을 선정하여 발표한 '아름다운 병원을 찾습니다' 캠페인도 역시 출산문화 바꾸기 운동의 일환이었다. 이러한 캠페인들은 당시 인권분만을 옹호하는 '토끼와 여우'와 같은 운동과 함께 대안적인 출산에 대한 관심을 불러일으켰다는 평가를 받았지만, 출산하는 여성이 소비자로서 누릴 수 있는 권리에 치중하는 것이 아니냐는 비판에 직면하기도 하였다.

민우회가 소비자운동에 안주하는 것이 아니냐는 비판은 일회용 생리대가 여성건강에 끼치는 해로움을 알린 생리대관련 활동에 대해서도 마찬가지로 이루어졌다. 2000년 지금까지 터부시되어온 월경을 자연스러운 것으로 드러내고 사회와 관습이 아닌 여성 스스로가 몸의 주인이 됨을 목표로 하여 월경페스티벌이 시작되면서 생리대에 대해서도 문제제기가 이루어지기 시작하였다. 여성환경센터도 역시 월경에 대한 인식을 바꾸고 여성의 필수품인 생리대가 여성들의 입장에서 만들어지고 사용될 수 있도록 하기 위한 운동을 전개하였다. 월경에 대한 인식을 바꾸기 위한 활동으로는 2005년 7~8월 사이에 열린 청소녀들 대상의 '딸기잼 캠프'가 있었는데, 월경과 함께 청소녀 건강

딸들의 기분 좋고 잼난 초경캠프(2005)

전반에 대한 인식을 바꾸는 데 기여하였다. 또한 '내 몸의 주인은 나' 캠페인의
일환으로 전개된 월경주기 팔찌 만들기 역시 큰 호응을 얻었다.

생리대의 안정성은 높이고 가격은 내리자는 'Up-Down 캠페인'에서 드러
나듯 민우회의 생리대에 대한 비판은 두 가지 방향으로 전개되어갔다. 첫
번째 방향은 기존 일회용 생리대가 자궁내막염을 증가시키는 등 여성건강에
해를 끼쳤음을 비판하면서 지역민우회와 생협을 통해 대안생리대 만들어
쓰기 운동을 지속척으로 전개해나간 것이다. 다른 방향은 생리대 부가가치세
면제를 통한 가격인하 운동이었다. 여성에게는 필수품이라고 할 수 있는
생리대가 사치품으로 분류되어 부가가치세가 부과되고 있는 현실을 비판하
면서 면세를 통해 가격을 인하할 것을 촉구한 것이다(명진숙 인터뷰, 2007).

이를 위해 민우회 여성환경센터는 2002년 4월부터 5월까지 전국 8개 도시
에 거주하는 여성들을 대상으로 '생리대 사용 및 사용자 의식에 관한 조사'를
실시하여 8월 20일 "생리대 부가가치세 부과, 무엇이 문제인가"라는 토론회
에서 그 결과를 발표하기도 하였다. 보다 최근의 일로는 민우회에 접수된
고발사례를 바탕으로 2006년 3월 삽입식 생리대인 '템포'의 안정성 문제와
독성쇼크증후군에 대한 위험표시 문제를 생산자인 D사에 문제제기하여 일정
정도 제품과 제품 설명서 표시에서 개선을 이루어내었다.

문제를 제기하는 데에 그치지 않고 제도적 개혁과 실질적 개선을 이끌어내

려는 이러한 일련의 활동들은 나름의 성과도 거두었지만, '피자매연대' 등 비슷한 영역에서 다른 입장을 보여온 단체들로부터 민우회의 운동과 소비자 운동의 차별성이 무엇인가라는 비판을 받았고 또 내부적으로도 입장의 일치를 본 것은 아니었다. 일회용 생리대의 유해성에 대한 비판과 일회용 생리대의 소비자로서 여성이 누릴 수 있는 권리라는 상충하는 가치가 공존한다는 사실은 단지 이 문제뿐만이 아니라 전반적인 민우회 활동에서 힘으로 작용하기도 했지만, 동시에 종종 민우회에 대한 비판의 근거가 되기도 했다(명진숙 인터뷰, 2007).

2. 생명공학기술과 여성의 몸: 기술규제와 생명윤리 중심의 운동

1) 생명윤리법 제정과 생명공학기술 감시 운동

1997년 영국에서 복제양 돌리가 태어나고, 일본과 뉴질랜드, 그리고 미국이 각각 암소와 쥐의 복제에 성공했다고 발표하면서 한국에서도 복제연구에 대한 관심이 커지는 한편, 생명의 존엄성에 대한 우려도 커져갔다. 이에 따라 민우회에서도 역시 1998년 이후 여성의 몸과 생명의 존엄성이라는 생태여성주의적 관점에서 생명공학기술을 감시할 필요성을 제기하였다. 특히 2002년 마리아생명공학연구소가 복제연구에서 큰 진전이라고 할 연구 성과를 발표한 이후, 생명윤리를 규제할 법안을 제정할 필요성은 더욱 급박하게 제기되었다. 당시 정부가 제정하려는 생명윤리에관한법률안은 1983년 제정된 생명공학 육성법안과 마찬가지로 단지 생명공학계의 연구 육성에 길을 터주기 위한 법안이라는 비판을 받고 있었다. 이에 따라서 민우회는 여성, 시민, 환경, 종교 단체로 구성된 '조속한 생명윤리법 제정을 위한 공동캠페인단'과 함께 활동을 하게 되었는데, 이들은 무분별한 복제 실험, 이종 간 교잡실험 등을 비판하면서 생명을 도구화하는 것을 우려하였다. 황우석 사태가 일어나기 오래 전부터 이미 공동캠페인단과 민우회는 한국 생명공학기술의 발전이 가져올 수 있는 위험을 지적함과 동시에 정부의 책임을 역설하였던 셈이다. 그러나 이 캠페인의 제일 큰 초점은 다른 무엇보다도 인간 배아복제의 허용 여부였다. 따라서 줄기세포를 얻는 과정에서 잠재적인 인간인 배아를 파괴한다는 윤리적인 문제에 캠페인단의 관심이 집중되었으며, 민우회 등 여성 단체들이 관심을 가진 난자의 상품화나 여성 몸의 대상화 문제 등은 부각되지 못했다. 이에 따라 민우회에서는 당시 김상희 대표가 주축이 되어서 다른 여성, 환경 단체들과 함께 '생명공학 감시를 위한 여성, 환경단체 준비모임'을 결성하여 생명윤리법안에 여성의 관점을 관철시키고자 노력하였다(손봉희, 2006).

그 결과 2004년 '생명윤리와안전에관한법률'이 제정되어 2005년부터 시행되었지만, 법이 시행되기도 전에 이미 황우석의 논문이 《사이언스》 지에 발표되면서 그나마 허점투성이의 생명윤리법마저 생명공학발전을 통한 국가 경쟁력 제고 담론에 무력화되고 황우석이 성역화되는 결과를 낳았다. 민우회는 황우석의 사이언스지 논문 발표 직후, 생명윤리법 시행 이전 배아복제연구의 중단과 난자 획득 과정의 투명한 공개를 요구하는 성명서를 발표했다. 그리고 이에 대한 대응으로 민우회를 비롯하여 시민과학센터, 여성환경연대, 녹색연합, 환경운동연합, 인드라망생명공동체, 풀꽃세상을위한모임, 초록정치연대, 한국여성단체연합, 환경정의, 한국YMCA전국연맹 등의 시민사회단체들이 2005년 7월 '생명공학감시연대'를 결성하게 되었다. 생명공학감시연대는 복제배아줄기세포 연구 등 생명공학기술에 대한 비판적 입장을 가지고 있던 단체들로 구성되었다.

생명공학감시연대는 2005년 8월 "인간배아연구, 무엇이 문제인가?"라는 토론회를 통해 다양한 측면에서 복제배아연구의 문제를 공론화하기 위해 노력하였다. 이후 MBC PD수첩의 보도와 온라인 과학자 커뮤니티의 제보와 검증 등이 이어지면서 생명공학감시연대가 제기했던 많은 의혹은 대부분 사실로 드러났다. 줄기세포 연구에 매매된 난자와 연구원의 난자가 사용되었을 뿐만 아니라, 사용된 난자 숫자는 물론 연구 성과 자체가 조작된 것으로 드러난 것이다. 이 과정에서 생명공학감시연대는 2006년 1월 "황우석 사태를 통해 본 한국 사회의 현재와 미래" 토론회 개최를 마지막으로 활동을 일단락할 때까지, 황우석 연구의 문제점과 의혹을 지적하는 일련의 성명서를 발표하였으며, 끝없이 문제를 축소하려는 정부와 검찰 수사에 압력을 가했다.

이 과정에서 민우회에는 이중의 과제가 주어졌다. 하나는 경제적 가치와 국가 이익을 최우선시하면서 윤리를 연구의 걸림돌쯤으로 치부하는 현실을 타개해나가는 것이었고, 다른 하나는 난자문제를 부차적인 이슈 혹은 황우석의 비윤리성을 입증하는 도구로만 보는 시민, 사회단체들과의 관계 속에서 여성의 인권을 중심적인 문제로 확립해가는 것이었다. 다시 말해, 기존의 생명공학연구에서 난자가 연구를 위한 도구로만 취급되었다면, 이를 비판하는 집단에서는 난자와 여성 건강에 대한 관심이 윤리를 위한 도구가 되는 경향이 있었다. 이에 따라 민우회가 주축이 되어 2006년 1월 여성네트워크를 구성하여 '황우석 교수팀 배아줄기세포 연구용 난자채취 과정 진상규명 촉구를 위한 기자회견'을 시작으로, 난자채취 피해자 신고센터를 개설하고 4월에는 신고센터를 통해 소송의사를 밝힌 2명의 여성들을 원고로 국가와 의료기관을 대상으로 손해배상 청구소송을 제기하였다.

그런데 황우석의 비윤리적 난자 취득과 이용 문제가 밝혀진 이후에도 난자를 연구용 도구로 보는 사회적 시각은 크게 바뀌지 않았다. 오히려 황우석 팬 카페인 '아이러브황우석'을 중심으로 난자기증운동이 시작되었으며, '난자기증재단'이 생기면서 난자기증이 국가와 난치병 치료 연구를 위한 숭고한 행위로만 구성되고, 난소과자극증후군 등 난자채취 과정의 잠재적 위험성과 후유증, 그리고 난자기증의 자발성을 판단할 수 있는 "충분한 정보에 기초한 동의"(informed consent)는 어떠해야 하는가에 관한 논의는 여전히

황우석 교수팀 배아줄기세포 연구용 난자
채취 과정 진상규명 촉구를 위한 기자회견
(2006)

소수의 관심사로 남았다.

여성네트워크 역시 36개 여성단체의 연합이라는 공식적인 포장과는 달리, 실제로는 민우회나 극소수 단체 활동가들이 성명서를 작성하여 연명을 받는 식의 활동을 벗어나지 못했다. 많은 여성 단체들은 원론적인 입장에는 공감하고 동의하였으나, 생명공학이라는 분야에 대해서는 생소하다고 느낄 수밖에 없었고, 일부 단체들은 황우석 사태 초기 황우석 비판에 소극적인 입장을 취하기도 하였다. 더구나 민우회 역시 황우석 사태가 일어나기 직전 여성환경센터를 해체하고 본부 내에 여성건강팀을 구성하는 조직 개편을 겪었을 뿐만 아니라, 황우석 사태 동안 활동가가 교체되는 사정이 있었다. 이에 따라서 생명공학연구에서 여성건강권을 확보하는 활동의 어려움은 배가되었고, 여성운동이나 생명공학 감시운동 내부에서는 황우석 사태라는 긴박한 상황의 와중에 여성주의적 대응이 미흡했다는 비판이 끊이지 않았다. 이러한 비판은 많은 부분 타당하기도 하나, 다른 한편으로 보면, 상대적으로 난자 문제에 많은 힘을 쏟아온 민우회로 여성계의 미흡한 대응에 대한 비판의 화살이 집중되는 양상을 낳았다.

그러나 앞서 말한 사정을 포함하여 여러 가지 이유로 민우회 역시 황우석 사태에서 여성의 인권을 주요 이슈로 부각시켜 나가는 데는 역부족을 느낄 수밖에 없었다. 따라서 부족함에 대한 지적 못지않게 부족함을 낳은 조건들을 냉철하게 파악하고 어떻게 그것을 변화시켜갈 것인가에 대한 논의가 긴급한 시점이다. 더구나 당시 그럴 수밖에 없었던 운동 내외부적인 많은 조건들이 대부분 여전히 살아 있을 뿐 아니라, 그때 제기된 이슈들이 모두 현재진행형 이라는 사실을 감안할 때, 좁은 의미에서 황우석 사태의 책임규명이나 처벌이 라는 이슈에서 벗어나 이후의 전망을 모색하는 일이 더욱 시급하다고 하겠다. 그런 의미에서 이제는 황우석 사태에서 제기된 이슈들을 재해석하여 각 단체 가 기존에 해온 활동들과 연결시키고 여성의 삶과 밀착된 문제이자 장기적 과제로 받아들이는 과정이 필요한 시점이다. 사건에 대한 성명서 위주 대응이 나 구체성이 떨어지는 여성 입장의 반복은 자칫 여성계-윤리계 대 과학계라 는 낡은 도식과 갈등이 지속되는 가운데 과학기술을 전문가들 위주의 영역으 로 재확인시켜주면서, 현실적 발언권을 상실할 우려가 있기 때문이다(보건복 지부, 2007).

생명윤리법 제정과 난자 문제에 대한 대응 외 생명공학감시 분야에서 민우회의 활동으로는 유전자조작식품 반대운동, 특히 영유아식품에서 유전 자조작식품(Genetically Modified Organism, 이하 GMO)을 추방하기 위한 운동을 들 수가 있을 것이다. 민우회 여성환경센터에서는 2000년 10월 16일 "영유아 식품에서 어떻게 GMO를 추방할 것인가"라는 토론회를 열어, 우선 생리적인 방어력이 약한 영유아 대상 식품에서만이라도 GMO를 추방할 것을 촉구하였 다. 여기에는 영유아식품 업체인 거버와 하인즈를 비롯하여 일본과 유럽을 중심으로 영유아 식품에서 GMO를 배제하는 정책을 도입한 데 따른 것인데, 특히 다국적 기업인 네슬레가 유럽에서만 원료에서 GMO를 배제한다는 'GMO Free선언'을 한 사실에 자극을 받은 것이었다. 2001년 6월에도 여성환 경센터는 '우리에게 안전한 먹거리를-GMO 추방결의 대회'를 여는 등 활동 을 지속하였으며, 이는 이후 학교급식 개선운동으로도 확대되었다. 1997년 문민정부의 공약으로 학교급식이 전면적으로 확대되기 시작하면서 2002년 당시 전국 초·중·고교의 90%에서 급식이 시행되고 있는 상황이었다. 이들

학교 급식에서 안전성을 확인하기 어려운 수입농산물이 큰 비중으로 사용되고 있다는 사실로, 영유아 대상 먹거리 개선 운동이 학교급식 개선으로 이어지지 않으면 안 된다는 인식에 도달하였던 것이다.

2) 인공생식규제법안 제정 시도와 난자채취 피해자 소송

생명공학기술에서 사용되는 난자와 배아에 대한 문제제기가 진행되면서, 생명공학 실험실에서 벌어지는 여성 몸의 도구화 문제의 역사적·물질적 전제는 불임클리닉이라는 사실이 더욱더 중요하게 다가왔다(하정옥, 2006). 사실 민우회가 불임클리닉을 비롯하여 인공시술 전반을 관리하는 인공수정관련 법안의 필요성을 제기하여온 것은 이미 황우석 사태가 불거지기 오래 전 일이었다. 2002년에도 민우회는 생명공학감시를 위한 여성, 환경단체 준비모임에서 '난자, 정자 매매 및 인공수정 문제에 대한 토론회'를 개최하였으며, 2003년에는 '인공수정 및 대리모 문제에 관한 토론회'를 개최하였다. 당시에도 현재에도 한국에는 인공수정 시술 전반을 규정하는 법률은 존재하지 않고, 다만 대한의사협회의 '인공수태에 관한 윤리선언' 및 '의사윤리지침' 등에 의한 규정만 존재하며, 2005년 발효된 생명윤리및안전에관한법률에 따라 2006년 5월 보건복지부가 '2005년 배아보관 및 제공 현황 조사결과'를 발표하기 이전까지는 전체 배아생성의료기관을 대상으로 보조생식술과 배아보관 현황 자체가 조사 공표된 바도 없었다.

2005년 황우석 사태는 이러한 규제 부재가 얼마나 큰 문제를 가져올 수 있는가를 재확인시켜주는 계기로서, 민우회는 2002년 당시 초기작업만 하고 중단되었던 인공생식에 관한 법률 마련 작업을 재개하게 되었다. 특히 2005년 11월 온라인상에서 난자매매와 대리모를 알선해오던 업체가 경찰사이버 수사대에 적발되면서, 난자 매매 네트워크의 중심에 유명 불임클리닉들이 존재하고 있다는 사실이 밝혀졌다. 이에 따라 난자를 이용하고 배아실험을 하는 실험실의 연구윤리와 더불어 인공수정 시술을 시행하는 의료기관에 대한 관리 감독의 필요성이 제기된 것이다. 이에 따라 민우회는 이화여대 김현철 교수팀과 협력하여 2005년 12월 14일 "(가칭)여성의 재생산권리 보장 및 인공생식에 관한 법률 마련을 위한 토론회"를 개최하였다. 이 법안은 '인공생식에 필요한 사항을 규정함으로써 여성의 재생산 권리를 보장하고, 인공생식 과정에서 여성의 생명과 건강을 보호하여 여성의 인권과 삶의 질 향상에 이바지함을 목적'으로 하여, 구체적으로는 인공생식 시술의 요건과 방식, 생식세포 공여의 규제와 관리를 담당할 인공생식시술관리청을 설치할 것을 주장하는 내용을 담고 있었다.

이후에도 민우회는 2006년 1월 국회의원회관에서 열린 "황우석 사태와 난자관련 법, 제도 정비를 위한 기초 토론회", 한국여성학회와 공동으로 2006년 3월 개최한 "국가주의와 여성의 몸: 난자문제를 중심으로" 등의 토론회를 통하여 인공생식규제 방안에 대한 논의를 지속하면서, 이 법안을 입법화할 방안을 모색하였으나 그 과정은 쉽지 않았다. 무엇보다 논의가 계속되면서 인공생식 시술 과정에서 과도한 의료 개입과 임신 성공률만 염두에 둔 의료관행으로부터 여성의 건강권을 보호하려는 법안의 한 축과 여성의 재생산권 보장이라는 다른 한 축이 과연 어떤 관계인가라는 문제가 제기되었다. 특히 난자 매매나 대리모 등 여성의 생식력의 광범위한 상품화를 막겠다는 법안의 의도는 이 법안이 인공생식 시술 대상을 엄격하게 제한하고자 하는 경향을 띠게 했던 반면, 이러한 대상의 제한이 결국 이성애 법률혼 부부 중심 이데올로기를 재확인시켜주고 여성 개인 단독으로나 이성애 법률혼 부부가 아닌 다른 다양한 형태의 가족들이 인공생식술에 접근할 수 있는 권리를 박탈하는 것이 아니냐는 비판이 거세게 제기된 것이다.

한편, 황우석 사태에서 연구용 난자 기증자들이 잘못된 정보에 기초해서 최소한의 연구윤리도 지키지 않은 연구에 난자를 기증하고 나서도 그 후유증에 대해서는 제대로 보상받고 있지 못하다는 사실이 알려지면서 2006년

4월 민주사회를 위한 변호사모임 여성복지위원회와 여성민우회를 주축으로 한 여성단체들은 난자채취관련여성네트워크의 이름으로 국가 및 미즈메디 병원과 한양대 병원 등 의료기관을 대상으로 피해배상 소송을 시작하였다. 소송의 경과는 쉽지 않았다. 소송은 사람을 대상으로 하는 실험과 연구였음에도 원고들에게 대상 연구에 대한 허위 혹은 불충분한 정보가 제공되었으며, 난자의 사용처에 대해서도 구체적인 정보가 주어지지 않았다는 점, 과배란으로 있을 수 있는 후유증에 대해서도 구체적인 정보가 주어지지 않았다는 점, IRB 등 연구과정을 감시 감독해야 할 기관들이 책임을 방기했다는 점을 쟁점으로 진행되었다. 여기에 대한 피고 측의 반응은 실제 설명을 행한 사람들 역시 정보를 가지고 있지 못했으며, 난자채취 부작용에 대해서는 이미 충분한 설명을 했고, 난자채취 이후 원고가 겪은 부작용과 난자채취와의 인과관계를 입증할 수 없다는 것이었다. 이러한 소송 내의 쟁점과는 별개로, 가장 큰 어려움으로 다가온 것은 황우석 사태가 일단락되는 듯이 보이면서 난자 문제에 대한 사회적인 관심 역시 식어버리는 양상을 띠었다는 점이었다.

민우회가 2006년 9월에 '생명과학기술시대 여성 인권 확보를 위한 국제 포럼'을 개최한 데에는 국제 행사를 통해 한국의 난자문제와 난자소송에 대한 관심을 새로 부각시켜보려는 목적도 있었다. 사실 국내에서의 상대적인 무관심과는 달리 황우석 사태와 이에 대한 한국 여성운동의 대응에 대한 국제적인 관심은 높았다. 또한, 그간의 사태 진행은 민우회로 하여금 황우석 실험실의 난자 문제가 단지 한국만의 사건이 아니며, 세계적으로 연구를 위한 난자를 구하기가 어려운 현실에서 한국이 난자 제공을 담당하는, 일종의 국제적 분업구조의 한 축으로 기능해온 것이라는 인식에 도달하게끔 하였다. 결국 한국에서 일국적으로 난자 채취를 규제한다는 것의 의미는 무엇일지, 또한 한국과는 다른 맥락에서 활동하는 일본, 인도, 미국, 영국 등의 활동가들이 부딪히고 있는, 같기도 하고 다르기도 한 고민의 지점은 무엇일까라는 운동적 궁금함과 국제적 연대 희망을 안고 국제 포럼을 개최한 것이다.

생명과학기술시대 여성 인권
확보를 위한 국제 포럼(2006)

　포럼이 진행되면서 민우회는 단시간 내에 생식세포를 둘러싼 국제적인 맥락을 파악하고 여성건강이라는 주제를 가지고 오래 활동해온 다른 나라의 활동가들을 만나고 연대할 수 있다는 자신감을 맛보게 되었다. 따라서 포럼은 민우회에게 성장의 시간이었지만, 다른 한편으로 각국의 상이한 맥락 차이는 행사 개최 당사자인 민우회에게 큰 부담으로 다가왔다. 과연 생명공학과 여성건강 문제가 낙태 문제 등 여성운동 내부에 존재하는 기존의 차이를 넘어서라도 연대해야 하는 사안인지, 일국 단위의 규제의 도입이나 난자 기증에 대한 '실비' 보상 문제 등에 대해서 포럼 내내 참가자들의 입장이 엇갈렸다. 특히 민우회가 당장 명확한 입장을 표명하여 난자이용 연구의 전면 금지를 선언하고 한국 여성을 생명공학의 피해자로서 정체화해주기를 원하는 일부 참가자들의 기대는 부담스러운 것이기도 했다. 생명공학의 지구화된 맥락 속에서 민우회의 입장이 단지 한국 현실에 대한 민우회의 대응으로서만 읽혀지는 것이 아니라, 감당하기 어려운 국제적 맥락에 속해 있다는 인식과 부담감은 애초 예정되었던 난자채취에 대한 가이드라인 혹은 서울선언을 마지막 순간에 무산시키는 아쉬운 결과를 낳기도 하였다.

3. 전환점에 선 여성건강 운동

1) 여성건강권인가 재생산권인가

2005년 이후 황우석 사태가 일어났을 때 민우회가 여성단체 가운데서는 유일하게 비교적 준비된 활동을 펼칠 수 있었던 것은 수년간 민우회가 그 분야에서 쌓아온 활동 덕분이었다. 이 시기에 들어서 민우회의 생명공학 비판 활동은 그 이전에 받아보지 못한 사회적 관심을 받기도 했지만, 다른 한편으로 이렇게 넓어진 활동 공간은 큰 도전으로 다가오기도 하였다. 우선 민우회가 생명공학 기술을 규제하는 활동에 직접 참가하게 되면서 활동의 초점이 입법 등 법 중심의 활동으로 옮겨가게 되었고, 이는 입법 공간에서 여성단체가 가질 수 있는 전문성은 무엇이며 활동가와 연구자, 그리고 법 전문가는 어떻게 만나야 하는가라는 문제를 제기하였다. 다시 말해, 한국 사회에서 생명윤리 문제가 부각되는 과정은 여성단체를 포함하여 시민, 사회 단체의 무수한 노력 없이는 이야기될 수 없었을 터이나, 일단 입법이라는 구체적인 장에서는 전문가와 비전문가의 구분이 있을 뿐, 여성단체가 제 목소리를 내기는 어려웠다. 또한 이 과정에서 운동 자체가 법률이나 의료 등 전문가에게 의존하는 경향을 낳았는데, 이들 전문가들이 언제나 여성주의 나 여성운동의 관점에서 문제를 접근하는 것은 아니었기에 어려움은 배가되 었다. 더구나 운동이 입법에 치중하게 되면서, 그동안 민우회 운동의 힘이었 던 운동 대중들은 자연스레 이 문제에 대해 관심을 멀리하기 시작하였고, 이러한 대중의 이탈은 다시 생명과학기술의 장에서 여성의 건강과 인권을 지키려는 운동의 약화로 이어졌던 것이다.

그러나 이보다 더 핵심적인 난제는 역시 인공생식관련 법안을 만드는 과정에서 민우회가 확보하고자 한 여성의 재생산권을 어떻게 사고하고 실천 할 것인가의 문제였다고 하겠다. 이제까지 민우회 여성건강운동은 환경운동에 그 뿌리를 둔 것으로서, 주된 문제의식은 과학기술의 개입으로부터 어떻게든 여성건강과 몸의 온전성을 지켜내야 한다는 것이었다. 과학기술에 대한 이러한 접근은 생명공학기술을 감시하고 규제하는 활동에서는 상대적으로 힘을 발휘했으나, 인공생식규제법안 문제를 기점으로 여성의 재생산권 확보 문제로 관심이 확대되는 순간 벽에 부딪히기 시작했다. 예를 들어, 생명과학기술의 문제에서 여성이 과연 피해자이기만 한 것인가라는 문제도 제기되었으며, 이성애 법률혼 부부가 아닌 개인들의 인공생식술에 대한 접근권도 문제가 되었다. 또한 인공생식술은 결국 출산에 관련된 기술이라고 할 때, 출산하지 않을 권리를 포함해야 할 재생산권을 인공생식규제법안에서 어떻게 확보할 것인가의 문제도 중요한 이슈로 떠올랐다. 한편 여성들로 하여금 부작용을 감내하고서라도 인공생식술의 힘을 빌려 출산을 하도록 하는 사회적 압력과 또 그런 선택을 하는 여성 자신들의 욕망이라는 한국 사회의 맥락을 고려할 때 재생산권 확보가 인공생식술을 시행하는 의료현장 규제만으로 이루어질 수 없다는 주장도 제기되었다. 난자 매매 여성에 대해서도 이들 여성이 난자를 매매하도록 하는 노동시장의 문제, 빈곤 문제 등의 문제를 함께 논의할 필요성도 제기되었다. 다시 말해, 현실적으로 생명과학기술과 여성들이 맺고 있는 다양한 관계에 눈을 돌릴 필요가 제기되었으며, 자칫 규제에만 치중하는 운동이 오히려 다양한 여성들의 이해관계와 요구들을 제약할 수 있다는 문제제기가 따랐던 것이다. 이는 앞으로 가족이나 노동 문제, 사회 정책, 빈곤, 지구화 등 여성들이 처해 있는 사회적이고 정치적인 관계들, 그리고 여성들 사이의 사회적 관계를 어떻게 다룰 것인가 결국 민우회 여성건강운동이 해결해야 할 과제임을 시사하는 것이다.

2) 저출산 위기론 속에서 무엇을 할 것인가

생명과학기술의 발전뿐만 아니라, 현 시점에서 여성의 건강, 몸의 권리와 관련하여 가장 큰 이슈는 강력한 출산장려정책을 펼치는 정부의 저출산 위기론이다. 이는 한편으로 보면 여성이나 영유아의 건강을 위해 국가의 지원을 확충하고 복지 기반시설을 마련할 수 있는 기회이기도 하지만, 다른 한편으로 보면 불임치료에 대한 국가지원이라든지 다시금 출산을 여성의 의무로 만드는 사회분위기 조성 등 여성건강과 관련해서도 중요한 의미를 지닐 수 있는 전환점이다. 저출산 위기론은 양자 사이의 차별성에도 불구하고 여성 신체에 대한 국가의 적극적 개입을 의미한다는 점에서는 가족계획운동과 마찬가지이며, 국가정책의 중요한 국면 전환을 의미하는 것이다. 그럼에도 불구하고 이제까지 민우회를 포함하여 여성운동에서는 이러한 저출산 위기론에 대하여 주로 담론 비판이나 일과 가정의 양립이라는 차원에서 접근하여왔을 뿐, 여성 건강 측면은 충분히 부각시키고 있지 못한 상황이다(민우회 2005).

현재 저출산 위기론으로 정부의 여성건강에 대한 지원은 주로 직접적인 출산관련 행위에 치중되어 있으며, 이는 여성을 출산하는 존재로 규정하는 것에 대한 여성운동의 반발과 맞물려 저출산 위기론에 비판적인 여성단체가 이 논의에 직접 개입하는 것을 꺼리도록 하는 경향을 낳는 중이다. 그러나 현재 저출산 위기론에 입각한 정부 정책은 단지 전반적으로 출산을 장려하고 지원하는 풍토를 조성하는 것에 그치는 것이 아니라, 이 과정에서 누구의 출산이 장려받고 누구의 출산은 기피되는가라는 재생산의 정치학이 작동하는 장이다(백영경, 2006). 건강 문제에서도 누구의 건강 문제가 국가적 정책 과제가 되고, 누구의 건강 문제는 무시되는가, 여성의 건강에서도 어떤 부분에 초점이 맞춰지면서 다른 어떤 부분은 묻혀버리는지, 아니면 오히려 여성건강에 해를 끼칠 수 있는 정책이 입안되지는 않는지 등과 같은 문제는 여성건강운동에서 반드시 다뤄야 할 지점들일 것이다. 인공생식규제법안 문제와 재생산권 문제에서도 제기되었듯이, 여성들 사이의 관계, 여성들을 둘러싼 사회·정치·경제·문화적 관계를 포괄하는 시각은 민우회가 여성건강을 다뤄가는 데 있어서 반드시 확보해야 할 부분이라고 하겠다.

3) 청소녀 건강권 운동

청소녀가 신나는 체육시간을 위한
체육교사 길라잡이(2005)

최근 민우회 여성건강운동에서 눈에 띄는 활동은 청소녀 대상 체육활동사업이다. 2006년 12월 민우회는 청소녀들의 학교 체육시간 경험을 드러내고 체육활동을 둘러싼 청소녀에 대한 고정관념을 탈피하여 체육활동이 청소녀에게 주는 중요성을 함께 인식해야 한다는 의도에서 중학생에서 고등학생에 이르는 청소녀 2,043명을 대상으로 설문조사하고 9명의 교사와 8명의 청소녀를 면접조사한 결과를 발표하였다(민우회, 2006). 이 조사로 민우회는 고정관념과는 달리 여학생들은 체육시간을 싫어하지 않으며 팀 스포츠를 즐기지만, 체육시간 외에는 체육활동을 할 수 있는 기회가 거의 없고, 여학생의 성별 특성에 대한 배려가 없는 체육시간과 여학생의 접근을 허용하지 않는 지역 체육시설로 인하여 점점 신체활동에서 멀어져간다는 사실을 밝혀내었다. 이에 따라 민우회는 『청소녀가 신나는 체육시간을 위한 체육교사 길라잡이』를 발행하고, 청소녀와 성인여성들을 대상으로 한 농구교실을 운영하여 많은 호응을 얻었다(민우회 2007).

실제로 민우회가 청소녀들의 건강권을 위한 활동을 펼친 것은 이번이 처음은 아니다. 민우회는 외모지상주의가 여성들의 건강에 큰 해악을 끼치고 있다는 판단으로, 2003년에서 2006년까지 각종 매체들을 모니터링하고 불법 성형광고를 고발하는 등 다양한 사업을 벌여왔다. 민우회는 외모지상주의가 특히 10대 청소녀들의 건강과 인식에 커다란 영향을 끼친다고 보았기 때문에, 청소녀들을 대상으로 2004년 '내 몸의 주인은 나 — NO 다이어트 NO 성형 청소녀 캠페인'이나 엄마와 딸이 함께 자신의 몸에 대해 긍정적인 상을 그려

'내 몸의 주인은 나 - NO 다이어트,
NO 성형 청소녀 캠페인'(2003)

보는 <Me美昧'나의 아름답고 맛있는 캠프'> 등을 진행하게 되었다. 특히 청소녀들에게 가까이 다가가기 위해 온라인 게임 '웰컴투 통막골'이나 10대 청소년 영상공모제 '생긴 대로 살 거야' 등의 참신한 형식을 채택하여, 이들의 관심뿐만 아니라 직접적인 참여를 이끌어내는 데도 많은 성과를 거두었다. 그 가운데서도 많은 역량과 자원이 투입된 사업이 2003년 시작된 '외모지상주의 인식개선교육'으로, 이는 2005년부터 청소녀로 대상 집단을 특화하여 진행되어 2006년까지 31개 학교(시설 포함) 109개 반 5,000여 명의 청소녀가 함께한 바 있다. 또한 2005년 2월에는 '청소녀 건강 간담회'를 개최하여 청소녀 건강교육에서 담아야 할 내용은 무엇인지 논의하였으며, 입시위주 교육현실 속에서 건강교육이 무시되고 있는 가운데 특히 여학생들은 남학생에 비해 일상적인 건강관리에 더 소홀하다는 사실을 발표하기도 하였다.

그러므로 민우회의 최근 체육활동 사업은 그간 민우회가 청소녀들의 건강권에 관심을 가지고 벌여온 일련의 활동들을 계승하는 것이라 하겠다. 특히 최근의 활동은 우선 캠페인을 통한 교육 홍보나 시간과 대상에서 제약을 받을 수밖에 없는 캠프 형식을 벗어나 일상에 밀착하는 활동방식을 개발하기 시작했다는 점에서 더욱 의미가 크다고 하겠다. 또한 일반적인 교육사업이 자칫 청소녀들을 계몽과 설득의 대상으로 한정할 수 있는 데 비해, 체육활동은 청소녀들을 활동의 주체로 이끌어내고, 그들이 필요로 하는 일상적인 관심사를 통해서 참여를 이끌어내는 한편, 그 과정에서 더 광범위한 여성주의 이슈에 눈을 뜨게 할 수 있다는 의의가 있다. 또한 직접적인 참가자들에게 줄 수 있는 긍정적인 영향을 넘어서, 잠재적으로 체육시간이나 지역 체육활동에 대한 정책변화를 통해 더 많은 대중에게 영향을 끼칠 수 있다는 점에서도 또 다른 중요성을 찾을 수 있을 것이다. 민우회의 최근 활동은 민우회가 건강권을 사고함에 있어서 단지 여성의 몸을 과학기술이나 외부적 개입으로부터 보호하는 건강이 아니라 일상 속에서 적극적으로 누리고 즐길 수 있는 건강 개념으로 확장해나가고 있음을 보여준다 하겠다.

4. 여성건강권 개념의 확장을 위하여

여성건강 문제를 민우회와 같은 여성운동 단체에서 다루는 데에는 여러 가지 어려움이 따르는 것이 사실이다. 우선 상식적인 선에서 건강을 이야기할 때 흔히 떠올리게 되는 '건강=질병이나 장애가 없는 바람직한 신체적 상태'라는 이미지에 담긴 정상성이 부담으로 다가온다. 또한 건강은 여전히 많은 사람들에게 일반인이 논평을 할 수 있는 영역이라기보다는 전문가들이 논의해야 하는 문제같이 느껴지곤 한다. 의료와 과학기술을 둘러싼 전반적인 현실이 전문가를 중심으로 이루어지고 있음을 감안할 때, 이러한 인식이 가까운 시일에 크게 변하리라 기대하기는 어려울 것이다. 따라서 이러한 상황을 극복하고 민우회가 활동가로서의 정체성을 상실하지 않으면서 동시에 전문성도 인정받기 위해서는 여성의 건강권 개념 자체를 확장할 필요가 있다. 실제로 한국 여성운동에서 건강은 신체적 건강을 넘어선 사회적 권리의 대상으로 주장되어왔으며, 여성건강에 관한 논의가 재생산권이나 직업적인 위험 등 여성이 '육체적·정신적·사회적으로 건강한 삶'을 영위하는 데 있어서 필요한 구체적인 조건들과 이를 해결하기 위한 대안의 모색까지 포괄해야 함이 강조되어왔다(장필화 1996; 정진주, 2004; 정은지, 2005; 박홍주, 2005).

이렇게 볼 때 그간 민우회가 해왔던 가족, 노동, 성, 환경 등 다양하고 포괄적인 활동들 역시 여성건강과 별개의 영역이 아니라고 볼 수 있도록, 건강에 대한 사고를 전환하는 것이 무엇보다 필요하다. 이는 다시 말하면 민우회의 기존 활동 영역들에서 건강 이슈들을 개발해야 한다는 것이며, 또한 건강 이슈를 단지 좁은 의미의, 의료화된 개념의 건강에 국한시키지 않아야 한다는 뜻이다. 실제로 건강을 단지 몸의 건강으로 보지 않고, 개인적·사회적·신체적 측면을 모두 포괄하는 것으로 보는 시각은 최근 보건의료계의 건강 개념의 추세와도 부합하는 것이다. 그러나 민우회의 여성건강권운동이 여성의 건강이라는 개념을 의료화된 개념에 한정하지 않고 넓게 확장해야 한다고 해서, 의료와 과학기술의 문제라는 영역이 여성운동의 건강관련 활동에서 부차적이어도 된다는 뜻은 결코 아니다. 오히려 의료나 과학기술이 현대생활에서 그 비중이 점점 더 커지는 것을 감안할 때 생활 속의 의료와 과학기술의 문제에 대해 보다 더욱더 적극적으로 활동을 넓혀갈 필요가 있다.

여기에서 민우회의 여성건강 초기 활동을 다시 되짚어보는 것도 의미가 있을 것이다. 복강경 후유증 보고 운동이나 침뱉기 부업 중지 활동 등은 의도적인 차원에서 건강운동으로 진행되었던 것은 아니다. 기존 활동과 일상적인 삶의 가운데에서 떠오른 이슈들을 따라가다 보니 건강과 관련된 이슈와 만나게 된 사례라고 할 수 있다. 사실 이렇게 구체적 맥락을 중시하고 사회적 제반 역학 관계 속에서 운동을 사고하는 것은 민우회가 이제껏 해온 활동 그 자체라고 할 수 있을 것이다. 따라서 이러한 민우회 기존 활동의 색채가 여성건강 분야에서도 살아날 수 있도록 민우회 다른 활동 속에서 건강이슈를 개발하고, 건강 부문과 기존 활동과의 연계를 찾아나가는 부문 간의 소통과 협력이 이루어질 때, 한국 여성건강운동은 크게 한걸음 앞으로 내딛을 수 있을 것이다.

참고문헌

김상희. 2001. 「여성·환경·건강」, 제2차 여성환경포럼(2001. 8. 31~9. 1), 여성환경연대.
_____. 2002. 「여성의 입장에서 본 제왕절개 분만 감소를 위한 방안」, 제왕절개 분만 감소를 위한 공청회(2002. 12. 3) 자료집, 건강보험심사평가원.
김은애. 2003. 「생명공학시대의 여성의 재생산 권리에 대한 법여성학적 고찰」, 이화여자대학교 법학과 석사학위 논문.
김은실. 2001. 『여성의 몸, 몸의 문화정치학』, 또하나의 문화.
김현철. 2006. 「여성의 몸과 국가주의: 난자문제를 중심으로」, 한국여성학회 '여성의 몸' 제1차 집중포럼(2006. 3 .17) 자료집, 한국여성학회·한국여성민우회.
명진숙. 2005. 「여성과 생명공학기술 - 배아복제 및 연구에 대한 여성의 입장」, 《환경과 생명》, 2005년 가을호, 55~65쪽.
명진숙 인터뷰. 2007. 백영경, 한정원 참여, 2007. 2.
박소영 편. 2006. 「지구화 시대, 생명과학기술과 여성주의 비판」, 여이연(편), 《여/성이론》, 15호 특집, 108~206쪽.
박영숙. 1998. 「여성건강에 관란 간호연구 분석: 1988-1997」, 《여성건강간호학회지》, 제4권 1호, 105~120쪽.
박은정. 2000. 『생명공학시대의 법과 윤리』. 이화여대출판부.
박홍주. 2005. 「여성노동자의 '건강권' 개념 확대를 위한 시론」. 《여성건강》, 제6권 1호, 71~92쪽.
배은경. 2004. 『한국 사회 출산조절의 역사적 과정과 젠더: 1970년대까지 경험을 중심으로』, 서울대학교 사회학과 박사학위 논문.
백영경. 2006. 「인구위기·공동체·재생산의 정치학」. 한국노동이론정책연구소(편). 《현장에서 미래로》, 제123호, 72~82쪽.
보건복지부. 2007. 「생명윤리및안전에관한법률」 개정(안), 「생식세포관리및보호에관한법률」 제정(안) 공청회 자료집, 2007. 5. 16.
보스톤여성건강공동체. 2005. 『우리 몸 우리 자신』. 또문몸살림터(옮김), 또하나의 문화.
생명공학감시연대. 2005. "인간배아연구, 이대로 좋은가?" 자료집. 2005. 8. 25.
손봉희. 2006. 「생명과학기술 대응활동 -여성민우회 활동을 중심으로」. 생명과학기술시대 여성인권확보를 위한 국제포럼 자료집, 94~101쪽.
안명옥. 1996. 「여성건강의 질적 삶」. 《간호학탐구》, 제5호, 55~70쪽.
양현아 편. 2005. 『재생산권: 낙태죄에서 재생산권으로』. 사람생각.
윤정은. 2006. 「여성인권 뒤로 하는 여성단체 왜?」. 《일다》, 2006. 1. 10.
이경숙. 1997. 「주부운동」. 『한국여성민우회 10년사』. 한국여성민우회.
장필화. 1996. 「여성, 몸, 건강에 대한 여성학적 접근」. 《간호학탐구》, 제5권 1호, 7~22쪽.
정은지. 2005. 「여성, 건강할 권리있다!」. 한국여성민우회(편) 《함께가는 여성》, 2~4쪽.

정진주. 2004. 「일하는 여성의 건강불평등 이해하기」. 《노동과 건강》, 2004년 봄호.

조영미. 2006. 「불임기술과 의료권력 그리고 여성」. 여이연(편). 《여/성이론》, 14호, 56~77쪽.

조주현. 2006). 「난자: 생명기술의 시선과 여성 몸 체험의 정치성」. 《한국여성학》, 제22권 2호, 5~40쪽.

하정옥. 2006. 「한국 생명의료기술의 전환에 관한 연구: 재생산기술로부터 생명공학기술로」, 서울대학교 사회학과 박사학위 논문.

한국여성학회. 2006. 한국여성학회 '여성의 몸' 제1차 집중포럼(2006. 3 .17) 자료집. 한국여성학회·한국여성민우회.

함께가는 생활소비자 협동조합. 1989. 「'함께가는 생활소비자 협동조합' 설립취지문」, 한국여성민우회.

http://2006forum.womenlink.or.kr : 생명과학기술시대 여성인권 확보를 위한 국제포럼 웹사이트.

한국여성민우회 자료

1987~현재. 《함께가는 여성》, 한국여성민우회 기관지.

2000a. "한국의 출산문화 무엇이 문제인가" 자료집, 5. 31.

2000b. "GMO 어떻게 추방할 것인가" 자료집, 10. 16.

2001. "제왕절개 분만을 줄이기 위해 정부는 적극적인 대책을 마련하라" 5. 28. 성명서.

2002a. "난자, 정자 매매 및 인공수정 문제에 관한 토론회" 자료집, 4. 30.

2002b. "생리대 부가가치세 부과, 무엇이 문제인가" 자료집, 8. 20.

2003a. "인공수정 및 대리모 문제에 관한 토론회" 자료집, 11. 12.

2003b. "정부는 인공수정에 관한 법을 속히 제정하라!" 12. 30. 성명서.

2004. "생명윤리 및 안전을 무시한 인간배아복제 연구를 규탄한다" 2. 13. 성명서.

2005a. 저출산·고령화 관련 정책 및 담론에 대한 성인지적 분석 및 워크숍 자료집, 11. 24.

2005b. "'(가칭)여성의 재생산권리 보장 및 인공생식에 관한 법률' 마련을 위한 토론회" 자료집, 12. 14.

2006a. "생명과학기술시대 여성인권확보를 위한 국제포럼"(9. 20~9. 21) 자료집.

2006b. "난자채취 피해자 청구소송 토론회" 자료집, 11. 21.

2007. 「청소녀 학교 체육활동 경험실태조사 결과 요약 및 정책 제언」.

 제4장

세상을 바꾸는 또 하나의 출발점, 미디어

강혜란

이 글은 민우회 미디어운동 20년의 성과와 한계를 되돌아보기 위해 쓰여졌다. 미스코리아대회가 지상파 방송에서 퇴출되도록 결정적인 역할을 한 초기 활동에서부터 미디어운동본부라는 부설기구로 독립된 현재에 이르기까지의 수많은 활동들을 소개하고 있다. 특히 시청률 지상주의라는 유일한 잣대를 벗어나 시청자가 참여하는 질적 평가를 시도하였던 시청자 캠페인, 제작자들과의 충돌을 감수하면서 제작 관행의 문제점들을 제기하고 의제화하였던 모니터링 보고, 방송정책 전반에 수용자의 요구를 분명히 한 공론장 '미디어포럼21', 미래세대의 변화를 도모하는 미디어교육의 확산, 전문강사로 변신한 회원들의 모습 등 그간의 성과를 되짚어본다.

이제는 법이 아니라 일상에 주목하여야 한다는 목소리가 크지만, 여전히 일상을 변화시키는 데 중요한 역할을 할 수 있는 공교육이나 미디어에 대한 관심은 저조하다. 이 글이 이러한 여성운동의 흐름에 변화를 가져오는 의미 있는 계기가 되기를 희망한다.

미디어는 사회 현실을 있는 그대로 반영하는 가치중립적인 것이라기보다 자신의 관점에 따라 재구성하는 속성이 강하다. 예를 들어 현실의 여성이 가지는 다양성에 비해 미디어 속의 여성이 훨씬 더 획일화되어 있다거나 수많은 사건 중 특정한 것이 의제로 부각되는 현실이 그러하다. 때문에 이러한 재구성 과정에 개입하는 다양한 요인, '누가', '왜', '무엇을', '어떻게' 제작하는가에 대한 면밀한 검토 속에서 세상에 지배적 영향을 주는 가치들을 좀 더 성평등한 방향으로 이끌어내고자 하는 것이 여성주의 미디어운동의 궁극적인 목표이다.

국내 여성운동의 역사 속에서 미디어운동이 차지하고 있는 비중은 매우 작다. 최근 방송모니터링을 시작한 여성의전화연합을 포함시킨다고 해도 상시적으로 매체 모니터링을 하고 있는 단체는 민우회·여성의전화연합·여성단체협의회 정도이며, 관련 연구자들의 참여도 저조한 편이다. 최근에 들어서 대안적인 매체를 만들고자 하는 영상제작운동, 대안언론운동 등이 서서히 자기 모습을 드러내고 있으나 아직 본격적인 활동을 펼치지는 못하고 있다. 이는 하루가 다르게 쏟아지고 있는 뉴미디어의 공세와 거센 상업화의 물결, 그로 인해 새롭게 제기되는 다양한 성차별적 이슈들을 감안하면 안타까운 현실이 아닐 수 없다.

이렇게 미디어운동에 참여하는 여성단체들이 적다 보니 민우회 미디어운동은 유난히 도드라져 보이곤 한다. 90년대 초 '바른언론을지키는시민의모임'부터 2006년 부설기구로 독립된 미디어운동본부에 이르기까지 민우회 미디어운동은 여성운동 내에서나 미디어운동 영역에서나 여성 미디어운동의 대표선수쯤으로 인식되어왔다. 그러나 민우회 미디어운동은 알려져 있는 것에 비해 여전히 장기적 전략이 부족하고 규모가 작으며 여성운동 전반의 논의 속에서 분명한 자기 목소리를 드러내지 못하는 한계를 갖고 있다. 이러한 현실을 감안할 때 민우회 20년을 맞아 그간의 성과와 한계를 되짚어보는 기회를 가지게 된 것은 큰 의미가 있는 일이다.

1. 차별화된 여성운동, 민우회 미디어운동

민우회의 미디어운동은 87년의 승리를 이끌어내는 데 결정적 기여를 한 'KBS시청료거부운동'을 기점으로 시작되었다. '땡전뉴스'[1]라는 표현으로 상징되듯 엄혹한 독재정권하에서 언론이라고 불리기조차 부끄러운 KBS의 현실은 대다수 국민들에게 엄청난 분노를 안겨주었다. 이에 당시에는 분리징수를 하던 KBS시청료[2]를 거부함으로써 권력의 하수인으로 전락한 KBS에 대한 분노를 직접적으로 표출하였다. 이는 모두가 쉽게 참여할 수 있는 운동이라는 점에서 큰 사회적 파장으로 이어졌다. 여성 활동가들은 전 사회적으로 확산되고 있는 시청료거부운동에 적극적으로 참여하면서, 동시에 'KBS시청료거부여성연합'이라는 독자적 조직을 구성했다. 이는 주부들이 시청료를 낸다는 데 착안한 것으로 주부들이 참여하기 쉬운 다양한 실천방안을 기획함으로써 시청료거부운동이 위력을 발휘할 수 있도록 한 것이다.

이러한 시청료거부운동은 이후 '4·13 호헌조치', '박종철 고문치사사건' 등과 함께 6월 항쟁의 기폭제로 작용하였으며, 국민들의 뜨거운 성원과 참여를 통해 대통령 직선제가 쟁취되는 성과를 낳았다. 이를 통해 학생운동과는 다른 차원에서 민주화운동의 한 축을 형성하고 있던 재야운동이 광범위한 시민적 지지를 받는 시민사회운동으로 거듭나게 되었으며 많은 단체들이 만들어졌다. 이러한 일련의 흐름 속에서 여성단체연합 여성민우회 등이 창립되었으며, 특히 민우회 미디어운동의 바탕에는 당시 'KBS시청료거부여성연합'에서 활동하였던 선배들의 경험이 결정적인 역할을 하였다.

1986년 시청료 거부운동은 비록 그 대상이 언론이었다고는 하지만 본격적

---

1) KBS의 9시 메인뉴스에서 매일 첫 번째 뉴스로 전두환 대통령의 일정을 다루는 것을 풍자한 표현. 뉴스 시작을 알리는 9시 시보가 '땡' 하고 울리면 전두환 대통령의 뉴스가 바로 나온다는 의미이다.
2) 당시에는 시청료(현재의 수신료)를 가가호호 방문하여 직접 징수했다.

인 미디어운동으로서의 특성보다는 민주화운동의 한 방식으로서 의미를 가진다. 그러나 활동가들은 이러한 시청료거부운동의 경험 속에서 '언론감시운동의 상시적 필요성', '방송의 주권자로서 국민의 중요성' 등을 새롭게 인식하였다. 이는 본격적인 미디어운동이 출발할 수 있는 가능성을 열어주었다. 87년 이전의 운동이 언론사를 대상으로 한 민주화운동의 성격이 강했다면, 87년 이후의 운동은 그 내용물인 프로그램과 기사의 문제점을 지적하고 개선을 도모할 뿐 아니라 그러한 내용을 보다 근본적으로 바꾸어갈 수 있는 미디어 정책에 대한 관심을 드러내는 활동으로 전환된다. 이에 언론전문단체들이 속속 조직되었으며, 많은 단체들이 모니터링 모임이나 부서를 신설하는 등 활동단위들이 늘어났다. 이때 민우회도 '바른언론을지키는시민의모임'이라는 소모임을 구성해 본격적인 방송모니터링 활동을 시작하게 된다.

특히 이 시기는 민우회가 생활협동조합운동과 더불어 펼쳐갈 수 있는 다양한 이슈 개발에 관심을 기울이고 있던 시점이어서, 회원참여형 모니터링 활동에 대한 기대가 적지 않았다. 활동가들은 소모임 활성화를 위해 본부뿐 아니라 지역에 직접 들어가 소모임을 조직하였으며, 이렇게 구성된 지역의 소모임에서는 방송뿐 아니라 잡지·신문 등 인쇄 매체에 대한 모니터링 활동도 펼쳐졌다. 이러한 활동의 결과는 크고 작은 언론을 통해 대외적으로 알려졌고, 이는 활동가들이 좀 더 활발한 활동을 펼칠 수 있는 토대가 되었다.

소모임 활동과 더불어 '방송학교', '청소년 미디어 학교'와 같은 캠프가 기획되기 시작한 것도 이 시기이다. 캠프는 '방송프로그램 제작과정 이해하기', '스토리보드 작성하기', '시청습관 및 시청일기 작성하기', '애니메이션

제1기 어린이 방송학교(1994)

제작하기' 등 단순히 TV를 보거나 보지 않는 선택의 범위를 넘어서 계획적이고 비판적인 시청습관을 확산시키고자 하는 목적에서 이루어졌다. 캠프에는 민우회 회원자녀를 포함해 평균 100여 명의 학생들이 참여하였으며 TV에 대한 궁금증과 토론이 이어지는 많은 추억들이 만들어졌다. 특히 이 캠프는 모니터링을 중심으로 활동해오던 소모임 활동가들의 리더십을 성장시키는 전환점이 된다.

그러나 초기 열정적인 소모임 활동이 매너리즘에 빠지면서 소모임 중심의 활동이 가지는 한계가 본격적으로 나타나기 시작했다. 특히 불가피한 사정으로 구성원들이 자주 교체되어 구성원의 지속성을 보장하기 어려웠다. 하면 할수록 더욱 전문성이 필요한 분야라는 한계가 회원들의 의욕을 꺾었다. 그럼에도 불구하고 대외적으로는 방송개혁의제가 본격적인 이슈로 부상하면서 민우회의 적극적 참여를 요구받는 또 다른 국면이 전개되었다. 전문성을 바탕으로 좀 더 정책 대응력을 가질 것인가 아니면 기존의 활동범위를 유지할 것인가에 대한 결단을 하여야 하는 시점이었다. 이러한 고민의 결과, 바로 미디어운동본부가 탄생되었다. 미디어운동본부는 시청자에게 열려진 공간으로서, 공공의 미디어를 현실화시키기 위해 노력하며, 다양한 미디어에 여성주의적 시각을 충실히 담아내기 위한 실천 활동을 펼치겠다는 창립선언과 함께 98년 2월에 발족하였다.

미디어운동본부 활동의 주요한 성과는 성차별적 프로그램과 편성, 제작시스템에 대한 문제제기뿐 아니라 이러한 현실에 끊임없이 영향을 주고 있는 방송 정책 전반에 여성의 시선과 목소리를 적극적으로 드러내는 주류화(主流化) 전략을 통해 실현되고 있다는 것에 있을 것이다. 이를 위해 90년대 후반부터 본격화된 방송개혁운동, 통합방송법 제정, 뉴미디어 정책 수립, 방송평가제와 방송심의제의 개선, 시청자평가프로그램·시청자참여프로그램의 활성화를 위한 다양한 활동들을 주도적으로 펼쳐갔다. 특히 이러한 활동에는 당시 민우회 운영위원들의 역할이 결정적이었다. 운영위원회는 '미디어포럼

21'³⁾이라는 공론장을 만들어 연 2~3회의 공개 토론회를 개최하였다. 미디어 정책 등과 관련된 포럼의 운영은 당시 운동의 현실 속에서는 매우 이례적인 실험이었다고 할 수 있다. '미디어포럼21'은 대부분의 연구자들이 산업이나 국가의 관점에서 논의해온 이슈들을 수용자의 관점에서 재해석해내는 의미 있는 작업이었다.

또 상업화의 물결 속에서 꿋꿋하게 자기 소신을 지키며 의미 있는 프로그램 제작에 매진해온 이들에게 용기와 힘을 실어주는 푸른미디어상 시상도 중요한 의미를 가지고 있다. 푸른미디어상은 해를 거듭하면서 그때그때 존폐 위기에 있던 많은 프로그램들을 위기에서 구해낸 바 있다. KBS 〈열려라 동요세상〉의 폐지 취소, MBC 〈느낌표〉, 〈사과나무〉의 폐지논란 종식, KBS 의 어린이프로그램 띠편성 유지 등 유익한 프로그램의 편성에 직접적인 영향을 주고 있을 뿐 아니라, 방송위원회의 방송사 평가점수에 직접 반영되어 제작자 개개인에게 큰 자부심을 안겨주고 있다.

---

3) 1998년부터 2002년까지 개최된 '미디어포럼21'
   제1차 "통합방송법과 수용자주권"
   제2차 "다미디어다채널시대의 방송심의"
   제3차 "텔레비전 보도프로그램에 나타난 문제점과 성역할 개선방안"
   제4차 "시청자평가프로그램! 누가 어떻게 만들 것인가?"
   제5차 "시청자가 바라는 방송개혁"
   제6차 "공영방송과 TV수신료! 무엇이 문제인가?"
   제7차 "진단, 한국방송의 경박성! 어디까지인가?"
   제8차 "청소년의 인터넷 중독과 음란물 수용에 관한 토론회"
   제9차 "시청자위원회와 시청자평가원제도의 발전적인 운영방안"
   제10차 "위성방송과 시청자권익"
   제11차 "어린이 수용자주권 어떻게 실현할 것인가"
   제12차 "청소년의 인터넷 문화 탐색과 네티켓"
   제13차 "누구를 위한 시청자평가프로그램인가"
   제14차 "어린이 보호를 위한 텔레비전 프로그램 기준 법안 입법에 관한 현실과 향후
          대책"

푸른미디어상 시상식

　이렇게 방송정책 전반에 분명하고도 꾸준한 자기 목소리를 담는 주류화 전략을 바탕으로 '여성의 목소리', '수용자의 목소리'를 적극적으로 대변하고 이를 제도 속에 담아내는 역할을 수행하였다. 특히 성평등을 특별한 사람들의 전유물, 정책과는 무관한 내용으로 이해하는 흐름에 이의를 제기하고 방송정책 전반에 '성평등', '성인지'적 관점이 실현될 수 있도록 노력하였다. 이는 심의규정 개정작업 등 프로그램 내용적인 부분만이 아니라 '여성고용', '여성출연', '여성 간부 비율', '성희롱 교육 정례화' 등 좀 더 폭넓은 내용을 감시하는 것이었다. 특히 여성과 남성이 다르고 때로는 상반되는 이해를 가질 수 있어 이를 정책에 반영하는 것이 중요하다는 점을 매우 강조하였다.

　또 다른 측면에서 미디어운동본부의 중요한 성과는 회원들의 일상적 참여를 관심영역에 대한 전문성으로 발전시켰다는 점이다. 모니터분과와 미디어교육분과(강사뱅크)로 대표되는 활동회원 조직은 각자의 분야에서 공고한 자기 위치를 축적해가고 있다. 민우회 미디어운동본부 사무국이 부설조직으로 개편되기 전 단계까지 상근인력 2명으로 다양한 영역의 활동에 참여할 수 있었던 이유는 바로 이러한 활동회원들의 전문성과 헌신성이 든든하게 뒷받침되고 있기 때문이다.

　이렇게 변화 발전해온 민우회 미디어운동은 현재 '미디어정책', '미디어감시', '미디어교육', '미디어제작'으로 분화된 부설 독립체계와 중앙사무처

산하에 묶여진 각종 소모임·이슈팀 등을 기반으로 또 다른 변화를 꿈꾸고 있다. 우리 힘으로 세상을 변화시킬 수 있다는 믿음과 열정으로 한 걸음 한 걸음 내딛는 민우회 미디어운동의 의미 있는 진전을 기대하면서 그간의 열정과 외침들을 되짚어본다.

2. 미디어 감시: 미디어 속에 획일화된 여성을 좀 더 다양한 모습으로

1) 미스코리아대회가 지상파 방송에서 사라지다

민우회는 미스코리아대회의 중계가 지상파 방송이 추구해야 하는 공공성과 공익성의 원칙에 적합하지 않다는 사실을 부각시키고 이에 대한 방송사의 사회적 책임의식을 제고시키는 데 중요한 역할을 하였다. 이는 특히 본격적인 여성 미디어운동의 이슈를 의제화하는 성과였다는 점에서 그 의의를 찾을 수 있겠다.

미인대회는 성차별주의에 기초한 여성의 아름다움을 상징한다. 때문에 성차별주의가 존재하는 한 여성단체와 미인대회 간의 대결 양상은 숙명적인 것이기도 하다. 여성의 몸을 끊임없이 획일적인 잣대로 대상화하고자 하는 미인대회의 관행과, 그 관행에 대항해 여성들의 삶을 그 자체로 다양하게 인정받으려는 노력의 충돌은 많은 사회에서 비슷한 양상으로 전개되고 있다.

그 결과 최근 스웨덴에서는 기존 미인대회에 대한 비판을 해결하고자 수영복 심사와 이브닝드레스 심사가 폐지되고 '지능검사(2회)', '집중인터뷰', '세미나', '합숙' 등의 절차를 통해 미인을 선발하는 대회를 개최했다고 한다. 또 국내에서도 인터뷰 질문지의 수준을 파격적으로 올리는 등 외면적인 아름다움만 추구한다는 비난에서 자유로워지려는 많은 변화들이 생겨나고 있다.

방송의 '미인대회' 중계,
무엇이 문제인가(1995)

이는 만족스럽지는 않지만 나름대로 변화를 이끌어내고 있다는 점에서 의미
있는 일이다.

민우회가 여성단체연합, 여성의전화연합 등과 함께 본격적으로 미인대회
관련 이슈를 제기하기 시작한 계기는 1993년 미스코리아 선발과정에서 뇌물·
청탁이 불거져 관련자들이 구속되는 사건이었다. 그렇지만 보다 분명한 전략
적 문제의식을 분명히 드러낸 것은 96년 5월 종로성당에서 열린 '방송의
미인대회 중계 무엇이 문제인가'라는 토론회를 통해서이다. 당시 발제는(발제
자는 민우회 모니터팀과 가톨릭대학교 사회학과 이영자 교수) 나날이 늘어나는
미인대회의 지상파 방송 중계 추이와 미인대회 중계가 가지는 문제를 사회학
적으로 분석한 내용이었다. 이 토론회는 문제의 초점을 미인대회 그 자체가
아닌 방송사의 공적 책임에 맞춤으로써 방송사에 대한 압박을 본격화했다는
데 의의가 있다.

민우회는 브레이크 없이 확산되는 미인대회 중계가 성의 상품화를 당연한
것으로 일반화할 뿐 아니라 '여성에게는 신데렐라 욕구를! 청소년에게는
화려함에 대한 동경을!' 심어주고 있다고 비판하였다. 특히 방송이 이 같은
확산에 결정적인 역할을 하고 있음은 방송의 공공성, 공익성의 원칙에 비추어
볼 때 매우 심각한 문제가 아닐 수 없다는 점을 지적하였다. 또한 1993년
SBS 출범 이후 급격히 늘어난 방송사 간 경쟁이 이를 부추기는 또 다른
요인으로 작용하고 있음을 방송사 경영진 및 제작자들이 공감하도록 하는

데 많은 노력을 기울였다.

당시 자료집을 보면 유행처럼 쏟아졌던 방만한 미인대회 운영 및 중계를 한눈에 볼 수 있다. 방송은 미인대회 후보들의 합숙을 소개한다는 명분하에 대회 협찬사의 이모저모는 물론 노골적으로 특정 화장품 회사 소개를 하는 데도 적극적이었다. 자연스럽게 간접광고를 노출시킬 수 있고, 중계방송만으로도 높은 시청률과 광고수익을 누리게 해주는 미인대회 중계가 방송사에게는 매력적인 상품이 아닐 수 없었을 것이다.

96년 한 해만 해도 'KBS수퍼탤런트선발대회', '관광홍보사절선발대회', '수퍼엘리트모델선발대회', '미스춘향선발대회', '미스코리아선발대회'가 전국적으로 중계되었으며, 지역단위로 미스 부산 및 미스 경남 등 미스코리아 지역대표를 뽑는 미인대회가 지역방송 채널을 타고 중계되었다. 심지어 각 지역의 특산물 홍보를 위한 미인선발대회가 지역방송국의 다양한 프로그램과 결합하여 계속 방영되었다고 한다(민우회, 1996).

이처럼 어처구니없는 현실이 이어졌으나 모든 대회의 퇴출을 목표로 하는 것은 불가능했다. 이에 가장 상징적인 대회인 미스코리아대회의 퇴출을 본격적인 이슈로 제기하기 시작했다. 1998년엔 대회중계를 반대하는 MBC 앞 시위와 여성단체 간부들의 사장 면담이 있었고, 1999년부터는 안티미스코리아대회를 중심으로 한 페미니스트 저널 IF활동가들의 압박이 본격화되었다. 또 2000년 이후에는 문화관광부, 방송문화진흥회 등에 참여하고 있던 여성계 인사들을 통해 방송사 안팎으로 압박이 이루어졌다(여성단체연합, 2004).

결국 MBC는 2001년까지 미스코리아대회를 생중계하였던 중계방송 권한의 계약 연장을 포기했다. 2002년 고대하던 미스코리아대회의 지상파 방송 중계 폐지라는 성과를 얻어낸 것이다. 지상파 방송에서 성상품화의 대표적 상징이라 할 수 있는 미스코리아대회를 퇴출시킨 것이 가지는 의미는 정말로 크다. 방송사가 여성들의 아름다움을 더 이상 획일화된 잣대로 평가해서는 안 된다는 여성들의 목소리를 인정한 중요한 성과이기 때문이다.

이 운동은 90년대 중반 이후 확산되었던 각종 미인대회 TV중계의 관행을 비판적으로 견제하고 30년 만에 미스코리아대회의 지상파 중계방송을 폐지시켰다는 점에서 큰 의의를 가지고 있다. 특히 2004년 KBS의 자회사인 KBS SKY를 통한 생중계 시도조차 막아낼 수 있을 만큼 방송사 안팎의 확고한 문제의식을 확보하였다는 것은 매우 중요한 성과로 보여진다.[4]

그러나 TV에서 모든 미인대회가 사라진 것은 아니다. 아직도 여성의 몸을 획일화된 기준으로 구속하는 다양한 프로그램들이 존재한다. 우리가 미스코리아대회 지상파 방송 중계 퇴출이라는 성과 앞에서도 여전히 숨고르기를 해야 하는 이유이다. 자본주의의 고도화에 따라 더욱 복잡한 양상으로 전개되고 있는 여성에 대한 상품화와 미인대회의 문제를 다시 한번 비판적으로 바라보는 관심과 노력이 필요할 것이다.

2) 성차별적인 관행의 현주소를 드러내다

방송은 대중성에 기초한 방송매체의 속성에 의한 것이든 제작자의 편견에 의한 것이든 끊임없이 성차별적 이데올로기를 재생산하고 있다. 이는 크게 '성별에 따른 고정관념의 강화'와 '성적 대상화 또는 상품화'로 집약될 수 있겠다.

'성별 고정관념'이란 '여성다움'과 '남성다움'을 임의적으로 구분하여 여성이 적극적이고 독립적인 존재로서 성정체성(gender identity)을 획득하는 데

---

4) 미스코리아대회의 지상파 방송 중계가 중단되자 대회의 영향력이 현저히 떨어진다고 판단한 주최 측은 케이블에 진출해 있는 KBS의 자회사 'KBS SKY'를 통한 생중계를 시도하였다. 언론을 통해 이러한 소식을 접하게 된 민우회는 이와 관련한 성명서를 발표, KBS SKY 사장과 임원진의 방문을 받는 등 공방을 거듭했다. KBS 사장은 본사에 부정적인 영향을 주는 자회사의 적절치 못한 프로그램 편성에 대해 취소를 요청함으로써 생중계 직전에 편성이 취소되는 성과가 있었다.

장애를 발생시키는 이데올로기다. 예컨대 '남성은 강함·여성은 연약함', '남성은 이성(理性)·여성은 감성', '남성은 적극적·여성은 소극적', '남성은 능동적·여성은 수동적', '남성은 능력·여성은 외모' 등과 같이 이분법적인 형태로 정형화된다. 한편 이러한 고정관념은 이분법적인 구도가 사랑과 행복을 가져다줄 것이라는 '여성성의 신화(the mith of femininity)'로 이어져 여성의 열악한 지위와 성불평등한 현실을 유지하고 강화하는 데 기여하고 있다.

'성적 대상화 또는 상품화'는 남성의 시선에서 쾌락의 대상으로 형상화되는 여성의 섹슈얼리티(sexuality)를 통해 철저히 대상화된 여성의 몸을 재현해내고, 스스로의 삶의 주인으로서 기능하는 여성의 몸이 아닌 '보여지는 존재'로서의 여성의 몸을 고착화시키는 이데올로기를 제공한다. 이러한 핵심요소들은 결국 여성들이 스스로의 자발적 선택에 의해 다양한 삶의 방식을 선택하게 하기보다는 가부장제 질서 속에 순응하게 만드는 요소로 기능한다.

이 같은 이데올로기는 개별 프로그램만 아니라 전체 프로그램 안에 철저히 구조화되어 있다는 데 더욱 큰 문제가 있다. 예를 들어 〈한선교 정은아의 좋은 아침〉이 〈김승현 정은아의 좋은 아침〉으로 너무나 자연스럽게 제목을 변경하는 관행처럼 경력이나 능력·나이 등 다양한 요소와 상관없이 남녀순으로 프로그램명이 결정되는 관행, 뉴스프로그램의 남성 앵커는 경력이 많은 기자출신으로 배치되는 데 반해 여성 앵커는 젊고 아름다운 아나운서로 선발되는 관행 등 개별 프로그램을 넘어서 하나의 공식으로 고착화되곤 한다.

따라서 민우회는 구조적인 측면을 부각시키고자 노력하였다. 특히 2003년 「주시청시간대 출연자들을 분석한 텔레비전 인물의 외형과 역할에 관한 보고서」와 2006년 「지상파 방송에서 방영된 영어권 외화 27편을 모니터링한 보고서」는 이러한 구조적 인식을 확산시키는 데 기여하였다.

「주시청시간대 출연자들을 분석한 텔레비전 인물의 외형과 역할에 관한 보고서」에 따르면 TV는 기본적으로 현실을 재구성함에 있어 남녀의 양적 균형을 유지하지 못하고 있다. 시청자가 가장 집중적으로 접근하게 되는

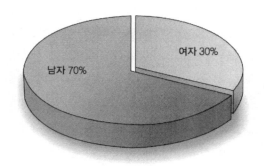

주시청시간대에 출연한 전체 분석대상 인물을 살펴보면, 총출연자는 7,427명으로 이 중 남자가 5,165명(69.55%) 여자가 2,262명(30.45%)이었다. 즉, 주시청시간대 지상파 방송 프로그램에 등장하는 인물 10명 중 7명은 남

<그림 4-1> 주시청시간대 등장인물의 남녀 비율

자, 3명은 여자로, 남자 인물이 여자 인물에 비해 두 배 이상 자주 등장하고 있음을 알 수 있다.[5)]

이 같은 현상은 모든 장르의 프로그램에서 공통으로 나타났는데, 여자에 비해 남자 인물이 더 많이 등장하고 있었다. 특히 남녀 등장인물 성비의 차가 가장 크게 나타난 장르는 '뉴스/보도/시사' 프로그램으로, 10명 중 '8명은 남자 2명은 여자'의 비율을 나타냈다. 반면 성비의 차가 가장 적게 나타난 '드라마'는 남녀 등장인물의 성비에서 남자 등장인물이 5.5명, 여자 등장인물 4.5명으로 근소한 차이를 보여준다.

<표 4-1> 프로그램 장르별 남녀 등장인물의 성비

	뉴스/보도/시사	드라마	버라이어티쇼/오락	다큐멘터리/교양
남자	2,768명(81.4%)	1,051명(54.4%)	1,063명(65%)	283명(61.5%)
여자	633명(18.6%)	882명(45.6%)	570명(34.9%)	177명(38.4%)
합계	3,401명(100%)	1,933명(100%)	1,633명(100%)	460명(100%)

---

5) 2001년 통계청에서 발표한 장래인구추계 자료에 의하면 2003년 우리나라 전체 인구는 47,925천 명으로 이 중 남자는 24,126천 명, 여자는 23,799명이다.

이는 가공의 현실을 구성하는 장르인 드라마에 비해 사실보도를 근거로 함으로써 현실을 직접 반영한다고 느껴지게 하는 보도영역에서 성비 불균형이 더욱 심각함을 보여주고 있다. 이는 대다수 사회구성원들에게 남녀의 차별적인 사회적 지위를 재인식시키는 효과를 주며, 결국 성차별적 고정관념을 유지하고 재생산하는 또 하나의 기제로 작동되고 있다.

또한 성별에 따른 '연령', '체격', '외모' 등의 특성을 함께 분석한 결과, 남성과는 달리 여성의 경우에만 예쁘고 날씬하고 젊은 특성이 절대적인 경향으로 드러났다. 이는 이러한 특성을 가진 여성만이 주류사회에 편입될 수 있다는 통합적인 메시지로 이어질 수 있다는 점에서 매우 위험하다. 특히 이 같은 현상이 뉴스의 취재원·인터뷰대상에서도 그대로 관철되고 있다는 충격적인 결과는 미디어가 외모지상주의를 실질적으로 부추기고 있는 현실을 확인시켜주었다.

이에 민우회는 연예오락프로그램이나 드라마 장르는 예외로 인정하더라도 '시사', '보도', '교양' 프로그램에서는 다양한 여성의 모습을 담도록 노력할 것을 촉구하였으며, 특히 진행자의 경우 상징적 의미가 큰 만큼 적절한 안배를 해줄 것을 요구하였다. 이러한 노력은 2003년 6월 시작된 〈미디어포커스〉의 여성진행자 단독 진행이나 11월 시작된 〈생방송시사투나잇〉의 여성 앵커 좌측 메인 배치 등 여성진행자들의 위상을 변화시키는 데 많은 영향을 주었다.

성차별적 구조의 문제를 또 한번 명확하게 제시한 성과로는 2006년 외화더빙모니터링 보고서가 있다. 이 보고서는 민우회 소모임의 하나인 여성주의 영어자료 읽기 위원회 '바당'의 구성원들이 독자적으로 작성하였다는 점에서 더욱 의미가 있다. 민우회의 소모임 활동이 단순히 참여에 그치는 것이 아니라 기획에서 실행까지 포괄하는 매우 전문적인 단위이며, 독자적 활동을 안정적으로 꾸려갈 수 있는 활동가 조직이라는 점을 확인시켜주기 때문이다.

여성들의 관점에서 영어공부를 하던 소모임 '바당'은 2006년 단기적으로 외화다시보기모임을 꾸려 지상파 방송사에서 방영된 영어권 외화 27편을 모니터링하였다. 그 결과 흥미롭게도 각 방송사에서 방영된 외화들은 마치 약속이나 한 듯 일정한 공식에 의존하고 있었다. 방송사 간에 특별한 원칙이나 합의를 거친 바 없음에도 모두 획일적인 공식에 기초하고 있다는 점은 충격적이었다.

이 보고서에서는 가장 친밀한 관계라고 할 수 있는 부부 혹은 연인관계에서 여성과 남성이 사용하는 언어가 불균형할 뿐 아니라 '남성은 하오체 여성은 해요체'로 서로 다른 높임법이 쓰여지고 있다는 점을 지적하였다(민우회, 2006). 아래의 예에서 보여지듯 영어에는 존재하지 않는 존댓말이 번역과정에서 특정 성(性)에게만 일방적으로 적용되고 있었던 것이다. 이런 결과는 번역

> 남편 : I just saw that Sam got an F in calculus.
>
> 부인 : I'm aware, Jack. I get a copy of his report card too.
>
> 남편 : 샘! 성적표가 왔는데 알아? 미적분이 F야.
>
> 부인 : <u>알아요</u>. 성적표 <u>봤어요</u>
>
>   - 영화 〈투모로우〉 중에서 -
>
> 남편 : It's me, sweetheart.
>
> 부인 : Steve, thank God. Where are you?
>
> 남편 : I'm at the paper. They roped me in.
>
> 부인 : Oh no. Did they call you at the gym?
>
> 남편 : 나야.
>
> 부인 : 세상에…… 지금 <u>어디에요?</u>
>
> 남편 : 일이 좀 생겼어.
>
> 부인 : 헬스클럽으로 <u>전화했어요?</u>
>
>   - 영화 〈트루크라임〉 중에서 -

을 하는 사람의 가치관이 자연스럽게 번역에 영향을 미치고 있음을 보여주는 것이다. 번역이라는 작업이 그 사회의 특성을 일정 정도 반영할 수밖에 없다는 것을 인정한다 하더라도 그보다 훨씬 보수적으로 해석되고 있음을 확인할 수 있다.

결국 이러한 사례들은 미디어 종사자의 인식이 우리 사회의 변화하는 가치관을 능동적으로 받아들이지 못한 채, 여전히 과거지향적인 이분법의 공식 안에서 제자리걸음을 하고 있는 현실을 보여주는 것이다. 더욱 큰 문제는 이러한 결과가 누군가의 일방적인 요구나 가이드라인 속에서 이루어지는 것이 아니라는 점이다. 이것이 미디어 종사자들의 성평등 의식을 제고시키기 위한 교육들이 활성화되어야 하는 중요한 이유인 것이다.

3) 시청률보다 더 무서운 시청자들의 캠페인

미디어는 보통 '고학력', '중산층', '비장애인', '남성', '이성애자,' '성인'의 시선을 유지하고 그들의 입장에서 재현된다. 때문에 사회적 약자에 대한 적극적인 의미의 존중보다는 '보호' 또는 '배타', '조롱'의 시선을 띠기 쉽다. '이주노동자'나 '장애인', '여성'의 문제가 우리 사회의 동등한 구성원으로 다루어지기보다는 극복의 대상, 보호의 대상으로 그려지는 이유도 이와 같은 배경에 기초한다. 그러나 미디어 종사자들의 대부분은 이러한 시선에 대해 별다른 문제의식을 가지지 않는다.

예를 들어 현재 KBS에서 방영되고 있는 〈미녀들의 수다〉가 가지는 반여성적인 요소를 문제로 제기하였을 때 이를 공감하는 제작자를 찾기란 참으로 어렵다. 이 프로그램의 문제는 진행자와 패널, 그리고 카메라의 시선에 이르기까지 때론 의식적으로 때론 무의식적으로 백인중심주의를 드러내고, 점차 연예인화되어가는 외국인 여성들을 단순한 볼거리로 전락시키는 새로운 형식의 상품화, 결국 본질적으로는 거대한 단일시장 속에서 서열화되는 여성의 상품화를 상징적으로 드러내고 있다는 점일 것이다. 그러나 대부분의 제작자들은 새로운 포맷을 개척한 좋은 프로그램이라고 굳게 믿고 있다. 이런 현실은 미디어운동의 어려움을 가중시킨다. 많은 제작자들이 보편적 다수의 건강한 상식이라고 믿고 있는 가치관의 한계로 인해 소외되고 있는 다수를 배제한 것에 가깝기 때문이다.

이렇게 근본적으로 남성의 시선을 유지하고 있는 미디어는 성차별적인 현실을 좀 더 관조적인 태도로 바라볼 수 있는 여유를 가지고 있을 뿐 아니라 이를 인기영합의 수단으로 재구성하는 데 별다른 문제의식을 가지기 어렵다. 또 이것은 미디어제작자들의 절대 다수가 남성들로 구성되어 있고, 제작시스템 전반에 남성들의 문화와 소통 방식·시선이 유지되고 있는 현실로 인해 더욱 강화되는 경향이 있다. 특히 이는 전체 시스템의 남성성으로 이어져 여성 제작자들의 경우도 이러한 문화와 시선의 한계를 벗어나기 어려운 것이 현실이다. 때문에 문제가 계속 반복되면서 서서히 개선되거나 아니면 외적 강제에 의해 개선되는 것이 일반적이다.

2000년부터 2003년까지 진행된 '최악의 방송 프로그램 개선을 위한 시청자캠페인'은 이러한 미디어의 기본적 속성을 고려한 강도 높은 개선캠페인이었다. 강도가 높았던 만큼 말도 많고 탈도 많았으며 그만큼 성과도 많았다.

이 캠페인은 시청자평가단과 어린이평가단 등 대중참여적인 운동방식을 채택했다는 점에서 다른 정책 활동이나 모니터링 활동과는 많이 다르다. '최악의방송프로그램 개선을 위한 시청자캠페인'은 시청자들이 직접 나서서 시청률이라는 유일한 잣대에 의해 진입과 퇴출이 결정되는 방송프로그램의 편성에 제동을 걸어보자는 의도에서 출발했다. 즉, 시청률지상주의에 대항해 시청자들이 참여하는 질적 평가 방식을 시도해본 것이었다. 또 이 캠페인은 단순히 나쁜 프로그램을 선정하는 작업에서 머무는 것이 아니라 실질적인 퇴출이 이루어질 수 있도록 적극적인 압박을 시도하였다는 점에서 특기할 만하다.

시청자 평가단과 어린이 평가단 발족식(2000)

퇴출대상프로그램의 또 다른 이름인 '최악의방송프로그램'과 '나쁜방송프로그램'의 기준 및 선정 작업에는 당시 미디어운동본부 운영위원으로 활동하고 있는 연구자들에 의해 만들어졌다. 3차에 걸친 논의는 이후 문제발생을 대비하여 꼼꼼한 녹취록으로 정리되었다.

'최악의방송프로그램'의 기준은 최고의 가치를 '인간의 존엄성'으로 하고 하부가치로 '여성의 평등한 삶', '건강한 가족'을 두었다. 그 세부기준으로는 '가족(인간)관계 왜곡', '여성의 지위와 역할 왜곡', '선정성', '폭력성', '언어의 저급성', '방송시간대의 부적절성', '사회적 약자에 대한 편견' 등 7가지로 선정하였다. 여기에 '주제 및 소재의 측면'과 '화면구성의 측면'을 종합하여 평가하는 것을 원칙으로 했다. 이러한 주요 가치 및 세부기준은 2003년 캠페인이 종료되는 시점까지 프로그램 선정에 그대로 반영되었다.

선정작업은 1차적으로 시청자평가단과 어린이평가단이 3월부터 8월까지 집중 모니터링을 실시한 후 후보작들에 대한 투표를 진행한다. 이때 8월까지 기점으로 한 것은 계절적 요인에 따라 문제프로그램이 집중되는 점을 고려한 것이었다. 투표 결과 압축된 후보작에 대해서는 모니터분과의 집중분석과 선정위원회의 최종 심사가 진행되었다.

2000년 최악의 방송프로그램 선정발표가 이루어진 당일, 10여 개 일간지는 기다렸다는 듯이 기사를 쏟아냈다. 경쟁매체로 기능하는 방송과 신문의 관계는 네거티브 캠페인에 더 폭발적인 힘을 실어주었다. '시청률보다 더 무서운 시청자 떴다', '전파낭비 불명예', '시청자 최악의 방송프로그램 선정' 등은 그 당시 기사의 제목들이다. 특히 서울경제신문은 안병찬 교수의 칼럼을 통해 최악의 방송프로그램 개선을 위한 시청자캠페인을 2000년형 능동적 수용자운동으로 규정하기도 하였다.

이는 각 방송사에 적지 않은 부담을 안겨주었다. 특히 선정된 프로그램이 여전히 편성되고 있는 방송사의 경우 해당 프로그램의 존폐에 대한 고민들이 쌓여갔다. 방송사들은 프로그램의 내용에 문제가 있어 부분적인 수정을 가하는 경우는 있었지만, 시청자들의 요구 때문에 프로그램의 퇴출 여부를 고려한 적은 없었기에 자칫 시청자들에게 끌려다니는 선례를 남길까봐 애써 직접적인 언급을 회피하는 흔적이 역력했다.

불행하게도 첫해 최악의 방송프로그램으로 선정된 〈남희석의 색다른밤〉의 진행자 남희석은 선정발표 다음날인 28일 《동아일보》를 통해 공개적인 반성문을 보내왔다.

일단 무조건 반성한다. 내가 진행하는 〈남희석의 토크 콘서트, 색다른 밤〉이 여성민우회에서 선정한 최악의 프로그램으로 뽑혔다. 선정된 여러 이유 중 '진행자인 남희석의 저질 언어 구사……'가 제일 먼저 눈에 띄었다. 정말 마음이 아팠다. OOO 씨가 출연했을 때 "젖꼭지가 처졌다"느니, "함몰유두"라느니 하는 말이 오간 것은 솔직히 너무 지나쳤고 그 대목에 관한 한 할 말이 없다. 진행자로서 자질을 운운하는 얘기를 들을 때마다 늘 부족함을 뼈저리게 느낀다. 하지만 '자질'이 있다고 해서 아나운서나 전문 MC가 코미디언의 토크쇼를 대신 진행할 수 없는 것 아닌가(2000년 9월 27일자 《동아일보》에 게재된 남희석의 반성문 일부).

문제제기를 어느 정도 인정은 하지만 시청률에 일희일비해야 하는 진행자

2000년 최악의방송프로그램개선캠페인 신문기사자료 모음

의 고충을 털어놓는 내용이다. 사실 이렇게 즉각적으로 나타나는 선정결과에 대한 반응은 오히려 우리를 당황스럽게 만들기도 했다. 그러나 우리의 캠페인은 이러한 반성문을 수용하는 수준에서 마무리될 수 없었다. 최초의 시청자캠페인이라는 말에 상응하는 책임을 다하기 위해 강도 높은 홍보작업을 벌였으며, 한 사람이라도 더 캠페인에 참여시키기 위한 노력들이 전개되었다. 해당 프로그램의 게시판과 민우회에는 많은 시청자들의 지지와 격려가 이어졌다.

프로그램 개선작업은 우선 각 방송사에 개선요구를 담은 공문을 발송하는 것으로 시작되었다. 공문은 사장 및 광고주들에 대한 면담 요청을 담고 있었다. 각 방송사는 직접적인 답변을 최대한 회피하는 방식을 취하면서 각 프로그램에 대한 우회적인 제재를 결정하였다. 결국 〈남희석의 색다른밤〉을 포함해 대부분의 프로그램이 가을 개편에서 폐지되거나 개선되는 직접적 효과가 있었다.

<표 4-2> 역대 최악의방송프로그램 및 나쁜방송프로그램

	최악의방송프로그램	나쁜방송프로그램
2000년	SBS 〈남희석의색다른밤〉	KBS 〈송화〉 MBC 〈일요일일요일밤에〉 SBS 〈한밤의 TV연예〉
2001년	KBS2 〈특종! 사건파일〉	SBS 〈초특급일요일만세〉 SBS 〈드래곤볼〉
2002년	KBS2 〈개그콘서트〉	KBS1 〈아침마당 '부부탐구' 코너〉 MBC 〈신비한 TV 서프라이즈〉
2003년	MBC 〈인어아가씨〉	MBC 〈강호동의 천생연분〉 KBS 〈자유선언토요대작전〉 SBS 〈뷰티풀선데이〉

이러한 2000년 '최악의방송프로그램개선을위한시청자캠페인'의 성과 중 꼭 기억해두어야 할 내용은 주 2회로 확대된 〈한밤의 TV연예〉를 다시 주 1회로 되돌려놓은 일이다. 이는 방송사의 편성이 시청률이 아닌 시청자들의 요구로 변경된 것으로, 지금까지도 유사한 예를 찾아보기 어렵다.

당시 새로운 연예저널리즘을 표방한 〈한밤의 TV연예〉는 시청률 고공행진을 계속하고 있었다. 때문에 SBS는 이 프로그램을 주 2회로 늘리는 파격적인 편성을 하였다. 이는 시청자들의 프로그램 선택권 축소라는 측면에서 적절치 않은 편성이었을 뿐 아니라, 극단적인 여성 상품화 논란 등 많은 문제제기를 무시한 대담한 결정이었다. 때문에 민우회는 이 프로그램을 2000년 나쁜방송프로그램의 하나로 선정하였다. 그리고 주 1회 편성으로 원상회복시킬 것을 주문하였다. 철저히 시청률 중심의 잣대로 결정된 〈한밤의 TV연예〉의 편성 확대 철회를 강력히 촉구하였으며, SBS시청자위원회에도 이러한 요구를 전달했다.

이렇게 방송사와 공방이 이루어지고 있는 와중에 B양 비디오사건이 터졌다. B양 비디오사건은 2000년 나쁜방송프로그램의 개선작업이 한창 진행

중이던 11월 23일, 〈한밤의 TV연예〉가 B양의 비디오를 불법적으로 촬영하고 유출한 상대남의 인터뷰를 일방적으로 방영함으로써 불거졌다. 아마 〈한밤의 TV연예〉의 제작자들은 이러한 일방적 폭로가 프로그램의 시청률을 폭발적으로 올리는 요인이 되기를 기대했을 것이다.

미디어운동본부는 즉각적으로 성명을 발표하였다. 한국여성단체연합, 성폭력상담소, 한국여성의전화 등과 함께 4개 단체가 모여 대책회의를 진행하고, 〈한밤의 TV연예〉의 반인권적 행위를

SBS가 한밤의 TV연예를 다시 주 1회로 축소하겠다는 약속을 담은 공문

고발하기로 결정하였다. 여성단체들의 연대고발이 진행되자 SBS측은 민우회에 즉각 합의를 요구해왔다. 민우회는 비디오 유출자의 일방적 목소리를 담은 방송을 여과 없이 내보낸 점, 이를 통해 B양의 인권을 침해하고 비디오 파문을 일파만파로 확대시킨 점에 대해 해당 프로그램에서 직접 사과할 것, 또 무책임한 방송의 원인이 된 주 2회 편성을 주 1회 편성으로 되돌릴 것을 요구하였다. SBS는 이러한 요구를 모두 수용하였고 해당 프로그램의 진행자와 패널이 생방송 중에 사과발언을 하는 전무후무한 일이 이어졌다.

이 사건은 기존 방송사의 여성 연예인에 대한 왜곡된 시선과, 남성과는 다른 기준을 들이대는 이중적 관행에 큰 타격을 주었다. 또 언론의 선정적이고도 관음주의적인 폭로 관행에도 쐐기를 박는 의미 있는 성과였다. 특히 현재 B양이 재기에 성공하여 자신의 꿈인 가수로 활발한 활동을 하고 있다는

사실도 남다른 의미 부여가 되는 지점이다. 상대방으로부터 사과를 받더라도 정작 피해 당사자는 사회적으로는 도태되고 마는 이전의 사례와는 달리 자신의 삶을 원래의 제자리에 돌려놓았다는 점에서 큰 의미가 있다고 본다.

4년여 동안 진행된 이 캠페인 중 원년만큼이나 공방이 치열했던 해가 2002년이다. 그해의 최악의방송프로그램은 〈개그콘서트〉, 나쁜방송프로그램은 〈아침마당-부부탐구〉였다. 보도자료가 뿌려지는 순간부터 민우회는 담당 CP들의 항의전화, 제작진의 소송 시도, 담당 PD의 반론 기고 등 총체적이고도 다양한 항의에 직면했다. 이러한 저항이 형성된 이면에는 이들 프로그램이 그간 주류방송계의 잣대에서 공익적인 프로그램 또는 좋은 프로그램으로 분류되어왔기 때문이다. 하루아침에 '좋은'이 '나쁜'으로 역전되는 상황이 가져온 충격과 거부감은 강도 높은 논쟁을 촉발시켰고, 신문방송학자들 간에도 이견이 충돌하는 상황이 일정기간 이어졌다.

특히 KBS의 간판 아침교양프로그램으로서의 이미지를 쌓아온 〈아침마당〉 제작진들의 충격은 설명하기 어려울 만큼 컸다. 연예인의 신변잡기나 다루는 오락일변도의 아침토크프로그램들이 수두룩한데 〈아침마당〉처럼 건전하고 건강한 상식을 논하는 프로그램이 왜 나쁘다는 것인지 도무지 이해할 수 없다고 했다. 〈아침마당〉 제작진은 민우회가 〈아침마당〉 제작진 전체의 명예를 훼손한 것에 대해 소송을 준비하겠다고 했고, 우리는 법정에서의 새로운 국면을 준비해야 했다. 여기에 MBC 노동조합과 KBS PD협회가 가세하면서 상황은 일파만파로 확대되었다.

민우회가 〈아침마당-부부탐구〉를 나쁜 프로그램으로 지목한 이유는 다음과 같다.

> '부부탐구'는 제목이 뜻하는 바와 같이 부부의 문제를 고찰하고 건강한 방향으로 해결점을 찾을 수 있도록 도와주는 프로그램이 아니라 '저런 부부도 참고 사는데 나는 당연히 참고 살아야 한다'는 일방적인 메시지만 강요하고

있다. 특히 여성들에게는 더욱 그러하다. 문제의 원인이 매우 심각하고 해결이 보이지 않는 극단적인 사례의 경우에도 여성의 일방적인 헌신과 희생만 강요하고 있다. 이 프로그램을 보는 사람들은 당연한 결론을 의심치 않고, 단지 그 구구절절한 이야기를 들어보는 데 만족하고 있다. 이러한 반복적인 이 프로그램의 내용은 현대적 의미에서의 가족 그리고 부부의 역할을 제대로 제시하기에 이미 그 한계 지점에 이른 듯 보인다(민우회, 2002).

물론 제작진들도 〈아침마당-부부탐구〉가 부부의 문제를 다룸에 있어 시대착오적인 요소를 안고 있다는 점에 대해 어느 정도 수긍하였다. 특히 남편으로부터 맞더라도 참고 살라는 메시지가 가지는 문제점은 공감하였다. 이러한 성차별적·반인권적 요소를 미처 깨닫지 못했다는 것에 대해서도 안타까움을 표현했다. 다만 〈아침마당-부부탐구〉 주시청층이 50대 전후의 중장년층인 만큼, 젊은 세대의 감각만으로 재단하는 것은 무리가 있다는 지적을 하였다. 결국 자신들이 처한 현실적 어려움을 고려하지 않은 비판은 과도한 것이며 적절치 않은 내용이라는 반박을 이어갔다.

이에 민우회에서는 방송에서 옳고 그른 것을 구분하지 않고 인기에만 영합하는 것은 바람직하지 않다. 시어머니 세대와 며느리 간의 간극을 대립적으로 넓혀 세대 차이를 형성하는 역할을 함으로써 사실상 이 프로그램이 양성평등에 반하는 내용으로 간다는 점을 끈질기게 설득해갔다. 결국 제작진과 민우회는 해당 프로그램의 문제 해결 방향에 대해 어느 정도 합의를 얻어낼 수 있었다.

민우회는 우선 엄○○ 씨 등 가부장적인 가치관만 강조하는 패널들을 전면 교체해줄 것을 요구했고 제작진은 이에 대해 시청률 부담 등을 내세워 '철저한 자체 검열'을 통해 문제발언을 자제시키겠다는 원칙을 제시하였다. 정말 한 치 앞을 가늠하기 어려운 치열한 공방이었다. 제작진은 패널을 3인으로 늘리고 그 중 여성학자를 1인 배치함으로써 균형을 유지하려 했고, 문제

사례뿐 아니라 성평등한 사례도 제시하는 등 변화와 개선노력을 보여주었다. 이에 따라 오한숙희 씨나 이숙영 씨 등이 패널로 출연해 엄○○ 씨의 일방적인 이야기를 견제하는 역할을 하였다.

그 시절 〈아침마당-부부탐구〉에서는 이런 토크들이 심심치 않게 이어졌다. "이런 얘기는 양성평등에 저해되는 내용이지요", "이런 얘기를 잘못하면 여성단체에게 혼납니다", "그렇지만 사실 남자들도 불쌍하지요" 등은 민우회를 의식한 이야기들이었다. 또 중장년 패널들이 보수적인 남성 중심적 사고를 그대로 드러내면 이금희 아나운서가 바로 정정해주는 방식의 긴장감 있는 진행이 상당기간 계속되었다. 그리고 이렇게 출발된 민우회와 아침마당 제작진 사이의 인연(?)은 아침마당 1000회 특집에 패널로 초대받아 그동안의 문제점을 점검해보는 건강한 긴장관계로 발전된다. 이후 부부탐구에는 적어도 맞고 사는 여성에게 무조건 참고 살라는 권유를 하는 내용은 단 한 번도 나오지 않았다. 그리고 제작진의 이야기처럼 소재의 자극성을 완화시켜서인지 아니면 문제 발언을 많이 한 패널이 출연하지 않아서인지 인기가 시들해졌으며 이제는 잊혀진 코너가 되었다.

최악의방송프로그램 개선을 위한 시청자캠페인은 2003년을 기점으로 종료되었다. 캠페인 종료와 관련해서는 내부의 치열한 논쟁이 있었다. 예를 들어 담당PD 개인에게 가해지는 과도한 부담과 불이익의 문제가 주요한 쟁점 중 하나였다. 종종 담당PD와의 문제는 우리의 의도와 전혀 다른 방향으로 전개되었다. 시청자캠페인이 시청률지상주의라는 구조적 요인을 개선하는 과정으로 이어지길 바랐던 애초의 의도가 방송사 측이 모든 책임을 담당PD에게만 돌림으로써 담당PD에 대한 질책이라는 적절치 못한 결과로 매듭지어졌기 때문이다.6) 이에 방송제작자들은 민우회를 매우 위협적인 조직으

---

6) 해를 거듭하면서 PD들의 거부감은 피해의식으로 고착화되는 양상으로 나타났다. 이는 시청자캠페인의 기본적 취지를 살리기는커녕 오히려 두려움과 거부감으로 이어지는

로 인식하였고 이러한 부정적인 인식은 관계의 왜곡을 초래했다. 방송사 제작인력은 때로 연대하고 때로 긴장해야 할 대상이라는 점에서 서로 간의 부정적 인식이 장기화되는 것은 바람직하지 않다는 결론이 우세했다. 이는 캠페인 종료의 가장 중요한 이유가 되었다.

또 평가단 유지에 대한 민우회 내부의 이견도 캠페인이 종료되는 배경 중 하나로 작용했다. 평가단은 민우회 안에 소속 집단이 아니라 민우회 밖에 존재하는 준회원적 성격을 갖고 있는 조직이라는 점에서, 그 운영에 투여되는 비용과 인력이 적절한가에 대한 견해들이 충돌하였다. 결국 회의적인 의견이 좀 더 다수를 점하면서 평가단 해체가 결정되었다. 그러나 현재 미디어교육 강사뱅크를 구성하고 있는 대다수 구성원이 당시 시청자평가단을 통해 민우회와 만난 인물이라는 점에서, 누구나 친근하게 다가설 수 있는 존재였던 평가단 조직의 존재 의미는 여전히 아쉬움으로 남는다.

4) 여성을 소재로 한 위험한 곡예들

권위적이고 보수적인 내용으로 일관하던 지상파 방송은 91년 SBS 개국과 함께 급격히 상업화되기 시작하였다. 이러한 상황에 다시 기름을 부은 것은 95년 케이블방송의 시작이다. 물론 케이블 PP[7)]의 프로그램 제공 한계는 곧 바닥을 드러내게 되었지만, 상업화의 길을 걷기 시작한 지상파 방송사의 프로그램들은 이전으로 돌아가지 않았다.

이러한 상황 속에서 여성에 대한 상품화가 더욱 극단으로 치닫고 있다는 점에 대해서 이견을 다는 사람은 없다. 특히 문제가 되는 것은 성폭력이나

역효과를 낳았다.
7) Program Provider, 채널사용사업자. OCN, M-net, 투니버스 등의 채널사용사업자를 말한다.

여성 전신성형 등을 오락프로그램의 소재로 삼는 사례들이다.

2002년 발생한 SBS 〈깜짝스토리랜드〉의 '성폭력사건 희화화'는 방송의 상업화를 단적으로 드러내는 것으로, 결국 해당프로그램의 폐지로 이어진 바 있다. 이 프로그램의 내용은 성폭력을 당한 3명의 여성이 자신에게 폭력을 행사한 강도에게 매료되어 결국 그와 함께 강도행각을 벌인다는 내용으로, 이를 코믹버전으로 재연함으로써 많은 시청자들의 원성을 샀다.

당시 민우회는 13개의 시청자단체, 여성단체 등과 연대하여, 'SBS와 제작진의 공개사과', '해당 프로그램 폐지', '책임자 징계', '성폭력 관련 방송지침 수립', '방송제작 관계자들을 대상으로 한 성교육 실시' 등을 요구하였다. 결국 해당 프로그램은 폐지되었으며, 방송위원회 심의위원회로부터도 '시청자에 대한 사과 및 프로그램 관계자 징계' 명령을 받는 성과가 있었다.

또 기억할 만한 사건은 2001년 여성의 전신성형을 오락프로그램의 소재로 한 SBS 〈쇼무한탈출〉을 폐지시킨 일이다. 이 방송은 응모 여성을 선발해 전신성형 과정을 보여준 것으로 3월 17일 첫 방송이 나가자마자 시청자들의 문제제기가 줄을 이었다. 놀란 SBS는 해당코너를 제외한 나머지 코너의 내용을 늘리는 방식으로 프로그램의 구성을 바꾸어갔으나, 민우회를 포함한 시청자단체들은 개선의 여지가 없는 해당프로그램의 즉각 폐지를 요구하였고, 결국 봄개편 시 폐지되었다.

문제는 이러한 일회적인 프로그램 퇴출에는 한계가 있다는 점이다. 현재 외모지상주의를 비정상적으로 부추기는 본격 성형소재 프로그램들이 케이블을 중심으로 급속히 확산되고 있다. 이런 프로그램들은 여성단체들이 문제제기를 하면 잠시 주춤하였다가 다시 시작되는 양상을 반복하고 있다. 케이블방송의 대표적 성형프로그램인 동아TV의 〈도전신데렐라〉나 〈스타메이커〉 등은 꾸준한 인기를 누리면서 여성의 몸에 대한 굴레를 강화시키는 데 적극적으로 나서고 있다. 정말 위험한 현실이다.

그러나 최근 케이블을 둘러싼 유료방송의 문제는 더욱 심각하다. 저가의 생산기반 위에 놓여진 케이블방송 채널사용사업자들은 이를 만회하기 위해 선정적이고 폭력적일 뿐 아니라 반인권적인 소재도 서슴지 않고 다루고 있다. 때문에 2007년부터 민우회는 '이달의 나쁜프로그램'을 공표함으로써 이러한 흐름을 경계하기 위한 새로운 노력을 펼쳐가고 있다.

그 첫 시도인 2007년 '5월의 나쁜 프로그램'은 YTNSTAR의 〈무조건 기준, 그 속이 알고 싶다〉였다. 문제가 된 YTNSTAR의 〈무조건 기준 그 속이 알고 싶다〉의 주요 내용을 살펴보면 다음과 같다. 여성들이 간호사, 경찰 등 10가지 제복을 순서대로 입고 나오면 심장박동 측정기를 단 5명의 남성 판정단의 심장박동을 체크하여 남성들이 선호하는 여성제복을 알아보는 실험, 비키니 입은 여성을 눕혀놓고 이 여성의 몸에 양체공, 떡, 우유 등을 가슴, 엉덩이, 배, 허벅지 등에 떨어뜨리고 이를 초고속카메라로 촬영해 어떤 부위가 얼마나 탄력 있는지를 알아보는 실험 등을 실시하는 것이다.[8]

비록 성인을 대상으로 하는 프로그램일지라도 인권을 침해하지 않는 등의 기본적인 원칙을 준수하는 것은 매우 중요한 일이다. 민우회는 적어도 반여성적이며 반인권적인 프로그램이 발붙일 수 없도록 하는 데 목표를 두고 있다. 그 결과 방송위원회 심의위원회는 해당프로그램의 시청자 사과를 결정하였으며, 현재 잠정적으로 편성이 철회된 상태이다.

우려스러운 것은 이러한 상황이 더욱 악화될 것이라는 점이다. 한미FTA개방과 맞물린 방송채널사용사업자에 대한 간접투자 100% 허용, 수입물 편성 규제 완화 등으로 인한 외국프로그램의 범람과 국내 프로그램 경쟁력 상실은 적은 비용으로 확실한 관심을 끌 수 있는 소재의 유혹에서 결코 자유로울 수 없기 때문이다. 이에 이를 견제할 수 있는 장치가 반드시 필요한 시점이다.

---

8) 2007년 '5월의 나쁜프로그램'으로 선정된 〈무조건 기준, 그 속이 알고 싶다〉의 문제 내용 중 일부.

3. 미디어 정책:
성평등적 관점에서 다시 쓰는 심의사례집 발간사업

민우회 미디어운동은 1995년부터 활발하게 정책 제안 활동들을 펼쳐왔다. 1998년부터 운영위원회를 중심으로 '미디어포럼21'을 운영하였고, 2006년부터 정책위원회를 중심으로 '시민미디어포럼'을 운영하고 있다. '어린이TV법', '콘텐츠심의위원회설치에관한법'처럼 수용자에게 요구되는 법률을 직접 국회에 제출하기도 하였다. 통합방송법의 내용 마련에도 주요한 역할을 하였으며, 이후 시청자의 권익과 관련된 조항이 공고하게 자리 잡는 데 역할을 하였다.

방송사업자의 재허가 재승인 절차 중 하나인 시청자의견 수렴과정에 참여하였으며, 시청자가 평가하는 옴부즈맨프로그램과 시청자가 제작하는 시청자참여프로그램에도 평가원으로, 모니터로, 제작자로 참여하는 등 다양한 역할을 수행하였다. 또 성차별적인 사회문화를 극복하기 위한 정책적 접근을 강조하고 그 내용이 반영될 수 있도록 여러 가지 시도를 하였다. 많은 공개토론회에 패널로 참여하여 수용자의 목소리, 여성의 목소리를 대외적으로 천명하였고 이 같은 활동들은 언론수용자운동 진영에서 민우회의 위상을 공고히 하는 데 기여하였다.

그러나 이 글에서는 지면상의 한계로 여성 이슈를 다룬 정책사업인 '성평등적 관점으로 다시 쓰는 방송심의 사례집'[9] 발간사업만 소개한다.

---

9) '성평등적 관점에서 다시 쓰는 사례집' 사업은 참여한 성평등 심의위원들의 대중성 강화요구에 따라 『성평등적 관점에서 다시 쓰는 심의사례집』으로 제목을 변경하여 발간되었다. 2004 심의위원으로는 안정임 교수(서울여대), 정기현 교수(한신대), 홍은희 논설위원(당시 중앙일보/현 명지대 교수), 이창현 교수(국민대), 변희재 편집국장(전 브레이크뉴스), 권미혁(당시 민우회 미디어운동본부 정책위원) 등이 참여했으며, 2005 심의위원으로는 유선영 연구원(언론재단), 박은희 교수(대진대), 전규찬 교수(한국예술종합대학교), 홍성록 기자(연합뉴스), 권미혁 대표(민우회)가 참여했다.

2003년까지의 미디어운동본부 사업이 방송사를 상대로 한 다소 공격적인 양상을 띠었다면, 2004년 이후에는 정책적인 접근으로 효과를 극대화하려는 방향으로 변모한다. 2004년부터 시작된 '성평등적 관점으로 다시 쓰는 방송심의 사례집' 발간사업은 그러한 성격을 보여주는 가장 상징적인 의미를 갖고 있다.

'성평등적 관점으로 다시 쓰는 심의사례집' 발간사업은 방송사 자체심의와 방송위원회의 심의 과정에 여성들의 시선이 충분히 반영되지 못하고 있다는 문제의식에서 출발되었다. 때문에 여성위원 비율의 확대와 적절한 기준의 마련, 해당 조항의 적극적인 활용 등 이를 극복할 수 있는 다양한 수단들을 제시하고 구체적인 조사와 모니터링, 기존의 심의결과와의 비교 속에서 개선의 방향을 제공하는 사업으로서의 성격을 갖고 있다.

우리는 방송위원회의 심의위원 선정절차와 심의제도 운영이 심의규정 제29조 '양성평등' 정신을 살리기 역부족이라는 문제의식을 갖고 있었다. 예를 들어 성차별적인 문제가 있는 프로그램도 심의규정 제44조 '어린이·청소년 보호' 조항이나 제26조 '방송품위' 조항을 적용해 제재함으로써, 방송제작자들의 성인지적 관점을 제고시키는 데 아무런 기여도 하지 못하고 있었다. 이에 민우회는 정책담당자, 방송제작자 모두에게 성차별 이슈에 대한 이해를 확대시키기 위해 대안적 사례집을 만들었다. 대안적 사례집의 형식은 기존의 방송심의 사례집 형식을 그대로 가져왔다. 기존의 방송심의와 구별되는 새로운 방송심의를 제시한 것이다.

새로운 방송심의에서는 남녀 성비를 고려한 별도의 심의위원회를 구성하였고, 모니터회원들의 기초 모니터결과를 사무국에서 점검한 후 해당 심의위원회에서 법정제재를 결정하는 등 기존의 방송심의와 동일한 절차의 시뮬레이션을 가동시켰다.

그 결과 제29조 양성평등 조항의 위반 내용을 직접 구분하고 문제의 정도를 평가해보는 『성평등적 관점으로 다시 쓰는 심의사례집』이 완성되었고, 비록

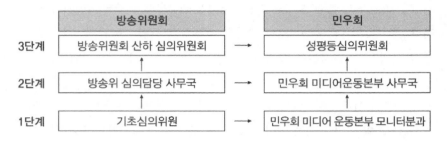

<표 4-3> 방송위원회와 민우회의 심의 시스템 비교

	방송위원회		민우회
3단계	방송위원회 산하 심의위원회	→	성평등심의위원회
2단계	방송위 심의담당 사무국	→	민우회 미디어운동본부 사무국
1단계	기초심의위원	→	민우회 미디어 운동본부 모니터분과

법적 효력을 가지지는 못하지만 기존 심의관행에 문제를 제기하고 성평등 문제에 대한 적극적인 관심을 촉발시키는 계기를 만들었다. 이 사례집은 방송위원회 심의부서를 초청한 공개토론회에서 발표되었고 방송위원회 기초 심의위원들에게 배포되었다. 또 지상파 3사의 심의팀과 심의위원들 대상의 교육교재로도 사용되었다. 이 사업은 기존의 모니터링 활동과는 다른 방식의 접근으로, 규제기관과 방송사 자체에 직접 영향을 끼친 의미 있는 활동으로 기억된다.

아래는 민우회의 시뮬레이션을 통해 제재를 받은 문제 사례들이다. 물론 기존의 심의시스템 안에서는 제재를 비껴간 내용들이기도 하다.

【사례 1】 모방송사의 코미디프로그램의 한 코너인 '흰머리 휘날리며'에 서 할머니가 선생님에게 문제를 내고 맞추지 못하면 할아버지에게 뽀뽀 를 해주도록 함. 선생님이 문제를 맞추지 못해 할아버지에게 뽀뽀를 해주고 할아버지는 고마움의 표시로 할머니에게 돈을 줌.
　☞ 이는 여성을 돈을 주고 사는 성적인 대상으로 전락시킨 것이며 직접적 인 신체접촉을 통해 성희롱을 하고 있어 양성평등 위반.

【사례 2】 모방송사의 스포츠뉴스에서 러시아 테니스 선수 사라포바 관련

소식을 소개하면서 자막으로 '테니스 요정 열풍'이라는 단어를 표기하고, 앵커가 "17살 테니스 요정"이라는 별도의 언급을 함. 기자의 리포트 중에서도 "테니스 요정…… 상큼한 외모에 화려한 의상……"이라는 표현을 함.

☞ 여자선수의 경우, 선수의 실력보다는 외모를 중심으로 묘사하는 것은 양성평등을 저해하는 내용으로 해당 조항 위반.

특히 이 해에는 방송심의규정 개정작업이 있었다. 민우회는 이 개정작업에도 참여하여 제29조 양성평등 조항을 심화시키는 성과를 얻었다. 방송심의규정의 변화는 '성평등적 관점으로 다시 쓰는 심의사례집' 발간 사업의 내용을 보다 현실성 있게 해주는 데 기여하였다. 물론 심의 제도 자체가 매우 심각한 사안에 대해서만 사후제재를 가하는 제도라는 점에서 한계가 분명하지만, 적어도 문제발생 시 제대로 제재함으로써 성차별적 사고에 대한 경각심을 높이는 데 필요한 수단이라는 점에서 늘 경계가 필요한 내용일 것이다.

사례집 발간사업과는 별개로 성인지적 관점의 심의를 위해 작성된 가이드라인 제작 및 배포작업도 진행되었다. 가이드라인은 소책자로 제작되어 지상파 3사 및 방송위원회 심의관련 부서에 배포되었다. 이 가이드라인은 기본적

• 2000년 제정된 방송심의규정	• 2004년 개정된 방송심의규정
제29조(양성평등) 방송은 특정 성(性)을 비하하거나 성차별을 옹호·합리화·조장하는 내용을 다루어서는 아니 된다.	제29조(양성평등) ① 방송은 양성을 균형 있고 평등하게 묘사하여야 한다. ② 방송은 특정 성(性)을 부정적·희화적으로 묘사하거나 왜곡해서는 아니 된다. ③ 방송은 성차별적인 표현을 하거나 성별 역할에 대한 고정관념을 조장하여서는 아니 된다.

으로 성적 속성이나 성역할 고정관념, 성상품화를 방지하는 데 그 목적을 두고 있었다.

다음은 가이드라인의 개요이다. 내용은 2004년, 2005년 전문가 자문을 통해 계속 보완되었다.

성평등적 관점의 방송심의 가이드라인

1. 성역할 왜곡

    ① 방송은 성역할 고정관념을 조장하는 아래와 같은 내용을 다루지 않는다.

    ② 방송은 여성을 성적 대상으로만 부각시키지 않는다.

    ③ 방송은 프로그램 내에서 남녀진행자 및 남녀출연자, 인터뷰 대상자의 역할 및 성비의 균형을 기하기 위해 노력한다.

2. 외모차별

    ① 방송은 출연자의 외모를 미화시켜 외모지상주의를 조장하지 않는다.

    ② 방송은 출연자의 외모를 조롱 또는 혐오의 대상으로 삼거나 그와 관련된 언어를 사용하지 않는다.

3. 성폭력/성희롱

    ① 방송은 여성에 대한 폭력, 성희롱, 성폭력을 긍정적으로 묘사하지 않으며 부득이하게 이를 묘사할 때에는 피해자의 인권을 반드시 고려한다.

    ② 방송은 프로그램 내에서 출연자 및 시청자를 성희롱하는 행위 및 언어를 포함하지 않는다.

---

4. 가족 형태의 다양성 및 구성원의 평등

① 방송은 독신, 한부모, 이혼가족, 재혼가족, 동성가족, 입양가족 등 다양한 가족의 형태를 인정하고, 특정한 가족의 형태를 부정적으로 그리거나 이에 대해 부정적인 언어를 사용하지 않는다.

② 방송은 부부 간의 관계를 묘사할 때, 한쪽이 일방적으로 다른 한쪽에게 복종하는 모습만을 보여주지 않는다.

5. 성차별적 언어

① 방송진행자나 출연자들은 방송에서 특정 계층, 인종, 성별, 지역을 비하하거나 차별하는 언어를 사용하지 않는다.

② 방송은 미망인, 미스, 올드미스, 여사, 과부, 여류, 출가외인 등 가부장적이거나 성차별적인 단어(혹은 어휘, 혹은 표현)를 사용하지 않는다.

4. 미디어 교육: 새로운 세대와의 소통은 세상을 바꾸는 힘

민우회 미디어운동 중 미디어교육이 차지하는 비중은 매우 크다. 민우회는 다매체 다채널 시대에 규제나 권고만으로는 모든 문제를 해소시킬 수 없다는 판단으로 일찍부터 미디어에 대한 비판적 이해를 확산시키는 활동을 펼쳐왔다. 결국 사람의 변화, 관점의 변화를 통해 방송매체의 영향력으로부터의 거리두기를 일상화하는 것이야말로 왜곡된 영향을 최소화시키는 길이라고 본 것이다.

이미 미디어는 인간의 삶과 떨어질 수 없는 절대적인 존재로 부각되고 있다. 문제는 이러한 미디어가 '황금만능주의', '일확천금', '일등제일주의', '폭력의 신화', '성불평등' 등 셀 수 없는 부정적 가치를 강화시키는 데 기여하고 있다는 것이다. 반면 미디어를 계획적으로 이용하고 비판적으로 해석할 수 있는 능력을 제고시키는 교육은 절대적으로 부족한 상황이다. 민우회는 이 점에 주목하여 93년 방송학교 이후 대상별·시기별 미디어교육을 적극적으로 개발해나가고 있다.

민우회가 펼치고 있는 미디어교육은 성평등이 실현되는 민주사회를 향한 대중교육의 일환이며, 여성들의 사회참여를 확대한다는 의미도 가지고 있다. 민우회 미디어교육사업의 궁극적 목적은 '민주주의', '성평등', '인권의 보호와 보장'이라는 가치의 실현에 두고 있으며, 구체적 목표는 민주적이고 '성평등한 의식을 가진 시민 양성', '미디어의 특성을 이해하고, 미디어를 제대로 읽고 쓰는 능력 배양', '누적적인 미디어의 부정적 효과 최소화를 위한 자기 성찰 훈련' 등으로 집약된다.

캠프 형식의 미디어교육과 '출장! 미디어교육'이 중심이 된 1기(1994~2000년)에는 미디어교육을 실시하는 곳이 거의 없는 상황이어서 민우회의 프로그램들에 대한 호응이 가히 폭발적이었다. 특히 민우회 지부 회원들의 관심과 지지가 높았다. 이는 방송이라는 영역에 대한 기대감과, '비판적인 사고 길러주기'라는 신세대 부모들의 관심이 잘 결합된 결과로 보여진다. 매년 여름 100~200명에 이르는 어린이와 청소년들이 KOBACO 남한강연수원 캠프에 참여하였고, 캠프는 '미디어 바로보기', '스토리보드를 활용한 간단한 제작교육', '캠코더를 이용한 방송제작' 등 다양한 내용으로 구성되었다. 특히 캠코더를 이용한 본격 제작 교육은 당시 어린이 청소년 캠프의 내용으로는 파격적인 것으로, 다큐멘터리 감독들이 직접 참여하여 진행한, 본격적인 프로슈머 시대의 개막을 알리는 행사였다. '출장미디어교육'에 대한 사회적 관심도 매우 높았는데 특히 방송에 대한 내용뿐 아니라 인터넷에 대한 교육 요청이 많았다.

어린이평가단의 조직 및 인터넷교육사이트 '열려라! 미디어' 오픈으로 이어지는 2기(2001~2003년)는 실천단위인 어린이방송평가단이라는 상시적 조직이 운영된 시기로 많은 미디어교육의 실험들이 이루어진 시기이다. 어린이 평가단에게는 성인조직이었던 시청자평가단과 함께 프로그램을 비평하는 투표 의무를 수행하면서, 연 2회 여름과 겨울캠프에 무료로 참여할 수 있는 특전이 부여되었다. 매년 약 70명 정도의 초등학교 4~6학년 어린이들을 선발하였고 중학생이 된 평가단들은 명예회원의 자격만 부여받는 형식으로 모임에 계속 참여하여 어린이 통솔 등 각종 봉사활동에 참여하였다. 또 어린이평가단은 미디어교육 강사뱅크 구성원들과 함께 스튜디오 녹화 형식의 미디어교육프로그램인 '열려라! 미디어'를 제작하였다. 총 11회분으로 제작된 이 온라인 동영상물은 '열려라! 미디어'(http://mediaedu.womenlink. or.kr)라는 이름으로 현재도 계속 제공되고 있다. 이는 온-오프라인 교육의 연계성을 확보하는 데 많은 도움을 주었을 뿐 아니라 구성과 대본연습, 스튜디오 녹화라는 형식을 직접 경험함으로써 방송제작의 다양한 변수를 이해하는 데 많은 도움을 주었다.

3기(2004년~현재)는 초등학생 대상 미디어교육에 초점을 맞추어 미디어바로보기 교육과 민우회의 회원기반인 미디어교육 강사 양성프로그램을 연계시켜 미디어교육을 양적, 질적으로 고양시킨 시기다. 이는 초등학교 정규교과 수업시간을 통한 미디어바로보기 교육으로 특성화되었다. 방식은 비판적 미디어 리터러시에 바탕을 두고 간단한 형식의 제작교육을 병행하는 것이다. 이 교육은 초등대상 미디어교육 프로젝트가 본격화된 2003년부터 시작되어 꾸준히 발전하고 있다. 양적으로는 '2003년 128강', '2004년 400강', '2005년 926강', '2006년 708강', '2007년 1100강'이라는 성과가 있었고, 질적으로는 '강사들의 전문성 강화', '온-오프라인 연계수업을 통한 지속성 확보', '교육 프로그램의 체계화' 등이 이루어졌다. 특히 2006년부터는 저소득층 어린이를 대상으로 한 교육을 집중적으로 실시하고 지역아동센터와 적극적인 네트워크를 형성함으로써, 지식전달 중심의 공교육을 보완하고 계획적인 미디어 이용습관을 제고시키는 데 기여하고 있다.

새로운 세대가 미디어를 비판적으로 읽고 쓰는 능력을 키우는 것은 미디어
가 반복적으로 제공해온 특정 집단의 영향을 최소화하고 인권과 평등이 살아
있는 새로운 민주주의와 다양성이 실현되는 개방적 문화를 구축해가는 또
다른 과정일 것이다. 우리는 이제 제도의 변화에 집중하였던 역량을 일상에서
부터의 변화를 추동해가는 내용으로 전환시켜나가야 할 것이다. 민우회의
미디어교육은 이러한 변화를 아래로부터 이끌어내는 소통과 공감, 창의의
현장이다.10)

5. 힘찬 미래를 향한 새로운 출발

지난 20여 년간 민우회가 펼쳐온 미디어 운동의 성과와 한계를 개략적으로
살펴보았다.

이제는 법이 아니라 일상에 주목하여야 한다는 목소리가 크지만, 여전히
일상을 변화시키는 데 중요한 역할을 하는 공교육이나 미디어에 대한 관심은
저조하다. 미디어를 매개로 한 커뮤니케이션이 계속 증가되고, 날로 상업화되
어가는 미디어 환경의 변화 속에서 미디어를 통해 확산되는 성차별적 이데올
로기를 제어하고 성평등한 문화를 정착하는 것은 한편 어려운 일이지만 다른
한편으로는 반드시 필요한 일일 것이다.

앞으로의 운동은 극단적인 몇몇 문제프로그램에 대한 대응보다 근본적으

---

10) 매년 성인대상 강좌도 30회에서 50회 정도 실시되고 있다. 그 대상은 주로 방송제작자,
   성폭력 상담원, 여성단체 회원, 미디어교육 강사, 수용자단체 모니터 활동가들인데,
   이 또한 점차 대상별·영역별로 전문화되어가고 있는 추세이다. 다른 기관과의 연계를
   통한 미디어교육사업도 활발하게 진행되고 있는데, 한국양성평등교육진흥원에서 발
   간한 미디어교육서 『또 하나의 앵글』과 한국방송영상산업진흥원에서 실시하고 있는
   제작자 대상 온라인 미디어 교육 '미디어 속의 양성평등'의 내용을 함께 기획하고
   집필하였다.

로 차별 감수성을 높이는 방향으로 전개되어야 할 것이다. 여성을 단순한 볼거리로 재현하고 성차별적 관행과 문화를 재생산하는 것이 얼마나 폭력적인가 모두가 인식하도록 하는 것, 미디어정책·미디어감시·미디어제작·미디어교육에 참여하는 이들이 이 같은 문제의식을 분명히 갖도록 하는 것이 중요하리라 보여진다.

많은 매체의 출현에도 불구하고 부담 없이 즐길 수 있는 오락매체로 사랑받고 있는 지상파 방송에 대한 특별한 경계와 관심도 여전히 중요하다. 이는 미디어가 늘어나고는 있지만 대부분 여러 가지 경로를 통해 기존의 지상파 방송프로그램을 반복적으로 제공하고 있다는 점에서 그 효과가 여전하기 때문이다.

이와는 다른 차원에서 이미 널리 확산되고 있는 민우회 미디어교육을 좀 더 전문화시키는 작업도 중요하리라 보여진다. 미디어교육은 궁극적으로 우리의 미래, 사람을 바꾸어가는 운동이라는 점에서 의의가 있다. 이 점을 고려한 장기적이고 지속적인 확대 심화 계획을 수립하는 것이 중요하다. 또 미래세대와의 소통을 좀 더 활성화시키기 위한 수단으로서 정체일로를 걷고 있는 민우R&T(민우 Radio&TV)의 역할을 제고시킬 수 있는 방안을 모색하는 것도 필요하다. 좀 더 생동감 있는 전달을 위해 기획되었던 민우R&T(민우 Radio&TV)의 열악한 제작여건을 극복함으로써 변화하는 UCC환경(User Created Contents)에 대응하는 것 역시 미래를 준비하는 또 다른 출발점이기 때문이다.

참고문헌

한국여성단체연합. 2004. "Beijing+10" 자료집
미디어교육 전국대회 사례발제집. 2006. 2006 미디어바로보기 확산을 위한 강사 워크숍
    및 초등 미디어교육.

한국여성민우회 자료
1996. "방송의 미인대회 중계 무엇이 문제인가" 토론회 자료집.
2000. 최악의방송프로그램 선정 발표회 팜플렛.
2001. 워스트방송 개선을 위한 시청자캠페인 백서.
2002. 「2002 최악의방송프로그램 모니터 보고서」.
2003. 「텔레비전 인물의 외형과 역할에 관한 보고서」.
2003~2005. 「성평등적 관점으로 다시 쓰는 심의사례집」.
2006. 「외화 더빙 모니터링 보고서 I」.

경계를 넘어 더불어 사는 삶 ∣ 02

제5장

가족, 차별과 경계를 넘어서

이재인

한국여성민우회는 20년의 역사를 통해 가족 내 가부장제의 개혁을 위해 다양한 실천 활동을 펼쳐왔다. 가족 안의 성차별을 공론화해내는 것은 물론 호주제 폐지를 비롯한 다양한 법제도적 개혁을 일구어내었으며, 특히 관습적이고 의식적인 면에서 가족 내 가부장제적 잔재를 해체하는 데 적지 않은 기여를 해왔다. 이러한 운동의 성과뿐 아니라 운동방식 면에서도 민우회 운동은 그 독특함과 다채로움이 두드러진다. 민우회 운동은 한 사업에 동시적으로 다양한 운동방식을 동원하는 특성, 특정 사업을 일정 시기 동안 전력투구하는 특성을 가지는데 이것은 민우회의 매우 독특한 장점으로 지적되어야 할 것이다. 민우회는 앞으로도 시대의 화두에 대면하여 의제를 만들고 대안을 만들어나가야 할 과제를 안고 있다. 20년사를 내는 이 시점에 주어진 과제는, 어떤 가족형태를 취하든 간에 서로 조화로운 공존을 할 수 있는 사회적 분위기를 발전시켜나가는 일일 것이다. 더불어 가족이라는 언어가 소통될 때 통상 묻어나는 생각들 즉, '엄마, 아빠 아이가 다 있는 가족만 정상이고 보호할 가치가 있다'는 생각이나 또는 '가족의 유지가 개인의 선택보다 고귀한 가치'라는 그러한 생각들을 차단할 수 있는 실천적 대안들을 모색할 필요가 있을 것이다. 민우회 운동은 지난 20년간 여성들의 가족생활 경험에서 나온 문제들을 해결하는 데 골몰한 만큼 이제는 여성을 넘어서서 가족과 개인의 관계에서 나오는 문제들을 안고 가야 할 것이다.

한국 여성운동사 안에서 '가족' 이슈의 역사는 다른 어느 이슈보다 그 역사가 길다. 섹슈얼리티나 미디어, 환경 등의 주제들이 1980년대 이후 제기된 것이라면, 가족 이슈는 1960, 70년대에도 여성단체들의 투쟁 대상이었기 때문이다. 그만큼 지난 반세기 동안 가족 내 민주화와 성 평등을 위한 여러 단체들의 노력이 있었고, 그 가운데 민우회는 '가족'과 관련한 이슈에 가장 지속적으로 활동을 펼쳐온 단체라고 할 수 있다.

민우회는 창립 이후 매년 '가족' 안과 밖에서의 불평등과 관련된 사업을 수행해왔다. 그 중 상당수는 당시의 사회적 변화를 능동적으로 수용한 창의적인 프로그램이었다. 당대의 여성주의 이슈에 반응하거나 혹은 이슈를 만들어내고, 동시에 그 의제를 운동 안으로 끌어들여 구체적인 사회변화를 유도하는 실행 전략과 방법에 접목시키는 데 그 어떤 운동단체보다 유연하고 적극적이었다.

이렇게 20년을 한결같이 열심히 새로운 주제를 발굴하고 이슈를 만들어내며 운동을 해왔기 때문에 그것을 정리하는 것은 매우 어려운 일이다. 게다가 민우회 운동은 어느 분야를 보더라도 매우 다양한 주제와 운동방식을 포괄하는 특징이 있다. 거의 매주 나왔던 성명서만 보더라도 당시 사회적 이슈가 되었던 대부분의 사안에 걸쳐 있음을 볼 수 있다. 언론보도를 통해 이루어지는 민우회의 입장표명까지 합치면 민우회가 무신경하게 넘어가는 한국 가족의 문제가 거의 없을 정도로 관심 범위가 매우 넓다. 사회적 이슈에 대한 민우회의 입장 표명은 차치하고 연 사업계획서와 사업평가에 포함된 사업에 한정하여 민우회 운동의 줄거리를 잡고자 해도 실로 방대한 내용이다.

그러나 그럼에도 민우회 운동은 고유한 특성을 가지고 있으며, 결코 할 만한 모든 활동을 다 펼친 것은 아니었다. 이를테면, 민우회는 유교문화를 중심으로 한 한국 가족의 가부장적 제도와 문화 그리고 성차별적 관행을 개선하는 데 주된 관심을 가져왔으며, 가족 빈곤이나 보육정책 등과 같이 보편적인 '가족'복지에는 상대적으로 덜 적극적인 입장을 견지해왔다. 영유아보육법 제정과 같은 이슈에도 참여하였으며, 장애인, 노인, 아동과 같은 취약한 사회성원의 복지향상을 위한 연대활동에도 지원을 아끼지 않았지만, 그것 자체를 중심과제로 설정하지는 않았다. 말하자면 민우회는 가족 내의 가부장적 성격(비민주성, 남성우월주의, 남근 중심성)을 타파하는 데 주력하였다고 볼 수 있으며, 그런 점에서 강한 대중적 지향성을 가지되, 다루는 의제 면에서는 특정한 지향성을 분명하게 지녔던 것으로 평가된다.

돌이켜보면, 대략 90년대 초반 시기까지 한국 여성운동 담론은 여성(생물학적 근거에 의한) 차별에 대한 문제제기와 평등권, 그동안 획득하지 못한 권리의 획득을 중심으로 진행되었다. 그 후 90년대 후반부터 최근으로 오면, 여성운동 담론은 여성의 문제가 성별 차이의 문제뿐만 아니라 여성 내의 차이와 함께 다른 여러 복합적인 문제에 얽혀 있다는 인식으로 현저히 이동하는 것을 관찰할 수 있다.

이러한 여성운동 담론의 변화는 민우회가 가족을 바라보는 관점과 가치에 영향을 준다. 말하자면 민우회 초반의 가족 운동은 가족 내에서의 여성의 정체성인 주부의 역할에 초점을 맞춘 운동이라고 할 만하다. 즉, 주부(주부=여성) 노동의 가치인정 투쟁, 사회주부 대회, 가족법 개정운동, 웃어라 명절, 열린가족 캠페인, 나여기 캠페인 등이 이러한 성격을 지닌다.

그러나 최근으로 올수록 이 운동들은 젠더의 경계를 허무는 운동이 아니라 젠더 경계는 유지하면서 여성들의 차별해소, 권리획득에 불과한 것이 아니었느냐는 반성이 강하게 부각되고 있다. 2000년대 들어오면서 민우회는 그동안 가져왔던 가족의 관점에서 불완전한 부분을 계속하는 한편, 이른바 가족주의에 대한 비판을 포함하여 정상가족 이데올로기 자체에 대한 문제제기를 하며, 또한 젠더와 섹슈얼리티의 정상성을 해체하는 작업, 그리고 젠더의 경계를 허무는 운동을 함께하고 있다.

이런 민우회의 '가족' 운동을 정리함에 있어 이 글은 민우회가 펴온 다양한 운동 이슈들을 그 운동이 달성하고자 한 가치 혹은 목적을 중심으로 분류하고자 한다. 왜냐하면 민우회 가족 운동은 매우 다채로운 것이 사실이지만 추구하는 목적이나 가치에 있어서는 서로 밀접하게 연관되어 있으며, 특히 그것은 두 개의 가치로 압축할 수 있기 때문이다. 하나는 이른바 "공/사 영역을 가로질러 새로운 경계 설정하기"라고 할 수 있고 다른 하나는 가족 내 민주주의의 신장과 "정상가족 이데올로기의 해체"이다.

민우회 가족 운동 20년을 정리하는 이 글은, 민우회의 가족 운동 부문에서 성취하고자 한 두 가치를 중심으로 각 가치에 연관된 개별 사업들을 순차적으로 소개하는 방식으로 정리하고자 한다. 특히 각 사업별로 그것이 나온 맥락과 채택된 운동방식, 그리고 성과를 중점적으로 정리할 것이다. 참고로 이 글에서 자료로 삼은 것은 성명서, 회보, 자료집, 기타 발간물 등의 문헌과 주요 활동가들을 대상으로 한 면접 녹취록이다.[1]

1. 공/사 영역의 경계를 넘어

민우회 여성 운동은 매우 다채로운 듯하지만 목적이나 가치에서는 일관적인 흐름이 있음을 앞서 지적한 바 있다. 여기서는 먼저 공/사 영역 경계 허물기에 해당하는 흐름을 다루고자 한다. 이 흐름에는 가사노동 인정투쟁과 사회주부 운동이 포함될 수 있는데, 이 둘은 모두 사적 영역이라고 하여 평가절하되어 있던 일을 공적인 영역 안으로 끌어들인 의의를 갖고 있다.

---

1) 민우회의 사업과 역사에 대한 인터뷰는 연구자가 준비해간 질문지를 기반으로 2007년 1월 17일 현재 대표인 권미혁, 유경희, 최명숙을 중심으로 이루어졌으며, 처음 초고를 작성한 이후에는 김경희 연구위원장, 그리고 민우회 활동가들이 돌아가며 원고를 읽고 보충해주었음을 밝혀둔다.

1) 가사노동 가치 인정 투쟁

가사노동이라는 말은 요즘은 누구에게나 익숙하지만, 90년대 중반까지만 해도 생소한 말이었다. 1980년대 당시까지 일반적인 생각으로는 가사와 노동은 하나의 단어로 연결시킬 수 없는 모순적인 개념이었으며, 그것은 '가사는 숭고한 희생일 뿐 돈을 받고 하는 계산적인 활동과는 차원이 다르다'는 인식 때문이었다(민우회, 1995). 이러한 인식은 주부들이 집안에서 한 노동에 대해 직접적이든 간접적이든 일절 보상을 하지 않았던 사회 여건을 배경으로 하고 있다. 이 문제 때문에 1990년 가족법 개정에서는 이혼 시 재산형성에 대한 주부들의 기여를 인정하는 재산분할청구권 제도의 도입을 추진하였다.

민우회는 가족법 개정 운동을 통해 주부의 가사노동 가치를 인정하는 재산분할청구권 제도를 도입하는 데 기여했다. 재산분할청구권이 생겨나기 전에는 위자료로 재산의 20~30%를 받는 예가 가장 많았고 맞벌이부부 등 재산형성에 영향을 미친 경우 40~50%까지 위자료가 결정되기도 하였다.

가족법 개정 이후 종전까지 위자료 명목으로 이루어지던 것이 재산분할청구권이 생기면서 이분화되어 재산형성 기여도, 가사노동의 대가, 혼인기간, 이혼 당사자의 취업, 연령, 건강상태 등을 고려한 재산분할이 이루어졌다. 위자료는 정신적인 고통의 배상차원에서만 산정되어 그 액수가 점차 낮아졌다(민우회, 1995). 그러나 부부 간 증여에도 증여세를 적용하는 점 등에서 주부의 노동이 여전히 비가시화되고 있었으며, 특히 사고나 재해 시 손해배상액을 산정할 때 주부는 실직자에 준한 대우를 받는 점 등 개선이 요구되고 있었다.

이에 민우회는 연구모임을 꾸려 적절한 가사노동의 가치평가 방법을 연구했다. 한편 토론회를 통해 가사노동의 가치인정과 여성의 권리와의 관계를 여론화하고, 세법과 민법의 관련 조항의 개선안을 제의하며 이 문제로 손해배상청구를 하는 개인들의 소송을 지원하는 등 실로 다각적인 활동을 펼쳐나갔

정당한 가사노동 가치 인정을 위한 **토론회**(1995)

다. '가사노동 가치 인정 투쟁'은 90년대 초반(90~96년)에 주로 추진되었으며, 가족법 개정운동의 성과를 구체화하는 의미를 지니는 것이었다.

좀 더 구체적으로 보면, 1990년에 "주부의 가사노동 가치평가에 대한 조사"[2]를 실시하였고, 1991년에는 조사를 토대로 재산분할청구권 정착과 가사노동의 가치인정을 촉구하는 공개강연회를 개최하였으며, 관련 판례를 인터넷이나 신문지면을 통해 홍보하는 활동을 병행하였다. 민우회의 이와 같은 노력은 당시 이 문제에 관심을 기울이고 있던 연구자들의 작업과 시너지 효과를 내면서 미디어에서 주부의 가사노동 논의를 활성화시키는 계기를 마련하였다.

민우회는 가사노동의 가치인정을 위한 홍보 활동을 펼치는 한편 관련 분야 전문가들의 도움을 받아 세법 개선안을 제안하고 공론화하는 작업에도 각별한 노력을 기울였다. 그 결과 증여세나 상속세에서 부부 간 공제액 한도를 높이는 세법 개정[3]이 점진적으로 추진되었고 사실상 가사노동에 의한

---

2) 이 조사 결과 1991년에 『주부의 가사노동 가치평가에 대한 조사결과 보고서』가 나왔다. 이 보고서는 당시까지 알려진 가사노동의 가치 산정 방식을 소개하는 한편, 서울시 전업주부 731명의 설문을 통해 방식별 가사노동의 가격을 각기 산출하고 있다.

기여를 화폐가치화한 수준에서의 증여는 면세가 인정되는 성과를 낳았다. 또한 손해보험에서의 '가사노동'에 대한 평가와 관련해서 사고로 주부의 노동력 상실을 경험한 가족을 공모(公募)하여 이들과 함께 판례를 개선하는 운동을 시도하였다.

그러나 뜨거운 관심 속에 추진되어온 가사노동 인정 투쟁은 1996년에 이르러 활력이 떨어졌고 관련 소모임이나 연구모임 활동 역시 소강상태에 접어들었다. 즉, 민우회의 가사노동 가치인정 투쟁은 이 문제의 중요성을 사회에 환기시키는 데는 성공[4]하였으나 '가사노동의 가치'가 개별 가족에 따라 차이가 나고 일률적으로 가격을 매길 만한 기준이 모호한 상태에서 궁극적인 해결을 보지 못한 채 마무리되었다. 다각적인 노력에도 불구하고 개인별 기여의 차를 계산할 기술적 방법이 여전히 불분명했고, 게다가 돈을 지불할 주체가 누구인지 판단하기 어려운 상황에서 간접적인 보상을 모색하는 선에서 더 이상 나아가기가 어려웠기 때문이다.[5]

---

3) 1996년 세법 개정 당시 배우자 간 증여세 공제대상은 기초공제 5천만 원＋결혼연수×5백만 원이었다. 1995년 민우회가 발간한 『정당한 가사노동 가치 인정을 위한 자료집』, 18쪽 참조.

4) 당시 미디어들은 민우회 웹사이트를 통해 모집한 사례를 통해 사고로 다쳐 집안일을 못하게 된 주부와 동일시되는 비교집단인 실업자(이들의 손실 노동력 평가는 일용잡직에 준함)와는 질적으로 다르다는 점을 널리 홍보할 수 있었다.

5) 가사노동 가치인정 투쟁은 방법론적인 한계에 부딪혀 실금액으로 보상받는 데까지 이르지 못한 채 운동이 퇴조하는 국면을 맞이했는데, 이러한 사정은 각국에서 유사하게 경험하는 것이었다. 그러나 이 문제는 그 후에도 반복적으로 재등장하여 여전히 정책의 불씨로 남아 있다. 이를테면 2006년도에는 이계경 의원이 주부들의 가사노동 기여를 소득공제 제도를 통해 되돌려주는 방안을 발의한 바 있다. 또 2007년도 국민연금법 개선안에 이혼 시 분할연금권을 적립하는 방안이 포함되어 있는데, 소득이 없는 배우자의 가사노동을 통한 기여를 간접적으로 인정하는 의미를 부분적으로 가지고 있다는 면에서 가사노동 가치인정 투쟁의 영향은 지속되고 있다고 할 만하다. 게다가 앞으로 연금법을 포함한 각종 사회복지 법안이 개정될 때는 가사노동의 기여가 지닌 가치평가의 이슈가 계속 제기될 것으로 보인다.

이렇게 다채로운 방식으로 수년에 걸쳐 진행된 가사노동 가치인정 투쟁은 우리 사회에 상당한 변화를 불러왔다. 우선 이 운동은 '가사노동은 일이 아니라 여성의 본래적 활동에 불과하다'는 당대의 인식을 바꾸어놓는 계기를 제공하였다는 점에서, 그리고 가사노동을 수행하는 주부들의 사회적 기여를 인정하게 하는 계기가 되었다는 점에서 그 성과를 인정해야 할 것이다. 조금 더 적극적으로 해석하면, 가사노동 가치인정 투쟁은 당대의 공/사 영역 구분의 기준을 재설정한 의미를 지닌다. 왜냐하면 가사노동은 그것이 돈벌이 못지않게 중요한 활동으로서 해도 되고 안 해도 그만인 활동이 아니라는 것을 의미한다는 것이며, 따라서 가사노동 가치인정 투쟁은 '직장활동은 공적인 일, 집안일은 사적인 일'이라는 물리적 공간 중심의 공/사 영역구분 대신, 사회적으로 유익하며 보상이 필요한 활동은 공적인 것이라는 새로운 기준을 제시한 셈이기 때문이다.

90년대 민우회의 운동이 가사노동의 가치를 인정할 것과 그것을 어떻게 보상할 것인가에 초점이 맞춰졌다면 2000년대에는 전혀 다른 관점과 맥락으로 전개되었다. 즉 90년대의 관점이 여성의 권리와 책임(가사노동)을 인정받고 획득하는 것이었다면, 2000년대 들어와서는 가사노동을 포함한 돌봄노동이 여성만의 책임이 아님을 문제제기하는 변화가 있었다는 것이다.

이러한 문제의식의 변화는 2006년 한나라당 이계경 의원이 주부들의 가사노동 기여를 소득공제를 통해 되돌려주는 방식의 내용을 담은 법안을 국회에 상정한 것에 대한 민우회 비판에서 잘 나타나고 있다. 이계경 의원이 발의한 법안은 가부장적 정상가족 내의 여성이 담당하는 가사노동만 보상해주는 발상이며, 정상가족이 아닌 다른 형태로 살아가는 단독, 한부모, 비혈연 공동체 등 많은 여성, 남성이 가사노동을 하고 있는 것을 비가시화하면서 정상가족 중산계층의 여성만을 위한 법안이라는 비판을 제기하였다.

이는 가사노동에 대한 가족 내의 성역할 고정관념 — 여전히 대부분의 가사노동을 여성이 담당하는 현실에 대한 비판, 성별화된 가사노동 — 에 대한 경계를 허물어야 한다는 것을 말하고 있음이었다. 가족구성원 모두가 함께 참여해야 하는 가사노동에 대한 의미부여와 가치인정에 대한 다각적인 해석을 새롭게 해야 할 필요성이 있는 것이다.

2) 끝나지 않은 논의 '부부재산제': 부부공동재산제인가? 부부별산제인가?

가사노동 가치인정 투쟁과 연관된 최근의 쟁점은 부부재산제 논의이며, 이 문제에 대한 민우회의 대응은 가족 이슈를 다루는 민우회의 관점의 변화를 잘 함축한다. 간략히 그 내용을 살펴보면 다음과 같다.

2006년 7월 법무부는 혼인생활 중 취득한 재산에 대해 명의를 갖지 못하는 일방의 재산권 보호 차원에서 주거용 건물에 대한 임의처분 제한, 혼인 중 재산분할, 협의이혼 시 자녀 양육사항 합의 의무화, 이혼숙려기간 도입 등을 내용으로 한 민법 일부개정안을 입법예고했다. 그러면서 '이제 상속재산의 절반은 배우자 몫'이라는 제목의 보도자료를 내고, 상속재산과 관련한 여성배우자의 지위가 강화되었다며 이로써 헌법에 보장된 성 평등이 실현되었다고 홍보하였다. 호주제 폐지를 중심으로 전개되었던 민법개정운동과 다른 차원에서의 민법개정안에 대한 논의를 불러일으키게 된 것이다.

민우회는 개정안이 나오기 전부터 '경솔한 이혼'에의 우려에서 포함된 이혼숙려주의에 대해 명확히 반대 입장을 표명하였다. 그와 더불어 민우회는 개정안 중 부부재산 처분의 제한, 혼인 중 재산분할 조항 신설, 재산균등분할 원칙은 찬성하나 개정 상속분의 실효성 부족과 부부공동재산제의 인정이 필요하다는 논지의 성명서를 타 여성단체(한국여성의전화연합)와 낸 바 있다.

그러나 다른 한편 당시 부부공동재산제만이 대안인가?에 대한 다른 목소리가 나오면서 부부재산제에 대한 민우회 내부 논의가 시작되었다. 그 다른 목소리는 부부공동재산제의 근거인 가사노동 가치를 정당하게 재평가할 필요가 있다는 것, 개정안에서의 가사노동 가치의 강화는 주부로서의 여성을 보호하는 것으로 성역할 분업 모델을 벗어나지 못한다는 것, 여성의 재산권에서 중산층 핵가족 여성이 과잉 대표되고 있음에 대한 문제의식 등이었다. 이런 관점에서 공동재산제가 오히려 여성의 경제권 측면에서 후퇴일 수 있으며, 별산제가 여성의 경제적 독립을 위한 제도라고 보는 시각들이 제기되었다. 재산권의 주체가 부부일 때 노동시장에서의 여성 경제권은 축소될 수 있다는 논리와 그동안 여성의 재산권을 인정하지 않는 우리의 가족문화에 대한 접근이 더 필요하지 않은가라는 물음도 있었다.

이렇게 최근 민우회 내부에서는 재산의 균등분할 원칙의 적정성에 대한 의문과 공동재산제가 성별 분업 논리를 유지한다는 점, 여성 내부의 차이에 대한 고려 없이 중산층 전업주부를 평균여성으로 보고 있음에 대해 문제의식을 제기한다. 그러나 또한 다른 한편으로는 남편 명의의 재산권 행사가 당연한 문화에서 배제되어 있는 여성들의 재산권 보장이라는 차원에서의 부부공동재산제에 대한 입장이 역시 존재한다. 그런가 하면 여성 내부의 차이 배제, 성별분업을 유지시키는 등 공동재산제의 문제점에 대한 반론으로서의 독립된 경제권 보장 차원에서의 별산제의 목소리도 있다. 민우회 내 부부재산제 논의는 현재진행형이다.

3) '사회주부 운동': 여성의 사회적 역할을 높여라!

민우회가 90년대 중반까지 펼친 운동이 가사노동 가치인정 투쟁이라고 한다면, 그 후 90년대 후반(96~98년) 동안 민우회가 주력한 또 하나의 운동이 '사회주부 운동'이다. 96년에 시작된 사회주부 운동은 '공/사 경계 허물기'라는 문제의식에서 보면 가사노동 가치인정 투쟁 이상으로 과감하고 혁신적인 운동이었다. 이 운동은 가정 내 역할을 담당하고 있는 대다수 여성들의 기여와 잠재력을 평가하고 최대화하자는 문제의식에서 시작되었으며, 궁극적으로 살림살이를 하는 손으로 사회의 살림살이를 하자는 매우 혁신적인 아이디

제1회 사회주부대회(1997)

어를 담고 있었다. 따라서 이 운동은 주부를 한 가정의 재생산자로 한계 지우는 사회적 담론 및 일상적 인식에 대한 근본적인 문제제기로 볼 수 있다. 비록 이 운동은 97년 제1차 '사회주부대회'를 개최한 뒤 더 이상 나아가지 못했지만, 그 발상만큼은 공사의 경계를 넘어서는 새로운 가치 창출을 함의한 다고 볼 만하다.

'사회주부'라는 용어가 나온 배경을 보면, 이 운동은 인구의 다수를 차지하 는 주부들의 역할이 가정 내에 머물 수 없음을 선언적으로 알리고자 하는 의도를 담고 있었다. 즉 사회주부라는 표현에는 사회적인 의미에서의 주부 역할을 하고 있거나 또는 할 수 있다는 의미를 담고 있다. 그만큼 이 캠페인은 주부들이 살림에서 익힌 다양한 생활기술들을 자신이 몸담아 살아가고 있는 지역사회의 발전에 끌어들임으로써 여성의 경제활동참가율이 급속히 높아지 지 않는 노동시장 구조하의 현실에서도, 여성의 공적 참여가 가능하다고 본 이상(理想)에서 출발한다.[6] 이 운동은 그림자로 머물러 있는 주부들의 존재 위치를 대사회적으로 드러낸다는 취지에서 사회주부의 직함을 단 명함 을 제작하기도 하고, 사회주부의 모델을 발굴하여 '사회주부상'을 수여하는

---

6) 이경숙, 「주부운동」, 『한국여성민우회 10년사 자료집』(1997).

등의 활동을 펼쳐나갔다.

그러나 여성의 사회민주화와 정치참여의 촉진을 위해 출범한 이 운동은 주부의 사회적 위상을 재평가하자는 것인지, 아니면 주부들의 대사회적 역할을 확대하자는 것인지 그 의미가 불분명하게 받아들여지면서 더 이상 진전을 보지 못하고 단명한 캠페인이었다. 그럼에도 이 캠페인에서 사용된 사회주부라는 말 자체는 주부들의 사회적 역할에 대한 비전에 영감을 제공하는 차원에서 지금까지도 여전히 회자되는 용어이다. 또한 여성의 대사회적 기여를 적절히 평가해야 한다는 문제의식에서 함께 추진된 '여성의 국민연금권 확보 방안' 토론회와 같은 활동은 여성의 돌봄노동에 대한 사회적 인정과 보상이라는 차원에서 여전히 중요한 의제로 남아 있다. 이 운동은 사적 영역에 존재 위치가 주어지던 주부를 사회적 공간에 자리매김하려는 시도로서 여성-주부의 역할 확장을 통해 기존의 공/사 구분을 해체하는 의미를 지니는 매우 독특한 운동이다.

2. 가족의 민주화와 정상가족 이데올로기의 해체

민우회가 지난 20년 동안 펼쳐온 사업을 가족 이슈를 중심으로 종합해보면, 앞서 살핀 공/사 경계 허물기보다 더 큰 줄거리를 이루는 것이 의식과 관행에서 가부장적이고 권위주의적인 요소를 철폐하는 것이었다. 이른바 가족의 민주화와 정상가족 이데올로기의 해체이다. 이 흐름에 속한 운동 중에는 가족법 개정 운동과 같이 법제도적인 개선을 위한 것을 제외한 대부분의 활동은 가족생활을 조율하는 종래의 관습과 규범, 그리고 일상적인 관행과 태도의 변화를 목적으로 하는 것이었다. 대표적인 사업을 중심으로 시기적으로 점차 발전해가는 민우회 운동의 흐름을 따라가보기로 한다.

1) 불평등한 가족관계의 제도적 틀을 깨라! : 가족법 개정운동에서 호주제 폐지까지

민우회의 가족법 개정운동은 크게 두 시기에 걸쳐 나누어 진행되었다. 하나는 1990년 가족법 개정으로 결실을 맺은 가족법 개정운동이며, 다른 하나는 1990년대 말부터 최근까지 진행된 '호주제폐지 운동'과 관련법 개정 운동이다. 먼저 3차 가족법 개정 운동부터 살펴보면, 이 운동은 70, 80년대를 관통하여 한국의 여성운동 세력이 가장 역점을 두어 추진해온 대표적인 연대 운동으로서 민주화 및 평등이라는 근대적 가치를 가족 안으로 체화해넣기 위한 운동의 의미를 지닌다.

좀 더 구체적으로 보면, 1989년 법 여성운동 진영이 힘을 합하여 가족법 개정을 위한 연대모임을 꾸렸는데, 이때 민우회는 주부분과 안에 '가족법개정 특별위원회'를 두어 이에 참여하였다. 한국의 가족법은 70년대, 80년대를 거치면서 크고 작은 여러 번의 개정을 거쳤지만, 헌법이 정한 법 앞의 평등에 위배되는 조항[7]을 가지고 있었다. 당시 여성운동 진영은 부부 간의 불평등한 역할배분 및 위계적인 관계를 법이 지지하고 있다는 데 인식을 함께하면서 힘을 합하였는데 특히 YWCA 및 여성법률가들, 그밖의 여성운동단체들이 함께 연대투쟁을 전개해나갔다. 이것이 결실을 이루어 1989년 정기국회 심의를 거쳐 1990년 새롭게 탄생한 것이 이른바 '3차 가족법 개정'[8]이다.

---

7) 해방 이후 제정된 민법 내 가족관계 조항은 1977년 제2차 개정 때까지도 친족관계의 범위는 부계와 모계 혈족 간에 차등적이었으며 여성의 입장에서 계모자 관계는 법률상 친자관계와 동등한 지위를 갖게 하면서 남편에게 아내의 혼외자녀는 동거인에 불과한 것으로 규정하고 있는 등 명백하게 가부장적이었으며, 그와 같은 남녀차별적인 조항이 개정된 것은 1990년에 발효된 3차 가족법 개정을 통해서이다. 『새여성학 강의』. 354쪽.
8) 여기서 3차 개정이라고 말하는 것은 당시까지 가족관련 법의 손질이 3번에 불과했다는 것은 아니다. 가족관련 법은 여러 민법 조항에 흩어져 있으며, 크고 작은 손질도 여러 번 있어왔다. 다만 그 가운데 여성의 지위와 관련해 특히 중요한 것은 3차례로 나눌

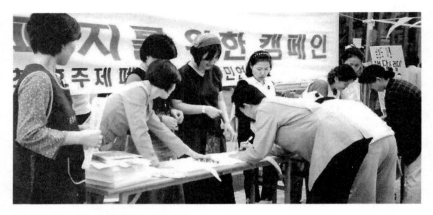

호주제폐지를 위한 캠페인(군포여성민우회)

1990년 개정 가족법은 특히 호주의 권한과 의무를 제거하여 가(家)의 입적에 관한 권한을 제외한 나머지를 전부 제거하고, 이혼 시 재산분할청구권을 신설하여 아내의 가사노동 기여를 산정할 수 있는 길을 열어놓는 한편, 상속에 있어서도 기여분 제도를 신설하여 실질적으로 함께 살면서 고생한 자녀 및 배우자의 기여를 인정하게 한 점 등에서 가족 내 남녀불평등을 획기적으로 개선한 것으로 평가된다(윤근섭 외, 1995). 그러나 1990년 개정법은 여전히 혼인한 부부가 새로운 가로 분가해나갈 때 그 호주가 자동으로 남편이 되게 하는 것은 물론, 남편의 성을 출생한 자녀가 계승하는 호적제도를 변경하지 못함으로써 가족법 안에서의 남녀불평등을 완전히 제거하지 못하였다.

1990년의 가족법 개정의 불완전성이 낳은 문제, 즉 한국 가족법 안에 있는 몇몇 요소들[즉 부성계승 원칙 및 남성 중심의 관계정리, 그리고 법률적 가(家)의 주인으로서 남성을 가정한 점]이 여전히 잔존되어 있는 현실로 인해 1990년대 말 가족법은 다시 한번 운동의 구심점으로 떠오르게 된다. 바로 '호주제폐지

수 있으며, 1989년 발의되어 1990년 발효된 개정은 일반적으로 3차 가족법 개정으로 부른다.

운동'이었다. 이 시기 국내외 인권 전문가들은, 가족법이 가족 안의 남녀(즉 부부)가 서로 다른 권리를 갖는 것으로 규정하는 일종의 신분차별을 담고 있으며, 그런 점에서 헌법정신에 위배된다는 점을 활발히 알려내기 시작하였다. 여론의 형성과 함께 이 문제가 사회적 관심을 끌 만한 사회적 여건 또한 급속히 조성되었다. 이른바 IMF사태 이후 한국 사회의 이혼율은 급속히 높아졌고, 한 가족 안의 이성(異姓)집합으로 인한 사회적 차별 등이 주목을 끌게 되었던 것이다.

가족법 내 모순 조항에 관심을 가진 단체나 개인들이 많아지면서 호주제 폐지운동은 급물살을 타게 되었고, 많은 운동집단이 자연스럽게 호응하면서 당대의 대표적인 연대 운동으로 발전하였다. 90년대 말 민우회는 '호주제 폐지를 위한 거리 서명운동'을 비롯한 '호주제 폐지 캠페인'을 전국적으로 진행하였고, 한국여성단체연합 등과 함께 '호주제 폐지를 위한 시민의 모임'(일명 호폐모)에 참여하였다.

민우회는 초기에는 호주제 폐지운동을 이끄는 대표적인 단체였고, 그 후 호폐모 등 이 이슈만 전담하는 운동단체가 발족되고 또한 여성연합에서 매년 핵심사업 주제로 호주제 폐지를 선정하면서 전국의 가입단체와 연대활동을 통한 공조운동을 하게 되었다. 유림(儒林)을 포함한 보수세력의 반대에 막혀 수차례 호주제 폐지 민법 개정 법안은 국회상정의 뜻을 이루지 못하였다. 그러다 2005년 3월, 드디어 호주제 폐지라는 역사적 성과를 이루어내었다.

한편 호주제 폐지안의 국회통과는 또 다른 과제를 남겼다. 그것은 호주제를 대신할 새로운 신분등록제도를 어떠한 형태로 만드느냐의 문제였다. 민우회는 호주제 폐지 논의가 확산되기 시작할 때부터 새로운 신분등록제도가 도입되어야 호주제 폐지를 완료할 수 있다는 생각을 갖고 있었다. 이 같은 관심은 '개인별신분등록제실현을위한공동연대'의 활동으로 나타났고 호주제가 폐지된 후에는 '목적별신분등록법제정을위한공동행동'(이하 목적별공동행동)[9] 연대체에 적극적으로 참여하게 되었다.

목적별공동행동이 주장하는 새로운 신분등록제도는 개인의 신분사항을 목적별(출생, 혼인, 사망 등)로 나누어 증명하자는 것이다. 공동행동에서는 이러한 내용을 담은 '출생·혼인·사망 등의 신고와 증명에 관한 법률안'[10]을 민주노동당의 노회찬 의원과 함께 발의하였다. 여성 및 인권, 정보인권관련 시민사회운동단체들이 중심이 된 이 연대활동들은 새로운 신분등록제도의 탄생을 저지하려는 보수적인 사회세력의 압력으로부터 새 신분등록제도의 탄생을 지켜내는 파수꾼 역할을 수행하였다. 그 결과 2007년 4월 드디어 '가족관계의 등록 등에 관한 법률'이 제정되었다.[11]

---

9) '목적별신분등록법제정을위한공동행동'은 2004년 6월 처음으로 '목적별공부안'을 주장하며 호적법 개정 활동에 주력해온 '목적별신분등록제실현연대'가 호주제 폐지를 기점으로 더욱 많은 단체 및 모임들과 함께하고자 새롭게 정비한 연대체이다. 민우회는 2005년 7월부터 활동하였다.

10) 새로운 신분등록제 마련을 위해 3개의 호적법 대체 법안(목적별공동행동·민주노동당 노회찬 의원 법안, 열린우리당 이경숙 의원 법안, 법무부 법안)이 발의되었으나 최종적으로 국회법사위에서 3가지 법안을 조정하여 '가족관계의등록등의법률안'이 통과되었다.

11) 이 법의 제정으로 호적을 대체하는 새로운 신분등록제도를 마련하고 실질적으로 호주제를 폐지하는 의의를 가져왔을 뿐만 아니라 몇 가지 면에서는 그동안 새 신분등록제도 도입을 위해 애써온 시민사회운동단체들의 노력도 결실을 맺은 면이 있다. 즉, 개인의 신분상 기록을 동일한 한 장의 기록물에 모두 포함시켜 불필요하게 많은 개인의 정보를 노출하는 과거의 신분등록제도와는 달리 가족증명, 기본증명, 혼인증명, 입양증명 등 용도에 따라 목적별 증명서를 발급받게 함으로써 개인의 프라이버시를 보호하고, 종전의 주민등록등본 등에서 볼 수 있는 것과 같이 초혼 핵가족 이외의 가족이 뭔가 비정상적이거나 결핍된 가족으로 비치게 하는 요소도 사라진 것이 사실이다. 그러나 그럼에도 불구하고 그동안 이 법안의 입법을 준비하고 추진해온 시민사회운동단체들은 여전히 이 법의 정신과 운용에 우려를 표명하고 있다. 즉, 이 법은 그동안 활동해온 연대단체들의 요구를 외면한 채 법의 명칭에 가족관계라는 용어를 그대로 사용하며 호주의 본적을 기재하는 난을 여전히 잔류시키는 등 개인의 신분에서 일차적으로 중요한 요소가 가족관계라는 인식을 벗어나지 못하고 있다는 것이다. 이러한 점은 각 사용기관들이 개인의 신분변동 정보를 불필요하게 요구하지 않는 등의 양식 있는 운용을 하는 데도 걸림돌로 작용할 것으로 보여 우려를 낳고 있다.

민우회는 1990년 가족법 개정은 물론이고 호주제 폐지 운동에 꾸준한 관심을 가지고 참여했다. 특히 남녀의 차별적인 가족 지위를 변화시키려는 활동을 가장 지속적으로 해온 단체라고 할 수 있다. 이러한 법 개정 및 폐지 운동은 성 평등한 가족 규범의 법적 토대를 마련하는 의미는 물론 비민주적이고 위계적인 가족관계에 대한 문제의식을 환기시킴으로써 가족 내 민주화를 촉진하는 역할을 수행하였다는 점에서 그 의의를 평가할 수 있다.

2) 가부장적 가족 문화 비판의 발원지 : '열린 가족 캠페인'

가족법 개정운동이 가부장적 남녀관계를 해소하기 위한 법제도적인 개혁 운동이라면, 민우회 여성운동의 더 큰 줄거리는 생활 속에 뿌리박힌 일상의 차별을 바꾸어내는 데 주력한 운동이라고 볼 수 있다. 민우회가 의식이나 문화 차원의 개선 노력을 처음 시작한 것은 90년대 초반이다. 1990년 숙원사 업이던 가족법 개정이 이루어지면서, 실제 가족생활에서는 남녀차별과 성분 업적인 질서, 남계존중의 풍토가 좀처럼 사라지지 않았다는 문제의식이 자연 스럽게 제기되었다. 이것이 바로 '열린 가족 캠페인'을 하게 된 배경이다.

처음 열린 가족 캠페인이 출발한 것은 '92년 서울 동북지부의 창립과 거의 때를 같이한다. 민우회는 지부의 창립을 시발점으로 지역여성의 문제를 운동 으로 연결시키려 하였고 그 중에서 '가족' 관련한 활동으로 열린 가족 캠페인 이 시도되었던 것이다. 처음으로 지부 조직이 생긴 후 지역여성들은 스스로 자기가 살고 있는 그 세상을 바꾸어보고자 하였다. 이때 자연스럽게 초점을 맞춘 것이 가족 내 권위주의, 부계 중심적 일상생활, 여아차별 같은 가족 문제들이었다. 가족 내 비민주성 문제를 해결하는 운동을 하자는 주장은 폭넓은 공감을 얻었고, 곧 실천 사업으로 연결되었다. 이것이 동북지부에서 94년 처음 열린 '열린가족이야기한마당' 행사의 배경이다.

또한 보건복지부의 지원을 받아 세계 가정의 해 기념행사로 기획된 '가족

열린 가족·열린 음악회
(한국여성민우회 노원, 도봉지회)

실태 조사'를 실시하였는데, 이 설문에는 가족 구성원이 서로 각기 어떤 역할을 기대하고 또 어떤 불만이 있는지를 알아보는 내용을 담고 있었다. 이 실태조사를 토대로 민우회는 가족성원 간 민주적이고 열린 관계에 대한 공감대를 확산하고 의식변화를 지향하는 운동을 하게 되었다. 그것은 바로 지역의 '열린가족이야기한마당' 사업을 본부 차원에서 확장하여 추진하는 것이었다. 이 행사에서는 가족체험 수기를 발표하는가 하면,

부부 24계명을 작성하여 함께 나눔으로써 평등하고 민주적인 가족관계에 대해 되돌아보는 기회를 마련하였고 좋은 반응을 이끌어냈다.

'열린가족이야기한마당' 행사는 94년부터 2000년까지 민우회에서 동일한 타이틀로 진행되었다. 이 사업은 95년에 민우회 가족과성상담소 개소를 계기로 좀 더 확장되었으며, 가족관계 문제들에 대해서도 보다 구체적인 해결책을 내놓고자 시도하였다. 예를 들어 부모-자녀 관계, 부부관계 등 가족 관계별로 초점을 맞추어 집중 조명을 한다거나 이와 관련한 지침서를 제작하는 등 다양한 사업을 만들어나갔다. 특히 맞벌이 부부의 문제는 민우회 내의 다른 부서인 여성노동센터가 주관하였는데, 이를테면 '맞벌이 부부 십계명'이라든가 가사노동분담수첩을 제작하여 직장여성의 가족들이 지침서로 사용하게끔 지원하였다.

한편 민우회가 지속적으로 관심을 가지고 추진한 또 하나의 사업은 '새로운 혼례문화의 정착'이었다. 96년에는 평등한 혼례문화 정착을 위한 각종 공청회 개최, 올바른 혼례정보를 담은 알림책자의 제작과 배포, 그리고 예비

신랑신부학교 운영 등을 통해 불합리하고 가부장적인 가족생활을 바꿔나가기 위해 힘썼다.

'열린가족이야기한마당'을 통한 열린 가족 캠페인은 성차별적·비민주적·권위주의적·가부장적 가족문화를 비판하는 새로운 대안언어들의 발원지가 되었고, 개별 가정에서 민주적인 가족관계를 시도하고 실천하는 밑거름이 되었다. 열린 가족 캠페인의 주요 내용은 이후 대안가족 캠페인이나 한부모 사업, 그리고 건강가정기본법 개정 운동까지 일관되게 이어져 이른바 정상가족 이데올로기 해체운동의 뿌리가 되었다.

3) 여성의 일상체험에서 나온 여성운동: '나여기' 캠페인과 '웃어라, 명절!'

99년도에 진행된 '나의 여성차별 드러내기, 21세기 평등세우기' 캠페인(이하 '나여기 캠페인')은 여성 '개인'이 직·간접적으로 일상생활에서 경험했던 차별을 드러내고, 법과 제도상의 평등이 아닌 생활 속의 평등을 뿌리내리게 하기 위한 실천방안을 모색하는 과정이었다. 그 해 실시한 '나여기' 차별사례 조사는, 여성차별로 생각되는 경험을 공간별(가정, 학교, 직장, 미디어, 관공서 등)로 기록하게 한 뒤 이를 취합하여 유형별로 분류하고 집계하는 방식으로 진행되었다. 이 조사는 성차별 관행이 광범위하고 뿌리 깊다는 것을 다시 한번 확인시켜준 계기였을 뿐 아니라 조사 후 대대적인 캠페인을 펼치는 기반을 제공해주었다. 이 캠페인은 생활 속에 청산되지 않고 있는 다양한 성차별을 조목조목 드러냄으로써 문제를 공론화하는 데 결정적인 단서를 제공해주었다.

'나여기' 차별사례 조사를 통해 여성들의 인식과 처지를 생생하게 느낄 수 있었던 경험은 놀랍고 인상적이었다. 특히 여성들이 말한 차별사례 2천여 건 중 가장 많은 것이 바로 '명절, 제사상의 성차별'이었다. 즉, 제사나 명절 같은 유교적 가족의례에서 나타나는 여성들의 소외 및 중압적인 가사노동의

21세기에 버려야 할 11가지 성차별(1999년도 순위)
1위 : 명절, 제사상의 성차별 "명절, 여자에겐 중노동, 남자에겐 쉬는 날"
2위 : 양육상의 성차별 "아들 하나 열 딸 안 부럽다"
3위 : 학교, 직장, 공공장소에서의 성희롱 "여자의 NO는 YES"
4위 : 도로상의 성차별 "집에서 애나 보지, 여자가 웬 운전?"
5위 : 수업내용상의 성차별 "여자가 공부는 뭐하러 해? 시집만 잘 가면 되지"
6위 : 커피, 카피, 잔심부름 "미스 김, 커피 한잔"
7위 : 모집과 채용상의 성차별 "이왕이면 날씬하고 어려야"
8위 : 선정적 광고 "벗길수록 잘 팔린다"
9위 : 생활관습상의 금기와 터부 "여자가 아침부터 재수없게"
10위 : 신용상의 성차별 "남편의 보증이 필요해요"
11위 : 성차별적 민원태도 "아줌마, 등본 나왔어요"

고통을 가장 많이 호소하였다.

　이 같은 결과는 민우회 활동가들도 예상치 못했던 것이었고 이 결과를 바탕으로 그해 9월 추석에 '명절과의 평등한 만남－웃어라, 명절! 캠페인'이 시작되었다. 이후 민우회는 수년간(1999~2003년) '웃어라, 명절!'이라는 슬로건하에 명절과 제사의 문제를 사회적으로 공론화하고 대안적인 명절문화를 만들기 위한 캠페인을 대대적으로 벌여나갔고 가히 폭발적인 격려와 호응을 사회로부터 받게 되었다.

　'웃어라, 명절!' 캠페인의 대표적인 내용을 꼽아보면, '좋은 명절 만드는 다섯 가지 방법', '남자도 명절을 바꾸고 싶다', '함께 일하고 함께 쉬는 신나는 명절', '추석엔 평등을 챙기세요!' 등이었다. 초기에는 가부장적, 혈연 중심의 관습과 전례에 대한 문제제기 즉, 여성에게 집약되는 명절노동과 제사에서의

대학로 마로니에 광장에서
열린 '나여기 캠페인'(1999)

성차별, 여성을 금기시하는 문화를 바꾸기 위한 내용들이었다. 이후 명절 캠페인은 혈연, 가족관계라는 울타리를 넘고 '다양성'과 '열림', 환경과 이웃을 생각하자는 대중 캠페인으로 확산되었다.

'웃어라, 명절!' 캠페인은 그동안 전통과 관습이라는 미명하에 명절에서 겪는 억울함과 고통을 속내로 감춰야 했던 여성들과 남성들에게 생각과 경험을 말할 수 있는 시대적 전환점을 마련하였다. 다양한 여성들이 겪는 명절 경험담을 '수다' 형식으로 풀어낸 수다카페, 명절 시기를 전후하여 명절이 변화해야 할 필요성을 알려내는 토론회 등을 개최하였다.

과거 조상들이 명절을 어떻게 쇠었는가에 대한 문헌조사를 통해 현재의 명절문화가 100년도 채 되지 않는 것임을 알려냄으로써 전통과 관습을 시대적 흐름에 맞게 재창조하는 것이 당대를 살아가는 이들의 몫이라는 것을 이야기하였다.[12] 그뿐 아니라 해마다 명절이면, 고속도로 톨게이트 주변이나

---

12) 명절은 좋은 시절을 말하는 것이다. 조선시대 이래 4대 명절 중 보름과 단오는 자연공동체적인 성격의 놀이를, 설과 추석은 조상숭배의 혈연공동체적인 성격을 띠었다. 그러나 18세기 기록에 의하면 설이나 추석에 세배나 성묘는 했지만, 차례를 지냈다는 기록은 없다. 또한 차례(茶禮)는 말 그대로 차(茶)를 올리는 예식이었다고 한다. 그리고 19세기에 들어서야 '사당에 제사를 지냈다'는 기록이 나오고 이 또한 '서울'의 풍속이

서울역 광장에서 있었던
웃어라, 명절! 캠페인 '추석엔
평등을 챙기세요!'(2003)

역 대합실 인근에서 평등하고 즐거운 명절을 만드는 지침서를 제작, 배포하고 설치물을 게시하여 귀성객들이 함께 생각해보는 계기를 제공하였다.

또한 민우회 웹사이트 안에 전용 사이트를 개설하여 평등하고 즐거운 명절을 보내기 위한 지침서, 세계 각국의 명절풍경, 다양한 이들의 명절에 관한 생각들, 평등 명절을 보내는 갖가지 실천사례들, 온가족이 즐길 수 있는 명절놀이 등 생활 속의 변화와 실천을 유도하였다.

명절 때마다 민우회의 캠페인은 신문과 방송사들의 단골 메뉴다. 취재와 인터뷰가 쇄도했고 민우회도 미디어에서 활용할 만한 자료를 제공하여 대중매체(특히 방송사)가 이 캠페인에 적극 동참하도록 분위기를 만들어나갔다. 명절의 변화 필요성에 대한 근거와 설문조사 자료를 비롯해 평등한 명절을 위한 실천사례, 명사들의 명절체험수기 등을 모았다. 뿐만 아니라 한부모 등 혈연을 뛰어넘은 새로운 가족공동체의 명절사례도 제시하였다.

었다고 확실하게 밝혀져 있다. 즉, 명절에 차례가 포함된 것은 조선시대 후대의 일이었고 처음에는 서울만의 풍속이었다고 볼 수 있다. 이런 차례가 명절의 중요행사가 되고 전국적인 행사로 정착한 것은 개항 이후 근·현대의 일로 보아야 한다(『2002 웃어라, 명절! 지침서』). 참고자료:『21세기 명절문화의 새로운 패러다임을 위하여』 이순구 - '새롭게 만나는 역사 속의 명절이야기'(한국여성민우회 2001).

바 뀐 명 절 을 찾 아 라

웃어라 명절 지침서, 『2003 웃어라, 명절! - 4년간의 이야기』의 내용 일부

　명절캠페인의 결과 제사와 차례문화에 대한 변화가 일기 시작했다. 명절노동을 함께 나누려는 가정이 많았으며, 그렇지 못한 경우에도 최소한 문제제기가 받아들여지는 분위기가 만들어졌다. 그리고 이 같은 변화에는 한국 가족의 관습적 문화를 변화시키려는 민우회의 노력이 기여한 것으로 평가되었다.

　이 캠페인만으로 제사나 명절 문화를 혁신할 정도의 변화를 끌어내기는 어려웠다. 그러나 변화된 시대에 현재와 같은 제사 방식과 그 문화에 대한 불만이 굉장히 높다는 것은 확인되었다. 예를 들어 명절의 가사노동은 여전히 여성에게 집중되어 있다. 그밖에 명절을 둘러싼 문화적 정체는 계속 지속적으로 풀어야 할 과제이며 따라서 앞으로 현실에서 어떻게 실천할 것인가에 대한 지속적 논의가 이루어져야 할 것이다.

4) 단독비행이 가능한 사회적 분위기를 향하여: 한부모 사업

한부모 사업은 민우회 20년사 안에서도 독특한 위상을 차지한다. 별도의 장에서 독립적으로 다루고 있으므로 가족 이슈 운동사를 기술하는 이 글에서는 간략하게 기술한다. 이 사업은 94년 열린 가족 캠페인에서 발원하여 97년부터 출발, 2004년 '한부모가족지원네트워크' 발족까지 10여 년에 걸쳐 지속적인 운동을 펼쳐왔다. 운동방식에 있어서도 가능한 모든 방식이 활용되었고, 매년 펼친 세부사업의 가짓수[13]가 민우회 운동 중 가장 방대한 규모일 정도로 그 비중이 컸다. 한부모 운동으로 통칭되는 사업이 처음 시작된 것은 '열린가족이야기한마당'에서 편부모 가족에 대한 차별에 대한 문제제기가 나오면서부터이다. 민우회는 95년 운동의 대중화를 지향하며 가족과성상담소를 설립[14]하였는데, 상담소를 통해 접수된 가족생활의 어려움들 중 이혼에 대한 고민이 가장 많았고, 자연스레 이혼 한부모의 자립 가능성을 모색하는 것에 대한 관심이 높아졌던 데서 이 사업이 출발한다.

자료를 통해 볼 때 초기에는 편부모라는 명칭을 그대로 사용하다가 99년을 기점으로 한부모라는 용어가 새롭게 등장함을 볼 수 있다. 그러니까 이때를 계기로 한부모 사업은 본격적인 궤도에 올랐던 것으로 평가된다. 그렇지만 사업이 본격적으로 추진되기 시작한 것은 97년경부터인데, 한부모 지원을

---

13) 민우회 발간 자료 목록에 따르면, 한부모 관련 사업은 자료집만 총 15권에 이른다. 자료집은 한부모가족에게 유익한 정보를 담은 지침서들을 포함하여, 한부모 본인 및 한부모가족 자녀가 이용할 수 있는 가이드북들이 포함되며, 그 중 어떤 것들은 서점 판매용으로 재정비하여 일반인들이 이용할 수 있게 제작되기도 하였다. 이런 규모는 개별 사업 기준으로 민우회 20년사에서 가장 큰 규모 중 하나였다.

14) 민우회 활동가들의 증언에 따르면, 가족과성상담소가 대중적으로 생활문제에 접근한다는 것은 두 가지 의미를 지닌다고 한다. 첫째는 개별 가정에서 일어나는 매일매일의 고통에 공감하고 지원한다는 의미이고, 둘째는 회원들이 상담원이라는 이름으로 민우회 사업에 결합하여 동참할 수 있는 장을 만들 수 있다는 의미이다.

위한 각종 제도적 개선에 관한 토론회를 개최하는 한편, 한부모들의 자조모임을 구성하여 각종 지원제도에 대한 정보제공부터 원하는 사람들에게 개별 상담을 주선하기까지 다양한 지원을 이때부터 하기 시작했다. 그 후 좀 더 체계적으로 한부모들의 생활실태를 밝히기 위한 경험적 조사 사업을 실시했고 그 기반 위에서 한부모의 지원 사업을 펼치는 한편 국가를 향해 필요한 입법을 촉구하기도 하였다. 또한 심리상담가, 변호사, 세무사 등 각 분야의 전문가들의 지원 상담, '복지위원회'라는 명칭의 연구자 집단을 꾸려서 한부모 사업에 외부 전문가의 도움을 체계적으로 결합하는 제도적인 장치를 갖추었다.

한부모 사업은 다채로운 운동방법을 사용하여 생활 속의 세부적인 문제까지 해결책을 제안하는 역동적인 운동을 펼쳤다. 한부모 본인들의 자조모임 지원(1997~2002년)은 물론 그들을 위한 숙박 교육 및 어린이 캠프 개최(2000년), 이들을 위한 자조지침서 발간(1998~2002년), 한부모들의 기살리기 한마당 개최(1999년), 한부모 자녀가 다니기 좋은 학교 환경에 관한 연구 심포지엄 개최(2002) 등 이루 말할 수 없이 많은 사업을 통해 한부모의 삶에 장애가 되는 모든 분야의 걸림돌을 문제제기하고 해결책을 제시하였다.

10여 년에 걸친 운동을 통해 이루어낸 사회적 변화는 실로 괄목할 만한 것이었다. 편부모라는 이름으로 낙인의 대상이었던 가족형태가 이제는 다양한 가족형태 중 하나로 당당히 자리매김하게 된 것으로 보인다. 이러한 사회적 인식의 변화는 2007년 4대 공중파 방송사들이 일제히 한부모가족을 소재로 한 드라마를 편성하였으며, 그들을 매우 긍정적인 시선에서 다루고 있는 데서 여실히 드러난다. 이 같은 변화의 이면에는 무엇보다 민우회의 지속적인 의식변화 캠페인과 지원 사업의 효과가 자리 잡고 있음을 평가할 필요가 있다. 특히 한부모라는 용어가 이제는 교과서도 따라할 만큼 일상용어가 되었지만 이 용어를 고안한 주체가 바로 민우회이고, 더 중요한 것은 이 운동을 펼친 방식이었다. 실제로 도움이 필요한 한부모 당사자들과 민우회의 헌신적인 활동가들, 그리고 외부 전문가들이 하나의 운동 단위로 결합한 운동의 형태는 한국의 긴 여성운동 역사 가운데서도 매우 이례적이고 귀한 것으로 마땅히 그 의의가 평가될 필요가 있다.

5) 정상가족 이데올로기를 해체하라:
건강가정기본법 개정운동과 대안가족 캠페인

2004년 이후 민우회가 펼친 가족관련 운동은 '정상가족 이데올로기의 해체'라는 하나의 키워드로 요약될 수 있다. 건강가정기본법 개정운동 및 '대안가족 캠페인'이 대표적인데, 이 둘은 다 같이 '가족'이라는 호명 아래 이미 내재되어 있는 특정한 이데올로기 자체를 문제 삼았다는 점에서 민우회 가족 운동의 관점의 전환을 담고 있다. 열린 가족 캠페인부터 한부모 사업까지 민우회가 관심을 가졌던 것이 가족 안의 차별과 억압이었다면, 2003년경을 기점으로 운동 방향을 전환하였던 것이다. 말하자면 민우회는 이 시기를 전후하여 '가족'은 그 자체로 문제시해야 할 일종의 실천이며 담론이라는 데 초점을 맞추기 시작하였다. 이러한 가족 운동의 방향전환은 2003년 12월의 '건강가정기본법'의 입법과 뚜렷한 연관이 있다고 보고 좀 상세하게 기술하고자 한다.

이른바 '건강가정기본법'은 한국 최초로 만들어진 가족을 지원하는 법으로 21세기 초반 한국 사회의 특정한 분위기가 반영되어 있다. 즉, 건강가정기본법의 배경에는 1998년의 IMF사태 이후의 이른바 '가족의 위기' 혹은 '가족해체' 담론의 팽창이 자리 잡고 있다. 2000년 초반 한국 사회는 급속한 이혼율 증가와 출산율 저하, 신용카드부채로 인한 가정파탄 등의 현상이 맞물려 가족의 몰락에 대한 집단적인 위기의식이 생겨났다. 이 같은 사회적 분위기 속에서 가족을 '보호'하고자 하는 다양한 실천과 담론이 흘러넘치게 되었다. 말하자면 이 시기 한국 사회는 그때까지 별다른 의문 없이 개인과 사회를 보호하는 든든한 정박지처럼 여겼던 가족이 '잘 보호하지 않으면 멸종할 천연기념물'과도 같은 위치로 이동되었음을 새롭게 보기 시작하였던 것이다. 그런 분위기 속에서 가족 유지의 어려움에 대한 국가의 지원 책무를 명시한 입법이 통과되었고, 그것이 '건강가정기본법'이었다.

그러나 이 법은 문제를 안고 있었다. 즉, 국가가 가족의 문제에 개입할 때 일정한 선이해(先理解)를 가질 수 있으며, 따라서 법 집행에서 '이러이러한 가정(家庭)이 정상적이고 건강한 가정'이라는 통념적인 가정(假定)이 개입할 여지가 있다는 사실을 너무 가볍게 다루었던 것이다. 말하자면 국가 행위에 묻어나는 선입견을 차단할 안전장치가 필요한데 이 법에서는 그에 대한 고려가 별로 없었다. 이에 입법을 주도한 세력을 제외한 여러 사회단체들은 법이 제정되자마자 전면 개정 혹은 부분 개정을 놓고 격론을 벌이게 되었다. 그 속에서 민우회는 건강가정기본법의 취지에 반대하는 입장을 천명하는 한편, 건강가정지원센터를 중심으로 특정한 가족지원 서비스 대신, 가족정책기본법으로서의 역할을 다할 수 있는 형태로 법개정을 요구하는 활동에 참여하였다. 그와 함께 이미 제정되어 시행되고 있는 건강가정기본법의 전면개정안인 대안적인 입법안의 작성과 추진에 관심 있는 운동세력들과 함께 공동으로 노력을 기울여왔다.[15)]

건강가정기본법 개정 운동으로 제기된 논쟁 국면은 민우회로 하여금 가족 이슈를 새롭게 성찰하는 계기를 제공한 것으로 보인다. 왜냐하면 2005년부터 민우회는 '대안가족 캠페인'을 전개하는데 이 사업부터는 '가족' 자체에 대한 문제의식의 관점이 분명하게 표현되고 있기 때문이다. 먼저 '가족차별 드러내기, 버리기 사업'을 추진하였는데 가족차별에 대한 실태조사[6)]를 실시하였고

---

15) 한국여성민우회가 참여하였던 법 개정안인 '가족지원기본법'은 이후 여성가족부의 가족정책기본법으로 포괄되어 2007년 4월 국회의 여성가족상임위를 통과하여 법사위에 이관되어 있다. 그러나 건강가정기본법의 제정을 추진한 측의 로비와 방해로 개정안은 아직 통과되지 못하고 있는 상태이다.

이를 바탕으로 그 해 말 토론회를 개최하였다. 거기서 민우회는 한국 사회가 여전히 이른바 정상가족[17]이 아닌 다양한 가족형태에 대해 유, 무형의 다양한 차별과 불이익을 주고 있음을 드러내는 동시에 가족의 다양성을 포괄할 수 있는 다양한 법제도적인 개선안에 대해 토론하였다. 물론 이러한 문제제기가 모두 직접적인 사회변화로 연결된 것은 아니지만 지배적인 가족형태에 따른 도그마를 해체하려는 관심만큼은 분명하게 나타났다고 본다.

이 토론회는 다음 해인 2006년, '차별 없는 가정환경조사서 쓰기' 사업으로 이어졌다. 보통 학기 초에 학생들은 자신의 가정환경과 관련된 사항을 적어낸다. 이 과정에서 동료학생들이나 교사로부터 차별과 무시를 당하는 고통을 겪는다는 점이 민우회의 한 조사 결과 드러났고 이 문제를 해결하기 위한 노력의 일환으로 이 사업이 기획되었다. 민우회는 교사, 학부모, 운동단체와의 간담회를 통해 각자의 입장을 들어보는 한편, 취합된 의견을 종합해 만든 대안적인 가정환경조사서 양식을 교육청에 제안하는 등 가족형태로 인한 차별을 없애고자 노력하였다.

이렇게 건강가정기본법 개정 운동이나 대안가족 캠페인은 다 같이 좁은 의미의 가족 개념에서 벗어나 일인 가족이나 한부모가족, 집합가족, 노인가족, 조손가족, 장애인 그룹홈 등 다양한 형태의 가족생활 및 라이프스타일을 똑같이 존중하고 지원하는 것을 목적으로 운동의 의미를 지닌다. 특히 대안가족 캠페인은 90년대 초반 민우회의 초창기 활동에서부터 면면히 이어내려온

---

16) 여성가족부의 지원하에 '나여기' 조사를 전범으로 가족생활에서 경험한 차별을 수첩 형태로 설문조사한 결과 보고서가 『'가족' 차별 드러내기, 실천적 대안찾기』 제하의 토론회 자료집이다.

17) 조사에 따르면, 정상가족은 신체적으로 장애가 없고 경제적으로 빈곤층이 아니며 섹슈얼리티 정체성에서 이성애자 부부로 구성되어 있으며 법률혼을 하고 있는, 그리고 가능하면 아들을 둔 가족을 의미하는 것으로 나타난다. 이재인(2005), 「경계와 차별을 넘어: 가족차별사례를 통한 실천적 대안만들기」, 민우회 토론회 자료집 『'가족' 차별 드러내기, 실천적 대안 찾기』, 73쪽.

'생활 속의 차별 뿌리 뽑기'라는 운동과제가 변화된 담론 지형 안에서 새롭게 응집된 것으로서 일상의 가족생활에서 빚어지는 차별과 불이익을 젠더 관점에서 조명하고 해결하고자 하는 노력이라 할 수 있다.

6) 일상의 가족 '호칭' 문화를 바꾸다: 호락호락(호樂호樂) 캠페인

민우회의 가족 운동은 2000년대에 들어오면서 좀 더 촘촘하게 가족생활의 일상에 배어 있는 성차별적 요소에 주목하는 경향이 있다. 그 좋은 예가 가족 내 '호칭'에 대한 문제제기이다. 2006년 12월에 시작된 '여성이 여성에게 쓰는 호칭 바꾸기 – 호樂호樂 캠페인'은 현재 쓰이고 있는 가족 호칭이 여성과 남성을 어떻게 위치 짓고 있는지, 호칭을 둘러싼 가족관계의 불편함과 어려움은 어떤 것인지에 관한 경험을 나누고 대안호칭을 만들려는 목적으로 기획되었다. 이 캠페인은 2007년 현재 현재진행형의 운동으로서 그 성과와 함의는 조금 더 지켜보아야 하지만 간략히 언급하면 다음과 같다.

우선 이 캠페인은 여성과 남성의 가족구성원을 부르는 호칭의 차이를 어떻게 해석할 것인가부터 출발한다. 예를 들어, 여성은 남성배우자의 가족구성원에게 '아가씨(또는 도련님)'와 같이 부르지만, 남성은 여성배우자의 가족에게 '처제(또는 처남)'라고 부르는 등 여성과 남성의 가족구성원에 대한 존대가 다름을 알 수 있다. 이와 같은 언어적 관행은 남녀 간의 무의식적인 위계를 재생산한다는 점에서 문제가 된다.

이 캠페인은 특히 민우회 소모임 회원들의 경험을 바탕으로 추진한 운동이다. 멀리 올라가면 과거 편부모라는 용어를 한부모로 바꾸어내는 사회문화적 변화와 맞닿아 있지만, 다른 한편으로는 처음부터 시민들의 참여를 통해 만들어나가는 열린 운동의 형태를 띠었다는 점이 특징이다. 인터넷에 캠페인 사이트를 개설하여 호칭에 얽힌 문제를 털어놓거나 서로 의논할 수 있도록 하였다. 또한 자료실을 이용하여 호칭에 얽힌 어원에 대한 정보를 퍼갈 수 있게 하는 등 네티즌들의 자발적인 참여로 여론을 형성하는 방식을 채택하고 있다. 이 운동의 맥은 법과 제도에 비해 변화가 더딘 사회적 관행과 문화를 바꾸는 것이 매우 중요하다는 점에서 출발하여 그 한 소재로서 성차별적 언어사용의 관행을 바꿔내려 한 것이었다. 그러나 인터넷 토론방과 언론에서는 호락호락 캠페인이 민우회가 의도한 '호칭을 매개로 위계화되는 관계에 대한 문제제기'로 받아들여지는 것이 아닌 단순히 '호칭의 어원해석 논쟁'으로 불거지면서 격렬한 논쟁과 토론이 진행되었다. 이 과정에서 캠페인 취지와 무관한 비방과 욕설들이 난무했고 나아가 여성운동에 대한 적대적이고 공격적인 행위들로 이어지기도 했다.

호락호락 캠페인은 호칭이 갖고 있는 사회적 의미를 당사자들의 경험을 통해 말할 수 있는 계기와, 개인적인 수준에서라도 비대칭적 호칭을 거절할 수 있는 담론적 기반을 제공하였다는 점, 일상에서 관습적으로 사용하고 있는 호칭에 관한 문제의식을 공론화하였다는 점에서 그 의의가 있다. 그러나 새로운 대안호칭의 정착으로까지 나아가는 데는 더 시간이 필요한 것 같다. 한 단계 더 나아가 호칭에 대한 사회적 논의를 촉발하고 합의를 끌어내기 위한 근거들을 마련하고 대안호칭에 대한 사회적 참여를 이끌어내는 것이 과제로 남아 있다.

3. 민우회 가족 운동의 성과와 한계

민우회 가족 운동은 한국 사람들의 가족생활에 많은 변화를 가져오게 했다고 생각한다. 20년이라는 시간뿐 아니라 운동의 깊이와 폭에 있어서도 민우회는 다른 어떤 단체보다 큰 의미를 지닌다. 이제는 많은 사람들이 가정에서 자연스럽게 남녀차별을 화제에 올리고 대안을 찾고자 하는 움직임을 보이는데, 이러한 변화는 민우회가 가족 안의 성차별을 꾸준히 공론화하고 확산한 사업의 효과를 떠나 생각하기 어렵다고 본다.

여성들의 삶을 덜 불편하게 만들 다양한 사회제도적 개혁에도 민우회 운동의 역할이 적지 않았다. 이러한 외적 성과보다 더욱 강조할 만한 것은 민우회의 운동방식과 전략이다. 무엇보다 민우회는 운동방식에서 그 독특함과 다채로움이 두드러지는 곳이다.

한 사업에 동시적으로 다양한 운동방식을 동원하는 특성, 특정 사업을 일정 시기 동안 전력투구하는 특성이 그것인데 이것이야말로 민우회만이 가진 장점이다. 이와 연관하여 민우회는 문제를 해결하는 데 거시적인 수준과 미시적 수준을 병행하여 시너지 효과를 내는 특징이 있다. 한 사업이 나오면 그 사업의 당사자를 상담이나 소모임의 주체로 묶어 스스로 변화하게끔 기반을 제공하고, 그와 병행하여 전문가 집단과의 결합을 통해 국가정책적 변화를 촉구한다. 또한 여기에 퍼포먼스나 행사를 개최하여 여론을 형성하고, 특히 미디어와의 협력을 통해 사회적인 여론 확산을 꾀하는 매우 다면적인 운동방식을 채택한다.

이렇게 동시에 다층적인 운동수단을 구사하는 방식은 일차원적 접근에 비해 효과적이며, 결과적으로 한 사회의 평균적인 인식을 바꾸는 데 더 큰 영향을 미치는 경우가 많다. 평등한 명절 캠페인을 통해 대한민국 가정의 제사문화를 바꿔낸 점, 한부모 사업을 통해 이혼가정을 차별하는 대신 하나의 가족형태로 보듬을 수 있도록 하는 시각을 만들어낸 점 등이 좋은 예이다.

민우회가 펼쳐온 운동을 살펴보면 하나의 공통점이 있다. 그것은 어떤 사업이든 매우 실증적인 태도로 문제에 접근한다는 점이다. 열린 가족 캠페인, 나여기 캠페인, 한부모 사업, 대안가족 캠페인은 다 같이 현장에 대한 조사를 사업 추진에 선행시키고 있다. 게다가 그 조사는 학계에서도 그다지 일반화되어 있지 않는 독특한 방법론으로 진행되고 있다. 이른바 '수첩 조사'라는 이 연구 방법은 양적 방법론에 질적인 요소를 가미한 독특한 것이라고 볼 수 있다. 즉 조사는 항목별로 주관식으로 응답하게 열어두어 응답자들의 다채로운 체험을 삭감시키지 않으면서도 주관식 응답지를 코딩 과정에서 범주화하여 양적인 통계 분석 방법을 적용할 수 있게 하고 있다. 학계에서도 잘 알려져 있지 않는 이와 같은 방법론은 저돌적이라고 할 정도로 직관적인 민우회의 운동 방식을 잘 보여주며, 향후 비가시적인 문제영역에도 양적인 연구 방법을 적용할 때 좋은 선례가 될 수 있을 것으로 본다.

한편 민우회는 지금까지도 그래 왔지만 앞으로도 시대의 화두에 대면하여 의제를 만들고 대안을 만들어나가야 할 과제를 여전히 안고 있다. 이 시점에서 민우회 운동의 과제는 어떤 가족형태를 취하든 서로 조화롭게 공존하며, 라이프스타일이나 섹슈얼리티의 취향이 다르다는 이유로 차별받거나 배제되지 않는 그러한 사회로의 이행을 촉진할 제도 개선과 담론 싸움일 것이다. '건강가정기본법 논쟁' 이후 민우회의 가족 이슈 운동에 뚜렷하게 각인되기 시작한 관점에 기반하여 개인들의 삶에 개입하는 국가정책은 가족이라는 울타리 안에서 살아가는 개인들을 보호하고 지원하되, 특정한 가족형태를 재생산하거나 다른 형태의 라이프스타일을 억압하는 것이 되지 않도록 꾸준히 비판하고 감시할 필요가 있을 것이다. 또한 가족이라는 언어가 소통될 때 통상 묻어나는 생각들 즉, '엄마, 아빠 아이가 다 있는 가족만 정상이고 보호할 가치가 있다'는 생각이나 또는 '가족의 유지가 개인의 선택보다 고귀한 가치'라는 생각들을 차단할 수 있는 다양한 실천적 대안이 필요하다.

민우회 운동은 지난 20년간 여성들의 가족생활 경험에서 나온 문제들을 해결하는 데 많은 노력을 기울여왔다. 이제는 여성, 남성을 넘어서서 가족과 개인의 관계에서 파생되는 문제들을 안고 가야 할 것이다.

참고문헌

이재인. 2005. "경계와 차별을 넘어: 가족차별사례를 통한 실천적 대안 만들기", 「주부의
　　　가사노동 가치평가에 대한 조사결과 보고서」. 민우회 토론회 자료집, 『'가족' 차별
　　　드러내기, 실천적 대안 찾기』.
한국여성연구소. 1999. 『새 여성학 강의』. 동녘.
윤근섭 외. 1995. 『여성과 사회』. 문음사.

한국여성민우회 자료
1991. 「주부의 가사노동 가치평가에 대한 조사결과 보고서」.
1995. 「정당한 가사노동 가치 인정을 위한 자료집」.
1997. 『민우회 10년사 자료집』.
2005. 민우회 토론회 자료집, 『'가족' 차별 드러내기, 실천적 대안 찾기』.

제6장

새로 짓는 우리집:
민우회 한부모가족 운동

유경희

민우회에서 한부모 영역의 운동은 '정상가족'이라는 개념을 뛰어넘으려는 운동 이슈로 그 접근에 있어 목적 지향적이었다. 이 운동의 핵심은 여성 한부모들의 임파워먼트를 위한 지원, 즉 기존의 수혜 대상에 머물러 있던 여성 한부모들이 삶의 주인으로 설 수 있도록 하는 것이었다. 상담, 교육을 비롯한 다층적인 프로그램을 개발, 실시함으로써 한부모여성 스스로의 역량을 키워내려는 민우회의 시도는 여성주의적 접근으로 차별성을 가졌고 한부모가족의 삶의 질을 높이는 데 유효했다.

또한 이 운동은 정상가족 이데올로기에서 벗어나 다양한 가족 선택권을 인정하는 차원에서의 한부모가족에 대한 사회적 편견 없애기를 공론화하였다. 구체적으로 여성 한부모들의 실태를 파악하고, 한부모들의 욕구(양육비 등)에 기반한 법, 제도적인 변화를 지속적으로 사회에 촉구하였다.

이 같은 활동은 한부모지원 활동가의 성장과 교육프로그램의 공유 등을 통해 전국적으로 확산되었고 기관별 네트워크를 가능하게 하였다. 이 글에서는 '정상' 가족 담론의 해체와 더불어 한부모들의 생활자립 지원을 위한 법·제도적인 정책과 심리정서적 지원을 위한 교육이 동시에 필요함을 알렸던 민우회 한부모가족 운동의 과정과 성과, 한계점을 서술하였다.

'가족'은 여성운동에서 그 내용과 범위가 매우 포괄적인 이슈이다. 민우회
는 여성연대를 중심으로 한 가족법 개정 운동[1]을 시작으로 일상에서의 가족
차별을 평등하게 바꾸어내는 활동을 펴나갔다.

1994년 가부장적인 가족문화에 대응하기 위해 '부부·부모자녀관계에서의
평등가족 문화 활동'[2]을 펼쳤고 뒤이어 1995년 3월에 열린 가족, 건강사회,
바람직한 성문화 정착을 위한 가족과성상담소(이하 상담소)가 개소되었다.
당시 가장 많은 상담의 내용은 '이혼'과 관련된 것이었다. 상담을 통하여
여성들은 가족 내 불평등에 대해 말할 수 있게 되었고, 현 가족제도 아래서
자신이 당하는 고통과 어려움을 호소하였다. 상담 내용은 주로 이혼 절차에
대한 법률적 문의, 이혼 후 재산분할의 내용, 자녀양육, 경제적 자립의 막막함
등이었다. 그러나 이혼여성에 대한 사회적 편견은 여성들로 하여금 이혼을
결정하는 데 걸림돌로 작용하였고 이혼 후의 삶에서 주체성을 갖기 어렵게
하였다. 특히 한부모가 된 여성들의 사회적 지위는 열악하였으며, 편견에
노출된 채로 사회복지 대상에 머물러 있었다. 그러나 성역할 분업으로 인한
경제활동 진입에의 어려움, 일과 양육 모두를 해야 하는 다중적 역할, 상담
및 교육 등 사회적 지원체계의 부족, 친권, 양육권 등 법·제도상의 불리한
위치 등 중첩된 어려움에 놓여 있는 한부모들의 현실을 반영한 정책은 어디에
서도 찾을 수 없었다.

상담소는 상담과정에서 한부모가족이 되기 전·후 몇 년간의 과정이 여성들
의 이후 삶에 지대한 영향을 미친다는 것을 알 수 있었다. 따라서 사별과
이혼과정에서의 어려움을 나눌 수 있는 장(場), 자신의 선택을 존중하며 도울

---

1) 1989년 가족법 개정을 위한 여성연대가 이루어졌고, 민우회도 그해 2월 주부분과에
   '가족법개정특별위원회'를 꾸려 활동하였다.
2) 1994년의 열린가족이야기한마당. 동북여성민우회에서 가족 구성원 간의 역할 기대에
   관한 실태조사를 바탕으로 건강한 가족문화 보고서를 작성하였다. 이후 열린가족이야
   기한마당 행사는 상담소 활동으로 연계되었다.

수 있는 장이 한부모들에게는 필요했던 것이다. 나아가 이혼을 준비할 수 있도록 돕는 것에서 한부모가족이 된 이후의 삶에 대한 지원 역시 필요함을 인식하게 되었다.

이러한 배경이 민우회가 한부모가족 운동을 하게 된 이유이다. 한부모 운동은 민우회 운동 중에서도 그 접근에 있어 뚜렷한 목적의식을 가지고 시작되었다. 한부모가족에 대한 지원이 필요하기도 했지만, 우리 사회에서 이른바 '정상가족'의 문제를 넘어서는 운동 이슈로 한부모가족을 선택한 것이다. 즉, 복지수혜 대상으로의 접근에서 벗어나 주체적인 여성한부모 운동을 만들어가자는 것이었으며, '정상'가족의 담론을 해체하려는 시도였다.

상담소는 우선 한부모가족의 현실, 지원정책 등을 알아보기 위해 여러 곳의 모자보호시설을 방문하였다. 한부모들은 면담과정에서 경제적인 면이 가장 어렵고, 자립에 대한 불안감과 사회적 편견 때문에 힘들다고 말하였다. 실무 담당자인 사회복지사들도 일과 양육이라는 이중 부담 때문에 과연 한부모들이 역량강화 프로그램을 받을 수 있을까 하며 낮은 기대를 나타냈다. 이 과정을 통해 한부모를 지원하는 데 중요한 것은 운영주체들의 인식이라는 것을 알게 되었다.

민우회가 한부모운동을 선택한 또 다른 중요한 배경은 한부모들의 목소리를 공론화하고, 교류하며 보다 나은 삶을 꾸려가고자 하는 일부 깨어 있는 한부모들의 존재 때문이었다. '가족'의 경계를 넘어 현실로 존재하는 다양한 가족에 대한 이해가 요구된다는 명제에서 시작된 민우회의 한부모가족 운동은 '결혼, 출산, 양부모(兩父母)에 의한 양육' 중심의 소위 '정상가족 이데올로기'에 도전할 수밖에 없었다.

1997년에서 2004년은 한부모가족 활동이 집중된 시기이다. 상담소는 기존의 편부모 대신 '한부모'라는 대안적인 명칭을 만들어냈다. 다양한 접근방식의 상담과 프로그램을 기반으로 여성한부모 문제를 이슈화하였고 사회에 지속적으로 정책과제를 제시하였다. 1999년 이후에는 민우회 각 지역에서도 한부모가족을 운동과제로 설정하여 한부모가족 지원활동을 확산해나갔다. 상담소에서 주력한 한부모가족 지원활동은 크게 세 가지로 요약된다.

하나는 정상가족 이데올로기에서 벗어나 다양한 가족 선택권을 인정하고 수용함으로써 한부모가족에 대한 사회적 편견을 없애는 활동이다. 다른 하나는 여성한부모들의 임파워먼트를 위한 다층적인 프로그램의 실시이다. 마지막은 한부모가족의 현실을 반영한 법·제도적인 지원체계의 구축이다. 이 글에서는 민우회 한부모가족 운동의 출발점과 과정 그리고 성과를 되돌아보고, 한계점과 이후의 과제를 살펴보고자 하였다.

1. 한부모로 당당히 서다

한부모로 산다는 것은!

한부모로 산다는 것은
아이 따로 엄마 따로 밖에서의 하루를 마감하고
어두워진 저녁에 집안에 들어서서
현관부터 하나 둘씩 불을 켜며 환해지는 방안처럼 우리의 마음에 그렇게
하나 둘씩 희망과 행복의 불을 켜는 것을 의미한다.

깊은 밤에 아이가 고열에 신음할 때 냉장고에 준비해둔 해열제를 먹이면서
긴 밤을 용감하게 대처하는 지혜를 갖추어나가는 것을 의미한다.
그리고 홈쇼핑 방송에서 판매하는 전기공구를 눈여겨 두었다가
벽 어디쯤엔가 못 칠 일이 생길 때 요긴하게 쓰는 것을 의미한다.

한부모로 산다는 것은

아이와 손잡고 토요일 오후 개봉될 신나는 영화 한 편 느긋하게 보며
먹을 감자칩을 준비하거나
때론 가까운 들녘에 나가 길가의 풀숲에 섞인 작은 들꽃을 보며
온통 즐거워하고 그 꽃을 그려볼
하얀 종합장과 색연필 몇 개를 가방에 넣고 다니는 것을 의미한다.

때론 TV의 슬픈 드라마를 보다가 주책없이 엉엉 울어버리는 것을 의미한다.
이런저런 겉모양새 생각하지 않고 울고 있을 때 영문 없이 아이는 따라울어서
모녀가 끌어안고 한바탕 눈물바다를 이루기도 하는
그런 상황을 부끄러워하지 않는 것을 의미한다.

한부모로 산다는 것은,
기찻길 평행선을 의미하는 것이 더 이상 아니다.
때론 산길에 난 외로운 오솔길, 때론 확 뚫린 신작로, 때론 힘겨운 오르막길,
가파른 내리막길,
산도 만나고 강도 만나고 끝간데 없이 이어지고 닳아진 그 길을 의미한다.

이렇게 한부모로 산다는 것은
기쁨도 하나 가득 슬픔도 하나 가득 무엇이든 하나 가득 안고 사는 것을
의미한다.
그저 온통 한가득 푸욱 끌어안으면서
때로는 홀홀하게 텅 비어 살 수도 있음을 의미한다.

- 민우회 서로돕기 모임, '행복을 만드는 사람들' 박선남 님의 시

1) '편부모'에서 '한부모'로, 대안적 언어를 만들다

민우회가 한부모운동을 시작할 당시 한부모를 지칭하는 용어는 결손의 의미를 담고 있는 '편부모'였다. 한부모들 스스로 편부모라 불리워지는 것에 대해 불편해했고, 사회적으로도 '편모(부) 슬하'라는 용어는 부정적인 인식을 담고 있었다. 때문에 상담소에서는 편부모라는 용어를 새롭게 바꾸어내고자 하였다.

1999년 상담소에서 한부모가족 의식 및 욕구 기초조사를 실시하였고 거기에서 제시된 모부자가족, 단독부모, 싱글마더, 한부모 등의 대안 명칭 중 한부모[3]가 채택되었다. 여기서 '한'은 '하나'라는 의미와 함께 '한가위', '한 강'에서처럼 '온전하다', '가득 차다', '크다'의 의미를 가진 순 우리말이다. 이후 상담소는 이 용어에 대해 적극적인 홍보를 시도하였고, 각종 토론회, 자료집, 홈페이지를 통해 한부모라는 용어를 사용하였다. 한부모는 사회적으로 매우 좋은 반응을 이끌어내었고, 지금은 사회단체, 언론, 연구 분야, 정부부처 등 사회 각 영역에서 한부모라는 용어가 정착되었다.

2) 한부모! 주체로 서다

당시 한부모가족은 핵가족 중심의 가족문화에서 배제되고, 빈곤 위주 복지정책의 지원대상에 머물러 있었다. 정서적 지지와 교류의 장이 없던 현실에서 한부모가족들은 같은 고민을 드러내어 나누고 대안을 찾는 장이 필요하였다.

이를 위한 첫 번째 시도가 1997년의 "새로 짓는 우리집 – 한부모가족의

---

3) 1999년 이전에는 편부모라는 용어 그대로 쓰여져 행사명과 자료집에 남아 있다. 99년에 한부모 용어를 만들면서 이후 한부모로 사용하였으며, 이 글에서는 시기별 구분 없이 한부모로 쓰고 있음을 밝혀둔다.

열린가족이야기 한마당 – 새로 짓는 우리집(1997)

문제를 함께 풀어봅시다"라는 주제의 토론회였다. 당시 한부모 당사자들이 모여 이야기를 나누는 공식적인 장이 없었던 터라 언론의 관심도 지대하였다. 처음엔 당사자들과 관심 있는 단체 활동가 중심의 비공개로 준비하였다. 토론회 당일, 토론회가 열리는 한국생산성본부 강당에 80여 명에 이르는 한부모들이 참여해 활동가들을 놀라게 하였다. 그러나 MBC 기자가 카메라를 들고 나타나 참여했던 한부모들 중 일부가 자리를 뜨는 상황이 발생했고, 이에 당황한 상담소에서 기자를 설득하여 돌려보내고, 한부모들을 다시 참여하게 하였다. 당시엔 진땀 나는 경험이었다.

"가족의 변화, 한부모의 갈등"이라는 제목의 주제발제가 있었고 대안 마련을 위한 토론에서는 "자녀교육 문제와 당당한 홀로서기, 새로 짓는 우리집 이야기"들이 펼쳐졌다. 이날 토론회를 마친 한부모들 중 일부가 뒤풀이 장소에서 정기 모임의 필요성을 제안하였다. 한부모들이 목소리를 내기 시작한 것이다. 이 같은 후속 모임은 이후 정서적인 나눔, 정보제공의 장으로 자리 잡아갔다. 후속 모임에 참여하였던 한부모들은 당당한 사회 적응을 위한 교육의 필요성을 제기하였고 상담소는 이를 받아들여 프로그램을 만들었다. 또한 한부모가족 정책 마련을 위한 전문가 간담회, 토론회 등을 펼쳐나갔다. 당시 한부모에 대한 운동적 접근을 시도한 여성단체가 없는 터라 내용을 채우기 위한 연구자료의 검토, 관련 세미나 개최 등이 필요했었고, 함께 고민하고 논의할 자문위원들의 결합 또한 중요했다. 상담소에서는 여성학, 의료, 복지, 세무, 법률 등 영역별 자문위원을 구성하여 의견을 듣고, 지원방안을 찾아나갔다.

민우회는 이런 과정을 거쳐 다양한 한부모 프로그램을 만들어갔다. 서로돕기 모임의 결성, 한부모교실 등 심리정서적 지원 프로그램을 통해 한부모들의 자기역량 강화 기회를 제공하였다. 99년 실시한 '한부모가족 의식 및 욕구 조사'에는 프로그램 참여자를 포함해 140여 명의 한부모들이 조사와 인터뷰에 응했다. 이렇게 파악한 그들의 욕구를 기초로 한부모가족 인권선언, '난 이런 세상에서 살고 싶다! 한부모가족이 원하는 세상'이라는 목소리를 내었고, 사회, 학교, 정부에 바라는 제안서를 정리했다.

더불어 '나도 한마디'로 영상을 통한 한부모들의 욕구를 생생하게 전달할 수 있었다. 토론회를 통해 발표된 우리들의 선언─한부모가 된 원인이 자신에게 있지 않음을 알자! 나의 상황을 수용하고 자신감을 갖자! 어려울 때는 주위에 당당하게 도움을 청하자! 자녀와 솔직하게 이야기하자! 즐겁게, 당당하게 살자! ─은 한부모 스스로가 우리 사회에 대하여 주체자로서의 '말하기'를 시도한 것으로 지금도 가슴이 찡한 감동을 주는 다짐이었다.

【 한부모가족 인권선언 】

이웃(사회)에 바란다
• 누구나 한부모가족이 될 수 있음을 알자!
• 모든 가족은 정상가족이다. 한부모가족도 건강한 가족임을 알자!
• 결손가족이라는 말을 사용하지 말자!
• 한부모가족 자녀가 무언가 문제를 일으킬 것이라고 보는 편견에서 벗어나자!

정부에 바란다

• 경제적 자립 지원체계를 마련해라! — 주택문제 해결, 금융지원 현실화, 직업훈련 및 소개 확대, 자녀 양육비 및 교육비 지원을 현실화하고 확대하라!

• 탁아시설 및 방과후 프로그램을 확대 지원하라!

• 자녀의 복리를 우선으로 친권이나 양육권을 부여하고, 양육비 지급을 제도화하라!

• 호주제를 폐지하라!

• 동사무소나 구청직원들의 한부모가족에 대한 편견을 갖지 않도록 의식교육을 하라!

• 한부모가족 지원을 위한 종합적인 정보 및 상담체계를 지원하고 제도화하라!

• 모범 가정표창에 양부모가족뿐만 아니라 한부모가족도 포함시켜라!

학교에 바란다

• 교사가 '다양한 형태의 가족'에 대해 올바른 인식을 가질 수 있도록 교사연수에 내용을 첨가하여 교육하라!

• 교과과정에 다양한 형태의 가족의 모습을 보여주고 이에 대한 적절한 교육을 통해 한부모가족 자녀가 또래에게 놀림을 받지 않도록 하라!

• 통신문이나 보호자 날인이 필요할 경우, 엄마 이름을 쓰든 아빠 이름을 쓰든 이상하게 보지 말자!

• 가정환경조사서를 작성할 때는 비공개로 작성하도록 하라!

2. 한부모가족의 임파워먼트를 위하여

1) 만남을 통한 참여와 성장

민우회의 한부모운동은 여성한부모들의 목소리를 듣는 것에서 출발하였다. 한부모에 대한 사회적 지원이 거의 없는 상황에서 한부모의 현실과 욕구가 무엇인지를 직접 듣는 것은 매우 중요한 일이었다. 우선 만남의 장을 다양하게 만들었다. 만남은 참여를 가져오고, 참여는 곧 성장을 가져온다는 결과는 민우회 운동경험에서는 익숙한 것이었기 때문이다.

(1) 상담으로 만나다

민우회의 한부모가족 임파워먼트는 상담활동에서 출발했다. 한부모가족의 현실을 나누고, 정서적으로 지지하는 일, 필요한 정보를 제공하는 일, 지원정책의 근거를 제시하기 위한 활동이 바로 상담이었다. 1999년에는 8787 한부모가족 전용상담전화(02-739-8787)를 설치하였다. 또한 정신건강, 자녀교육, 법률, 사회복지 내용 등 관련 분야의 전문가들과 직접 만나 상담을 할 수 있는 월요지원전문가 상담도 실시하였다. 상담은 보다 전문적인 정보제공과 심리정서적 지원을 위해 개별 또는 집단으로 이루어졌다.

한부모들은 보다 심화된 프로그램을 기대했다. 여성주의 집단상담, 문제해결 집단상담에서는 한부모가 되기 전·후의 자기감정과 자녀와의 관계를 돌아봄으로써 자녀에 대한 집착이 아닌 독립적 분리가 가능케 하는 사고를 갖도록 하였다. 여성들 스스로 자신이 누구이고, 무엇을 원하는지 아는 것이 필요하며 '가장 중요한 것은 나'라는 것을 강조하였다. '여성주의 집단상담'은 이혼과정의 점검을 통해 그것이 사회구조적인 원인인지 내적인 자신의 문제인지를 가늠할 수 있도록 했다. 문제해결능력 강화를 목표로 한 '문제해결 집단상담'은 자아존중감 향상을 가져왔고, 우울을 감소시키며, 생활만족도를 높여 삶에 대한 내공을 생기게 했다는 평가를 받았다(유경희, 2001).

> 내가 생각한 문제해결이나 대안제시가 해피엔딩으로 가는 것은 아니었지만…… 처음엔 삼천 배라도 해서 풀고 싶은 고통스러움이 있었다. 이제는 나름대로 판단의 기준이 생겼다. 마음의 여유도 생기고…… 든든해지고……(참가자 평가 1).

> 여기 오면 편할 줄 알았는데 의외로 힘든 면이 있었다. 나를 드러내는 것이 헤집는 듯한 느낌이었으며 괴로웠다. 자기표현이 많이 늘었으며…… 이제는 '나'를 생각한다. 나를 위하는 게 뭘까? 생각하는 것이 나아진 모습이다(참가자 평가 2).

(2) '약발'이 있었던 '한부모교실'

한부모교실은 여성한부모들이 주체로 당당히 서서 '새로 짓는 우리집'을 꾸리자는 의도에서 마련되었다. 한부모들의 욕구에 기초한 주제별 특강을 듣고 이야기를 나누는 장이었다. 초기에는 남성한부모들의 모임 요구도 있었으나 인원이 적어 모임으로 구성되기에는 어려움이 있었다. 지역의 어느 남성한부모는 자녀양육에 대한 어려움을 호소하며, 강의자료를 부탁해 발송해주기도 하였다.

1998년 5월부터 시작된 한부모 교실은 상하반기 각각 3~4회로 진행되었다. 처음에는 긍정적으로 삶을 꾸려가고 있는 여성한부모 당사자들이 강사로 나서거나 선배 한부모들과의 만남의 자리를 갖는 등 공감대 형성에 주력하였다. 이후 한부모들의 욕구가 다양해지고, 한부모교실의 '약발'이 한부모들에게 인식되면서 1999년부터 2001년까지는 월 1회로 진행되었다.[4] 일상에서

---

4) [한부모교실 프로그램] 홀로서기, 이렇게 해보자-즐겁고 당당하게/ 성격유형검사를 통한 나 자신 돌아보기/자기긍정프로그램/스트레스 관리방법/우리 서로 마음을 열자/

힘겨움이 느껴질 때 한부모교실에 참가함으로써 그 '약발'이 한 달은 간다는 한부모들이 늘어갔고 서로 전화를 걸어 참여를 독려하기도 하였다. 한부모교실에 수차례 참여하면 끼리끼리의 모임이 가능하게 되었고 보다 결속력이 있는 집단은 '서로돕기 모임'을 형성하게 되었다.

> 올해 초 첫모임부터 지금까지 한 번도 거르지 않고(개근상 주세요!) 모임에 참여하면서 제겐 많은 변화가 있었습니다…… 모임을 알기 전 막막했던 일들이 이젠 막막하지만은 않게 되었지요. 사실 아직도 가끔은 앞으로 일어날 일들을 상상해보면 겁도 나고 어려움도 있겠지만 모임에 와서 다시 마음을 가다듬고 자신감도 챙겨서 갑니다. 어떤 문제에 부딪치면 같이 상의하고 조언해줄 수 있는 분들이 주위에 많이 생겨 든든하고 안심이 됩니다…… 내가 편부모라는 사실이 믿기 싫어서였을까요? 정말 낯선 단어였답니다("한부모로 바꾸길 정말 잘한 것 같아요" - 한부모, cool).

심리정서적 지원과 정보제공에 초점을 두었던 한부모교실은 이후 방향성을 전환하여 2002년에는 생활소품 만들기, 전통 탈 만들기 등 자녀와 함께하는 창작교실을 운영하였다. 전환의 배경에는 한부모교실에 참여하는 한부모들의 수가 줄어드는 것과, 자녀와 함께 참여하기를 원하는 한부모들의 욕구 때문이었다. 공동작업을 통해 자녀와의 결속감을 얻고 자녀들의 참여를 통한 사회화에 도움이 되었으면 하는 기대가 있었으나, 생활문제로 꾸준히 참여하기 어려운 경우들이 많아 지속적으로 이루어지지 못하였고, 따라서 프로그램의 의미를 찾기에는 한계가 있었다.

신나게, 힘 있게 집단프로그램/자녀와의 원활한 의사소통기법/자녀교육 지침 만들기/한부모가 알아야 할 법, 제도/재혼, 복합가족에 대한 이해/내가 할 수 있는 일 계획 세우기 등.

(3) 서로돕기 모임 '행복을 만드는 사람들'

한부모교실 이후 한부모들은 삼삼오오 서로돕기 모임을 꾸렸다. 그동안의 과정에서 나누고 함께하는 것의 의미를 이해했기 때문이다. 1997년 7월 신촌 자기만의 방에 모인 사람들은 자신의 경험에서부터 미래전망에 이르기까지 모든 이야기를 나눌 기대를 드러내었다. 구성원 간에 꼭 지켜야 할 원칙도 만들었다. "스스로 모임을 만들어가는 중요한 리더임을 기억한다. 누구도 한 번의 모임으로 문제를 해결할 수 없다. 긴 안목으로 자신의 문제를 바라보는 여유가 필요하다. 이야기 중에 자신의 가치관이나 잣대를 가지고 성급한 조언을 하기보다는 서로의 성장을 돕는 마음으로 참가한다"가 그것이었다.

서로 돕기 모임은 필요할 때 서로 아이들도 돌봐주고, 가족단위로 여행도 하고, 명절도 함께 보내는 등 긍정적인 모임으로 자리 잡았다. 가족 여행을 다녀온 한부모의 글에서 가족 공동체의 유대감이 살아있음을 알 수 있다.

…… 여럿이 모이니까 참 좋은 점이 많았다. 오랜 시간 승합차를 운전해 우리가족 14명을 안전하게 모셔준 명* 씨는 우리 가족의 아빠 같았다. 스릴 만점의 구름다리를 먼저 건너며 "얘들아, 재밌어. 너희들도 와봐!" 하고 명*씨 가 소리쳤을 때, 보기만 해도 후들거리는 내 다리와는 아랑곳없이 한 발 한 발 구름다리를 건너던 지*이는 만일 나랑 둘이서만 왔더라면 저런 모험과 성취감은 맛보지 못했을 것이다……. 치악산 계곡에서 개구리 알을 발견했을 때, 조금씩 담아다 집에서 키우겠다고 법석을 떠는 아이들을 위해 나뭇가지를 이용해 종이컵에 담아주던 화*씨, 그녀가 아니었다면 개구리 알이 징그럽다고 눈살을 찌푸리던 나와 수*씨는 졸라대는 아이들을 어떻게 달랠 수 있었을까. 풀냄새 나는 산들바람을 맞으며 "아! 참 감사하다"고 말하던 *임 언니는 치악 산을 배경으로 감동에 젖어 자연을 음미하던 자기 모습이 얼마나 아름다웠는 지 모를 것이다……. 아이들과 헤어져 있으면서도 여행에 함께해준 정*언니에 게도 감사하고 싶다……. 다리 아픈 보*이를 제 엄마 대신 업고 가는 뒷모습에

가슴이 찡했다. 자주 만나다 보니 아이들도 서로 친해져 좋아라고 야단들이다. 엄마들도 역시 내 아이 네 아이 할 것 없이 귀엽고 사랑스러워 안 보면 궁금하고 문득문득 어느 집 아이가 하던 재롱에 혼자 웃음 지을 정도가 되었으니 이제 우린 대가족이라 할 수 있겠다(새로 짓는 우리집 식구들과의 야유회 참석자).

서로 돕기 모임에서는 나눌 이야기가 너무 많았다. 한부모가족으로 신나고 멋있게 잘살 수 있는 방법은 뭘까, 혼자서 아이 키우기 어떻게 할까? 난 어떤 미래를 꿈꾸는가? 등등. '행복을 만드는 사람들'은 1999년 여성주의 집단상담 후속모임으로 꾸려졌는데 초기에는 상담소 1인이 결합하여 진행을 도왔고, 구성원들이 돌아가며 준비하고 진행을 맡아 나름의 리더십을 성장시키는 기회를 제공하였다. 이들은 지속적인 관계 형성으로 새로운 가족공동체라 할 정도의 끈끈함과 신뢰, 그리고 유대감을 갖게 되었다. 처음엔 상담소에서 모임을 하였으나 후속 모임은 자체적으로 결성되어 운영되었다.

또 다른 공식적인 서로 돕기 모임인 '구월애' 또한 지속적인 모임을 유지하였으며, 시간이 흐르면서 모임은 개별적으로 따로 또 같이 진행되며 한부모들 간의 자발적인 모임으로 자리 잡았다. 그러나 서로 돕기 모임의 경우 구심점 역할을 하던 사람이 개인 사정으로 역할을 못하게 되면 모임의 지속성이 떨어지게 되었다. 이를 통해 한부모들의 여건에서 모임을 이끌어가는 일 자체가 또 다른 과제였음을 알 수 있었다.

(4) 나를 찾아 여행을 떠나다

1999년 8월 14-15일, 2000년 5월 6~7일 두 차례에 걸쳐 열린 한부모가족 캠프는 프로그램에 목말라 있던 한부모가족에게 용기와 힘을 준 프로그램이었다. 캠프에서는 마음 놓고 웃을 수 있는 즐거움을 만끽하고 가족구성원 간에 그리고 다른 가족과의 연대감을 형성하는 기회를 가질 수 있었다. 말로, 몸으로 하는 프로그램을 통해 '이 세상에 나 혼자만이 아니구나' 하는 느낌,

새로 짓는 우리집을 위한 한부모가족 캠프(1999)

서로 이해할 수 있는 공동체가 있다는 것, 그리고 그들이 나에게 힘이 된다는 것을 알아가는 시간은 자신감 향상의 계기가 되기에 충분했다. 활짝 웃는 한부모들의 얼굴에서 '행복'이 그대로 전달되었고 이 프로그램을 통해 한부모들이 갖고 있는 내적인 아름다움과 그 잠재력을 드러낼 수 있는 장이 필요함을 인식하게 되었다.

> …… 잔디가 스스로 받쳐주는 곳에서 일상의 각지고 고단하고 지친 내 발바닥은 최고의 대우를 받고 있었다. 그곳에서 우리는 우주에서 가장 가벼운 존재로 흘러다녔고 가장 경쾌한 그 무엇이 되어보기도 하였다……. 서로 평가되지 않았고 상대평가가 아닌 절대평가로 서 있는 그 자체로 인식하게 만드는 과정의 연속들…… 항상 궁금한 것은 누가 실무진이고 누가 한부모인지 모르는 민우회의 자유로움이다. 모두가 서로의 고민을 나누고 알고 보면 실무진인 것이다. 쑥스럽기까지 하다. 그러나 그러한 쑥스러움까지 포용하는 열린 이들의 마음이 고맙기만 하다…… 누가 무릉도원을 보았는가? 그리고 그 속에서 나는 어떠하였는가를……(캠프 참여 한부모의 소감 글 '누가 무릉도원을 보았는가?').

상담소에서는 한부모가족을 위한 나들이프로그램('나를 찾아 떠나는 여행'), 한부모 자녀 성교육 캠프(내 몸의 주인은 나-'즐겁게, 당당하게'), 어린이날 잔치, 민우회 생활협동조합 산지 견학과 감자 캐기 체험 프로그램 등을 통해 한부모가족의 일상에 다가가고자 하였다. 1998~2000년에는 한 해의 끝자락을 한부모들과 함께 힘내기한마당 행사를 준비하며 보냈다. 바자회, 놀이, 푸짐한 삼겹살 파티에서 보았던 한부모가족들의 시끌벅적한 웃음은 행복이 이런 것이구나 하는 느낌으로 활동가들의 기억에 오래 남아 있다.

 …… 모든 프로그램은 우리 각자가 같이 만들어나가는 것이라 생각됩니다.
 여러분들 하나하나가 저희에게도 힘을 주심을 잊지 마세요. 한 해를 마감하면
 서 여러분의 가정에 따끈따끈한 행복과 웃음이 넘치기를 기원합니다. 일천구
 백구십팔년 십이월 십육일 가족과성상담소 식구들…… (힘내기한마당 초대
 글 중에서).

한부모들과 격의 없이 친밀감을 형성하고 나누는 민우회의 여러 과정들은 한부모들에게 적지 않은 영향을 미쳤고, 민우회가 한부모들에게 의미 있는 기관으로 자리매김할 수 있게 해준 원동력이었다.

2) 한부모가족에 대한 사회적 편견에 맞서다

(1) 열린가족이야기한마당
민우회는 1997년 이후 2000년까지 해마다 '열린가족이야기한마당'을 진행하였다. 이 장에서는 한부모가족을 포함한 다양한 가족에 대한 공론화, 한부모가족의 현실과 법·제도에 대한 문제제기, 한부모가족을 비롯한 다양한 가족에 대한 편견 해소를 촉구하였다.
1997년 5월, 열린가족이야기한마당에서는 한부모에 대한 사회적 편견과

'열린 가족 축제 - 이제, 닫힌 가족의 빗장을 열자!'(2000)

한부모의 심리적 어려움을 드러내고, 현실 가족의 변화를 짚어내고 대안을 어떻게 찾을 것인가를 주제로 이야기를 풀어놓았다. 자녀교육과 홀로서기, 이렇게 해보자, 새로 쌓는 우리집에 대한 이야기들을 진솔한 경험으로 털어놓아 한부모들과 참여자들에게 공감을 갖게 하였다. 한부모가족의 '새로 짓는 우리집'을 제안하면서 서로 돕기 모임이 구성되는 뜻있는 자리가 되었다.

2000년 6월 여해문화공간에서 개최한 '열린 가족 축제 - 이제 닫힌 가족의 빗장을 열자'는 한부모가족들을 초청하여 진솔한 이야기를 나누는 장이었다. 활동가와 한부모 모두 신나는 마음으로 함께한 행사로 민우회의 오랜 회원인 유소림 님이 축하의 시5)를 전해주기도 하였다. 이야기 손님으로는 독신여성,

5) 이상하지요 — 유소림
  이상하지요. 꽃 피는 이 아름다운 세상에 아픔이 있다는 것.
  이상하지요 아픔 있는 이곳에 아이들이 태어나 뛰놀고 까르륵 웃음방울 터뜨리는 것
  이상하지요. 천사의 웃음이 또 어째서 눈물을 핑글 돌게 하나요.
  그런데 정말 이상하지요. 눈물이 흐르면 가슴엔 맑은 샘물 솟아나 낯선 손도 어느
  새 잡고 말아요.
  끝없이 끝없이 신비한 이곳. 눈물은 어디서 오는 걸가요. 꽃잎은 어디서 오는 걸까요.
  그리고 우리들은 얼마나 간절한 바람이 있었기에 이렇게 여기에서 만난 걸까요.

이혼 한부모남성, 딸 둘과 함께 사는 이혼 한부모여성, 엄마와 사는 15세 소녀, 아이들과 더불어 사는 공동체 가족이 등장하였다. 가수 신형원과 박진영이 분위기를 띄웠고 마지막 무대는 민우회의 '행복을 만드는 사람들'이 짬짬이 준비한 퍼포먼스가 펼쳐졌는데 가슴 찡한 호응과 박수가 터져나왔다. 함께 열린 전시장에는 열린 가족 문화−외국과 국내의 다양한 가족 및 서로 돕기 모임 소개, 새로운 자녀교육, 다양한 가족관련 단행본, 자료집 전시·인터뷰 비디오 등이 소개되었다. 부부와 자녀로 이루어진 가족만 '정상'이라는 닫힌 문화의 빗장을 열고 정상가족 이데올로기에 가려졌던 다양한 가족 공동체의 모습을 담아낸 열린 축제였다.

(2) 한부모가족의 희망찾기

한편 한부모가족의 모습을 영상물로 제작하여, 다른 한부모들과 공감대를 형성하는 자료로 활용하자는 아이디어가 나왔다. 이에 '행복을 만드는 사람들'을 중심으로 한부모의 일상을 담은 영상물 〈Spring〉이 만들어졌다. 쑥스러워하면서도 열심히 촬영에 임한 한부모들과 자원 활동가가 함께한 작업이었다. 2004년에는 한부모 2인의 일상적 삶을

한부모 관련 영상물 〈페달을 밟아라〉(2004)

담은 영상물 (한부모가족의 희망 찾기 〈페달을 밟아라〉)을 제작하였다. KBS 열린 채널에 방영되기도 하였던 이 작품은 다른 한부모활동 기관에 널리 배포되었다. 〈페달을 밟아라〉에 주인공으로 참여하였던 한부모들은 각자 역량을 키워 주변의 한부모들에게 상담을 통한 지지와 정보제공을 하였고, 청소년 상담과

복지, 여성단체 활동 등을 하고 있다.

3. 한부모가족이 살 만한 세상을 위하여

1) 한부모가족 지원체계 구축

여성한부모들은 경제활동의 주체이면서 양부모 모두의 역할자이고 가사노동의 책임자로 생활을 꾸려가는 경우가 많다. 이런 다중의 역할에서 오는 어려움으로 여성한부모들에게는 관련 정보의 제공과 지원 네트워크의 활용, 한부모 당사자들 간의 교류가 절실히 필요하다. 이런 상황을 인식한 민우회는 한부모의 정보 접근을 높이기 위한 시도를 단계적으로 실행해나갔다.

2000년 12월 '8787 한부모가족 홈페이지(http://hanbumo.womenlink.or.kr)'를 열어 각 기관들과 한부모 당사자들이 자유롭게 의견을 나누고, 서로 협력할 수 있는 통로를 마련했다. 홈페이지를 통해 한부모관련 활동 내용을 알리고, 정보제공과 고민을 풀어놓을 수 있는 심리적 지원의 공간으로 활용하였다.

(1) 필요한 것을 알 권리!

민우회 상담소는 1997년과 2002년 두 차례에 걸쳐 『새로 짓는 우리집』과 『열려라! 한부모 세상』6)이라는 제목의 한부모가족 지침서를 펴냈다. 자녀양육 및 교육에의 대안, 알아두어야 할 민법·세법규정 소개, 복지급여와 모자복지시설, 국민주택의 분양 및 임대 등의 제도, 경제적 자립을 위한 직업소개

---

6) 한부모가족 소개, 출발 단독비행, 행복다지기, 클릭@정보찾기, 법·제도·문화적 정보 등의 부록으로 구성된 이 자료는 한부모가족에게 긍정적인 자기인식을 주고자 애썼으며, 당시 매우 유용한 베스트셀러가 되었다.

및 훈련, 관련기관 및 시설 안내, 한부모가
족이 함께 볼 수 있는 비디오 등의 내용을
수록한 정보 지침서는 알기 쉽고 명료하
게 엮어져 있어 한부모들에게 도움이 되
었다.『열려라! 한부모 세상』은 한부모관
련 기관과 동사무소, 구청, 병원, 모자원,
사회복지관 등 전국적으로 배포되었다.

한부모가족 정보 지침서

2000년에는 가족의 다양한 현실을 담
아낸『다양한 가족의 아름다운 이야기』,
전문가 상담으로 풀어낸 한부모가족 부모
용 지침서『한부모를 위한 가이드』, 한부

모가족 자녀용 지침서『우리도 알건 다 알아요』를 발간하였다. 2001년에는
정보공유의 차원에서『한부모를 위한 가이드』의 내용을 수정 보완하고 자녀
용 지침서의 내용을 첨부하여 한부모가족 삶의 안내서 성격의『새로 짓는
우리집』을 단행본으로 펴내기도 하였다.『새로 짓는 우리집』은 유명 서점의
건축관련 서가에 꽂혀 있어 당황스러웠던 기억이 남아 있다. 또한 양육비
확보를 위한 가이드북『양육비, 이렇게 하면 받을 수 있다』(2002년)을 제작,

'새로 짓는 우리집' 시리즈

배포하여 양육비관련 정보의 접근성을 높였다.

그외에도 행사 소개, 한부모들의 근황, 필요한 정보 제공, 상담소 소식 등을 내용으로 한 한부모 소식지(제목은 똑같이 '새로 짓는 우리집'이었다)를 발간, 회원들에게 소속감과 정체성을 갖게 하였다. 민우회 상담소가 주최한 정책 토론회와 『새로 짓는 우리집』시리즈를 포함한 한부모가족관련 자료집 은 관련 연구자에게는 중요한 연구 자료로, 단체 및 기관의 활동가, 사회복지 사, 상담자에게는 실제적인 가이드북으로 의미 있는 역할을 하였다.

(2) 한부모운동의 확산

민우회 상담소의 한부모가족 지원프로그램은 1999년을 기점으로 각 지역 상담소로 연결되었다. 특히 군포와 광주, 인천의 활동이 두드러졌다. 군포여 성민우회는 사이코드라마, 미술치료 등 정신건강에 초점을 둔 한부모 집단상 담을 체계화하였고, '창작교실', '룰루랄라 어린이 주말학교'를 운영했으며, '단독비행'이라는 이름의 서로 돕기 모임을 지속하였다. 광주여성민우회는 '그루터기' 중심의 서로 돕기 모임, '룰루랄라 어린이 캠프'를 진행했다. 나아 가 광주지역 한부모가족지원활동가 워크숍을 열어 지역 네트워크에 기여하 였다. 인천여성민우회 또한 지속적인 한부모교실과 상담, 예술치료적 접근을 통한 심리지원을 실시하면서 한부모가족지원센터로 그 영역을 확장하였다. 그외에도 원주여성민우회와 고양여성민우회 등에서는 한부모와 자녀의 자기 성장 등 정서적 프로그램 중심의 개입이 꾸준히 이루어지고 있다.

2000년에 집중적으로 실시된 한부모 지역순회상담을 통해 민우회 6개 지부와 상담소에서 정신건강, 법률상담, 성격검사를 통한 심리적 지원, 자녀 교육, 건강상담 및 한방진료, 사회복지 정보 제공, 집단상담 등의 프로그램이 이루어졌다. 각 지역의 동사무소와 사회복지관을 방문, 한부모들의 실태조사 와 직접 상담을 시도하여 총 388명이 참여하였다. 이 과정에서 비록 생계와 고용의 불안은 있지만 삶의 조건을 수용하고 당당해지는 경험을 하였고 세상에 대해 비판적이던 시각이 긍정적으로 변화되었다는 한부모들의 평가가 있었다. 민우회의 한부모가족 운동은 이처럼 각 지역으로 확산되어갔는데, 심리정서적 지원이 주류를 이루었다.

(3) 한부모운동의 체계화

상담소는 활동 속에서 한부모가족 지원을 활성화할 수 있는 정책을 위하여 한부모사업을 하는 기관과의 활동 공유와 연계를 통한 지원체계 구축의 필요성을 인식하게 되었다. 그간의 운동 경험을 기반으로 여성, 가족, 한부모관련 정책의 방향을 수립하는 토론회와 전문가 간담회, 워크숍 등의 장에 참여하여 의견을 제시하였다. 2002년 당시 해당부처인 여성부는 한부모가족 지원의 필요성에서 민우회에 여성한부모가족 지원 위탁 시범사업을 제안했고, 이때 프로그램 개발 및 시범운영, 활동가의 전문성 강화 훈련, 정보지침서 개발 및 정책심포지엄까지 포괄적인 활동을 기획하여 한부모 지원사업에 집중하게 된다. 상담소의 한부모가족 지원활동이 집중적으로 이루어진 시기였다.

상담소에서 수년 동안 진행되었던 프로그램을 기반으로 기존의 사회복지적 관점에 성인지적인 관점을 반영한 프로그램을 만들었다. 한부모들의 자존감 향상과 사회적 지지망 형성을 돕는 프로그램을 체계화하여 현장의 한부모 지원 활동가들을 중심으로 한부모가족 갈등 해소 프로그램 진행을 위한 리더십 훈련, 한부모지원 활동가의 전문성 강화훈련을 실시하였다. 한부모가족 지원활동 기관에서 한부모에 대한 편견을 없애고, 대상화하는 접근에서 벗어나도록 돕는 활동가를 키우는 것은 중요한 일이었다. 상담소에서는 한부모 프로그램 개발로 전문성을 키우고, 사업 담당자의 관점의 변화를 돕는 교육을 실시하였다. 그동안 민우회의 한부모가족 지원활동이 대외적으로 알려져 기존의 한부모 프로그램을 운영하던 지역사회복지관과 모자원 등의 관심이 높아져 협력모델에 긍정적이었고 접근도가 높았다.

2002년 7월 실시된 전문성 강화 훈련에는 프로그램 리더로서의 역량 키우기, 개입에의 기술, 프로그램 기획 및 운영 등이 집중적으로 교육되었다. 한부모에 대한 이해와 사회구조적 문제와 분리된 자신의 역량강화를 위한 여성주의적 개입이 가장 중요한 교육내용임을 강조하였다. 마포자활후견기관과 구로종합사회복지관이 시범기관으로 선정되어 실시된 프로그램의 평가는 한부모들의 임파워먼트 형성의 기반이 된 점이나, 프로그램이 체계화된 점에 그 의미가 있었다. 내용에 있어 이혼과정에의 치유, 자녀관계 형성, 성, 재혼 등에 대한 다양한 접근이 이루어졌으나 일(경제영역)과 관련한, 즉 일터에 대한 인식과 학교 교사 등 사회적 관계 맺기에 대한 접근의 필요성이 제기되었다. 또한 한부모가 된 시기, 사유, 연령 대, 자녀의 연령 등 다층적인 한부모들에게 차별화된 프로그램이 필요하다는 것, 그리고 강사 또는 집단 리더의 역량이 더 키워져야 한다는 평가와 함께 한부모들에게 행복해져야 할 것을 지나치게 강조한다든가 사회구조적인 문제점에 대해 부정적으로 인식시키기보다는 긍정적인 사례를 보여주고, 있는 현실을 그대로 받아들일 수 있는 여유로움을 가질 수 있도록 돕는 것, 무엇보다 자발적 참여를 확대하는 것이 중요하다는 결론을 얻었다.

상담소는 2004년 5월 한부모가족 지원 단체, 전문가와의 연대를 통하여 한부모관련 정보 공유와 제도개선 및 정책제안을 할 수 있는 통합적인 구심점으로서의 네트워크 필요성을 인식하였다. 흩어져 있는 한부모사업 기관 간의 협력체계 구축을 위하여 네트워크의 발족을 추동해냈고 단체들의 워크숍이 이루어졌다. 민우회 한부모가족 사업에 대한 발제를 시작으로 각 단체별 활동 소개, 지원체계 현황 등이 짚어졌고 운동의 방향성과 앞으로의 과제에 대한 논의가 이루어졌다. 당시 참여했던 단체는 군포, 원주, 인천 민우회와 광주민우회 가족과성상담소, 한국여성민우회 가족과성상담소, 그리고 대구 함께하는 주부모임, 부산여성회 한부모가족 자립지원센터, 울산여성회 한부모가족지원센터, 한국한부모가정연구소 등이었다. 네트워크 단위의 단체들은 주로 '한부모넷'이라는 카페를 통해 정보를 공유하고, 소통하였다. 정기적인 회의를 통해 각각의 사업을 공유하고 의견을 나누었으며, 모부자복지법에 대한 검토 등 실제적인 지원논의를 지속해나갔다.

2) 법·제도의 변화를 모색하며

(1) 양육비, 한부모와 자녀의 당연한 권리

사회보험인 국민연금과 의료보험, 공공부조에 해당하는 국민기초생활보장법과 모부자복지법의 영역이 한부모가족이 접근할 수 있는 복지제도인데 최저빈곤층을 넘어서는 수준에 있는 한부모가족은 그 복지지원의 대상이 되지 못하였다. 프로그램에 참여했던 한부모들 중 이 같은 제도혜택을 받고 있는 경우를 거의 찾기 어려워 법, 제도의 열악함을 알 수 있었다.

이에 상담소에서는 한부모가족의 포괄적인 지원정책에 관심을 갖게 되어 1997년부터 정책간담회와 토론회를 열었다. 1997년 10월, 기독교연합회관에서 열린 '한부모가정의 실태와 지원방안 정책 토론회'에서는 한부모가족과 관련된 복지정책의 실태와 그 과제를 제시하였으며, 스웨덴을 비롯한 외국의 가족복지정책을 살펴보았다. 1998년 11월에는 상담소 사업을 중심으로 한부모사업에 대한 정리를 하면서 실제 한부모들의 어려움을 덜어주는 데 가장 필요한 사업 방향을 모색하는 간담회[7]를 열었다.

또한 2001년, 2002년 두 차례에 걸쳐 양육비 확보를 위한 정책 심포지엄도 열었다. 2001년에는 실태조사를 바탕으로 양육비의 필요성을 제기하였다. 이 조사에선 양육비가 전체 생계비의 30~50%를 차지하고 있었다. 당시 민우회 복지위원회는 국내외 문헌조사와 282명의 한부모 설문조사, 487건의

---

7) 간담회에서 다음과 같은 내용이 발표되었다. 모자가정의 여성가장 문제를 중심으로 편모가족 복지정책의 문제점과 대책(김경애: 동덕여대 교수) / 외국의 편부모가족 정책 – 구체적인 사회복지제도 및 프로그램을 중심으로(신필균: 한국사회교육원 원장) / 편모가족 사회복지 서비스의 구체적인 내용과 제언(신혜령: 국립보건원 교수).

재판이혼 사례분석(99년~01년. 4월)을 통해 중요한 연구 성과물을 남겼다. 이를 통해 양육비지급 이행확보정책과 여성한부모의 자녀양육과 관련 정책을 제안[8]하였다. 이 심포지엄을 통해 양육비에 대한 법률적 검토와 정부(보건복지부)의 대책을 들어보았고 적어도 양육비는 '자녀를 돌보는 여성의 권리'임을 천명하는 여성주의적 관점에서의 양육비 공론화를 시도하였다.

2001년의 양육비 확보 정책 심포지엄 성과를 기반으로 변호사, 가족법 연구자, 사회복지사 등 자문위원단[9]을 구성하였다. 자문위원단과 열 차례의 간담회[10]를 거쳐 2002년 11월 '한부모가족 양육비 현실화, 어떻게 할 것인가?'라는 두 번째 정책 심포지엄을 개최하였다. 이 심포지엄에서는 양육비에 대한 공공화를 주장하였다. 즉 저소득층 한부모에게 양육비는 생존권과 연결되는 의미가 있다는 것, 별거나 이혼 등 혼인 형태와 무관하게 자녀 부양의무는 제도화되어야 한다는 것이 그것이었다. 또한 자녀양육비 확보를 위한 특별법 제정이 필요함도 주장하였다. 양육비관련 현행법을 꼼꼼히 검토하여 가정법원의 역할에 대한 제안서를 마련하였고 『양육비 이렇게 하면 받을 수 있다!』는 지침서를 제작하였다. 이 심포지엄 역시 양육비에 대한 사회적

---

8) • 민우회 복지위원회 — 성정현 협성대교수, 송다영 여성개발원 연구위원, 한정원 숙대 아시아연구소 선임연구원, 정미숙 여성학자, 김진 SUSSEX대학 박사과정, 윤정숙 민우회 사무처장
 • 양육비 지급 정책대안: 기존제도 개선 — 협의이혼서류의 구체화 및 기재사항의무화, 양육비 청구소송 기간의 단축 및 절차개선, 양육권양육비에 관한 적극적 홍보, 감치처분제도 강화
 • 새로운 제도 도입 — 양육비 선급제 도입, 양육비 해결을 위한 중재행정기관 설립, 한부모 특별수당 및 자녀수당 등 국가지원 확대, 부모교육 프로그램 이수의 의무화
9) 이명숙, 이종학, 이지선, 이유정, 김삼화 변호사, 김상용 부산대 법대 교수, 성정현 협성대 사회복지학과 교수, 권재문 서울대 법학과 박사과정.
10) 간담회는 양육비 현실화 방안, 국내외법과 독일·프랑스 문헌 등 외국자료 검토, 정책대안에 대한 전문가 의견 교환, 심포지엄 내용 구성, 입법방향과 현행법 활용, 가정법원 제안서 검토 등으로 이루어졌다.

인식을 개선하고 보다 나은 제도를 만들기
위한 실질적 방안을 제시함으로써, 여성한
부모들의 권리의식을 한 발 더 높이는 데
기여하였다.

당시 가정법률상담소 또한 양육비관련
대응활동을 하고 있어 더불어 양육비 이행
촉구의 목소리를 냈다. 이 같은 의견은 여성
가족부[11]가 한부모가족 지원책을 주요 과
제로 삼게 하는 역할을 하였으며, 이후 법제
화과정에도 계속적으로 의견을 제시하였다.

현행법 내에서의 양육비 확보를 위한
가이드북

(2) 한부모가족이 당당한 학교 만들기

이제 한부모가족의 커다란 어려움 중 하나인 자녀교육 문제에도 접근이
필요하였다. 우리 사회에서 한부모임을 드러낼 경우 자녀의 학교생활에 어떤
영향을 미칠 것인가 하는 것은 모든 한부모들의 고민이다. 이에 한부모자녀
학교생활 적응지원을 위한 심포지엄, '한부모자녀가 당당한 학교 만들기'를
기획하였다. 2002년 5월, 상담소에서는 학교현장에서의 한부모자녀가 경험
하는 (차별)사례를 모아나갔고, 간담회를 열어 초등학교 교사들의 목소리를
직접 들었다. 또한 초등학교 교사 777명을 대상으로 한부모자녀에 대한 인식
과 태도를 알아보는 설문조사를 실시하였다.

이 조사에서는 교과과정, 과제물 부여, 가정환경조사서 등으로 당황했던
한부모가족들의 이야기가 쏟아져나왔다. 교사들의 ('정상가족'을 전제로 한)
선입견으로 인한 상처들도 이야기되었다. 교사 대상 설문조사에서는 한부모

---

11) 이혼 시 자녀양육비 산정 및 이행확보방안 마련을 위한 용역연구 및 토론회, 2005,
   여성가족부.

가족 아동의 학교생활, 성격, 행동 및 태도에 대해 교사들이 부정적인 견해를 가지고 있는 것으로 나타났다. 특히 이혼가정 아동에 대한 부정적 인식은 한부모에 대한 선입견, 이혼에의 편견이 혼재되어 있음 때문이었다. 한편 한부모가족 아동에게 보다 관심을 기울이고 도우려는 의지가 높은 선생님들도 한부모 아이를 정상가족의 아이와 '다르게(때로는 특별하게, 때론 동정적으로, 때론 필요 이상의 호의로)' 대함으로써 이것이 도리어 한부모 자녀의 학교생활과 심리정서적 발달에 (부정적) 영향을 미치고 있음을 알 수 있었다. 이는 한부모가족 자녀에 대한 다른 편견의 결과이다.

심포지엄에서는 학교현장에 다음과 같은 변화들을 제언했다. 한부모와 관련된 의식을 변화시킬 수 있는 교과서 내용과 교육지침 등 교육환경의 변화, 교육대학의 교과과정과 교원연수프로그램에 가족변화에 대한 교육 실시, 학교 내 상담자 또는 학교 사회복지사 두기, 전업주부를 전제로 한 교과과제 및 요구사항 없애기, 학교와 지역사회의 네트워킹을 통한 교육프로그램 실시하기. 또한 심포지엄 이후에는 다양한 가족의 아동이 존중받을 수 있는 '함께 웃는 학교 만들기를 위한 교사의 10가지 실천'12)을 제안했다.

---

12) 1. 한부모가족, 양부모가족, 재혼복합가족, 조부모가족, 공동체가족 등 다양한 가족 내의 아동이 있음을 알자.
2. 모자라고 부족하다는 의미를 담고 있는 '결손가족'이나 '편부모'라는 용어를 사용하지 말고 '한부모가족'이라는 용어를 사용하자.
3. 한부모가족의 자녀들은 무엇인가 문제가 있을 것이라는 부정적인 편견에서 벗어나 열린 마음으로 대하자.
4. 급식당번이나 청소당번 등 학교 일에 참여할 수 없는 부모를 배려하여 부모의 부담을 덜어주자.
5. 부모의 과제가 아닌, 아이 스스로 해결할 수 있는 과제물을 내주자.
6. 부모의 직업 등 가정환경이나 성적, 외모 등으로 아동을 차별하지 말자.
7. '어리니까', '남자니까', '여자니까' 와 같이 권위적이고 성차별적인 언어를 사용하지 말자.
8. 체벌이나 집단따돌림 등 폭력 없는 학교환경 만들기에 적극 힘쓰자.

(3) 한부모가족 정책의 대안 모색

한부모가족은 가장 생산적인 복지 대상이며, 여성 한부모가족이 80% 이상을 차지하고 있는 현실을 고려할 때 성인지적 접근이 필요한 정책 영역이다. 그럼에도 절대빈곤층에 제한되어 있는 복지정책의 한계 속에서 차상위 계층에 머물러 있는 한부모가족은 복지정책의 사각지대에 머물러 있다. 한부모가족 정책은 경제적인 빈곤 문제해결과 심리·정서적 임파워먼트 프로그램이 결합되었을 때 효과가 배가될 수 있다. 2004년 상담소에서는 "한부모가족 임파워먼트를 위한 대안모색 토론회"를 열었다.

한부모를 포함한 여성가구주 자립지원 프로그램의 현황과 실태[13]를 파악하기 위하여 광역지자체 저소득 지원사업과 모부자가정 사업을 비교분석하였다. 지자체 여성가구주 지원사업 현황은 상담소에서 정보공개를 요청하였다. 분석 결과 지방자치단체의 경우 여성가구주 가족에 대한 일회성 행사가 많았고 한부모가족을 독립 가능한 주체로 인식하지 않고 있음을 읽을 수 있었다. 공무원들은 담당 인력의 부족과 예산편성과정의 복잡한 절차를 사업 시행의 어려움으로 지적하고 있었다(송다영, 2004).

토론회에서는 한부모의 임파워먼트를 위해서는 교육도 중요하지만 지속성이 담보되는 서로 돕기 모임의 형성이 더욱 도움이 된다는 것, 심리정서적 지원과 더불어 취업정보제공 및 연결, 양육 및 교육 서비스 등 현실적인 지원이 병행될 때 효과적임을 확인할 수 있었다. 이 토론회에서는 국민기초생

---

9. 성폭력, 가정폭력 피해 아동을 위한 상담, 전문기관에 연계 등 적극적 대응 방안을 찾자.
10. 열린 마음으로 아동을 대하고 비난, 강제, 무시보다는 칭찬, 지지, 격려 등 긍정적인 표현을 많이 해주자.
13) 지자체(시청,구청 포함 60곳), 자활후견기관(36개소), 인력개발센터(10개소)에 대한 실태조사를 실시하였다. 또한 일부 기관과 종합복지관의 담당자 인터뷰를 근거로 한부모사업에 대한 비교분석을 하였고 한부모가족 임파워먼트를 위한 대안 모색을 시도하였다.

한부모가족 임파워먼트를 위한 대안모색토론회(2004)

활보장법과 모부자복지법에 반영되어야 할 한부모가족지원정책에 대한 제
안, 한부모가족의 심리·정서적, 경제적, 복지적, 법·제도적 지원정책을 총정
리하였고 여성가족부와 보건복지부에 정책제안서를 보내 정책적 관심을 촉
구하였다.

4. 한부모가족 운동 8년의 성과와 한계

민우회 한부모가족 운동의 핵심은 여성 한부모 당사자의 임파워먼트에
있었다. 상담소에서는 사회복지 영역과 달리, 여성운동조직에서 할 수 있는
차별적인 한부모운동을 실천하고자 했다. 민우회의 한부모가족 운동 중심에
는 여성주의적 접근이 자리한다. 우리 사회가 기존에 갖고 있던 가족 이데올
로기, 성차별적인 가족관계, 한부모가족에 대한 편견 아래에서는 여성한부모
의 문제를 풀어가기 어렵다.

때문에 한부모의 현실이 사회구조적인 요인과 맞닿아 있음을 아는 것은
한부모가 현실의 어려움을 자신의 책임으로 돌리는 부담을 줄이고 변화의
필요성을 느끼게 했다. 민우회는 여성한부모를 수혜 또는 계몽의 대상이

아닌 참여의 주체, 권리의 주체로 함께하였다. 민우회에서 만난 한부모들은 서로를 이해하며 돕게 되었다. 또한 다양한 한부모 지원 프로그램을 통해 그들은 자신의 잠재력을 발굴하고, 내공을 키워갔다. 한부모 모임, 한부모 프로그램, 이 모든 것에는 스스로 성장하고 변화하는 한부모 자신의 힘이 있었던 것이다. 이렇게 역량을 키워가는 한부모들을 바라보며 활동가들은 처음의 안타까움에서 뿌듯함으로, 그리고 삶을 함께 이야기하는 친구로서 강한 연결과 유대감을 느끼게 되었다. 임파워되는 한부모들의 면면을 보고 서로 격려하였던 아름다운 기억이 있는 것이다.

또한 한부모가족에 대한 실태조사와 욕구파악은 세심하고도 다각적인 프로그램을 만들어내는 기초가 되었다. 한부모에게 도움이 되는 구체적이고 실질적인 정보제공, 서로 돕기 모임 등의 지원체계 구축은 한부모들의 역량강화에 많은 기여를 하였다. 바로 이러한 점이 다른 한부모지원 단체와의 차별성을 갖게 하였다.

민우회는 또한 사회복지사, 한부모 지원활동가의 인식을 변화시키는 기회를 제공하였다. 다른 기관 한부모가족 지원 프로그램을 시범적으로 운영할 수 있었으며, 네트워크가 가능하게 하였다. 주택, 교육, 환경, 복지, 양육비, 호주제 폐지 등을 내용으로 한 정책 간담회와 토론회도 계속하였다. 특히 양육비를 현실화시키기 위한 활동과 학교현장에서의 교사 인식개선 활동은 좋은 평가를 받은 유의미한 활동이었다.

한편, 경제적 자립을 위한 중장기방안 마련과 법·제도의 개선을 촉구하는 활동도 활발히 벌였다. 그러나 이혼관련 법, 국민기초생활보장법, 모부자복지법 등을 개정하는 데는 근본적인 어려움이 있었다. 또한 한부모가족의 경제적인 문제를 해결하는 것은 그야말로 어려운 영역이었다. 정책에 대한 요구는 분명하였지만 여성단체가 실질적인 변화를 끌어내기에는 한계가 분명했다. 한부모들의 서로 돕기 모임 또한 취업과 양육, 교육이라는 현실적 과제에 밀려 지속성이 떨어지게 되었다. 결과적으로 경제력 향상 같은 실질적인 변화를 꾀할 수 있는 의제화엔 미흡하였던 것이다. 한부모들의 역량이 진정으로 강화되기 위해서는 생활자립 지원정책, 정서적인 지원, 부모교육 등 가족관계 지원, 사회 인식의 변화가 모두 함께 가야 하는 부분임은 말할 것도 없다.

한부모가족 운동이 제대로 확산되기 위해서는 사회 구성원 한 사람 한 사람이 나와 다른 형태의 가족에 대해 '차별'이 아닌 다양성 존중에 대한 인식의 변화가 필요하다. 또한 '서로 돕기 모임'에서처럼 어떻게 여성 한부모들을 세력화할 것인지의 문제가 남아 있는데 그들이 주체로 설 수 있도록 하는 지원, 법·제도적인 변화는 아직 미흡한 실정이다. 또한 한부모운동에서는 심리·정서적 차원의 임파워먼트와 복지 서비스에의 실질적인 접근성 확보, 생활 자립지원책을 어떻게 연결하여 성과를 낼 것인가에 대한 고민이 계속되고 있다.

2000년대 들어 우리 사회는 출산율 저하, 이혼 증가, 그리고 고령화 사회로의 진입 현상을 맞고 있다. 일부에서는 이와 같은 현상을 '가족해체'라는 관점에서 대응하고 있다. 이와 같은 관점의 대표적인 국가 정책이 2003년 말 '건강가정기본법의 제정'이었다. 기존 '정상가족'의 틀을 공고히 하는 것으로 '위기'로 인식되는 '가족' 해체를 막을 수 있다고 판단하고 있으나 이는 변화하는 가족에 대한 인식의 부재만 드러내는 것이었다. 건강가정기본법의 '가족'은 현실에 존재하는 다양한 가족을 포괄하지 못할 뿐 아니라 '건강'이라는 개념을 사용함으로써 '가족'을 이분화하고 있다.

건강가정기본법 제정은 민우회의 가족관련 운동이 한부모가족에 집중되어 있던 방향을 가족주의 이데올로기에 정면 대응하는 쪽으로 전환하는 계기가 되었다. 민우회는 가부장적인 가족구조와 정상가족 이데올로기의 견고한 틀에 대해 문제를 제기하고 있다. 아울러 '가족'이라는 개념 논의도 활성화시키고 있다.

한마디로 민우회가 펼치고자 하는 '가족'운동은 정상가족 이데올로기를

벗어나 다양한 가족 구성의 권리를 존중하고 이를 제도적으로 뒷받침해주는
사회, 가족 내 평등한 관계를 인정하는 사회, 인간의 자기결정권을 보장해주
는 사회로의 발걸음인 것이다.

가족의 구조와 의미가 변화되어가는 21세기 현재, 다양한 가족 형태에
대한 공론화는 자연스러운 현상이다. 사회구성원의 가장 기초적인 주체인
개인권에 대한 존중, 그리고 새로운 '가족' 담론의 형성은 앞으로도 민우회가
지속적으로 관심 갖고 실천해야 할 영역이다.

참고문헌

기틴스, 다이애너(Diana Gittins). 1997. 『가족은 없다』. 안호용 외 역. 일신사.
바렛, 미셸(Michele Barrett), 매킨토시, 메리(Mary McIntosh). 1994. 『가족은 반사회적인가』.
　　김혜경 역. 여성사.
송다영. 2004. 「여성가구주 자립을 위한 지원프로그램의 현황과 실태」. 한부모가족
　　Empowerment를 위한 대안모색 토론회 자료집.
유경희. 2001. 「여성주의집단상담이 이혼여성의 심리적 적응에 미치는 효과」. 가톨릭대
　　상담 심리대학원 석사논문. 52~56쪽.
이동원, 공선영 외. 2001. 『변화하는 사회, 다양한 가족』. 가족연구시리즈. 양서원.
장혜경 외. 2001. 『여성한부모가족을 위한 사회적 지원방안』. 한국여성개발원.

한국여성민우회 자료집
가족과성상담소. 1997a. 『새로 짓는 우리집』 1, 편부모 가족의 문제를 함께 풀어봅시다.
_____. 1997b. 『새로 짓는 우리집』 2, 편부모가정의 실태와 지원방안: 편부모가정지원을
　　위한 정책토론회.
_____. 1997c. 편부모 지침서, 『새로 짓는 우리집』.
_____. 1999a. 『새로 짓는 우리집』 3, 한(편)부모가족 지원, 어떻게 할 것인가?
_____. 1999b. 『새로 짓는 우리집』 4, '99 한부모가족 사업.
_____. 2000. 『새로 짓는 우리집』 5, 한부모를 위한 가이드, 「우리도 알 건 다 알아요
　　– 우리들의 가족이야기」.

_____. 2001a.『새로 짓는 우리집』6, 양육비, 자녀와 한부모의 당연한 권리: 양육비 확보를 위한 정책 심포지엄.
_____. 2001b.『새로 짓는 우리집』7, 한부모가족 지원사업, 어떻게 할 것인가?
_____. 2001c.『새로 짓는 우리집』8, 한부모자녀가 당당한 학교만들기: 한부모자녀 학교생활 적응지원을 위한 심포지엄.
_____. 2002a. 한부모가족 갈등해소 프로그램 진행을 위한 리더십 훈련.
_____. 2002b.『새로 짓는 우리집』10, 한부모가족 양육비 현실화, 어떻게 할 것인가?: 여성한부모가족지원 제 도개선 정책 심포지엄.
_____. 2002c.『새로 짓는 우리집』10-1, 양육비, 이렇게 하면 받을 수 있다. 현행법 내에서의 양육비 확보를 위한 가이드북.
_____. 2002d.『새로 짓는 우리집』11, 여성한부모가족지원 프로그램 개발 및 시범운영.
_____. 2002e.『새로 짓는 우리집』12, 열려라! 한부모세상: 한부모가족 정보지침서.
_____. 2003.『새로 짓는 우리집』13, 여성한부모가족 지원 여성부 위탁 시범사업 보고서.
_____. 2004a. 한부모가족지원단체 네트워크 열려라, 한부모세상.
_____. 2004b. 한부모가족 정책심포지엄 "한부모가족 Empowerment를 위한 대안모색 토론회".

 제7장

생활협동조합: 여성의 힘으로 만든 대안적 생산과 소비시스템

박영숙

민우회 생협운동은 지역에 기반을 둔 주부대중조직을 건설하고, 주부(여성)의 생활운동영역을 여성운동의 한 부분으로 설정하며 대량생산·대량소비·대량폐기의 사회에 맞선 대안경제시스템을 만들기 위한 실험적 시도이다. 단순히 먹거리를 나누는 활동이 아니라 우리의 생활과 우리 사회의 변화를 추구하는 운동이며 나아가 물질위주의 현대문명의 흐름을 바로잡겠다는 주부들의 의지가 모아진 것이다.

민우회 생협운동은 여성운동을 생활의 영역까지 확장시켰다는 면에서 여성운동 내부에서 민우회만이 갖는 특성으로 평가되고, 생협운동계에서는 아무나 쉽게 손을 대지 못하는 농산물 유통 사업체를 여성들의 힘으로 섬세한 경영과 협동의 원칙을 지키면서 운영해온 것으로 평가받고 있다.

이 글에서는 민우회 생협운동의 조직적 발전과정과 사업체 운영방식, 생활재의 의미와 생산자와의 관계 등을 통해 여성들이 어떻게 대량생산·대량소비·대량폐기의 자본주의 물질문명에 도전하며 대안적 생산과 소비시스템을 만들어 활동했는가를 살펴보고자 한다.

1987년 남녀평등한 민주사회의 실현을 위해 창립된 민우회는 대중여성운동을 지향하면서 사무직 여성, 생산직 여성, 주부분과를 만들어 활동을 시작하였다. 주부분과는 특히 청년·지식인 중심의 여성운동에서 벗어나, 보다 폭넓게 주부들까지 참여해서 활동할 수 있는 생활 속의 여성운동을 만들어가고자 했다. 즉, 여성들이 생활 속에서 겪는 문제를 여성이 직접 해결하자는 것이었다. 주부들의 관심사는 주로 가족관계와 가족문화에서의 불평등, 취업문제 등 여성에게 고유한 사항은 물론이고 다른 생활상의 많은 문제를 포함하고 있다. 다른 한편으로 이 시기는 우루과이라운드 협상이 본격적으로 진행되면서 수입농산물이 밀려들어오던 때였다. 연일 계속되는 식품사고와 수입농산물의 수확 후 농약처리(포스트 하베스트) 등으로 식품의 안전성과 환경훼손이 커다란 사회문제로 대두되었다. 주부분과에서는 소비자운동, 환경운동, 농촌살리기운동, 여성운동이 결합된 생활협동조합(이하 '생협')을 구상하게 되었다.

생협은 생활 속의 다양한 문제들을 풀어낼 수 있고, 장기적으로는 협동조합 방식의 사업체를 운영함으로써 자체적으로 재정을 해결할 수 있다는 점, 그리고 지역을 중심으로 일상 속에서 할 수 있는 운동이라는 긍정적인 측면이 새롭게 조명되었다.

생협운동은 소비생활의 장으로부터 현대자본주의 사회의 모습에 이의를 제기하며, 자신들의 생활방식, 노동방식을 동료와 함께 모색해가고 있는 주부를 주된 담당자로 하는 운동으로 풀이된다. 생협운동은 전통적으로 소비생활의 영역이었던 구매, 분배, 소비는 물론 생산, 유통, 폐기, 자원의 순환 과정을 협동의 힘으로 제어할 것을 목표로 하는 운동이다. 식품의 문제를 중심주제의 하나로 다룸으로써 현대 자본주의적 존재방식에 이의를 제기하고 산업의 논리를 대신하여 생활자의 논리를 주장하기 위해서이다. 사람과 사람과의 새로운 관계를 만들고 기존의 생활방식을 바꾸는 방법으로 가정생활에 필요한 필수품의 공동구입을 매개로 삼았던 것이다.

생협운동의 생활정치는 가정을 사적 영역으로 구획화하여 가정의 생활문제를 사회의 공적 논의의 장에서 배제하고 성별분업에 의해 여성 개인의 몫으로 몰아넣는 가부장적 공사구분을 뛰어넘어 생활영역의 문제가 사적 영역에 국한되는 것이 아닌 공적 영역과 연관되어 있음을 깨닫고 일상생활을 사회적으로 정치화하는 작업이다(이현희, 2004).

민우회 생협운동은 여성운동을 생활의 영역까지 확장시켰다는 면에서 여성운동 내부에서 민우회만이 갖는 특성으로 평가되고, 생협운동계에서는 아무나 쉽게 손을 대지 못하는 농산물 유통 사업체를 여성들의 힘으로 섬세한 경영과 협동의 원칙을 지키면서 운영해온 것으로 평가받고 있다.

이 글에서는 민우회 생협운동의 조직적 발전과정과 사업체 운영방식, 생활재의 의미와 생산자와의 관계 등을 통해 여성들이 어떻게 대량생산·대량소비·대량폐기의 자본주의 물질문명에 도전하며 대안적 생산과 소비시스템을 만들어 활동했는가를 살펴보고자 한다.

1. 민우회 생협의 탄생: 여성운동, 생활과 지역을 말하다

1989년에 민우회는 생협운동이 갖고 있는 대안적 성격과 여성운동적 성격을 공유하는 데 주안점을 두고 여성생협운동이라는 새로운 영역의 운동을 시작하게 되었다. 생협운동은 주부들이 살림을 하면서도 할 수 있는 일, 지역에서 살림과 연관된 우리 사회의 문제를 주부들이 해결하고, 더 나아가 사회를 변화시킬 수 있는 가능성을 가진 활동으로 해석되었고, 생협은 민우회의 다양한 활동영역과 인적 자원을 성장시키는 인큐베이터로 설정되었다.

그 해 초부터 주부분과의 소비자문제위원회가 중심이 되어 준비를 하여, 8월 22일 20여 명으로 생활협동조합 발기위원회를 구성하였다. 생협활동을 통해 '참먹거리를 나누는 일, 생활환경을 파괴하는 기업에 대해 주부들의

함께가는 생활소비자협동조합 제2차 정기총회(1991)

요구가 반영되도록 하는 일, 생태계 보호·생산자 보호에 앞장서는 일, 우리 사회를 보다 인간화된 모습이 되도록 하는 일을 전개할 것'을 다짐하면서 주부들의 힘을 모아나갔다.

　민우여성학교와 일정지역에서 4~6회 계속된 집중지역교육, 사랑방교실을 통해 생협운동의 필요성을 알리고 회원을 확대하는 한편, 출자금 모집, 사업계획 및 예산안 만들기, 사무실과 창고 임대 등 1년 동안 회원들이 총출동하여 준비한 결과 1989년 12월 16일, 이효재 선생을 초대 이사장으로 하여 '함께가는 생활협동조합'이 탄생되었다.

　　89년 8월 발기위원회가 구성되면서 업무추진을 위해 창고를 구하러 다녔다. 조합원들의 지극한 정성이 담긴 돈인지라 막중한 책임과 부담감을 갖고 사당동을 후보지로 잡고 물색에 나섰다. 싸고 좋은 곳이 없었다……. 허탕에 또 허탕. 우여곡절을 겪으면서 결정한 곳이 사당전철역 근처 지금의 창고 이것은 개인 사업이 아니고 우리 모든 주부들의 사업이다, 농민도 살고 우리도 사는 일이다, 사회에 도움이 되는 일이다 등등 번갈아가며 설득하여 조금 나은 조건으로 계약하고, 우리의 뜻에 감복해서인지 주인아주머니도 조합원으로 가입하기로 했다……(최진이, 「사당동편력기」, 《함께가는 여성》, 1990. 1월).

고추를 공급하는 데 봉사하겠느냐는 연락이 왔을때 좋은 경험이 될 것 같아 흔쾌히 응했다. 용달차를 타고 돌아다니기 편하도록 바지에 스웨터를 입고 전대를 두르니 영락없이 장사하는 아줌마 형상이 되었다……. 고추를 배달할 때는 5근 포장이라 그리 무겁지도 않아서 별 어려움 없이 마칠 수 있었다. 그러나 사과는 15kg 상자여서 고생이 심했다. 창고가 마련되지 않은 상태에서 공급하다 보니 산지에서 몇백 상자씩 올라오는 사과를 민우회 3층 사무실에 부려놓고 며칠 동안 상근자와 자원봉사자들이 릴레이로 올리고 내리며 용달로 실어 조합원에게 배달했다……. 사과가 무겁긴 해도 배추에 비하면 양반이다. 배추배달은 완전히 겨울로 접어들었고 배달하기로 한 날, 밭에서 차가 넘어져 하루를 미루고 그 다음날 밤 10시가 되어서야 도착했다. 배추 1천 포기, 무우 8백 개를 다 내리고 나니 새벽 두 시였고, 남편, 동생, 아이들까지 난데없는 배추장사가 되었다……. 미리 교육받고 기다리는 조합원들을 위해 시범품목으로 하는 것인데 이만큼 해내고 보니 우리 '함께가는 생협' 저력이 있다는 생각이 들었다……(이혜라, 「바지차림에 전대를 차고」, 《함께 가는 여성》, 1990. 1월).

석유난로가 집에 있긴 했지만 석유냄새가 콩나물에 밸까봐 전기난로를 빌리려고 전화하는 걸 어머님이 들으시고 '그런 개뿔같은 짓, 소용없는 짓 하지 말라'고 하셨다. 돈 몇 푼 남는다고 전기 난로 켜고 전기 장판 쓰고 연탄 석 장 땔 것 다섯 장 때느냐고……. 내가 얼마나 열성적으로 정열적으로 이 중요한 일을 하고 있는데 그까짓 전기세, 연탄 몇 장 대문에 집어치우라니 하룻밤을 자도 화가 풀어지지 않았다. 차 시간이 1시간 정도 남아서 혼자서 소극장으로 갔다 마침 〈아낌없이 주련다〉를 상영하고 있었다. 다 끝나고 다음 차를 탈까 하다가 '콩나물에 내 모든 걸 아낌없이 주련다'고 생각하면서 콩나물이 있는 집으로 돌아왔다……. 이제 내일이면 나의 분신인 콩나물이 서울 소비자들에게로 시집을 가게 된다. 유림이 시집 보낼 때는 어떤 기분이 들까.

아마 오늘과 비슷하리라(김옥분, 「콩나물에 내 모든 걸 아낌없이 주련다」, 《함께가는 여성》, 1990. 2월).

생산자와 소비자가 만나 이렇게 억척스럽고 무식한(?) 준비과정을 거쳐, 생협운동의 실험이 시작되었다. 이 같은 실험은 단순히 먹거리를 나누는 활동이 아니라 우리의 생활과 사회의 변화를 추구하는 운동이며 나아가 현대문명의 물질위주의 흐름을 바로잡겠다는 주부들의 의지가 모아진 것이었다.

> 우리는 살림살이가 사람을 살리는 주체적 삶이 되기를 원한다……. 우리의
> 일상생활을 창조적으로 이루어가려는 주체적 삶은 매일매일 식탁에 오르는
> 먹거리의 질을 지키는 일에서 시작하자. 이것은 농산물의 생산과 유통 그리고
> 가공식품의 생산과 포장, 나아가 외래농산물의 수입에 이르기까지 우리의
> 거대한 경제구조와 정부의 정책에 관련된 문제로서 혼자 개별적으로 지킬
> 수 있는 문제가 아니다……. 이러한 조직적 힘을 발휘할 수 있는 기반으로서
> 생활협동조합이 필요하다……. 생활자료의 질을 우리가 요구하는 대로 생산하
> 며 공급하기 위해 소비자는 생산자들과 만나며 유대를 형성해야 한다. 이것이
> 생활협동조합의 활동이며, 여기서 조직된 힘은 더 나아가 일자리의 창출문제,
> 자녀교육문제, 생활환경문제, 지역사회문제 등 생활의 전반적 문제에 이르기
> 까지 공동으로 해결할 수 있게 발전하는 것이다…… (이이효재, '함께가는
> 생협 창립에 부쳐').

창립선언문에서 보는 바처럼 "주부들의 협동활동이 먹거리를 나누는 일에서 시작하여 여성문제·교육문제·환경문제·지역문제·소비문제 등 생활제반영역까지 넓혀지도록" 하는 운동을 향해 힘찬 걸음을 내딛는 순간이었다.

2. 조직의 변화: 통합과 분권, 자치와 참여의 역사

1) '함께가는 생협' 시기(1989~1991)

설립 후 1년여 동안 '함께가는 생협'은 조합원이 3배 이상 증가(765세대)하고 지역소모임(공동체)도 100여 개로 늘어났다. 어린이날 문화에 대한 설문조사, 바람직한 소비문화만들기와 팔당호 골재채취 반대, 우루과이라운드와 관련한 공청회 개최 등 사회문제에의 대응도 활발히 전개해나갔다.

처음 '함께가는 생협'으로 출발한 것은 민우회가 협동조합운동에 대한 방향성을 가지고 시작했다기보다는, 당시에도 생협법 제정의 가능성이 논의되고 있던 상황이어서 생협활동이 법적 근거를 갖기 위해서는 협동조합으로 출발하는 것이 좋겠다는 판단에 따른 것이었다.

그러나 함께가는 생협은 협동조합체계를 가진 조직으로, 민우회와는 상당히 독립적으로 운영되었다. 대외홍보, 교육행사, 캠페인 등이 생협 독자적으로 이루어지면서 민우회와 조직의 통합성을 키워갈 채널이 없었다. 또한 조합원이 민우회를 자연스럽게 이해하고 관심을 갖게 되리라는 기대에는 못 미치게 되고, 외부에서도 민우회와 생협은 완전히 별개의 단체로 인식하기도 하였다.

> …… 생협을 설립하면서 우리는 생협활동에 대한 이해가 부족하여 조합원들의 일상 실천을 통한 자연스러운 성장보다는 목적의식적으로 의식화에 주력하면 생협도 크고 많은 조합원들이 정회원으로 가입할 것이라는 성급한 기대를 하였다……. 생협은 민우회의 중요한 실천단위의 하나라는 시각, 따라서 조합원은 1차적으로 생협활동에 충실해야 하고 그래야만 조직의 확산도 가능하다는 인식의 전환이 필요하다……. 또한 중앙 중심의 활동에서 오는 회원확대의 한계를 극복하기 위해서는 지부설립 등 지역적 접근이 절실히 요구된

다……(한국여성민우회 정기총회 자료집, 1991).

게다가 1991년 상반기에는 경영난이 심각해지고 700여 만 원의 적자가
발생해 민우회의 인력과 재정으로는 두 개의 조직을 꾸릴 수 없는 형편에
처하게 되었다. 이에 1991년 7월부터 민우회는 주부분과의 활동을 거의 정지
시킨 채로 모든 활동가들이 생협활동에 집중하였다. 그 결과 한동안은 생협에
재정과 인력을 투여해야 한다는 결론에 이르러, 91년 12월에 생협 임시총회를
거쳐 92년 1월에 함께가는 생협은 민우회의 한 부서인 생활협동사업부로
통합 개편되었다.
　이러한 조직의 통합은 "민우회가 명실공히 운동의 영역을 생활부분으로
확산하는 것으로 여성운동의 새로운 지평을 여는 것이다"라고 평가되었다(민
우회 정기총회 자료집, 1992).

2) 한국여성민우회 생활협동사업부 시기(1992~2000)

　이 시기 생협활동은 민우회 주부회원의 기본 실천활동, 즉 민우회의 근간활
동으로 정리되었다. 이제 협동조합운동은 민우회 운동으로, 조합원은 민우회
의 일반회원으로서 먹거리 구매활동을 매개로 시작하지만 다양한 영역으로
회원 활동을 넓혀간다는 방향을 갖게 되었다. 조직적으로도 생협 총회는
민우회 총회로 흡수되고, 이사회의 역할은 중앙위원회·운영위원회·생협위원
회에서 수행하며, 구매공급업무는 생협사업부에서 맡고, 조직·교육·홍보는
본부 사무국과 지회에서 맡게 되었다.
　초기에 민우회의 소식지를 받아보던 자료회원들과 가장 가까운 곳에서
회원들의 직접적인 요구에 맞는 교육과 활동영역을 제공하고 대중운동으로
서 과제개발의 선두에 섰던 지회의 활동과 바람직한 생활재를 개발하고 공급
품목의 확대와 서비스 개선을 위한 생협사업부의 역할분담은 다른 어떤 생협

에서도 따라오지 못할 민우회 생협만의 성장의 원동력이 되었다. 또한 인적 자원이 효율적으로 배분되고 여성운동과 생협운동을 조화시킬 수 있는 통합적 지도력이 형성되었다.

통합 이후 7년 동안 민우회는 생협뿐 아니라 1994년에 가족과성상담소를 발족시키고 지역조직활동·미디어운동·지방자치 참여운동 등으로 운동영역을 확대시켜 대중적 기반이 가장 확고한 단체라는 평가를 받으면서 꾸준히 발전하였다. 모든 회원과 실무자가 오지 생협을 만들기 위해 뛰었던 초기와는 달리, 운동영역이 확대되면서 각 분야로 인력이 분산되고 생협활동을 하지 않으면서도 자신의 관심에 따라 민우회 활동에 열성적으로 참여하는 회원도 늘어나게 되었다. 자연히 민우회 활동의 근간으로서의 생협운동의 위상은 흔들리게 되었다. 한편으로는 본부와 지회의 지도력도 통합적인 성격을 갖게 되면서, 생협운동을 주도적으로 고민하는 활동가 그룹이 생성되지 못하였다. 따라서 구매공급업무를 전담하는 생협사업부의 구조로는 교육과 홍보 면에서 생협의 고유영역을 심화시킬 수 없는 문제들이 나타나기 시작하였다.

한편, 회원들의 숫자는 늘어나는 데 비해 참여구조는 미약해서 그 자발성·주체성이 점점 약해졌다. 10년이나 된 민우회 생협이 생협운동 자체로는 발전이 없다는 반성과 함께 생협운동이 회원확보의 매개사업, 재정확보사업으로의 사업화·도구화·부분화되어 운동과 사업이 분리되어 진행되는 것이 아닌가라는 우려를 낳게 되었다.

이에 1996년부터 3년에 걸쳐 생협의 독자조직화에 대한 논의가 생겨나게 되었다. 이 같은 논의는 1998년에 만들어진 「민우회 생협의 재도약을 위한 시론」(11월 14~15일 열린 지회 운영위원 워크숍에서 발표됨)에서 총괄적으로 정리되었다.

생협활동을 민우회의 다양한 활동 가운데 하나이면서 대다수 회원이 참여하는 중심활동으로 전환하고, 생협 중심의 지도력·사업계획을 세워야 했다.

구매공급 기능에 한정되어 있던 생협사업부의 역할과 조직 내 여기저기에
분산되어 있는 교육과 홍보의 기능을 통합하여 생협 중심의 지도력·생협
중심의 사업계획을 세우며 조직·홍보·재정의 독립과 전문성·운동의 완결성
을 추구하는 독자적 조직체계를 고려해야 할 시점이 온 것이다(지회 운영위원
워크숍 자료집, 1998).

3) 한국여성민우회 생활협동조합 시기(2000~)

1999년 제정된 소비자생활협동조합법에 근거하여 2000년 7월 4일에 한국
여성민우회 생활협동조합이 법인창립총회를 하였다. 이로써 민우회 생협은
재경부장관의 인가를 받는 비영리특별법인으로, 생협법에 의해 단체생협으
로 분류되는 생협법인이 되었다. 민우회와 생협은 독자의 법인격을 갖게
되어 총회와 이사회를 별도로 구성하였다. 또한 생협 내에 교육조직위원회·
생활재위원회·홍보위원회를 둠으로써 교육조직과 홍보사업·구매와 물류사
업이 일원화된 조직으로 거듭나게 되었다. 생협이 독자조직으로 전환함에
따라 조합원의 참여가 활발해지고 생협 운영에도 많은 변화가 있었다. 특히
협동조합의 원칙, 생협사업과 운동의 통일성, 민우회 생협의 정체성에 대한
논의가 활발해졌다.

법인격을 갖게 된 민우회 생협은 2001년에는 생산자와 소비자가 함께하는
공동물류센터 논의에서 출발하여 중장기계획을 마련하였다. 주요 방향은
조직의 분권화로 조합원의 참여를 확대하고, 사업을 효율화함으로써 운동의
지속성을 확보한다는 것이다.

법인화 이후 이사회와 각종 위원회 활동, 지역에서의 교육 활동이 전에
비해 활발해졌음에도 불구하고, 조합원 활동의 근간이 되는 공동구입 이용률
은 점차 떨어져, 창립 후 몇 해 동안 60~65%를 유지해오던 이용률이 2001년
말에는 40% 정도로 낮아졌다. 2000년대 들어 안전한 식품에 대한 국민의

관심과 요구는 점점 높아지고 조합원 가입도 폭발적으로 늘었는데, 가입만 하고 이용하지 않는 신입 조합원도 생기고, 기존 조합원의 이용률도 저하되는 현상이 나타난 것이다. 2001년 말에 5000명이 넘어선 조합원을 본부 사무국에서 한꺼번에 관리하는 것은 불가능에 가깝고, 무엇보다도 조합원은 늘어나는데 활동가가 배출되지 않는 현실적인 벽에 부딪쳐 있었다. 당연히 조합원 참여도는 떨어졌고 생협운동의 의미를 충분히 이해하지 못한 채 유기농산물을 판매하는 곳 정도로만 생각하는 조합원 수가 훨씬 많아지게 되었다. 이렇게 되면서 헌신적인 활동가들의 사기도 떨어졌다. 이런 문제를 해결하고 조직이 활력을 찾으려면 가능한 한 작은 단위로 나누어 사업과 운동 두 측면에서 조합원의 참여를 확대해야 했다. 이른바 분권화가 필요한 시점이었고 민우회 생협에서는 단위생협을 만드는 것으로 방향을 잡았다.

조직의 규모가 커짐에 따라 분권화는 필연적이며 단위생협을 위한 분권화는 민우회 생협의 이념 속에 자리한 '여성의 주체적 참여를 통한 자치의 실현'을 현실화하려는 노력이라 볼 수 있다. 현재 민우회 생협은 '존립을 위한 노력'에서 '탄탄한 기반을 갖춘 여성생협'으로 성장하기 위한 새로운 국면을 맞고 있으며, 양적 성장에 걸맞게 조직체계를 정비해나갈 내적 요구에 직면해 있다. 이에 보다 많은 조합원의 적극적이고 주체적인 참여가 보장되는 단위생협이 요구되는 시점이다(조합원 워크숍 자료집, 2004).

생협의 사업체로서의 위상이 확대되면 될수록 사람과 사람의 직접적인 소통방식을 확대하고 사업의 방법을 전면적인 생활(생산, 유통, 소비, 폐기라는 물질적 신진대사의 과정뿐만 아니라 자연, 평화, 교육, 의료, 복지 등의 문제)과의 관련 속에서 끊임없이 반문하고 제어하는 노력을 해야 한다. 그렇지 않으면 단순히 효율을 추구하는 경영체로 전락할 수도 있기 때문이다. 민우회 생협은 끊임없이 이러한 문제를 반문함으로써 운동체의 특질을 지속적으로 유지해왔던 것이다.

2003년과 2004년, 매장을 운영하고 있는 3개 지부를 중심으로 단위생협

단위생협 실무자 워크숍(2006)

논의가 진행되었다. 그 과정에서 2006년에는 동북, 남서, 고양에 3개의 단위
생협이 출범되었다. 단위생협은 생협본부와는 별도로 독자적인 이사회와
사무국을 운영하고 사업계획과 예산 등도 스스로 수립하고 평가한다.

한편 남부지부와 군포지부 등 단위생협을 창립하지 못한 지부와 수도권의
비지부 지역의 조합원은 여전히 생협본부(한국여성민우회 생협)에 소속되어
활동하고 있다.

> 조합원번호 6297, 이 숫자는 아파트 호수나 전화번호와는 사뭇 그 의미가
> 다르다. 내 앞에 이미 민우회 생협 조합원으로서 생협운동에 한 발 내디딘
> 선배가 6,296명이 있고 내 뒤에 4,000여 명의 생협운동 동료가 함께 있다는
> 것이다. 이제 지역의 여성·환경·교육 등의 문제들을 해결하는 주체로 나아가기
> 위해 단위생협이라는 배를 타고 길을 떠날 것이다(홍은정, 「조합원 참여를
> 확대하기 위한 한걸음」, 《민우회 생협》, 2004. 11월).

동북지부는 "생협친구 즐거운 나", 남서지부는 "가까이 더 가까이", 고양지
부는 "함께하면 행복해요"라는 구호와 함께 지역에서 명실공히 조화·협동·

평등의 가치를 추구하는 주부들의 운동체로의 비전을 가지고 독립적인 법인
격을 갖춘 단위생협을 출범시켰다.

17년 동안 민우회 생협은 몇 번에 걸친 분리와 통합, 분권화라는 조직적
변화를 겪었다. 그러나 그 속에서도 변하지 않은 것이 있다면 그것은 '조합원
에 뿌리를 둔 여성운동의 대중화, 생활자치를 실현하려는 민주적 조직 운영에
대한 신념과 실천'이었을 것이다. 민우회 생협은 여성의 삶과 직결된 생활영
역에서 여성적 관점과 여성의 주체적 관여를 모색하고 실천해왔다. 과거의
보수 성향의 소비자운동, 생활개선운동, 자연보호운동과는 성격을 달리하면
서, 90년대의 진보적 여성단체들이 접근하지 못했던 생활문제를 사회구조적
으로 접근하여 여성운동의 영역을 확장시킨 것이었다.

3. 생협 사업체의 운영: 대안적 소비를 향한 여성들의 도전

1) 자본의 형성 - 쌈짓돈을 모아 미래를 위한 자금으로

조합원은 누구나 출자금에 대한 의무를 진다. 생협의 출자금은 생협운영을
위한 기본적인 자본금으로 창고를 비롯한 업무공간과 시설, 구매자금 등으로
사용되며 처음 가입할 때 내는 것뿐만 아니라, 생협의 규모가 커짐에 따라
운영자금도 그만큼 더 필요하기 때문에 재출자금도 내게 된다. 필요한 자본금
을 조합원 스스로 조성해야 하기 때문이다.

설립 당시에 주부들은 주머니돈을 털어서 출자금 1300여 만 원을 만들었다.
이 돈은 창고와 사무실을 임대하고, 공급차량을 구입하는 데 쓰이면서 종잣돈
이 되었다.

발기인들은 계를 만들어 200만 원을 더 출자하기도 했지만 그 후 가입한
조합원은 1만 원을 의무출자하였다. 그러나 얼마 안 가 생협자본금 조성에

어려움이 닥치게 되어 1년 후에는 가입할 때 2만 원의 출자금을 내는 것으로 상향조정하고 91년도에는 출자금 배당과 공동체별 이용고 배당(협동조합이 이익을 조합원에게 이익을 배당하는 것)도 하였다.

조합원이 늘어나는 만큼 생협의 사업운영규모가 커지고 쌀 등 1차농산물과 가공할 원료를 수매할 필요성이 생겼는데, 이를 위한 자본 규모는 몇 백만 원 정도의 재출자금으로는 턱없이 부족한 실정이었다. 해마다 재출자금으로 1만 원을 내도록 했지만 재출자에 참여하는 조합원은 얼마 되지 않았다. 생협운영의 주체로서 조합원이 자신들의 사업체를 유지하고 발전시키기 위한 자본금 조성을 게을리했다는 반성에서부터 다른 조합원에게도 재출자를 촉구하는 글들이 거의 해마다 소식지에 실렸다.

> 내가 승인하지도 않은 광고 비용, 카드 수수료, 기타 온갖 비용을 상품 가격에 포함시켜놓고 지갑만 열라고 하는 것이 싫어서, 또한 나는 경제적으로 약자라는 것을 알았기에 생협인이 되었다. 주부 9단으로서, 지속 가능한 생활 방식을 선택해야 한다는 생각으로 우리는 생협인이 되었다. 생협 조합원이 되는 데 드는 비용은 얼마 안 됐다. 400여 가지 생활재를 생산해내는 생산자를 얻고, 생활재를 운송, 보관, 선별, 집품, 배송하는 인력과 설비를 갖춘 생협의 주인이 되는데 30,000원만 있으면 됐다. 게다가 생협운동이 잘 되라고 늘 고민하는 사람들도 있어서 주인인 내가 좀 쉬고 있어도 잘 돌아간다. 그런데 이제는 생협의 규모가 커져서 기존의 자본으로는 좀 힘이 든다고 한다. 그러고 보니 재출자를 한 번밖에 안했다는 게 생각난다. 주인이 주인으로서의 의무를 잊고 운영을 소홀히 했다는 말이다(안인숙, 《민우회 생협》, 2002. 2월).

2002년부터 공급을 받는 조합원들이 이용할 때마다 500원씩 재출자금을 적립하고 있고, 6월경에 기간을 정해 매장에서도 재출자를 받았다.

이용출자금 제도(생협을 이용할 때마다 일정액을 출자금으로 내는 것)의 경우 일부 조합원들의 '공급 수수료'로의 오해와 금액의 적정성 등 여러 가지 문제제기가 있었다. 그러나 생협 사업은 조합원 자신이 이용할 수 있는 기초를 만들어야 한다는 원칙, 출자금은 수수료가 아니고, 탈퇴할 때 찾을 수 있는 돈이라는 의견이 설득력을 얻어 총회에서 인준되었고 정착되었다. 비록 500원이라는 적은 돈이지만 생협의 미래를 위한 자금이라는 인식이 지금은 더 크게 자리 잡아가고 있다.

> 나는 생협의 주인으로서 생협의 지속적인 발전을 위해 매주 1회 물건 주문시 거금(?) 500원의 출자금을 낼 것이다 이 500원 속에는 내가 외부를 향해 소리치고픈 내 안의 메시지를 담고 있다.
> 첫째, 매번 안심하고 먹을 수 있는 귀하디 귀한 먹거리를 생산하시는 분들께 항상 감사하는 마음을 가지며 이분들의 안정적인 생산기반을 마련하는 데 조금이라도 도움이 되었으면 하는 바람이다.
> 둘째, 내가 먹거리에 대한 불평으로 세월을 보낼 때에 주저없이 뛰어들어 '땀과 시간'을 아낌없이 쏟아부어 이만큼의 생협을 일구어온 사람들, 이들의 열악한 환경이 조금이라도 나아지고 중장기 발전 계획을 차질 없이 수행하는 데 더 힘을 모으라는 격려를 이 500원에 담아낸다.
> 셋째, 소소하게 모여진 500원들이 알찬 생협의 미래를 약속하고 그것이 다시 부메랑으로 내 가족의 건강한 먹거리 확보로 이어진다. 아울러 생협을 통해 건강한 우리 사회의 한 축을 이룰 수 있다는 믿음을 이 출자금 500원에 실어 보낸다(이주영, 「나는 왜 자꾸 재출자를 하는가」, 《민우회 생협》, 2002, 5월).

2) 이용형태 – 5세대 공동체에서 더 넓은 지역공동체로

'함께가는 생협' 출발 당시에는 5~10세대의 공동체(공식 명칭은 '지역소모임'이었다. 그러나 우리는 공동체란 용어를 더 즐겨 썼던 것 같다)를 구성해야만 이용할 수 있었다. 생활필수품의 공동 구입·이웃사랑 실천의 장·생협의 주인으로서의 자리매김, 소비생활의 인간화·민주화·협동화를 활성화시킬 수 있는 생활협동의 장으로서의 공동체는 나와 이웃이 함께 만들어가고자 하는 사회의 축소판이었다.

생협활동을 하려면 공동체를 만들고 '소개교육(96년부터는 '공동구입설명회'라고 하였다)'을 받고 나서 가입을 할 수 있었고, 소개교육을 위해 지역협의회별로 1~3명의 강사들이 훈련을 받아 활동했다(민우회 총회자료집, 1992). 초기 공동체활동의 어려움 속에서도 이웃 간에 얻는 즐거움은 생협활동의 원동력으로 작용했다. 초기에 열과 성을 다한 공동체봉사자들의 봉사가 없었더라면 생협의 운영은 더욱 어려웠을 것이다.

그동안 공동체의 봉사자들은 개인의 주문을 취합하고, 공급받은 생활재를 보관했다가 나눠주고, 생활재대금을 계산하는 결제까지도 맡아하면서 지역에서 '보이지 않는 실무자'의 역할을 담당했다. 그러나 일이 무척 어렵다는 고충이 끊이지 않았다. 이러한 고충을 해결하기 위해 2002년부터 주문과 결제는 개별로 하고 생활재는 봉사자에게 일괄 공급하는 시스템으로 조합원 활동의 편의를 도모하고 있다.

이 시기를 기점으로 공동체보다 개별가입 조합원의 비율은 점차 늘어 2004년에는 전체 이용조합원의 42%를 점하게 되었다. 1999년부터 개장한 매장을 이용하는 매장조합원은 2004년에 52%로 증가한 데 비해, 공동체조합원은 6%에 불과하게 되었다.

1999년 제일 먼저 동북지부가 서울시에서 팔당지역 농산물 판매매장을 지원해주는 프로그램에 참여하여 매장을 낸 이후 2000년 남서지부, 2001년에 고양지부가 지부에서 직영하는 매장을 내게 되었다. 매장은 지역에서 주부들이 쉽게 민우회를 접할 수 있는 공간이 되었고, 이후 조합원 확대와 친환경농산물을 비롯한 지속 가능한 소비를 확대하는 데도 많은 공헌을 하였다.

서울 서초구 반포동에 위치한 여성민우회 생협 반포매장 '행복중심'(2007)

2000년 이후 정부의 농업정책이 친환경농업 육성으로 변화한 점, 2003년 불기 시작한 웰빙 바람, 계속되는 식품안전 사고로 안전한 먹거리에 대한 관심이 점차 고조되는 상황에서 매장은 생협운동의 확산에 지대한 역할을 하였다.

또한 민우회의 생협 매장은 다른 유기농산물판매장과는 달리 주문, 진열, 계산, 회계, 청소, 고충상담, 이벤트에 이르기까지 조합원 활동가들이 모든 일을 담당하고 있다. 이러한 사업에의 참여 경험과 약간의 보수는 참여하는 조합원 개인의 성장은 물론이고, 지역에서 여성의 노동을 더욱 의미있는 것으로 만들어가고 있다.

  ······ 초기 매장사업은 예산도, 경험도, 인력도 부족했지만 모든 것을 주부의
  입장에서 조합원 스스로 결정하면서 함께 밑그림을 그리고 힘을 모아 만들어
  갔다. 조합원들이 스스로 경영에 적극적으로 참여할 수밖에 없었고 많은 논의
  를 하면서 사업 운영을 경험하는 계기가 되었다. 이는 조합원에서 자원활동가,
  파트타임 활동가, 상근활동가로 성장하는 기회가 되었다. 또 매장운영을 경험

하면서 활동가들에게는 최소한의 활동비를 나누게 되었는데, 이는 주부들의 무보수 노동을 '지역에서 의미있는 노동'으로 한걸음 나아가게 하는 소중한 장이 되었다. 지금도 상근활동가들이 매장의 성장과 함께 늘어나고 있고, 그 능력을 키워가고 있다……(심문선, 「'지역여성의 사랑방'에서 공동체운동을, 여성들의 아름다운 도전, 또 다른 세상」, 『민우회 생협 15년』).

이제 민우회 생협에서 '공동체'라는 개념은 생활재를 공급받는 3~10세대의 단위를 포함하여 개별조합원과 매장조합원을 아우르는 지역공동체라는 개념으로 더욱 확대되고 한 단계 더 발전하고 있다. 당시 공동체 봉사자들이 했던 조합원의 의견 수렴과 참여 활동은 지역의 생협 위원, 생활재 위원, 전담활동가들의 역할 등으로 더욱 전문화되어가면서 활동가들의 참여 폭도 넓어졌다.

2000년에 들어서는 인터넷의 보급으로 온라인을 통해 생활재를 주문하고, 커뮤니티를 만들어 조합원 간의 정보를 교환할 수 있도록 하는 등 홈페이지를 통한 생협의 활성화를 꾀하고 있다. 온라인상의 새로운 공동체도 만들어지고 있다. 1999년 10주년을 맞아 조합원의 인터넷 활용 가능 여부를 조사한 결과 '스스로든(50.3%), 가족의 도움을 받아서든(23.0%), 인터넷을 활용할 수 있다'는 조합원이 70%를 넘는 결과가 나왔다. 이를 바탕으로 2000년 10월에 처음으로 홈페이지를 오픈하였고 여러 번의 수정, 보완을 거쳤다.

인터넷 주문시스템 초기에 8.5%에 불과하던 인터넷 주문율은 2006년에 70%에 육박하고 있으며, '생산자와 함께 요리·육아' 등의 커뮤니티도 만들어졌다. 홈페이지를 이용한 조합원 의견 교환과 정보의 소통은 직접적인 대면관계나 인쇄매체를 통한 교육, 홍보를 뛰어넘어 조합원 활동의 새로운 장이 되고 있다.

3) 지속 가능한 생협운동을 위한 물류사업의 효율화

처음에 임대했던 사당동 주택가의 창고 겸 사무실은 20평 규모였는데 10평은 사무실 공간으로, 10평은 창고 겸 집품공간으로 사용되었다. 말이 집품공간이지 세 벽면에 철제 앵글로 선반을 만들어 생활재를 진열하고 주문장을 가진 사람이 소리쳐 품목과 수량을 부르면 서너 사람이 자기에게 가까운 쪽의 것을 담는 식으로 일을 하였고, 주차 공간이 확보되지 않아 공급차량이 들어올 저녁시간이면 실무자들은 문 앞에 다른 차가 서지 않는지 신경을 곤두세워야 했다.

야채, 일일식품 등 홍성에서 오는 생활재는 새벽에 시외버스로 보내주면 당시 용산에 있던 터미널에서 찾아와 그때부터 두부를 자르고 소포장을 시작해 재활용하는 과일상자에 넣어 냉장도 되지 않는 차량에 넣고 수도권 전역을 돌아다녔다. 조합원들이 물건을 받는 오후가 되면, 여름에는 야채, 콩나물이 짓무르고 두부는 쉬고, 겨울에는 얼어붙는 일이 비일비재했다.

전국에 흩어져 있는 산지에서도 자체 운송수단이 없는 곳이 많았고, 우리의 주문량도 적었기 때문에 가락시장·영등포시장·용산·청량리·화물회사 등으로 오는 차량에 몇 상자씩 실어 보내면 공급직원들이 일일이 찾아오고 사무실에서는 그것을 소포장하고 관리하는 번거로운 일이 매일 계속되었다.

1995년에는 사당동과 장충동에 있던 민우회 사무실과의 거리가 멀어 각종 회의와 일상적인 조직·홍보 등에 통합성의 문제가 제기되어 생협 사무실과 창고를 장충동 주택가로 옮겼지만 길이 비좁고, 드나드는 차량의 소음으로 지역 주민들의 반발이 적지 않았다. 결국 1996년에는 다시 사당동에 있는 43평짜리 가건물 형식의 조금 넓은 공간으로 이사를 하였다.

여기서 4년을 지내다가 2000년 11월 말에 지금의 과천 사무실로 이사를 하게 되었는데 마을회관 1층에 마을사람들과 함께 공동구판장을 운영하는 형식으로 100평을 임대하여 생협 직영의 조그만 매장도 함께 내게 되었다.

이곳에서는 구판장 10평, 사무실 15평, 14평의 냉장실과 5평의 냉동고를 확충하였다. 15평 정도의 생활재 집품라인을 조정하여 집품 시의 실수를 최대한 줄이고 조합원이 공급받는 시간을 맞추는 효과를 볼 수 있었다. 냉장·냉동저장고를 확보하여 생활재의 물량확보나 품질보전에 일대 혁신을 기할 수 있었고 생활재의 특성에 맞는 집품군의 재조정으로 세팅작업의 정확도도 높아졌다.

1996년부터 생활재 구매와 배송 등에 수도권의 군소 생협을 비롯한 전국의 소규모 생협들이 물류연대를 추진하기 시작하였다. 이듬해인 1997년에는 환경이 열악하여 경영하기 어려운 생협들이 생산지 관리·창고공간 확보·공급 등 물류문제 해결을 위해 서로 연대하여 수도권생협사업연합과 21세기생협 연대(현재의 한국생협연대)를 만들어 상당한 경영 효율화를 이루어냈다. 이 무렵 민우회 생협도 품목과 산지는 늘어나는 데 비해 생산관리 인력은 부족하고, 창고 공간은 비좁아 물류문제를 해결해야 하는 큰 과제를 안고 있었다. 2000년에 들어 소비자와 생산자가 함께하는 공동 물류센터에 참여하자는 제의를 받으면서 우리는 어떤 방식으로 물류문제를 극복할 것인가라는 물류 논의가 가속화되었다. 연합물류의 성장세는 폭발적이었고 생산지에서도 연합물류로 절감되는 비용을 감안해 산지가격을 조정했기 때문에서 민우회 생협의 교섭력이 떨어지기도 하고, 때로는 생활재의 가격이 다른 생협에 비해 상대적으로 높아지는 현상도 일어났다.

생협 법인총회 후 새로 구성된 이사회는 1년 가까이 여러 물류센터를 방문하는 등 조사연구를 하면서 열띤 토론을 벌였다. 결국 2001년 4월 이사회 에서 2003년 정도에 다시 물류 방향을 전환해야 할 것이라는 점을 전망하면서 독자 물류를 추진하는 것으로 결정함으로써 논의는 일단락되었다. 이 결정 후, 조합원 확대에 힘쓰고 이를 기반으로 구매력을 확보하여 산지에서의 교섭력을 키우며 기존의 연합물류를 이용하던 것까지 모든 생활재의 독자물 류를 추진하였다. 그러나 2002년 조합원의 폭발적 증가로 배송물량과 재고물

량이 포화상태에 이르자, 창
고공간과 실무인력이 확충되
지 않는 상황에서 재고부담이
증가했다. 물류 업무가 안정
되지 않았기 때문에 다른 분야
의 업무까지도 흔들리는 상황
이 발생하였다. 2002년 1월 이
사회에서는 2003년 이후에 공
동물류로 전환한다는 방향 아

생협의 공급바구니

래 구체적인 방법에 대한 자료를 수집하고 비교검토를 한 후, 한국생협연대를
연합물류의 파트너로 정하고, 2004년부터 생협연대의 물류센터와 과천의
창고를 배송센터로 공동 사용하면서 생산지 관리까지 통합했다.

물류통합의 효과로 구매력 연대를 통해 다양한 생활재 개발과 취급이
가능해졌다. 공동구매로 생활재 가격인하를 가져올 수 있었고 생산에 대한
정보 공유로 생산지 관리비용 절감과 산지 대응을 신속히 할 수 있었다.
물류사업 지원업무의 감소로 조직 및 정책기획 사업에의 집중이 가능해졌다.
물류센터 이전으로 공급직원의 사무공간을 확보할 수 있었고 체계적인 업무
를 할 수 있게 되었다. 이 과정에서 공동사업을 통해 타 생협에 대한 이해를
높이는 계기도 마련되었다(여성민우회 생협, 2005).

처음에는 공급용기로 사과상자, 배상자 등을 재활용하여 사용했다. 상자에
생활재를 가득 넣는 바람에 눌리거나 터져서 파손되기도 하고 농산물에서
흙이 떨어져 포장이 부실한 다른 생활재까지 들어가기도 했다. 초기 조합원들
은 공급받은 사과상자는 물론 동네에서 버리는 쓸 만한 상자까지도 모아서
보내주어 조합 살림에 보탬이 되었다. 그러다가 공급바구니(슈퍼에서 쓰는
바구니보다 좀 더 크고 튼튼하다)를 쓰면서 눌리고 깨지는 것은 조금 줄어들었다.
이때도 역시 조합원들은 바구니를 깨끗이 닦아 돌려주어 사무국의 일손을

덜어주었다. 공급바구니의 가격이 만만치 않은데 분실되는 일이 잦고 부피가 커 창고를 차지하는 면적이 넓어 규격 골판지 박스를 제작해서 쓰기도 했다. 2003년부터는 한국생협연대와 함께 같은 규격으로 일본에서 제작한 접이식 플라스틱 상자를 사용하고 있다.

여성들이 운영하는 생협의 애로사항은 공급 분야의 인력관리와 차량관리에도 나타났다. 처음에는 1톤 차량을 소유하고 공급직원 1명과 보조 1명을 채용했으나 새 차를 1년밖에 못 쓰고 폐차를 시킬 정도로 차량관리의 문제가 생겨났다. 공급물량도 늘어나는데, 가뜩이나 모자라는 사무국 인력으로는 기름값은 물론이고 보험료, 기타 점검과 수리 등 차량관리까지 하기 어렵다는 판단을 내리고 지입차량으로 공급하였다. 2001년까지 지입차량으로 공급을 하다가, 점차 공급량이 확대되어 생협사업을 이해하고 공급업무에 책임감을 가지는 일꾼을 양성하자는 취지에서 다시 차량을 소유하고 직원을 채용하는 형태로 운영하고 있다.

4) 환경을 생각하는 소비: '생활'에 대한 사회적 책임

상품화, 소비자화란 모든 것이 매매를 통해 완결되므로 물건을 만드는 과정도, 그것을 사용하고 난 결과도 모두 아무런 반성 없이 이루어지는 과정이다. 그것은 생산자와 소비자가 같은 생활인으로서 사회와 자연환경에 대해 어떤 책임을 져야 하는가는 전혀 무시하고 이루어진다. 농사 짓는 사람은 농약과 화학비료로 토양을 오염시키고, 축산농가는 가축분뇨를 방류하고, 기업은 공해물질을 배출하고, 소비자는 합성세제를 마구 흘려보내는 상황이었다. 상품화, 소비자화 속에서 지극히 이기적이 되어버린 생활은 생산자와 소비자의 관계를 적대적인 것으로 만들고, 대량생산·대량소비의 결과로 대량 폐기되는 쓰레기를 처리하기 위한 행정서비스기관의 확대는 소비자에게 세금부담만 가중시키게 된다. 일찍이 민우회 생협은 이러한 독선적인 소비생활이 사회와 자연에 대한 가해 행위라는 것을 자각하고, 협동의 힘으로 이를 완화하고자 하는 노력을 계속하고 하고 있다.

민우회 생협운동 초기부터 폐식용유 모으기, 사과상자나 배 상자를 공급박스로 재활용하기, 과일껍질 말려서 퇴비 만들기, 유정란판 재사용, 장바구니 들기 운동 등으로 생산과 소비과정에 대한 주체적 참여와 제어뿐 아니라 폐기 과정도 우리가 만들어야 할 대안사회를 향한 실천운동으로 강조되고 실천되었다.

> …… 깨끗한 식용유에서 더 질 좋은 비누가 만들어지리라고 짐작했었으나 결과는 오히려 반대였다. 재미있는 일이었다. 단지 수돗물을 오염시키는 폐식용유를 재활용한다는 의미가 아니라 새 식용유에 비해 훨씬 양질의 비누가 만들어지는 과정을 보면서……(최애영, 「찌꺼기도 제 몫을 한다」, 《함께가는 여성》, 91. 6월)

90년대 초 주부들의 작은 노력으로 시작된 생쓰레기 퇴비화는 이제는 모든 지자체에서 음식물쓰레기를 분리수거하고 퇴비화, 사료화하는 쓰레기 처리정책으로 자리잡게 만들었다. 쓰레기 문제를 자원순환과 재활용이라는 새로운 패러다임에서 제시한 것이다.

주스 생산지인 청암농산에서는 30회 정도 재사용할 수 있는 강화유리로 만든 병을 사용하고 있었지만 회수율이 지극히 낮은 상태였다. 2005년부터 재사용 가능 주스병 회수율을 높이자는 취지의 '재사용병 2080운동'이 본격적으로 전개되었다. 그리고 곧 다른 생협들에게 '재사용병 확대회의'를 제안하여 '재사용병 확대를 위한 협의체'를 구성하게 되었다.

> 현재 여성민우회 생협에서 공급하는 청암농산의 주스병은 약 30회를 다시 사용할 수 있는 재사용병인데 회수율을 20% 더 높이고 전체 회수율이 80%가

재사용병 사용을 위한 2080운동 소개 자료

될 때까지 조합원 여러분과 함께 실천해야 할 운동이기에 포럼의 주제를 '재사용병 2080 운동'이라고 정하였습니다.

'재사용병 2080 운동'은 단순히 투자한 비용을 다시 되찾기 위함만이 아닙니다. 새 병을 만들 때 약 60%가 에너지 비용(기름)인데 석유 한 방울 나오지 않는 우리나라의 경제상황과 환경오염 등을 고려할 때 1회만 사용되고 재활용되는 병보다 30회 정도는 다시 사용할 수 있는 재사용병이 얼마나 필요한지 쉽게 알 수 있습니다. 이에, 생협에서 취급하고 있는 병 생활재를 점차 재사용병으로 변경하기 위해 노력해야 한다는 것을 운동의 목표로 삼았습니다(이정아, 「유리는 깨져도 유리입니다」, 《민우회 생협》, 2005. 12월).

4. 생활재와 생산자: 얼굴이 보이는 관계

1) 생활재 – 희망을 담아내는 활동의 결정체

지금은 당연하게 부르고 있는 '생활재'란 용어는 처음엔 물품, 물건, 생활용품 등으로 불렀다. 1996년부터 '생협의 상품은 단순한 공급사업의 취급품이나 그것을 통해 수익을 올리는 수단이 아니라 조합원들의 희망이 집약되어 나타난 생협활동의 결정체'라는 의미에서 민우회 생협은 다른 생협과 달리 독자적으로 '생활재'라는 말을 만들어 쓰고 있다.

생활재는 단순한 상품이 아니라 생산과정이 분명한 소비재를 얼굴을 아는 생산자로부터 공급받는 것이다. 생산자와 소비자가 교류하고 연대관계를 만들어가는 것, 화폐를 매개로 소비재를 교환하면서도 자본주의 사회에서 물상화된 상품적 성격을 완화하고자 하는 것이다. 어느 활동가가 말하는 것처럼 우리를 둘러싸고 있는 수많은 상품들이 소비자의 안전이나 환경에 대한 배려 없이 만들어지는, 기업의 돈벌이 수단이라는 점에 주목하면서 생활재의 의미를 정확이 파악하고 우리가 원하는 재화를 만들어간다는 점에서 생활재는 조합원 활동의 중심이 된다고 할 수 있다.

> 아침마다 양치질을 하는데 다량의 방부제와 불소와 색소가 들어 있는 치약을 쓸 수밖에 없는 상황이잖아요. 그런데 그런 치약이 정말 안전한 치약인지, 여성잡지에 보면 치약으로 냉장고를 닦으면 좋다고 나와 있거든요. 표백제가 들어 있기 때문에 냉장고가 하얘진대요. 그런 것들로 우리 이빨을 닦아도 되나? 한 번이라도 의심을 해봐야 하는 거죠. 그런데 '아, 이건 아니다' 해도 달리 대안이 없는 거예요. 그러나 생협에서는 대안이 나오는 거죠. 우리 생활 하나하나에서 그런 재화들을 만들어내는 거죠. 농산물도 마찬가지고, 가공물도 마찬가지고 대안치약 같은 것이 나왔을 때 열심히 써서 많이 생산해내고 주변에 알려나가는 것, 그런 것들이 우리 생활을 바꿔나가는 운동이라고 생각을 하고요. 목소리를 높여서 얘기하는 사람들도 필요하겠지만 그보다는 훨씬 더 몸으로 실천하는 사람들이 중요하다, 우리 전업주부들이야말로 그렇게 할 수 있다……(김종미, 2004).

창립 초기에는 생활재가 쌀·유정란·두부·콩나물 등 일상품과 메주·김장배추 등 계절 품목을 합해 50종에 불과했으나 꾸준한 노력의 결과로 1992년, 93년은 생활재의 종류가 눈에 띄게 늘어났다. 특히 사무국과 재주 있는 조합원들이 개발하여 직접 만든 김치, 된장, 잼 등 제조품목은 전체 품목의 4%, 이용고의 5%를 점할 정도로 확대되었다. 2007년 현재 100여 곳의 생산지에서 공급되는 700여 품목을 생활재로 취급하고 있다.

법인화 이전, 생활재 품목 선택권은 주로 사무국에 있었다. 생활협동사업부 시기에는 생협운영에 대한 여러 가지 사안을 책임지고 결정할 상설기구가 없었던 반면, 품목 확대에 대한 조합원의 요구는 날로 커졌기 때문에 사무국에서는 이 요구를 담아내는 것이 급선무였다.

다행히 새로 개발된 생활재는 대부분 큰 호응을 얻었고, 조합원과 이용고의 확대에 큰 몫을 하였다. 그러나 새로운 생활재를 개발하기 위한 노력이 조합원들의 주체적인 참여에 의해서 이루어졌다고 볼 수는 없다. 요구가 있다고 해도 단편적인 불만사항을 표시하는 것으로 끝날 때가 많았고, 심지어는 어떤 품목을 취급해달라고 해서 실무자가 백방으로 수소문해서 새 품목으로 올렸는데 주문이 하나도 없는 사례도 있었다. 조합원의 참여가 담보되지 않는 생활재개발은 한계를 드러내기 시작했던 것이다. 생활재는 조합원들의 요구에 의해서 개발되어야 하고 공동구입 이후의 점검과 사후관리, 지속적인 생산지와의 관계가 기반이 되어야 하기 때문에 적어도 이 분야만큼은 전문적으로 활동할 조합원 그룹이 필요하게 되었다.

1998년 3월 신설된 생활재위원회의 활동은 법인화 이후 더욱 힘을 받아 이제는 생협본부와 단위생협에서 상당한 전문성을 가진 조합원활동으로 자리 잡아가고 있다. 새로운 생활재에 대한 조합원의 요구를 파악하고, 생산할 생산자를 찾고, 이에 대한 모니터링, 시식회와 간담회, 생산지 점검 등을 통해 생활재를 개선하는 '생활재위원회'의 활약으로 생활재는 우리의 희망을 담아내는 활동의 결정체가 되었다. 지금까지 네 차례에 걸쳐 발간된 『생협생활재의 특별한 이야기』도 생활재와 생산지에 관한 정보제공 역할을 톡톡히 하고 있다.

수산물 생산자 간담회를 준비하면서 대형마트에 시장조사를 나갔을 때 괜히 가슴이 쿵쿵 뛰어 맘 졸이면서 기록했던 순간이 떠오릅니다. 생협은 조합원에게 생활재에 대한 모든 정보를 공개하지만 시중은 소비자가 요구했을 때 기업에 불리한 정보는 공개하지 않고 구실을 대면서 회피하잖아요. 이런 경험을 통해 생활재에 대한 정보를 공개한다는 것이 얼마나 중요한지 다시 한번 깨닫게 되었지요(김묵순, 「생활재가 있는 곳엔 언제든 달려갑니다」, 《민우회 생협》, 2004. 12월)

생활재는 생활 속에서의 사용빈도, 안전하고 안심할 수 있는 원료사용, 공해유발을 최소화할 수 있는 생산과정, 적당한 용량, 포장형태, 운송과정, 폐기할 때의 오염유발 정도, 공정한 가격 등 여러 면에서 생협적 특성과 기준에 합당한 것이어야 한다. 이 기준의 균형이 깨지면, 생협이 건강식품이나 토산품 판매장으로 오인될 수도 있고, 싼 가격만 고집하다 보면 일반 슈퍼와의 치열한 가격 경쟁 속에서 헤어나지 못한다. 기껏 만들어낸 생활재가 그 특성을 가지고 존재하기 위해서는 조합원의 참여와 구매력 결집이라는 두 방향의 노력이 끊임없이 지속되어야 한다.

어떤 기준으로 생활재를 개발하고 선정하며, 이를 취급할 것인가라는 기준은 실제로 조합원의 요구사항을 어떻게 담아내고 실천할 것인가라는 민우회 생협운동 이념의 또 다른 표현이다. 창립 이후 생활재의 선정 기준은 끊임없이 논의되어왔는데 법인화 이후 2006년에는 세계시장의 흐름과 먹을거리 환경의 변화를 숙지하여 생활재 선정 원칙의 전문과 기본 원칙을 대폭 수정 보완하였다.

특히 국내농산물 보호라는 대명제 때문에 논의조차 금기시되어왔던 수입품 취급과 관련해서는 '국내에서 생산되지는 않으나 보편적인 생활재, 민중교역을 통한 제3세계 농민과 노동자의 삶을 지원하는 생활재'에 한해 수입품도 취급할 수 있도록 하였다.

이러한 생활재 선정의 기본원칙은 민우회 생협이 지향하는 생활재의 생산 과정은 물론이고 포장, 운송, 소비, 사용, 폐기의 전 단계에서 생산자와 함께 자본주의 사회에서 나타나는 상품순환의 문제를 극복하고자 하는 의지의 산물이라고 볼 수 있다.

2) 세상을 바꾸는 생활재 – 나누고 싶은 쌀 이야기

생협운동의 출발은 안전한 먹거리와 환경을 보호하기 위한 우리 농업 살리기와 환경농업 생산기반 확보에 초점이 맞춰져 있었다. 생협은 안전하고 충분한 먹거리와 환경을 살리기 위해서 자급농업, 환경농업이 중요하다는 것을 끊임없이 강조하여 농업생산을 지지하고, 이에 호응하는 생산자들과 함께 환경농업 생산기반을 확대해나갈 수 있었다.

특히 오랫동안 민우회 생협이 다뤄왔고 지역 농업을 살려낸 대표적인 생활재는 쌀이다.

…… 우리가 먹는 쌀값이 정말 비싼 것인가 생각해보고 싶다. 우리가 살면서 치르게 되는 비용들, 즉 자가용 기름값, 통신비용, 술값, 영화를 보거나 책을 사거나 하는 문화생활 비용, 장신구를 사고, 머리하고, 옷이나 신발을 사는 비용, 과자나 주전부리 값들을 떠올려보고 쌀값을 산출해보자…… 한 사람이 일년에 먹는 쌀은 대략 80kg 정도라고 한다. 한 끼에 유기농쌀로 지은 밥이 280원, 일반쌀로 지은 밥이 180원 꼴이다. 이것이 비싼 값일까?

이쯤 되면 '우리 쌀의 값을 매길 수 있을지……'까지 생각하게 된다. 이렇게 소중한 우리의 생명줄이며 자연환경의 일부분인 쌀을 지켜나갈 수 있는 방법이 있을 것이다. 쌀은 농민만 지켜서는 안 된다. 그 쌀을 먹는 국민이 지켜야 한다(곽현정, 《민우회 생협》, 2003. 6월).

쌀은 단순히 밥을 짓는 재료가 아니라 식량주권의 문제이고 우리 문화를 대표하는 것이라는 인식은 설립 초기부터 공유되어왔는데, 특히 1990년은 우루과이라운드 반대운동이 거세지면서 곧 쌀도 개방되리라는 위기감이 커지던 시기였다. 이런 상황에 대응해 농약 중독에 걸린 경험이 있는 철원의 두 생산자들과 쌀 직거래가 시작되었다.

매년 6월에 벌이는 오리입식 행사

우리는 쌀농사의 국토환경보존 기능과 국민생활·문화·정서에 미치는 영향을 홍보하면서[1] 농업의 다원적 기능과 환경농업의 중요성에 대한 인식을 촉구하였다. 한국농업과 쌀을 지키고 살리기 위한 민우회 생협의 노력은 1991년에 '쌀선수금 제도'로 그 모습을 드러냈다. 조합원 각자가 1년간 소비할 쌀값을 먼저 내고 자기가 필요할 때 공급받는 방식이었다. 첫해 모은 선수금은 80Kg 147가마분 2,000만 원으로, 철원의 생산자들에게 보내졌다. 쌀로 몫돈을 마련해야 하는 생산자에게 큰 도움이 되었지만, 아직 공급과 회계 전산시스템이 마련되지 않은 상태에서 일일이 수작업으로 선수금 원장을 관리해야 하는 일이 보통 어려운 게 아니었다. 더구나 공동체로 주문을 받다 보니 봉사자와 실제 쌀을 받을 사람 간의 혼선이 생겨 이 제도는 두 해밖에 실행하지 못했다.

92년에 일반미를 공급받던 홍성으로 쌀 산지가 옮겨지면서 국토환경보전에서 논이 얼마나 중요한가를 알리고, 회원이 1명 늘면 논 100평이 살아난다

---

1) 서혜란, 「쌀을 밥풀떼기 취급할 것인가?」, 《함께가는 여성》, 1991. 12월.

는 캐치프레이즈로 쌀소비를 확대해나갔다. 해마다 6월 6일 열리는 오리입식 행사에서 오리입식지원금을 전달하고, 10월은 메뚜기잡기, 나눔잔치 등을 통해 쌀생산자들과 교류를 하면서 쌀소비 의지를 다졌다. 2002년에는 우리가 한 해 동안 소비할 쌀값의 반인 1억 5천만 원을 모아 수매자금으로 전달했고, 2003년에는 홍성풀무생협의 벼건조시설에 2,000만 원을 대여했다. 7분도미 개발, 『나누고 싶은 쌀 이야기』 출판, 어린이를 대상으로 유기농 볍씨 키우기 캠페인, 쌀품평회, 쌀사랑 캠페인 등이 쌀문제에 대한 국민적 관심 촉구, 조합원들의 실천 행동으로 전개되었다. 처음 몇 농가에서 시작한 홍성풀무생 협의 유기농쌀 생산면적은 2004년에 100만 평을 넘어서는 성과를 거두었다.

> 지난 봄 내가 속한 모임에서 '볍씨 키우기'에 대한 얘기를 듣고 흥분했다.
> 도시에서 나고 자란 불우한 나에겐 하나의 충격이었다. 내 집안에 논을 만들
> 수 있다니…… 볍씨를 받은 그날부터 왕초보 농부가 된 나와 딸 예슬이는
> 책에 나와 있는 대로 하나하나 초심(草心)을 배워나갔다. 발아가 되던 날, 우리
> 는 감탄을 연발하며 벌써 쌀알이라도 얻어낸 것처럼 호들갑을 떨었다. 아마도
> 예슬이를 가졌다는 걸 알게 된 그 느낌과 비슷했으리라(김순란, 「작은논 이야
> 기」, 《민우회 생협》, 2003. 11월).

이전에는 수입쌀은 가공용만으로 사용되었는데 2006년부터 밥쌀용 수입 쌀이 시중에 시판되고 있다. 쌀수입의 파장은 농민의 농사 의지를 완전히 꺾어놓았다. 우리 농업을 살리기 위해 민우회 생협은 쌀 생산기반이 무너지지 않도록 2억 원의 쌀수매자금을 조성하여 생산자의 고충을 함께 나누고 있다.

3) 생산자와의 관계 – 생산하는 소비자

민우회 생협은 인간생활의 기본인 식품 문제를 중심으로 생활을 파악하여

현대 산업사회가 초래해온 인간의 생존 자체에 관한 위기 현상에 맞서 '또 하나의 사회'의 실현을 위해 활동하였다. 대안을 만들기 위한 협동 활동은 소비자들 간의 관계를 넘어 생산자와의 관계까지 확대됨으로써 생산적 노동의 존재방식에 대해 소비자와 생산자가 상호양해에 도달하게 되는 것이다.

> …… 유기농으로 키운 수박들이 다른 수박들과 같이 취급되는 것이 서운했다. 누군가 그 가치를 알아주는 사람들에게 우리 수박이 갔으면 하는 바람밖에는 없었다. …… 이때 여성민우회 생협의 움트고 있는 싹이 우리의 바람과 의기투합되었다. 많은 민우회분들이 줄기차게 홍성을 찾으며 농업에 대한 이해와 격려를 아끼지 않았다. …… 어떤 날은 콩나물에 잔뿌리가 너무 많다며 불만이 들어오고, 어떤 날은 두부에서 탄내가 나서 반품되고, 또 어떤 날은…… 지금 생각하면 우리에겐 참 소중한 시절이었다. 사람과 사람과의 신뢰가 기본이었다 …… 그 시절의 그런 과정이 없었더라면 사람이 우리의 중심이라는 생각이 적어졌을 것 같다. 그런 시간들 곳곳에 민우회 생협 동지가 있었다……
> (박종권, 「가치를 알아주는 사람들과 만난 15년, 여성들의 아름다운 도전, 또다른 세상」, 『여성민우회 생협 15주년 자료집』, 2004).

17년 전 이렇게 해서 시작된 생산자들과의 만남은 끊임없는 대화와 교류, 생활재에 대한 의견교환, 개발과 점검·개선으로 이어졌다. 일손돕기, 산지견학, 오리입식 행사, 가을걷이 나눔잔치, 축산 축제 등의 프로그램으로 생산과정의 어려움을 이해하고 서로 격려하는 자리도 해마다 깊이를 더해가고 있다.

> …… 생산지에 적체물량이 많아서 다급하게 팔아달라는 SOS를 보내는 경우에 무조건 받겠다는 조합원을 20명쯤 모아서 96년도에 정나눔공동체를 꾸렸다. 여름휴가철에는 밭에서 썩어가고 있는 꼬마토마토와 복수박을, 추석을 앞두고는 사과를 어느 정도 소화해냈다. …… 유기농 사과나무 한 그루를 조합

원에게 분양하고 주말농장처럼 과수원을 생산자와 함께 관리했다. 한 그루당 분양가격은 7만 원, 25가족이 신청했다. 한 달에 한 번씩 찾아가는 조합원도 있고 분양받고 두 번만 찾아간 조합원도 있었다. 수확할 때는 모두 함께 사과를 따고 분양받은 가족당 25kg 한 상자씩 가지고 왔다(이성미·이경란, 「두 활동가가 들려주는 생산지와 유대와 상생」, 『여성민우회 생협 15주년 자료집』, 2004).

2002년에 볶은 소금에서 다이옥신이 검출되었다고 세상이 떠들썩했을 때도 생산자에 대한 신뢰를 기반으로 생산자의 용기를 북돋아주기도 하였다.

…… 생협과 함께한 14년의 자존심을 민우회가 지켜주셨습니다. 소금의 다이옥신 문제가 제기되었던 지난 8월 8일부터 9월 7일 결과가 나올 때까지 한 달 동안 겪은 고통은 표현할 수가 없습니다. …… 8월 16일 권위 있는 검사기관에 검사를 의뢰하였지만 더 가슴 아팠던 것은 10년 이상 함께해온 단체들이 내 제품의 검증 없이 공급을 일시 중단한 사건이 발생했을 때, 그때는 오로지 생협의 틀 안에서 욕심 없이 열심히 살아왔다고 자신했던 세월만큼 큰 허탈감이 더 힘들었습니다. 소금에만 다이옥신이 있는 것처럼 보도한 것도 문제였지만 …… 소금 불신에 대한 부담을 안고 생산자의 정직함을 끝까지 신뢰하고 지켜주신 민우회 회원들의 이해 속에서 이번만큼 생협 일을 해오면서 따뜻한 동지애를 느껴본 적이 없습니다. …… 9월 7일 다이옥신으로부터 안전하다는 검증을 받고…… 더욱 열심히 일하는 민우회의 생산자로 남겠다고 굳게 다짐해봅니다."(유억근, 「맷돌소금, 민우회가 지켜준 자존심」, www.minwoocoop.or.kr, 자유게시판, 2002. 9월)

2000년대 들어서는 유전자조작식품에 대한 사회적 관심이 고조되었고, 수입콩의 대부분이 유전자조작되었다는 사실이 알려지면서, 수입콩을 원료로 한 가공식품에 대해 새롭게 인식하는 계기가 되었다. 민우회 생협이 2001

년 주력생활재로 정한 칠분도미, 콩제품, 유정란 등은 구체적인 생활재를 통해 식품안전과 지속가능한 농업생산의 방향을 제시한 것이었다. 아울러 유전자조작 농산물이 대부분인 수입콩과 옥수수를 주원료로 하는 사료의 안전성에 대한 문제제기가 시작되었다. 여기에 2002년의 컨설팅 결과 보고에서 유기축산의 필요성을 제안하면서 올바른 지역순환농업에 대한 논의가 시작되었다. 코덱스 가이드라인에 따라 정부가 2005년부터 유기농업에 사용하는 퇴비에 공장형 축분을 쓰지 못하게 함으로써, 풀무생협의 생산자들이 사용할 퇴비 마련을 위해서도 유기축산은 꼭 필요하게 되었다. 2004년부터 우선 사료의 안전성 확보를 위해 non-GMO사료를 먹여 키운 쇠고기가 공급되고 있다. 유기축산은 쌀소비와 함께 또 하나의 지역순환농업을 지원하는 조합원 활동으로, 안전한 먹거리를 통해 농업생산기반을 확대하고 새로운 인증체계를 기초로 바람직한 유기농업의 모델을 만들어 우리가 원하는 방향으로 세상을 바꾼다는 의미를 살려나가게 될 것이다.

> 지금 우리는 지역순환체계에서 생산되는 농산물의 비교 우위에 대한 신뢰를 바탕으로 우리의 지향점을 함께 공유하려는 노력이 필요하다. 새로운 의미의 생협 내부 인증체계나 또는 우리 실정에 적합하고 현실적인 균형감을 바탕으로 차별화된 인증체계를 구축하기 위한 공론의 장이 열렸을 때 적극적으로 참여하고 관심을 가지면 생산자와 소비자, 먹을거리와 환경이 서로 상생할 수 있는 바탕이 마련될 수 있으리라는 희망의 메시지를 띄워본다(박숙희, 「생산자와 조합원의 참여로 만들어가는 축산정책」, 《민우회 생협》, 2006. 6월)

이러한 관계를 통해 민우회 생협은 '생산하는 소비자'로서, 어떤 생산자의 말대로 '자본주의 사회에서는 이루어질 수 없는 거래' 관계를 만들어가고 있는 것이다.

4) 여성생산자와의 특별한 만남

여성녹색생협의 특성은 여성생산자들과의 연대·교류에서 잘 나타난다. 민우회 생협이 지향해야 할 여성생산자와의 관계에 대해서는 1998년도 '민우회 생협의 재도약을 위한 시론'에 잘 나타나 있다. 시론에는 "여성생산자들에 대한 배려와 연대, 구매력결집을 통하여 여성생산자들이 생산기반을 확대하고 나아가 대안적 생산체제를 확립할 수 있도록 함께 노력해야 할 것이다"라고 밝혀져 있다.

한국에서 대부분의 생협과 생산자들의 관계는 여성소비자와 남성생산자로 정형화되어 있었다. 농업, 특히 잔손이 일반농업에 비해 훨씬 많이 들어가는 친환경농업에서 여성들은 없어서는 안 될 존재임에도 불구하고 대부분 남성생산자들의 뒤에 가려져 있었다.

> 농촌은 아직도 여성들이 살아가기엔 힘이 듭니다. 며느리, 아내, 엄마, 일꾼, 선생님, 동네 모든 일들에 슈퍼우먼이 되어야 합니다. 시간으로 따진다면 하루에 16시간 내지는 20시간 일하는데 말이죠. 그런데도 갑작스런 사고로 죽음을 당하거나 다치면 최저임금밖에 받을 수 없다고 하네요. 억울한 일이죠(「팔당생명살림 여성위원회」, 《민우회 생협》, 2006. 11월).

생활재의 생산자 표시란에 남성생산자와 함께 여성생산자의 이름을 밝히기를 요구하는 정도였던 여성생산자와의 연대사업은 법인화 이후에도 끊임없는 과제로 설정되었으나 몇 명의 여성생산자와의 사업적 교류에 머무르는 실정이었다.

여성생산자들이 같은 시대를 사는 같은 여성으로서의 자아정체성과 생산자·농업경영인으로서의 자부심을 가지고 대등한 생산자·소비자 관계를 맺어갈 수 있도록 하는 여성생산자 소비자교류회가 2003년부터 시작되었다. 민우

2003년부터 매년 열리는 여성생산자·소비자 워크숍

회 생협에서 처음으로 만든 이 프로그램은 이제 자리가 잡혀 생협계로 확산되고 있는데, 그 프로그램의 내용과 질은 언론에서도 관심을 가질 정도로 선도적인 것이었다.

특히 농삿일과 가사를 동시에 부담해야 하는 여성 농민들에게 이 자리는 오랜만에 논일, 밭일, 부엌일 등 힘든 노동에서 벗어나 자신을 돌아보고 소비자인 여성들과 생각을 나누는 기회가 됐다. 1989년부터 민우회와 함께 일을 하고 있는 홍성 풀무생협의 김명숙(56) 씨는 "농삿일 30년 만에 내 이름으로 된 가공공장을 하나 차렸다"며 "농작물 인증을 받을 때 생산자 이름 표기에 여성 농민의 이름을 함께 넣으라는 생협의 요청 덕분에 잃어버렸던 내 이름을 찾고 경영에 대한 자신감까지 얻을 수 있었다"고 고마움을 표시했다. 서울 방학동 주부 김정란(41) 씨는 "여성 농민들을 만나고 보니 친자매처럼 정겹고 앞으로 농산물을 받으면서 이들의 노고를 잊지 않게 될 것 같다"고 했다(한겨레신문, 2004년 8월 25일자).

5. 교류와 연대: 협동조합인들의 어깨동무

민우회 생협운동의 내적 역동성과 발전을 추구하는 한편 우리 힘만으로는 해결하기 어려운 일은 연대를 해나감으로써 사회적 영향력을 높이고자 했다.

1991년 수돗물살리기, 팔당호 골재채취 반대를 위한 연대활동을 시작으로, 환경, 농업, 학교급식 등 사안에 따라 지역 또는 전국단체와 연대가 이루어졌다. 뿐만 아니라 지역의 환경문제, 교육문제, 지방자치참여 등 지역시민단체들과의 연대활동도 지부활동의 중요한 영역이 되었다.

생활재 영역에서도 연대는 필요했다. 우리의 구매력만으로는 한계가 있을 때 다른 생협들과 연대하여 구매력을 결집시키는 것은 올바른 생산을 유도하는 좋은 방안이었다. 2001년 민우회 생협을 비롯해 6개 단체가 참여한 우리밀연대회의는 붕괴 직전의 우리밀 생산 기반을 살려놓았고, 2003년에는 우리밀 15,000톤을 계약생산하는 성과를 이루었다. 2002년 3단체의 '생활재공동개발회의'를 통해 한 단체로는 소비량이 적어 독자적인 생산지 확보가 어려웠던 케첩, 치약 등을 연대를 통해 안정적으로 공급할 수 있었고, 2004년부터 사료의 안전성 확보와 지역순환농업을 위해 생산자단체와 함께 '유기축산위원회'를 가동하고 있다.

1996년부터는 생협중앙회(현재의 생협전국연합회)를 중심으로 전개되었던 생협법 제정 운동에 힘을 모아 생협법이 제정되는 결실을 보았다(1999년). 생협법은 아직 생협운동의 이념과 사업을 완전히 담아내지 못하고 있기 때문에 개정논의가 계속되고 있다.

1994년 환경농업에 관련된 생산자단체와 소비자단체가 환경농업단체협의회(현재의 환경농업단체연합회, 환농연)를 창립하였다. 민우회는 창립 때부터 지금까지 친환경농업육성법의 제정과 개정활동, 환경농업활성화를 위한 정책제안, 환경농업을 올바로 이해하기 위한 소비자 교육 등을 중심으로 환농연의 대표적인 소비자단체로 활동하고 있다. 또한 2005년 여의도에서 공동개최

미국산 쇠고기 수입재개 방침 철회 촉구 소비자 대회(2006)

한 단체와의 교류와 연대, 연수활동 참가 등으로 활동가들은 생협운동에 대한 시야를 넓히고, 운동의 활력소를 얻는 계기를 만들고 있다. 2005년 여의도에서 공동개최한 '우리쌀 지키기 우리밀 살리기 소비자 1만인대회'를 비롯해서, 한미FTA 반대운동, 광우병 쇠고기 수입반대 운동 등도 생산자조직 과 연대하여 펼쳐나가고 있다.

국내 단체들과의 연대활동과 더불어 국제적 교류와 연대의 폭도 더 넓어졌 다. 1992년 일본 그린코프 생협 방문으로 일본 생협들과의 교류가 본격적으로 시작되었다. 사당동 좁은 사무실만 보던 조합원들은 그린코프 생협의 넓은 공간과 전자집품 시스템을 보면서 놀라움, 부러움, 그리고 희망을 읽었다. 1994년에는 95년의 지자제 선거를 대비하여 쓰레기 처리와 대리인 운동을 주제로 7명이 일본 수도권생협사업연합과 카나가와 생활클럽, 지자체의 청소 공장을 둘러보고 돌아왔다. 1996년에는 생협조합원 1000명 확대라는 전례 없는 목표를 세우고, 민우회 실무자를 중심으로 일본 수도권사업연합과 생활 클럽, 고베, 교토생협까지 둘러보았다. 여기에서는 조합원 확대의 의미와 확대방안 아이디어를 공유하였고, 또 여러 유형의 생협을 접할 기회도 가질 수 있었다. 2000년 2월에는 생협의 운영과 활동에 관한 조합원 연수가 있었는데, 법인화를 앞두고 일본 생협의 구체적인 경험과 활동을 견학하였고, 생협이 조합원을 위해, 조합원에 의해 운영되어야 한다는 원칙을 확인하는 기회가 되었다. 이후 조합원 활동가들과 직원을 위한 연수가 꾸준히 계속되고 있다.

2002년에는 상무이사가 일본 생활클럽생협연합회에서 6개월간 연수를 받고 돌아왔다. 중장기계획과 물류방향에 대한 고민이 지속되던 시기였고, 민우회 생협으로서는 처음으로 중요 직책에 있는 사람이 장기간 자리를 비우는 것을 우려했지만 연수는 성공적으로 끝났고, 이때 얻은 정보와 인맥을 기반으로 이후 조합원이나 직원의 연수, 또 2003년의 단위생협을 위한 초청 세미나 등에 적절한 인물과 프로그램을 배치할 수 있게 되었다.

이전에는 직원들이 조합원들의 연수에 실무 지원 역할로 동행하거나 생협 중앙회 등 다른 단체에서 주관하는 연수에 참여했지만, 2003년부터는 오로지 민우회 생협의 직원들을 위한 해외연수가 시작되었다. 평상시에는 시간을 낼 수 없어 명절이나 휴가기간을 이용했지만, 직원들의 업무와 활동을 중심으로 프로그램을 짜고 연수를 하여 참여자에게는 업무와 생협운동에 대한 비전을 가질 수 있는 계기로 만들었다.

1998년에 서울에서 열었던 세미나를 계기로 대만의 주부연맹, 일본의 생활클럽생협 여성위원회와 1999년에 자매결연을 맺고 '아시아 자매회의' 3단체가 돌아가면서 매년 심포지엄과 교류 프로그램을 갖고 있다.

　　3개국 단체가 자신의 나라에서 하고 있는 노력은 정말 값진 것입니다. 여성의 사회적 공헌이 무시되어서는 안 됩니다. 우리 3개국 자매단체는 전 세계를 향해 목소리를 낼 준비를 하고 있습니다. 더욱 나아가 아시아의 다른 나라들도 함께 노력하는 데 영향을 미칠 수 있기를 희망합니다. 이것이 우리들이 기대하는 것입니다(양치엔훼이, 「2005 자매회의를 마치고」, 《민우회 생협》, 2005. 12월).

아시아 자매회의의 3조합은 2005년 서울대회에서 협동조합의 7원칙을 넘어선, 여성 주체의 대안경제 구축을 강조하면서 다음과 같은 8번째의 원칙으로 정리해냈다.

　　우리 조합원들은 자기의 생활을 주체적으로 창조합니다. 먹거리, 성평등, 환경, 지역, 복지 등 생활 제반 영역을 정부나 자본시장에 내맡기지 않고 조화와 협동, 평등의 가치가 실현되는 대안사회를 만들기 위해 여성들이 주체가 되어 뜻을 모으고 행동하며 실천합니다. '생산하는 소비자'로서 생활재를 생산자와 함께 만들고 구매력을 결집하고 예약공동구입하여 지속가능한 생산소비의 구조를 유지 발전시키는 대안경제를 구축합니다(2005, 아시아자매회의, "아시아 협동조합 여성들의 네트워크를 위하여").

6. 과제와 전망: 정체성 찾기, 비전 만들기

현재 민우회 생협은 조합원 수 12,000여 명, 실이용조합원 4,449명으로 이용조합원 비율은 39.8%, 출자금 4억 4백여 만 원, 연 이용고 75억 원, 100여 곳의 산지에서 생산되는 친환경농산물을 비롯한 700여 품목의 생활재로 안전한 생활을 지켜나가고 있다(정기대의원 총회 자료집, 2007). 또한 2006년에 3개의 단위생협이 출범하여 민우회 생협운동의 새로운 모델 만들기를 시작하고 있다.

민우회 생협의 정체성은 1998년 지회운영위원 워크숍을 통해 '여성녹색생협'으로 정리되었다. 그러나 민우회 본부와 별개의 법인이 된 후 새로운 정체성 확립의 필요성이 지속적으로 제기되었다.

　　…… 생협의 실천은 공동구매 공급활동을 기본으로 한다. …… 주부들이

지금까지 당연한 것으로 믿어 의심치 않았던 일상생활의 방식을 스스로 묻고 여성의 자립적 관점에서 다른 사람들과 우리가 원하는 세계를 구축해가는 과정이다. 지금까지 민우회 생협의 공동구매활동에서 이런 맥락들은 부분적으로는 적용되었으나 일관성 있게 체계화되지는 못했다. 여성적 관점에서 공동구매활동이 갖는 운동성을 최대한 살려내는 방법론을 찾아내어 여성생협으로서의 정체성을 실현해야 한다……(김상희, 1999).

2002년도에 구성되어 활동한 '정체성확립을 위한 소위원회'는 총 10회에 걸친 회의와 조사, 토론을 거쳐 10월에 조합원 워크숍을 주관하였는데, 그 자리에서 참석 조합원들의 뜻이 모아진 '민우회 생협 조합원 선언'이 작성되었다.

이 조합원 선언은 창립 때부터 이어내려온 민우회 생협의 활동내용과 새로운 사회 실현을 위한 조합원의 의지가 담겨 있는 것으로 우리의 정체성을 확인하는 데 커다란 기여를 하였다.

또한 2005년부터 실행된 2차 중장기계획은 '단위생협의 내실화와 비전 만들기'를 기본방향으로 설정하였고, 2004년부터 월례 포럼을 통해 장래에 우리 사회가 직면하게 될, 그래서 민우회 생협이 실천활동을 하지 않으면 안 될 분야를 농업 살리기, 고령화사회에 대한 대응, 지역사회에 기여하는 여성의 노동 등으로 정리하고, 2006년도의 비전 만들기 논의를 거쳐 '행복 중심'이라는 슬로건을 채택하였다. 2007년 정기대의원 총회에서는 세계화·시장만능주의·고령사회에 적극적으로 대응하기 위한 비전 선포의 필요성이 강조되었다.

…… 이런 우울한 사회 속에서 우리 여성민우회 생협은 행복의 중심이 되겠다는 비전을 선포하고자 합니다. 그러기 위해서 우리 스스로 행복해지지 않으면 안 됩니다. 조합원 선언에도 있듯이 우리가 추구하는 행복이 결연감이

한국여성민우회 생활협동조합 조합원 선언

우리가 추구하는 행복은 소박하면서도 원대합니다.

우리는 안전한 밥상을 원합니다.

우리는 좀 더 깨끗한 물, 좀 더 맑은 공기, 생명이 살아 숨쉬는 자연 속에서 살고 싶습니다.

그리고 우리는 여성이 당당하고 행복하게 살 수 있는 세상을 꿈꿉니다.

우리는 때로는 섬세함으로, 때로는 담대함으로 세상을 바꾸려 합니다.

우리의 작은 실천은 생태적이고 평등한 삶의 시작이며,

사람에서 사람으로 이어져 전 지구로 확대될 것입니다.

우리는 약속합니다.

• 신뢰할 수 있는 안전한 생활재를 통해 생명존중의 삶을 실천한다.

• 친환경적이며 지속 가능한 생산을 위하여 협동소비의 힘을 확대한다.

• 여성인 나를 존중하고 자립을 추구함으로써 평등한 사회를 만든다.

• 우리의 자매애를 사회에 대한 사랑으로 확장시켜 더불어 사는 세상을 만든다. 그 세상을 여성인 우리가 이루어낼 것입니다.

넘치고 무거우며 거창한 것이 아닙니다……. 우리를 둘러싸고 있는 사방의 벽을 뛰어넘기 위해, 일상생활의 구체적인 작은 실천과 활동으로, 생활재 이용 결집으로, 여성주의 관점이 발현되는 여성민우회 생협만의 특성으로 섬세하지만 담대함으로 맞서봅시다. 우리 생협의 세상을 향한 행복한 외침을 힘모아 크게 외쳐봅시다……(정기대의원 총회 자료집, 2007).

이러한 민우회 생협의 비전 만들기는 국제협동조합연맹 총회에 제출된

레이드로 보고서에서 제시한 21세기를 향한 협동조합의 네 가지 선택, 즉 기아와 식량문제 해결, 바람직한 일자리의 창출, 탈낭비사회를 위한 환경보전 자로서의 역할, 지역사회의 기여라는 분야의 활동영역을 개척한다는 방향과 맞닿아 있다.

세계화가 시작된 1990년대 이후 주부들의 한 작은 모임이 거대한 세계화의 물결에 맞서 지속가능한 생산과 소비의 고리를 끊지 않고 이어가려는 흐름을 이끌고 있다.

민우회 생협의 역사! 그 역사를 관통하며 변하지 않은 것은 무엇이고 무엇이 변했는가를 생각해본다. 수많은 사람들이 오가고, 여러 번의 시행착오를 거쳤다. 사회의 변화에 한편 적응하면서, 또 한편 변화를 이끌면서 우리는 협동조합을 운영할 많은 제도들을 만들었다. 이 과정에서 한결같이 변하지 않은 것은 조화·협동·평등의 이념을 추구하면서 꾸준히 여성운동의 대중화를 실현하고 있는 것, 생산자들과 함께 맺어온 변함없는 신뢰 속에서 대안적인 생산과 소비의 시스템을 만들어온 것이라고 말하고 싶다.

아직도 우리 앞에는 많은 과제가 남아 있다. 먹거리의 안전을 확보하는 일, 농업문제의 대안을 모색하는 일, 빠르게 다가오고 있는 고령화사회에 대한 대응, 지역사회에서 여성의 노동을 의미 있게 만드는 일 등. 그러나 민우회 생협의 20년 가까이 쌓아온 경험과 열정을 바탕으로 이 모든 문제를 해결해나가야 할 것이다.

참고문헌

김종미. 2004. 「중산층 주부의 여성주의 정치학과 사회자본 창출에 관한 연구: 서울 소재
        M여성단체 D지회 사례를 중심으로」. 이화여대 대학원여성학 박사학위 논문.
사토 게이코. 1989. 『부엌에서 세계가 보인다』. 도서출판 얇과함.
생활협동조합중앙회 출판부. 2000. 『일본의 생활협동운동』.
이현희. 2004. 「여성주의 정치학으로서 생협운동의 가능성에 관한 연구: 한살림과 민우회
        생협의 활동여성들을 중심으로」. 이화여대 대학원 여성학과 석사논문.

한국여성민우회 자료
1998. 민우회 생협의 재도약을 위한 시론.
1999. 한국여성민우회 생활협동조합 10년의 발자취.
1999. 정기총회 자료집.
2004. 『여성들의 아름다운 도전, 또 다른 세상: 민우회 생협 15년』.
2005. 여성민우회 생협 제2차 중장기 발전계획 2005~2007.
월간 소식지 《민우회 생협》.
정기 대의원 총회 자료집.
조합원 워크숍 자료집.
생협 지외 운영위원 워크숍 자료집.

 제8장

내 몸의 주인은 나

한정원

1990년대 말부터 여성의 몸과 섹슈얼리티 영역에서 성 담론이 확산되기 시작하면서 민우회는 성적 존재로서의 '나'를 만나는 것의 중요성과 몸을 중심으로 접근하는 성문화운동이 필요함을 인식하게 되었다. 이에 민우회가 1997년부터 실시하고 있는 '내 몸의 주인은 나' 캠페인은 민우회의 성문화운동을 잘 보여주는 성공적인 캠페인으로 평가받는다. 이 캠페인은 성교육의 새로운 모델을 제시하며 기존의 학교 성교육의 변화를 이끌어냈다는 점, 중·고등학교, 대학교 축제의 장 등을 통해 성교육 캠페인을 대중화시킨 점, 이후 성폭력 가해자 교육과 연계되면서 성교육의 중요성을 제시하였다는 점에 그 의미가 있다. 특히 민우회의 학교 성교육은 성에 대한 지식을 알려주는 것과 자신을 성적 존재로 인식하는 것을 넘어서서 성폭력과 권력의 문제 등, 개인의 성과 사회의 성문화를 연계시키는 특성을 보여주었다.

열린 성교육, 인간 교육으로서의 성교육의 필요성이 확산되고 '성적의사결정권'이란 용어가 사람들의 입으로 오르내리게 되도록 만든 점 역시 '내 몸의 주인은 나'가 이루어낸 성과라고 할 수 있다. 2007년 현재까지 진행되고 있는 '내 몸의 주인은 나' 캠페인은 다양한 문제에 산발적이고 단기적으로 대응한다는 비판에 직면해 있는 한국의 여성운동 안에서 10년이라는 기간을 이어왔다는 점에서도 그 힘과 저력을 평가하게 한다.

빠르게 변하고 있는 성담론 속에서 아직까지 민우회가 말하지 않은 영역에서의 성을 어떻게 '내 몸의 주인은 나'로 이끌어낼 것인가에 대한 고민이 남아 있다. 앞으로 민우회가 관심을 가져야 할 과제들은 산적해 있으며 '내 몸의 주인은 나'는 계속 변화해나가야 할 것이다.

한국여성민우회(이하 민우회)는 대중운동을 지향한다. 지난 20년 동안 민우회는 대중여성들을 만나고 이야기를 이끌어내고 공감대를 형성하고자 하는 노력을 지속하였다. 이에 1995년 수천 명에 달하는 회원들의 관심을 담아낼 보완적인 조직의 구성과 여성들의 공감대를 이끌어낼 매개체로 상담운동을 설정하고 가족과성상담소(이하 상담소)를 개설하게 되었다. 상담소는 일상의 문제를 드러내고 나눌 수 있는 기본적인 상담 서비스를 하는 동시에 지역여성운동을 강화하기 위한 목적으로 설립되었으며 이는 조직화의 측면뿐 아니라 기초자치지역에서 여성문제를 제시하는 가능성을 실험한다는 면에서 새로운 시도로 자체 평가되었다.[1]

상담소의 초기 슬로건이자 활동의 대표성을 지니고 있는 것이 '내 몸의 주인은 나' 캠페인[2]이다. '내 몸의 주인은 나'는 상담소에서 지향하고 있는 성교육 및 관련 사업의 특성을 드러내는 것으로, 자신의 몸에 대한 주체성과 성적자기결정권의 중요성을 명확하게 보여주고 있다. '내 몸의 주인은 나'라는 이름을 걸고 민우회가 해온 활동을 살펴보면, 학교 성교육 대안제시를 위한 토론회(1996), 성폭력 예방을 위한 '내 몸의 주인은 나' 거리 캠페인 실시(1997년부터 현재까지), 성폭력 예방을 위한 캠페인(1998), '내 몸의 주인은

1) 이경숙 전 대표는 민우회 10년사 자료집에서 다음과 같이 말하고 있다. "생협을 통합한 이후에도 두 가지 고민이 남았다. 하나는 생활협동운동을 전문적으로 하는 조직에 비해 양적 확산 속도가 늦다는 점이다. 다른 하나는 생활협동 사업만으로 조직관리가 충분히 이루어지지 않는다는 점이다. 생협의 조직적 토대가 되는 공동체 간담회를 갖지만 한정된 내용으로 인해 금방 벽에 부딪히게 되었다. 또한 지역에서 여성운동의 과제를 부각하는 것이 힘들게 되고 이는 다시 여성문제를 의식화하는 데 한계에 봉착하는 악순환을 거치게 되었다. 수천 명에 달하는 회원들의 관심도를 담아낼 보완적인 조직방법론과 영역이 필요했고, 여성문제를 매개로 조직화를 해나갈 필요성이 대두되었다. 인위적이 아니면서도 쉽게 공감대를 이끌 매개로 상담 영역을 설정하게 되었고 1995년 가족과성상담소를 개설하게 된다"(이경숙, 1997, 『한국여성민우회 10년사 자료집』).
2) '내 몸의 주인은 나' 캠페인은 수년 동안 다양한 내용으로 진행되었다. 이후에 나오는 '내 몸의 주인은 나'는 이 같은 내용을 모두 아우르는 의미로 쓰였다.

나' 청소년 성교육캠프(1999년), 성적의사결정을 위한 워크숍, 성폭력가해자 상담 및 교육 프로그램 실시(2000년부터 현재까지), 성적의사결정능력향상을 위한 프로그램 실시(2002년), 성폭력 없는 학교 만들기 심포지엄 개최, 성폭력 가해자 프로그램 개발(2003년), 성교육 전문 강사 워크숍, 대학 내 반성폭력 문화 확산을 위한 워크숍(2004년) 등이 있다. 이러한 활동들은 청소년에 초점을 맞추면서도 점차 대상을 확대해나갔다.

이 중 1997년부터 실시된 '내 몸의 주인은 나' 거리 캠페인은 민우회의 성문화운동을 잘 보여주는 성공적인 캠페인으로 평가받는다. 이 캠페인은 성교육의 새로운 모델을 제시하며 기존의 학교 성교육의 변화를 이끌어냈다는 점, 중·고등학교, 대학교 축제의 장 등을 통해 성교육 캠페인을 대중화시킨 점, 이후 성폭력 가해자 교육과 연계되면서 성교육의 중요성을 지속적으로 제시하였다는 점에 그 의미가 있다.

따라서 이 장에서는 '내 몸의 주인은 나'를 통해 민우회가 만들고자 했던 성문화 운동의 특성이 무엇인지 알아보고 그 사회적 영향에 대해 파악해본다. 아울러 이 캠페인을 이끌어왔던 민우회 활동가들의 역동성과 어려움, 논쟁점을 분석하여 이 활동에 대한 평가와 앞으로의 전망에 대하여 논하고자 한다.

연구방법으로는 민우회에서 발간한 자료집 및 소책자, 소식지 등을 참고하였으며 민우회의 전, 현직 상근활동가 10여 명을 인터뷰하였다. 소책자를 만들거나 거리캠페인에 참여했던 이들은 적극적으로 인터뷰에 응해주었고 책의 내용을 구성하는 데 많은 도움이 되었다.

1. '내 몸의 주인은 나'가 만들어지기까지

민우회 가족과성상담소는 1995년 하반기에 성폭력상담소로의 정체성을 함께 갖게 되면서 예방적인 차원의 성교육의 중요성에 대해 인식하게 되었다.

성인식에 대한 실태조사를 바탕으로 우리 사회의 성문화를 바라보고, 학교 성교육의 경험 등을 통해 학교 성교육의 현실을 파악하기 시작하였다. 학교의 보수적인 성교육이 변화해야 함을 자각하였고, 성에 대한 새로운 담론을 제기해야 할 필요성도 갖게 되었다.

> 우리가 성에 대하여 이야기해보자라고 시작했을 때 성에 대한 보수적인 관점을 좀 바꾸어보자 했습니다. 아이들은 앞서가는 데 구태의연한 성의식으로 아이들을 바라보는 것이 불편한 일일 수도 있지요 그 당시에는 법 내용이나 순결교육에 정조에 관한 이야기가 그대로 존재하였어요. 정조에 관한 죄가 형법에 존재하던 상황에서 우선적으로 열린 장에서 '성'을 이야기하는 것이 필요한 일이라고 느꼈습니다. 열어놓고 이야기해야 한다, 자연스럽게 이야기하는 것이 필요하다고 생각했어요 (활동가 L).

1990년대 말부터 여성의 몸과 섹슈얼리티 영역에서 성 담론이 확산되기 시작했다. 이에 민우회에서는 성적 존재로서의 '나'를 만나는 것의 중요성과 몸을 중심으로 접근하는 성문화운동이 필요함을 인식하게 되었다. 나의 몸을 제대로 인식하는 것이야말로 자신의 주체성을 인식하는 기본단계라고 생각했기 때문이다. 또한 성문화는 달라지고 있는데 자신의 몸과 성에 대한 새로운 지식과 주체성 확립은 정체되어 있는 현실을 직시한 것이다.

말하는 것은 존재한다는 것을 의미한다. 자기자신에 대하여 당당하게 말할 수 있는 힘을 갖는다면 그것은 바로 사회변화를 이끌어내는 동력이 되는 것이다. 1960년대 제2기 여성운동의 중요한 슬로건이었던 '개인적인 것이 정치적인 것이다'라는 것도 이와 같은 맥락이다. 여성들의 경우, 남성의 시선으로 길들여진 나 자신을 면밀하게 분석해보고 진정 내가 원하는 것은 무엇인지 나는 누구인지 깨닫고 말을 하고 같이 나누는 것이 여성주의 의식을 깨우는 시작이다. 이러한 여성주의적 접근은 남성에게도 똑같이 적용된다. 남성,

『당당한 성·안전한 성·즐거운 성』 소책자

여성으로 나뉘어져 있었던 장벽에 대한 의사소통의 길을 열어가는 일, 갇혀 있던 '성'을 꺼내놓고 이야기하는 것이 나 자신을 아는 첫걸음이었고 또한 관계를 맺는 첫단계인 것이다. 이런 관점은 당시 상담소 참고자료 중의 하나였던 『버자이너 모놀로그』에 잘 표현되어 있다.

말하지 않으면 우리는 그것을 보지 못하고, 인정하지 못하고 기억하지도 못한다. 우리가 말하지 않으면 그것은 비밀이 된다. 비밀은 부끄러운 것이 되고 두려움과 잘못된 신화가 되기 쉽다. 나는 언제나 그것이 부끄럽지도 않고 또 죄의식을 느끼지 않아도 되는 때가 오기를 바라기 때문에 입 밖에 내어 말하기로 했다.3)

어떠한 방식으로 성에 대하여 말할 것인가는 '내 몸의 주인은 나'를 어떻게 만들어낼 것인가 하는 고민과 일치되었다. 특히 거리캠페인의 구상은 활동가들에게 큰 과제였다. 오랜 아이디어 회의 결과 인식의 변화는 결국 일상에서 시작한다라는 결론을 얻었고 생활에서 쉽게 접할 수 있는 방안을 찾게 되었다. 전문용어를 쉽게 풀고 친숙하고도 재미있게 '성'을 알아갈 수 있도록 성교육 소개 책자 『내 몸의 주인은 나』를 만들었다. 이 책에서 성은 딱딱하고 어려운 지식이 아닌 나의 몸과 생활과 연계되어 풀어졌다. 책 속의 화자는 내 몸이 갖는 느낌이나 감정과 만나는 훈련 그것이 내 몸의 주인이 되는 첫걸음이라고 소개하였다.

---

3) 『버자이너 모놀로그』 중에서. 『버자이너 모놀로그』는 이브 앤슬러(Eve Ensler)의 희곡작품인데 민우회의 성교육책자에서 참고자료로 활용하였다.

2. '내 몸의 주인은 나' 캠페인의 의의

1) 친근하게 다가오는 성

'내 몸의 주인은 나'는 성적 존재로서의 여성/남성을 말하고 있다. 모든 사람은 성적 존재이다. 그렇다면 민우회에서 바라보는 성은 어떤 의미인가. 책에서는 성에 대하여 이렇게 접근하고 있다.

> 성이 뭐냐구? 글쎄, 사람마다 성에 대해 가지고 있는 생각이나 느낌은 다 다를 거야. '성이란' 하고 물으면 넌 뭐가 떠오르니? 먼저, '성' 하면 떠오르는 단어나 이미지들을 적어보고 그것에 대한 너의 느낌을 적어보렴. 성이란 아주 포괄적인 개념이야. 성이란 성적인 행동뿐만 아니라 성에 대한 환상, 감정, 생각, 가치판단, 행동 모두를 포함해. 보통 사람들은 성기 중심적인 성욕구와 성기결합만 생각하기 쉽지만 그건 아주 일부분일 뿐이야. 예를 들어, 네가 적어놓은 단어들, 그리고 그 단어에 대해 네가 느끼는 감정들과 다른 사람들의 것을 한번 비교해봐. 어때? 서로 같기도 하고 다르기도 하고, 아주 다양하잖아 (민우회 가족과성상담소, 2004).

민우회는 그간 여성/남성의 이분법적인 범주에 의해 고정되던 개념들을 거부하고 성에 대해 열린 시각으로 접근하면서 그 다양성을 이야기하고 있다. 성이란 단순히 섹스나 성기결합을 의미하는 것은 아니고 개인마다 각기 다른 성적 환상, 욕구, 감정, 생각들을 포함하는 것이다.

성은 관계 속에서 이루어진다는 점을 강조하는 민우회 성교육은 기존의 생물학적인 성교육과 차별성을 갖는다. 결국 성은 나 자신에서 출발하며, 내가 다른 사람과 어떠한 관계를 맺는가를 포함하는 포괄적인 개념이다. 성은 일상생활에서 동떨어진 개념이 아니라 나의 삶 속에서 치밀하게 드러나는 부분인 것이다. 또한 나의 성에 대하여 말하는 것은 나 자신만의 삶에 몰입하는 것이 아닌 새로운 성의식을 지니고 성 평등한 관계를 맺어가는 과정이다. 이 과정에서 우리는 성숙하게 되며, 나와 다른 사람들의 삶의 방식 모두를 존중하게 되는 것이다.

민우회가 성적 존재로서의 여성/남성을 말한 것은 '인간은 누구나 성적인 존재로 태어났고 성적인 욕구를 갖고 있다'는 전제 하에 성적인 존재로서의 자신의 몸에 대한 존중감을 높이려는 목적을 갖고 있었다. 따라서 성(sexuality)은 '내가 누구인가? 나를 스스로 어떻게 규정하고 있는가' 하는 의식에서 출발함을 강조해왔다. 또한 고정관념으로 규정된 성 정체성을 다시 보기(revision)하는 사회적 행위의 중요성을 이야기했다는 점에서 그 의미가 크다.

2) 거리로 나온 체험식 성교육

'내 몸의 주인은 나' 거리 캠페인은 1997년 시작되어 2007년 현재까지 10여 년 동안 진행되고 있다. 거리문화캠페인으로 진행되는 '내 몸의 주인은 나'는 성폭력 예방, 10대 미혼부모 예방, 피임, 성매매, 성평등, 성적자기결정권 등 성과 관련된 영역에 보다 친밀하게 접근하려는 열린 공간에서의 캠페인이다. 이 캠페인은 매년 1회 이상, 청소년들을 많이 만날 수 있는 대학로와 보라매공원 등지에서 진행되었는데 참가자들이 직접 참여할 수 있는 다양한 체험식 프로그램과 성에 대한 편견을 깨는 전시와 게시판 등 다양한 내용으로 구성되었다.

우리는 성교육의 범위를 확대하고 사람들이 성에 대한 의사소통을 어떻게 하고 있는지 제대로 된 '들여다보기'가 필요하다고 생각되어 이 거리 캠페인을 시작했지요. 예를 들어 실제적으로 성적자기결정권을 행사할 수 있는 피임방법의 실천 등 볼거리, 할 거리 등을 가지고 거리로 나간 겁니다 (활동가 K).

'내 몸의 주인은 나' 거리 캠페인(1997~)

1997년 처음 대학로에서 캠페인을 시작할 때 사람들의 참여와 관심은 매우 뜨거웠다.

대학로에서 남성의 성기모양 조형물을 테이블 위에 놓고 콘돔을 씌워보았어요. 사람들의 반응이 정말 대단했지요. 그전까지 성교육이라고 하면 왠지 좀 창피하고 부끄러워하고 그런 것이 있었잖아요. 보통사람들에게도 성이란 주제를 놓고 당당하게 알 건 알아야 된다고, 그것도 거리에서 이야기한 건 그때가 아마 처음이었을 거예요(활동가 G).

성기를 볼 때 애들의 반응이 재미있지요. 그건 아이들에게 성에 대해 다시 생각해볼 수 있는 기회가 주어지는 것입니다. 중고등학생들도 자기 몸을 그려 놓고 '에로틱 존'이라고 해서 스스로 몸의 성감대를 짚어보게 했어요. '솔로몬의 선택'처럼 성관련 법률상식도 체크해보고 잘못 알고 있는 것은 그 자리에서 이해할 수 있도록 돕습니다. 1대 1로 체험할 수 있도록 최대한 노력하지요. 학교에서도 했어요. 성교육 부스를 만들어놓고 아이들이 다양한 체험을 할 수 있도록 하고요. 해마다 프로그램을 보완하고 수정해서 진행합니다. 거리에서 할 때는 부모들도 참여하는데 젊은 엄마들이 많이 참여합니다(활동가 B).

처음에는 쑥스러워하면서 전단지를 나누어주면 그냥 지나치기도 했지만 권유에 의해 일단 참여하면 적극적인 모습을 보였다.

오히려 어색해하는 학생들이 일단 참여하면 굉장히 열심히 하는 거예요. 모르는 사람이니깐 낯가림도 덜한 것 같고요. 초등학생도 와서 참여하고 신혼 부부들도 실제로 성에 대해 잘 모른다면서 참여했어요. 캠페인을 준비하면서 걱정했던 것과 다르게 남성들도 매우 흥미로워했지요. 남자아이들도 처음에는 호기심 차원에서 시작하지만 실습을 하는 과정에선 굉장히 진지한 모습을 보였지요. OX 퀴즈를 마련해놓고 같이 풀면서 성의식을 점검하는데, 초등학교 5학년 남자아이가 너무나 내용을 잘 알고 있는 반면 오히려 어른들도 모르는 사람은 정말 모른다는 것을 발견했지요. 성의식은 나이와는 상관이 없고 개인 별로 편차가 크다는 것을 알게 되었습니다(활동가 L).

당시 대학 축제 등에 초청되어 진행하기도 하였던 이 캠페인은 학생들의 반응이 매우 좋았다. 실제적인 피임방법에 대한 호기심을 해소하고 성에 대하여 공개적으로 말하고 나눌 수 있다는 점이 대학생들의 참여를 이끌었다.

특히 대학 내에서 캠페인을 참 많이 했었지요. 전국의 대학, 서울뿐 아니라 지역에서…… 정말 많은 대학에서 했는데 여성학 동아리에서도 하고 관심 있는 교수들과 연계해서도 하고 대학에서 당당한 성에 대한 캠페인을 수없이 많이 했어요(활동가 H).

이러한 체험식 성교육을 거리나 공공장소에서 실시하기까지는 어려웠지 만 잘 마치고 나면 예상 밖의 호응에 기뻐하고 뿌듯함을 느끼는 일이 많았다. 모두 참여하는 새로운 성교육을 실시하고 있다는 것에서 활동가들은 자신의 변화, 아이들의 변화를 생생하게 느끼고 교육을 진행한다기보다는 일종의

체험식 성교육 중 피임도구 실습하기

축제 같은 느낌을 갖기도 하였다.

> 상담자원 활동가들도 뿌듯한 기쁨을 느끼곤 했지요. 하고 나면 보람을 느끼
> 고 '내 역할이 있구나', '아이들이 내 말을 듣고 있구나', '아이들이 챙겨가는
> 것이 있구나' 이런 생각이 들면 일이기보다는 그냥 좋다는 생각이 듭니다.
> 빨랫줄 걸듯이 빽빽하게 사람들이 써넣었던 글들, 솔직하고 적나라한 이야기들
> 을 꺼내놓는 걸 보면 정말 기쁜 거죠. 그냥 분위기가 좋은 것, 모두가 즐거워지는
> 그런 일로 느껴지는 것이죠. 그것이 큰 힘이 되었던 것 같아요 (활동가 R).

이렇듯 '내 몸의 주인은 나' 거리 캠페인은 상담자원 활동가가 주체가
되어 일을 진행하면서 주위 사람들로부터 힘을 얻는 기회가 되기도 하였다.
활동가들에게 상담의 의미를 재인식시키고 자신이 하는 일에 대하여 명확한
방향과 의의를 찾게 해주는 기회가 된 것이었다. 상담활동가들도 자원활동을
하더라도 단순한 자원활동가의 위치가 아닌 주도적인 역할을 찾게 하는 계기
를 갖게 된 것이 내부적으로도 큰 성과를 가지고 온 일이다.

내 몸의 주인은 나라고 말하는 것은 너무나 당연하게 들리지만, 공공장소에
서 몸에 대한 무지와 편견을 깨는 작업, 성적자기결정권에 대해 당당하게

말하는 것과 의식을 변화시키는 것은 우리의 이중적인 성문화 현실에서 여전히 조심스럽고 어려운 일이었다. 그러나 성에 대한 의식변화를 통한 성문화운동을 이끌어나가고자 하는 민우회의 추진력이 있었기에 과감한 실험으로 시작한 이 거리 캠페인은 참여자들의 뜨거운 반응을 얻고 이후 지속될 힘과 근거를 갖추게 되었다.

3) 당당한 성, 안전한 성, 즐거운 성

'내 몸의 주인은 나'는 이후 당당한 성, 안전한 성, 즐거운 성으로 이름을 바꾸게 되었다. 이러한 대표 슬로건의 변화는 민우회가 지향하고 있는 성문화 및 성교육의 특성을 보다 구체적으로 보여주고 있다. 즉, 몸에 대한 주체성을 강조한 성적자기결정권의 존중을 중심으로 성을 접근하는 구체적인 방법까지 성교육을 체계화한 것이다.

> 처음에 '내 몸의 주인은 나'라는 말을 만들어내고 너무 좋아했어요. 몸에 대한 주체성 인식의 차원에서 내 몸의 주인은 나라고 했는데 이후에 주인이라는 말이 걸리기도 하고 어색해서 이제는 좀 더 다른 이야기를 즐겁게 해보자 이런 취지에서 당당한 성, 안전한 성, 즐거운 성(당안즐)을 시작했지요. 한부모가족이라는 말을 널리 확산시켰듯이 당안즐을 전파시켜보자 했지요 (활동가 R).

'당당한 성, 안전한 성, 즐거운 성'에서는 자기결정권 행사, 안전을 위한 스스로의 자율적 통제와 권리를 주장하고 있다. 나를 성적 존재로서 존엄하게 여기며, 성적자기결정권을 갖는 것이 당당한 성이라면 안전함을 고려해야 하는 의무를 말하는 것이 안전한 성이다. 결국 성이 안전하지 않다면 성적자기결정권은 당당해질 수 없기 때문이다. 안전한 성에서는 월경주기팔찌를 만드는 방법으로 몸에 대한 이해를 돕고, 피임의 방법에 대해 알려주며, 팔찌

<표 8-1> 당당한 성, 안전한 성, 즐거운 성의 내용

당당한 성	나의 성적 욕구, 나의 몸, 나의 존재 자체를 소중히 사랑하고 그 존엄성을 잃지 않는 성
안전한 성	몸과 마음의 건강과 안전을 포함하는 개념 임신, 낙태, 성병, 성폭력, 이러한 것들이 몸과 마음에 미치는 상처와 고통, 폭력적인 경험으로부터 나와 파트너를 보호할 수 있는 성
즐거운 성	성적 쾌감을 느낄 수 있는 몸을 가지고 태어났고 성적 즐거움은 내가 세상에서 느낄 수 있는 많은 즐거움 중의 하나임을 아는 성

는 성교육현장에서 직접 만들어보기도 하였다. 아이들이 자기 몸에 대해 모르는 경우가 많고, 사실은 피임에 대한 교육을 직접적으로 하는 것이 쉽지 않다고 생각되어 어떻게 다가갈까 고민하다가 여러 가지 아이디어를 내어 고민하는 과정에서 월경주기팔찌[4]가 탄생한 것이다.

월경주기팔찌는 중, 고등학교뿐만 아니라 대학교에서도 호응을 받았다. 단순히 피임 도구로 사용되는 것이 아니라 자신의 몸에 대한 관심을 불러일으키고 몸에 대한 지식과 자신감을 얻는 도구로 개발되었다.

힘들기는 했어도 참 보람 있는 일이었어요. 시장에 가서 재료 조사하고 구슬 끼우고, 생협에서 판매도 하고 그랬지요. 대학생들에게도 팔찌를 만들면

---

4) 월경주기팔찌는 산부인과나 제약회사 등에서 사용하는 돌려보는 달력의 아이디어를 차용하여 청소년들이 쉽게 사용할 수 있도록 구슬을 이용하여 만든 것이다. 월경주기 팔찌는 구슬을 색깔별로 배란기, 생리기간 등으로 다르게 해서 자신의 몸에 맞게 만들어보는 것인데 많은 사람들이 직접 팔에 차고 다니기도 하였다. 팔찌는 만들어서 차고 다니는 가시적인 효과도 크지만 구슬을 직접 꿰는 과정에서 자연스럽게 성에 대해 이야기할 수 있는 기회를 만들어준다는 것에서 더 큰 효과가 있었다. 다만 월경주기 팔찌를 이용한 피임법은 안전한 것이 아니므로 만드는 과정에서나 안내문에 다른 피임법과 병행하도록 말하고 있다. 민우회의 월경주기 팔찌는 실용신안등록이 되어 있다.

체험식 성교육 중 월경주기팔찌 만들기

서 앞뒤로 말을 거는 거죠. 당신의 생리주기를 체크하고 있느냐. 최소 6개월 동안 지속해봤느냐. 남자친구한테 생리주기 알려주느냐 등. 만들면서 이건 피임도구가 아니고 내 몸과 친해지기 위한 것이라고 목적을 확실하게 설명하지요. 여러 사람 있는 데서 그런 질문을 하면 당황하는 사람들이 있어요. 상대적으로 체크 안 하고 있다는 것을 객관화하는 거죠. 내 몸에 대해서 잘 알고 있어야 내 삶의 주인이 될 수 있는 거라고 이야기도 하고……(활동가 L).

'당당한 성, 안전한 성, 즐거운 성'은 성폭력에 대한 교육 프로그램을 진행하면서 활동가들이 느꼈던 현실적인 모순을 극복하고 성에 대한 담론을 새로운 틀로 말하기 시작했다는 의의를 지닌다. 여성을 성폭력의 피해자로만 이야기하는 것은 여성의 주체성을 간과하게 되고 이러한 시각은 세상에 대한 경계로 이어지면서 여성들의 힘을 드러내지 못하게 되는 모순이 있다.

　　성폭력에 대해 이야기하다 보면 여성들을 피해자로 이야기하지 않으면 안 되는 부분이 있었는데 피해자라고 할 때 걸리는 문제들이 생기게 되었지요. "조심해"라고 이야기하게 되고 "세상이 위험한 것이다"라고 이야기하다 보면 힘이 생기지 않는 거죠(활동가 C).

실제로 성교육의 패러다임이 전환되어야 한다는 문제제기로 시작한 '당당한 성, 안전한 성, 즐거운 성'은 구체적으로 어떠한 방식으로 성적의사소통을 펼쳐나갈 것인지에 대한 고민으로 이어지게 되었다. 결국 성교육 자체가 피해와 가해를 넘어서서 개인의 주체성을 강화하는 방식으로 전환해야 한다는 점에서 새로운 시도였던 이면에는 그 수위를 어디까지 해야 할 것인가에 대한 활동가들의 고민도 치열했다.

'즐거운 성'에서는 성적인 즐거움을 말하고자 한 것으로 편견 없이 성을 자유롭게 받아들이고 성적 관계는 친밀함의 표시라는 것을 강조하였는데, 성적 쾌락을 추구하는 것으로 오해되어 비윤리적으로 받아들여지는 결과를 낳기도 하였다. 학교에 출장 성교육을 시행할 때 학교 선생님들이 즐거운 성이란 무엇이냐고 많이 묻기도 하였다. 비윤리적이고 문란한 성이 성적 쾌락인 것처럼 느껴지는 고정관념이 자리하고 있었기 때문이다. 그러나 성은 즐거운 것이며, 이를 밝게 긍정적으로 받아들이는 것이 필요하다고 보았다. 에로틱 존은 즐거운 성을 이야기할 수 있는 매개체 중의 하나였다. 자신의 성감대를 알고, 성감대를 통하여 좋은 느낌을 가질 수 있음을 말하고자 하였던 것이다.

> 즐거운 성에서 자위를 말할 때 사회적으로 논쟁이 남아 있긴 하지만 자신의 성적 욕망을 인정하며, 다른 사람에게 피해를 주지 않도록 하는 것과 청결을 강조합니다. 즐거운 성이란 결국 성적 쾌감을 이야기하는 것이고 이는 아이들에게 알려줄 필요가 있지요. 실제로 아이들은 다 알고 있어요. 처음에는 어색해 해도 에로틱 존 프로그램에 대해 설명하면 아이들이 열심히 참여합니다. 어떤 아이들은 옷을 입은 사람을 그려 표시하기도 하고 혹은 벗은 몸에 표시하는 아이들도 있고…… 그림을 통해서 파악되는 것은 결국 성교육이란 인간교육이다라는 것을 알게 되지요(활동가 L).

즐거운 성은 성적 기술을 가르쳐 주는 것이 아니다. 성기 중심의 생물학적인 성교육의 한계를 벗어나 성적 주체로서의 자신에 대한 긍정적인 사고를 갖도록 돕는 것이다. 『당당한 성, 안전한 성, 즐거운 성』 소책자는 매우 솔직하고 담대하게 성에 대한 이야기를 풀어가고 있다.

> 책자에 대해서 여러 이야기들이 있었지요. 걱정하기도 하고 너무 적나라하다. 개방적인 것 아닌가. 특히 학부형들 중에는 이걸 보여줘도 되냐고 묻기도 하고요. 이렇게 다 알려줘도 되나. 애들이 모르고 그냥 지나갈 수도 있는데 오히려 책자를 통해서 너무 많이 알게 된다고 우리 애는 순진한데 미리 알려줘도 되나 걱정하는 학부형들도 있었어요(활동가 R).

그러나 학생들의 반응은 매우 좋았고, 중, 고등학생들뿐 아니라 대학생, 성인들에 이르기까지 책자에 대한 문의를 해왔다. '당당한 성, 안전한 성, 즐거운 성'은 학생, 교사 등 다양한 층으로부터 성교육을 대중화하는 데 기여했다는 평가를 받고 있다.

3. 학교 교육의 변화를 위한 도전

1) 학교 성교육을 말하다

성교육이 학교 제도권으로 들어온 것은 1965년 당시 문교부(현 교육인적자원부) 위탁으로 중앙교육연구소에서 순결교육을 위한 기초조사를 실시, 다음 해인 1966년 문교부에서 순결교육으로 성교육 방침을 정하면서 '순결교육지침서'를 학교에 보급하면서부터이다. 이후 학교장 재량으로 생활 지도 및 순결교육이 1990년대 후반까지 실시되었다(유경희, 2003). 그러나 학교 내에서 이루어지는 성교육이 순결교육에 중점을 두다 보니 성은 해서는 안 되는 것, 알아서는 안 되는 것 등 금지하는 방향으로 실시되었다. 정작 청소년들이

성에 대한 지식을 얻는 경로는 포르노 잡지, 비디오 등 왜곡된 성문화를 접하거나 친구나 선배를 통해 비공식적으로 알게 되는 현실이었다.[5]

당시 상담소는 기존의 순결교육 위주로 이루어진 학교 성교육에 대한 문제제기와 올바른 성교육의 필요성을 느끼게 되었다. 1990년대 초 성폭력이 사회문제화되면서 학교 내 성폭력 예방교육의 필요성을 절감하게 된 것이다. 기존 성교육과의 차별성을 가지고 학교에 들어가면서 반성폭력 운동으로의 접근을 시도하게 된다. 성폭력은 위계관계, 잘못된 성의식, 성별고정관념 등으로부터 발생하는 사회적인 문제라는 인식을 확산시켰다.

새로운 성교육은 '나와 다른 욕망과 언어, 경험을 가진 사람들과 어떻게 만날 것인가?', '세상과 어떻게 만날 것인가'에 대해 적극적으로 생각하고 실천하며 더불어 살아가는 성숙함을 학습할 수 있는 교육으로 방향을 정하고 시도하게 되었다. 또한 성 평등한 성교육은 특정한 성에 대해 부정적인 감정이나 고정관념, 차별적인 태도를 갖지 않는 상태에서 주체성을 가지고 자신의 자유의지로 삶을 계획하고 세상을 바라볼 수 있도록 돕는 것이다(유경희, 2004).

상담소에서는 피해자, 가해자 중심의 논의를 넘어서서 성적자기결정권을 어떻게 가질 것인가에 대한 논의와 인식을 확산해야 한다는 데 공감대를 형성하였다. 청소년 대상의 성교육에서 중요한 것은 청소년을 성적인 존재로 인정하는 데서 출발해야 하며, 성적자기결정권의 핵심인 판단과 선택, 결정의 힘을 기를 수 있는 교육이 핵심이라 보았다.

---

5) 1994년 초·중·고별로 '학생용 성교육 자료 및 교사용 지도서'를 개발 보급하여 관련 교과에서 교육을 실시하도록 하였으나 현재까지도 교육시간 및 교육자료가 부족하고 전담교사가 없는 실정이어서 그다지 실효성을 거두고 있지는 못하다. 2000년에는 교육부가 학교 성교육 기본계획을 수립했다. 이 계획에 따라 연구 시범학교를 운영하고 성교육자료를 재개발하여 2001년 초에 각 학교에 배포하였다. 이 자료는 성교육의 필요성과 의미는 명확히 밝히고 있지만 내용이 성지식 위주로 되어 있고 청소녀, 청소년에게 각각 다른 접근을 시도하였다는 점에서 그다지 긍정적인 반응을 얻고 있지 못하다.

우리는 청소년에게 '올바른 성, 바람직한 성'의 해답을 가르치려고 하지 않는다. 그 해답은 정해져 있는 것이 아니라, 나 스스로 나의 인생을 만들어가는 방식, 그리고 나와 다른 타인들과 더불어 살아갈 줄 아는 성숙함을 통해 모색되어지는 것이기 때문이다. '성'은 한 '인간'으로서 더 풍요롭고 성숙한 존재가 될 수 있는 또 하나의 가능성이라고 본다. 우리는 이 책을 통하여 청소년들이 자신의 몸을, 자신의 삶을 더욱 사랑하고 소중하게 여길 수 있게 되었으면 한다. 또한 나의 욕구나 선택만큼 다른 사람의 그것도 존중할 줄 아는 성숙함을 배울 수 있었으면 한다(『당당한 성, 안전한 성, 즐거운 성』, 서문).

당시 상담소에서는 자녀가 있는 상담자원 활동가들이 실제 상담과 교육에 참여하였다. 내부 논의와 세미나, 워크숍을 통해 열린 성교육에 대한 논의들을 이끌어나갔다. 청소년, 청소녀에 대한 구분은 하지 않았다. 성교육은 같이 해야 서로에 대한 이해를 높일 수 있다는 생각이었다. 내 몸에 대한 성적 자율권을 강조하고 나의 생각을 말하는 것에 중점을 두었다. 사실을 왜곡하거나 우회적으로 말하지 않으며, 있는 그대로의 사실을 정확히 알려주는 것이 필요하다고 판단하여 무엇보다도 솔직함을 강조하였다.

구체적인 성교육 방법에 대한 워크숍 및 논의도 본격화되었다. 강당이나 시청각실 한군데에 많은 인원을 모아놓고 하는 학교 성교육의 문제점을 지적하고 소그룹으로 하는 방향을 제안하여 시도하였다. 1996년 이후 학교에 들어가는 출장교육을 시작하였는데 예를 들어서 학교에 강의를 나가게 되면 성교육 강사 1명이 나가는 것이 아니라 전체가 12반이면 같이 12명이 나가 동시에 성교육을 실시하는 방식으로 학교 측과 조율하여 진행하였다. 일방적인 강의가 되지 않도록 최대 한 반 정도의 인원으로 참여식·체험식 성교육을 실시하였다. 무엇보다 청소년들로 하여금 자신의 몸에 대한 방관자가 되면 안 된다고 생각하였고, 직접 이야기를 나누면서 느끼고 알게 하는 방식으로 접근하였던 것이다.

한 학년 한 반에 들어가면 성교육이 한 번에 끝나는 것이 아니라 주 1회로 한 달 정도 계속했지요. 들어가기 전에 전체적으로 4~5회의 교육 프로그램을 짜서 구성하고 처음부터 잘 이해할 수 있도록 했습니다. 첫 시간은 성의식에서부터 시작하여 마지막은 성폭력에 대해 이야기하는 식으로 진행하면서 매뉴얼을 구성하여 1단계, 2단계 등 연계성을 가지고 완결성을 지향하는 교육을 한 거지요. 지금도 학교 성교육을 하고 있는데, 이제는 많이 알려져 민우회 상담소가 와서 한 학년 전체를 해달라는 요청이 들어옵니다(활동가 C).

체험식 성교육이 거의 처음이었다고 볼 수 있겠지요. 나중에 다른 사람들이 우리 프로그램을 모델로 가져가기도 하고, 가져가면서 조금씩 성격을 바꾸기도 하고 그랬지요(활동가 K).

당시 상담소에서 발간된 『성교육방법론연구』(1999)에서는 학교에서 이루어지는 체험식 성교육의 특징을 청소녀/청소년들이 자신의 인생 전반에서 성에 대한 결정을 할 수 있도록 도와주는 것이라 말하고 있다.

이러한 교육이 잘 시행되기 위해서는 참가자 전원의 신뢰가 강조되는데 신뢰를 쌓기 위한 구체적인 방법 또한 아래의 표와 같이 제시하고 있다.

- 서로 신뢰할 수 있도록 — 여기에서 한 말들은 다른 데 가서 하지 않는다.
- 마음을 열고 — 개방적이고 솔직해야 한다. 다른 사람들의 사생활을 침해해서는 안 된다.
- 남을 판단하고 비평하는 발언은 삼간다.
- 나 전달법을 사용하여 말한다.
- 가끔 말 안할 수 있는 권리를 존중한다 — 적극적인 참여를 권하지만 강요해서는 안 된다.

- 바보 같은 질문들이란 없다—어떤 질문도 다 가능한 것이고 유의미하다.
- 서로 어떤 선입견도 가져서는 안 된다.
- 질문들이 가장 중요하므로 익명으로 질문할 수 있도록 질문상자를 만들어 둔다.

현실적인 고민과 연구 속에 만들어진 민우회의 학교 성교육 방법론은 이후 많은 학교에서 의뢰가 이어지는 등 좋은 반응을 얻으면서 사회적으로 확산되었다.

'내 몸의 주인은 나' 성교육은 민우회에 부탁해야지 하는 학교도 많았습니다. 또한 학교에서 성폭력이나 성추행사건이 발생하면 민우회에 연락하여 도움을 요청하기도 하고 또 가해자 교육을 부탁하거나 성폭력 예방교육으로서의 성교육 진행을 원하는 배경이 되기도 했지요(활동가 R).

성폭력 가해예방 교육프로그램
매뉴얼(2005)

이러한 학교 성교육의 경험을 바탕으로 민우회는 2005년 성폭력 가해예방 교육 프로그램, '입장 바꿔, 문화 바꿔'를 개발하였다. 이 교육 프로그램은 가해자교육의 경험을 바탕으로 성문화가 청소년에게 어떻게 받아들여지고 해석되는지에 초점을 맞추면서 가해행위의 원인분석을 통한 성폭력 예방에 목적을 두고 있다. 청소년들에게 가해예방교육을 하는 것은 청소년을 잠재적 가해자로 규정하는 것이 아니라 성폭력 없는 사회를 이끌어나갈 적극적인 주체로 전제하며 성교육을 실시하는 것이다. 매뉴얼은 폭력에 대한 감수성 키우기, 폭력의 경험 돌아보기, 성폭력 문장 완성하기, 성폭력에 대한 진실 혹은 거짓, 성적자기결정권, 성폭력과 권력, 성인식 인지과정, 여성의 몸, 남성의 몸, 성적 의사소통하기, 피해자 관점으로 성폭력 보기, 피해자 상처 공감, 성매매에 대한 진실 혹은 거짓, 성매매의 역사 등등 성 영역 전반에 걸쳐 모두 22가지 영역으로 나누어져서 개발되었다.

민우회의 학교 성교육은 성에 대한 지식을 알려주는 것과 자신을 성적 존재로 인식하는 것을 넘어서서 성폭력과 권력의 문제 등, 개인의 성과 사회의 성문화를 연계시키는 노력을 기울여왔다. 이는 구체적인 교육 프로그램으로 만들어져서 성 의식의 실제적인 변화를 유도해왔던 것이다.

2) 학교 교육에의 또 다른 도전 - 청소녀가 신나는 체육시간을 위하여

학교 성교육을 통해 성적 존재로서의 여성 자신에 대한 주체성을 인식시키고 더불어 몸에 대한 중요성을 알리고자 노력해온 민우회는 학교 체육시간에 대해 문제를 제기하였다. 어려서부터의 고정된 놀이문화에서 이어진 성별 사회화 과정은 학교 체육시간의 내용을 통해 명확하게 보여지고 있다. 민우회는 2006년 서울과 경기도에 소재한 중, 고등학교에 재학 중인 청소녀들을 대상으로 체육시간에 대한 설문조사를 실시하였다. 설문조사를 통하여 성별화된 체육시간의 실체가 드러나게 되었고, 체육교사 간담회를 열어 현장의 목소리를 직접 들었다. 학교 체육시간

청소녀를 위한 농구교실(2006)

의 변화를 돕기 위한 과정으로 『청소녀가 신나는 체육시간을 위한 체육교사 길라잡이』를 제작, 배포하였다. 이 책자의 목적은 청소녀들이 체육활동에서 배제되는 과정이 청소녀들의 '여성정체성'을 강화하는 방식으로 감을 파악해 내는 것, 비가시화되어온 청소녀들의 체육활동에 대한 경험을 드러내는 것, 청소녀들의 역량강화에 있어 체육활동의 역할이 중요함을 드러내는 것 등으로 요약할 수 있다.

민우회는 이러한 활동을 통해 획일화되고 정형화된 여성의 몸에 대해 문제의식을 갖게 하고 동시에 새로운 여성의 몸 이미지 창출이라는 화두를 던지게 되었다. 민우회 보고서에서는 기민한 몸, 땀 흘리는 몸, 재생하는 몸 등 체육활동을 통해 얻는 크게 세 가지 이미지에 대해 이야기하고 있다. 보통 여성의 몸에 대한 이미지는 정적이고 깨끗하고 외부의 자극으로부터 보호해야 하는 것으로 생각되며, 이에 맞지 않을 경우에 '아름다운' 여성의 몸이 아니라고 생각하게 된다. 그러나 이러한 이미지는 여성의 힘─육체적이거나 정신적이거나─을 키워가는 데 걸림돌이 되고 있는 현실이다. 민우회에서는 성장하고 있는 청소녀들에게 적극적으로 참여하는 체육활동을 통해 자신의 몸에 대한 새로운 인식을 얻도록 하고자 '신나는 체육시간'을 구상하였다. 자유롭게 움직이고 활동하는 자신의 몸의 능력을 인지하면서 새로운 자신감을 얻게 되고, 땀냄새 등에 대한 부정적인 사고를 전환해내면서 자신의 몸의 활력을 느끼고, 또한 상처를 통해 재생하는 자신의 몸을 다시 보는 즐거움을 알리고자 한 것이었다.

이러한 체육활동은 '여성', '여성의 몸', '아름다운 여성'에 대한 고정관념에 도전하는 것이었다. 대중매체에서 재현하는 비현실적인 여성의 몸 대신에 현실에서 볼 수 있는 멋진 여성의 몸을 경험하는 것과 남들이 바라보는 나의 몸 대신에 나 자신이 느끼는 나의 몸에 충실해지는 것은 독립적이고 자율적인 주체를 만드는 훈련이기도 하다. 청소녀와 체육시간에 대한 접근은 청소녀들의 잠재력을 확장시키고 '여성'으로서 제한된 삶의 조건을 극복할 힘을 제공

한다는 것을 강조한 것이다(민우회, 2006b).

4. '내 몸의 주인은 나'의 힘

'내 몸의 주인은 나'를 이끌어온 커다란 힘은 대부분이 자원활동가인 민우회 상담활동가들이라 말할 수 있을 것이다. 상담원 교육을 비롯한 다양한 교육, 인간관계 훈련 등 집단상담으로 무장된 이들의 활동은 10년 이상 이어지기도 한다. 상담은 오랜 시간 반복하다 보면 지치고 힘이 드는 일이며, 다른 사람들의 어렵고도 심각한 상황을 듣다 보면 상담자도 우울해지기 쉽다. 또한 성과 관련한 상담은 개인마다 성의식의 편차가 있기 때문에 자신의 성의식 점검이 따르지 않으면 하기 쉽지 않은 일이다.

자원활동가 중에는 아이를 양육하고 있는 '엄마'활동가들도 있었는데 상담활동가의 입장에서는 성적자기결정권에 대해 당당하게 이야기하지만, 내 아이에게는 조심해야 할 것 같은 생각을 깨기가 힘든 부분이 있는 것이 현실이다. 상담가로서의 정체성과 엄마로서의 정체성이 격돌하게 되면 방향성을 잃어버리게 될 위기도 있고, 엄마로서 염려해야 되는 부분이 자기 갈등으로 이어지면서 서로 간에 민감하게 부딪히기도 하였다. 특히 성교육 경험이나 활동기간이 상대적으로 적은 활동가들에게는 자신 속의 이러한 갈등이 활동에 큰 부담이 되기도 하였다.

> 상담 자원활동가들의 고민이 많았지요. 내 아이한테는 어떻게 이야기해주어야 하나, 나도 내 아이한테는 조심해야 한다고 이야기하면서 밖에서는 당당하라고 이야기하는 것이 늘 마음속으로 부담이 되기도 했지요(활동가 L)

성상담은 특히 자신에 대한 가치 성찰을 요구하기 때문에 끊임없이 자기자신을 되돌아보게 한다. 상담운동을 하는 것도 마찬가지이다. 이론과 실천의 접합점을 찾아내야 하고 실천하지 못했을 때 느끼는 부담감과 자괴감을 극복하고 해결책을 찾아내기 위하여 현실에서 분주하게 움직여야 하는 것이다. 그러므로 여성단체에서 상담운동을 하는 것은 활동가들에게 강하게 자기성찰을 요구한다. 성상담 중에 무의식적으로 나오는 가부장적 관념들, 은연중에 내담자에게 들켜버리는 진부한 성의식들은 상담자에게 스스로 좌절감을 갖게도 한다. 따라서 여성운동 안에서 성상담을 하는 것은 치열한 자기와의 싸움이기도 하다.

'내 몸의 주인은 나'에 참여했던 활동가들은 성 감수성 키우기, 성적자기결정권 향상을 위한 워크숍 등을 통하여 성에 대한 고정화된 의식을 깨뜨리고 새롭게 만들어나가기 위해 노력해왔다. 또한 긴 시간 같이 학습하고 토론해나가는 과정 속에서 활동의 어려움과 고민들을 해결하기도 하였다. 초기에는 성교육 책자 안에 동성애나 자위 등의 내용을 포함하는 문제는 의견 차이도 많았기 때문에 논란이 전개되기도 하였지만 성에 대한 새로운 시각을 제기하는 것에 그다지 방해가 되지는 않았다.

자체적으로 학습을 효과적으로 할 수 있었던 배경에는 민우회 내부의 분위기가 큰 역할을 하였다. 활동가 간에 별칭을 부르고 평등감수성에 도전하는 업무환경이 자신의 의견을 자연스럽게 발표하도록 도와주기도 하였다.

> 학습을 통해서 엄마들이 성에 대해 점차 깨었다고 말할 수 있겠지요. 혼란스러울 때는 집단에서 자연스럽게 토론하는 분위기가 있었기 때문에 논의가 이루어질 수 있었지요. 주부활동가들도 엄마로서 나를 들여다보고 하면서 자신의 경험도 이야기하면서 풀어나갔던 것 같아요(활동가 R).

이러한 환경은 활동가들이 새로운 문제를 제기하거나 논의하는 것을 용이하게 해주었다.

상담활동가들이 활동가가 아니기 때문에 오는 소외감은 어디나 있겠지요. 그런데 민우회가 상담자원 활동가들 간의 관계가 더 돈독하다고 생각해요. 공간이 좁기도 했지만 그 좁은 공간에서 오히려 서로 친해지게 되는 거죠. 상담 자원활동가들의 역할이 컸어요. 민우회의 정체성을 갖게 되고, 활동을 함께하는 분이 있다는 거죠. 조직의 정체성이요. 민우회는 활동가와 자원활동가 간의 의사소통에 집중했고 또 책임상담원 제도를 도입하기도 하고 여러모로 소통을 위한 소외감을 줄이기 위해 노력했지요(활동가 K).

개인마다 차이는 있겠지만 상담을 통해, 교육과정에서 가치 혼란으로 생기는 자신과의 갈등을 직시하고 풀어나가는 과정은 누구나 거쳐야 하는 것이었다. '내 몸의 주인은 나'에 참여했던 활동가들은 상담에서 오는 내적 갈등과 조직에서의 정체성에 대한 고민 등을 같이 풀어나가면서 서로에게 영향을 미치기도 하였는데 이러한 과정이 '내 몸의 주인은 나'를 끌어가는 큰 원동력이라 할 수 있을 것이다.

5. '내 몸의 주인은 나' 캠페인 10년의 성과와 과제

2007년 현재까지 진행되고 있는 '내 몸의 주인은 나' 캠페인은 이제 10년을 맞고 있다. 백화점식 여성운동이라거나 다양한 문제들에 대해 산발적이고 단기적이라는 비판에 직면해 있는 한국의 여성운동 안에서 10년이라는 기간 동안 진행되어온 이 캠페인은 이어 온 맥락을 생각해볼 때 그 저력과 힘을 알 수 있게 한다. 또한 '내 몸의 주인은 나'라는 슬로건은 민우회를 연상시킬 만큼 사회적인 지명도를 높이는 데 큰 역할을 했다.

10여 년 동안의 변화를 들자면 우선 처음 열린 공간에서의 성교육 캠페인을 거리문화 축제 형식으로 시작했을 때보다 프로그램이 더욱 정교해지고 완성도가 높아졌다는 점을 들 수 있다. 성에 대한 지식을 습득하기 위하여 문답식 프로그램을 제시하고, 성의식에 대한 점검을 몸을 움직여 하는 방식으로 구성하고, 자신에게 하는 이야기를 목걸이에 써서 직접 목에 걸어보는 등 놀이문화형식을 시도하기도 하면서 프로그램은 점차 수정·보완되어 갔다. 처음에는 다소 어렵게 기술되어왔던 법이나 제도 등 전문영역 또한 보완하여 누구나 쉽게 접할 수 있도록 하였다.

한편 캠페인에 참여하는 대상도 넓어지고 의식도 높아졌다. 홈페이지 등을 통해 공지사항을 미리 확인하고 찾아오는 적극적인 사람들도 점차 많아졌는데, 이로써 거리에서 열리는 일종의 축제와 같은 캠페인이 사람들의 일상 안에 자연스럽게 받아들여졌다는 것을 알 수 있다.

민우회는 '내 몸의 주인은 나'를 통하여 지난 10년간 성에 대한 이야기를 새롭게 시작하고 진행하면서 성교육에 대한 사회적 인식을 바꾸어왔다고 할 수 있다. 현재는 중, 고등학교뿐 아니라 대학 내에서도 성교육 캠페인이 자유롭게 열리고, 민우회가 제시하였던 열린 성교육, 인간 교육으로서의 성교육에 대한 사회적 필요성이 사람들의 인식 속에 확산되었다. 또한 성교육에서 가장 중요한 부분이라고 말할 수 있는 성적의사결정권이란 용어가 사람들의 입으로 오르내리게 되었고, 이에 대한 논의가 학교에서 또 일상에서 자유롭게 이루어질 수 있는 분위기를 만들어낸 것은 '내 몸의 주인은 나'의 성과이다.

한편, '내 몸의 주인은 나'는 학교 성교육의 변화에 큰 역할을 담당하였다. 성적 행위 중심의 순결주의 성교육에서 성적자기결정권 향상으로의 성교육으로 바꾸어내는 것, 일방적 강의가 아닌 체험식 성교육으로 참여를 끌어낸 것이 그 성과라 볼 수 있다. 스스로 성적 존재임을 자각하고, 성에 대한 포괄적인 다양한 이야기를 풀어냄으로써 참여하는 학생들의 성의식 변화를 위해 같이 배우고 함께 논의하는 성교육의 이야기장을 만들어내었다. 이러한 민우회의 성교육은 다른 단체 및 관련 기관의 성교육 내용과 방식의 변화 또한 이끌어내었으며 이는 지금도 진행 중이다.

민우회가 지향하는 대중운동의 성격을 그대로 반영한 거리에서의 상담운동, 여성운동은 현장 중심 운동이며 이는 전략적으로도 긍정적인 성과를 갖는다. 이는 상담은 닫힌 공간에서 비밀스럽게 이루어져야 한다는 형식을 넘어서서 실험을 통하여 새로운 상담운동을 제시한 점에서 주목된다.

  '내 몸의 주인은 나', '당당한 성, 안전한 성, 즐거운 성'은 민우회 안에서 그 방향성과 방법론에 대해 새롭게 고민되어야 할 시점이다. 시각적 영상물에 친근한 세대를 위한 맞춤형 프로그램 개발에 아이디어를 힘있게 실어주어야 하는 것도 중요한 과제이다. 거리에서의 캠페인 형식도 새로운 실험을 필요로 한다. 시기와 대상을 고려한 다양한 성교육 프로그램에 대한 개발과 실천이 확장되어야 할 것이다.

  성에 대한 담론은 지난 10년간 매우 빠르게 변화해왔다. '내 몸의 주인은 나', '당당한 성, 안전한 성, 즐거운 성'을 통한 활동가와 참여자 간의 의사소통은 지속되어야 하며, 이를 위한 과제 생산은 앞으로의 숙제이다.

  또한, 아직까지 민우회가 말하지 않은 영역에서의 성을 어떻게 '내 몸의 주인은 나'로 이끌어낼 것인가에 대한 고민이 남아 있다. 이성애 중심의 문화에서 소외되어온 성적 소수자의 문제와 인권의 사각지대에 놓여 있는 외국인 여성들의 성문제까지 민우회가 앞으로 관심을 가져야 할 과제들은 산적해 있다. 다양성이란 이름으로 모든 것을 통합하기에는 현실의 치열한 문제들을 놓쳐버릴 수 있다. 구체적이고 실천적인 해결방안들을 모색해가면서 '내 몸의 주인은 나'는 계속 변화해나가야 할 것이다. 이 같은 변화를 수용하고 도전해나가는 노력을 통하여 성이라는 큰 틀 안에서 민우회가 만들어가고자 하는 평등한 세상에 한 걸음 더 가깝게 갈 수 있을 것이다.

참고문헌

유경희. 2003. 『학교성교육 워크숍 자료집』.
_____. 2004. 「반성폭력 운동의 성과와 과제」. 『성폭력특별법 시행 10주년 기념 토론회 자료집』.

한국여성민우회 자료
1997. 『민우회 10년사 자료집』.
2001. 『민우회를 공부하자 워크숍 자료집』.
2003. 『성범죄 피해·가해 예방을 위한 성교육 자료 개발워크숍 자료집』.
2006a. 「청소녀 학교 체육활동경험 보고서」.
2006b. 『청소녀가 신나는 체육시간을 위한 체육교사 길라잡이』.
가족과성상담소. 1999. 『성교육방법론 연구』.
_____. 2003. 『성교육자료집』.
_____. 2004. 『내몸의 주인은 나』.
_____. 2004a. 『당당한 성·안전한 성·즐거운 성』.
_____. 2004b. 『대학 내 반성폭력 문화 확산을 위한 워크숍 자료집』.
성폭력상담소. 2005a. 『입장 바꿔, 문화 바꿔』.
_____. 2005b. 『학교 성폭력 없다? 있다!』.

달려라, 지역여성운동 **03**

제9장 여성, 지역을 세상의 중심으로 바꾸다 | 박기남 · 김연순

제9장

여성, 지역을 세상의 중심으로 바꾸다
─ 민우회 지역여성운동을 중심으로 ─

박기남, 김연순

창립 때부터 소수 엘리트 여성의 대변적 여성운동을 지양하고, 여성 스스로 조직하고 참여하는 대중여성운동을 지향해온 한국여성민우회는 10개의 지부를 기반으로 평범한 여성들이 지역의 여성문제와 현안들을 자신의 문제로 인식하고 보다 많이 참여할 수 있도록 풀뿌리 여성운동의 저변을 넓혀왔다. 지난 10여 년간 민우회 지부들은 상대적으로 보수적이고 인적·물적 자원이 취약한 현실 속에서도 지역여성들의 관심에 기반한 다양한 소모임과 교육프로그램의 실시, 그리고 지역 문제들을 함께 고민하고 해결하기 위한 위원회 활동을 통해서, 수동적이고 비주체적이었던 지역여성들이 스스로 변화하고 리더십을 키워갈 수 있는 활동의 중심이 되어왔다. 이제 지역여성들은 자신들의 목소리로 필요한 정책을 지방자치단체에 요구하고 의회에 직접 진출하는 한편, 젠더의 관점에서 지방자치단체 정책을 분석하고 예산을 요구하는 등 지역 정책의 성 주류화와 여성의 삶의 질 향상을 위해 노력하고 있다. 이러한 민우회 지역여성운동을 통해서 남성 중심, 중앙 중심의 제도와 의식들을 여성의 관점, 지역의 관점에서 새롭게 변화시켜나가고 있으며, 여성운동은 더 이상 소수 엘리트 여성의 운동이 아니라는 인식의 변화를 일구어내고 있다. 그동안의 활동경험을 토대로 지역여성운동의 양적·질적인 도약을 이루어내기 위해서, 민우회 지부들은 변화하고 있는 지역현실에 맞춰 보다 다양하고 새로운 실천들을 시도해야 하는 과제를 안고 있다.

대부분의 여성들은 여전히 여성운동에 대해 '좋은 일'이기는 하나, '누군가 알아서 해주는' 일로 인식하고 있다. '왜 여성운동은 많이 배우고 특별한 사람이 하는 것이라는 인식을 낳는가?', '여성운동은 누구를 위해, 무엇을 위해 존재하는가?'에 대한 물음에서 민우회 지역여성운동은 시작되었다. 대다수 여성, 특히 주부들의 삶은 여전히 전통적인 가부장제 사회에서 요구하는 여성상과 별반 다르지 않은 억압적인 현실의 문제들을 어떻게 해결해나갈지에 대한 논의가 민우회 지역여성운동의 출발점이었다. 이러한 문제의식에서 한국여성민우회는 창립 때부터 소수 엘리트 여성의 대변적 여성운동을 지양하고, 여성 스스로 조직하고 참여하는 대중여성운동을 지향해왔다. '창립선언문'에는 이 같은 정신이 다음과 같이 녹아 있다.

> 여성들의 고통은 선두의 몇몇 여성들이 대변, 해결할 수 있는 간단한 문제가 아니며, 일상적 삶을 살아가고 있는 여성대중들이 함께 인식의 지평을 넓히고 함께 실천하면서 여성해방의 길에 동참하는 공간을 넓혀나가야 하기 때문이다.

이러한 창립 목표를 실현하기 위하여 민우회는 설립 초기부터 여성운동의 대중화를 지속적으로 견지해왔다. 대표적으로 여성들이 지역의 일상 속에서 안전한 먹거리를 매개로 쉽게 접근하고 실천할 수 있는 장을 고민한 결과로 '생활협동조합(이하 생협)'을 1989년 설립했고, 1992년 동북여성민우회를 시작으로 10개의 지부가 생겨났다. 민우회 지부들은 지역여성들이 자신의 거주지를 중심으로 다양한 활동을 통해 임파워먼트되고 일상의 생활문화를 성평등하게 바꾸어나가는 풀뿌리 여성운동의 실천 단위들이다.

민우회 20년을 맞아 지부활동을 정리하고 분석하는 작업은 성평등관련 법·제도와 대중 여성들이 처한 현실 간의 간극을 지역에서 어떻게 메워나갔는지 보여줄 것이다. 지금은 '지역이 희망이다', '지구적으로 사고하고 지역적으로 실천하라'는 말이 시민사회운동 내에서 당연하게 회자되지만, 창립 당시만 해도 민우회 지역여성운동은 여성들이 주체가 되어 지역 현안을 해결해나가는 전례가 별로 없는 가운데 이루어졌던 놀랍고도 신선한 활동이었다.

1. 지역여성운동과 민우회 지부

1) 지역여성운동의 의의와 위상

최근 들어 '지역'과 '여성'이 시민운동과 시민사회의 키워드가 되고 있다. 민우회는 한국의 시민사회, 민주화운동의 역사 속에서 풀뿌리 지역여성운동을 활발히 펼쳐온 단체 중의 하나였다. 물론 국가적 수준에서의 성 주류화 실현의 노력과 지방자치제의 부활과 함께 '지역여성'이 민주주의와 성평등 실현의 주체로 등장하게 된 것도 중요한 배경이라고 할 수 있다.

지역(the local)이란 중앙-수도권(the center)이라는 독립적인 권력 공간과 대응되는 사회적·경제적·정치적으로 불평등한 비중앙-주변부(periphery)-풀뿌리 일상의 삶터를 의미한다. 한국 사회에는 중앙 대 지방, 중심 대 주변이라는 강력한 공간 위계질서가 존재하며 수도권과 지방 간의 불균등 발전, 그리고 이와 연관된 지역주의의 사회 정치적 영향력은 이미 널리 지적되어왔다. 수도권-중앙은 그 좁은 지리적 면적에 비해 공공기관, 산업, 대학교, 의료기관, 금융, 연구소 등 자원과 인구가 고도로 집중된 특수한 권력 공간이다(최장집, 2005:156, 허성우, 2006에서 재인용). 이 자원과 인구의 극단적 밀집은 특정한 정치, 경제, 사회문화적 권력의 독점과 이 독점적인 권력집단의 연결망 혹은 공동체들을 형성함으로써 다른 지역들과 구분된다. 마찬가지로 권력집단에 대항하고 견제하는 세력인 시민사회, 시민운동의 물적·인적 자원의 중앙 집중도 그동안 지역 시민운동, 여성운동이 활성화되는 데 제약조건으로 작용했다.

실제로 한국의 여성운동에서 중앙과 지역 여성운동 간의 격차는 여성관련 법제·개정 운동과정에서도 드러나 지역여성들의 참여는 제한되는 것으로 나타났다(허성우, 2006: 184). 여성관련 법제·개정운동은 기본적으로 서울에 있는 중앙정부를 대상으로 한 전문가들의 활동이 중심이어서 중앙 단체들의 역할이 크다. 주요한 의사결정이 중앙조직에서 빠른 시간 내에 위로부터 이루어지기 때문에, 지역여성들이 참여할 공간이 크지 않았던 것이 사실이다. 그 결과 지역여성들은 한국의 전체 여성운동에 대한 담론 형성과 법 제·개정 운동에서 상대적으로 소외되어온 측면이 있다. 그것은 두 가지 문제에서 비롯된 것으로 보인다.

첫째, 한국 여성이라는 추상적 보편성으로 인해 지역여성들이 처한 구체적인 현실의 다름과 다중적 정체성이 충분히 고려되지 못하는 점. 둘째, 지역 대중여성들 사이에 상당히 지배적으로 깔려 있는 보수성향의 문제를 어떻게 풀어갈 것인가 하는 현실적인 문제와 관련되어 있다(김종미, 1999). 이러한 조건들로 인해 여성관련 법안에 대한 지역여성들의 인지도는 매우 낮으며, 따라서 대다수 지역여성들은 새로운 법제도 위에서 '잠자고' 있는 형국이라고 할 수 있다.

지역여성운동은 바로 이 지점에서 중앙과 지역이라는 이분법적 구도를 뛰어넘어 여성 내부의 다양한 차이를 인정하면서도 연대를 통해 차이를 아울러야 하는 과제를 안게 되는 것이다. 특히 민우회와 같이 중앙조직과의 연계관계를 이루는 지역조직으로서의 지역여성운동은 중앙과 지부를 포함한 전체 활동에 대한 중심의 해체라는 역할을 부여받고 있다는 점에서 그 중요성이 부각된다.

2. 민우회 지부의 창립 과정

1) 초창기 지역협의회 시기

민우회 지부의 전신은 지역협의회이다. 1990년부터 활동하던 지역협의회는 강남·서초지역협의회, 노원·도봉지역협의회, 서대문·은평지역협의회, 구로·양천·영등포·안양지역협의회, 강동·송파지역협의회 등 5개였다. 지역협의회는 생협활동을 기반으로 매월 월례회를 하였는데, 주로 공동체의 대표자들이나 열성회원들이 참여했다. 사무실 같은 특별한 모임공간이 없었기 때문에 돌아가며 회원의 집에서 모였고, 회원들의 교육에 대한 욕구가 있을 때는 간혹 인근 교회를 빌려서 대중강좌를 열기도 했다. 지역협의회의 핵심 활동가들은 지역여성운동을 일상적으로 보다 활발히 하기 위해서는 회원들이 모일 수 있는 일정한 공간과 지역운동을 전업으로 하는 상근 활동가, 그리고 이러한 활동을 체계적으로 지원할 수 있는 대중여성조직으로의 전환이 필요함을 인식하기 시작했다.

민우회 본부가 1989년부터 개최한 민우여성학교는 초창기 민우회 활동가 배출의 통로였다. 민우여성학교는 주 2회씩 3개월에 걸쳐 정치, 경제, 사회, 여성, 환경 등을 주제로 교육을 실시했다. 1박 2일의 워크숍을 포함해 과정을 이수하고 민우회 회원에 가입해 활동했는데, 당시에는 민우회 회원이라 하더라도 생협회원에 가입하려면 사람들을 좀 더 모아야 했다. 생협회원이 되어 생활재를 공급받으려면 동네에서 최소 5명을 모아 공동체를 만들어야만 이용이 가능했기 때문이다.

백혜진, 김상희, 이금라, 서혜란 등의 본부 활동가들은 지역소모임의 정착을 위해 관계 자료를 읽고 공부하는 세미나를 열심히 지원했다. 매월 1회 열리는 지역 회원모임은 회원들끼리 서로의 관심사를 함께 나누고, 민우회 본부의 활동가들로부터 전체 민우회의 소식을 전해 듣는 자리였다. 소모임에

지역협의회 회의 모습(1992)

열심히 나오던 회원들은 민우회 지역협의회의 중요한 인적 자원이었으며, 이후 지부 창립의 토대가 되었다.

88년인가 동네에서 민우회 모임을 했는데…… 대충 7, 8명 정도 모였고 본부에서 이금라 씨가 자주 왔었지. 김상희 씨도 오고…… 그때가 여성학 공부하고 한국현대사, 교육문제에 대한 얘기도 하고 다방면에…… 나중에 교육문제 관심 있는 일부는 참교육학부모회 만들고 그랬지요. 주로 공부하는 소모임, 우리 의식을 깨우쳐주기 위한 소모임이었죠(강남서초지역협의회 회원).[1]

소모임 초기 우선 회원 집에서 돌아가며 모이거나 때로는 외부의 장소를 빌려 모임을 했지만, 그것만으론 구심점을 모아내기 어려웠다. 모여도 그만 아니어도 그만인 채로 흘러가기 십상이었기 때문이다. 회원들이 모일 일정한 장소, 작아도 좋으니 일반 지역민들에게 민우회를 알릴 수 있는 강좌를 열 공간이 절실히 필요했다. 그러나 사무실을 마련하고 활동하려면 핵심활동가가 나서야 했고 재정 마련이 필수였다.

87년 하반기에 민우회에 가입했는데 본부에 가서 책 읽는 소모임을 했죠. 그러면서 지역 준비모임을 하게 됐고 5만 원씩 계를 해서 돈을 모아 사무실을 얻었어요. 처음엔 양해경, 김효순, 홍영주, 고혜정, 강혜정, 안순금 씨 등이

---

1) 민우회 지부운동을 정리하기 위해 각 지부의 주요 회원들을 인터뷰했다. 녹취한 내용이 많아 중간중간 생략하여 인용하였다.

북가좌 한양아파트에 많이 살았거든요(서대문·은평지역협의회 회원).

2) 지부의 창립

민우회의 첫 지부는 1992년 출범한 노원도봉지회(현 서울동북여성민우회)였다. 본부는 지역여성운동을 활성화하기 위해 지역협의회에서 민우회사업과 생협운동을 열심히 해온 회원들이 모여 있는 서울동북지역을 택해 민우회의 첫 지부를 만들기로 했다. 이를 위해 본부의 주요 활동가(이경숙 당시 민우회 부회장)가 자임하여 지역운동에 뛰어들었고, 지역의 핵심 활동가, 회원들이 결합하여 노원도봉지회를 창립하였다. 당시 지회의 창립과정에는 한시적이나마 여성사회교육원을 통해 지원된 독일 아데나워 재단의 재정 후원이 뒷받침되었다. 이러한 재정 후원은 불모지였던 지역여성운동이 자리잡는 데 큰 기여를 했다.

> 91명의 생협회원이 있었지만 실제 월례회에 참석하는 회원은 불과 10여 명밖에 안 되었어요. 생협 이용도도 경제적으로 어려운 사람들이 많아서인지 민우회 전 지역에서 가장 하위권이었죠. 그래도 다른 지역에 비해 열심히 일할 만한 활동가들이 있었기 때문에 의욕적으로 지부를 만들 수 있었던 것 같아요……. 지역의 주부들이 모이기에 편한 위치로 쌍문역 주변에 작은 공간을 찾아냈는데 보증금이 1천만 원에 월세 40만 원이었어요. 보증금을 어떻게 마련해야 하나…… 참 난감한 상황이었죠. 불가능해 보였어요. 그런데 회원 월례회에서 한 회원이 3년간 무이자로 민우회에 빌려주자는 거예요. 그렇게 제안한 사람은 그저 평범한 회원이었는데 그게 통한 것 같아요. 저 사람도 나와 비슷한 처지인데 저런 생각을 하는구나…… 나도 해야 하지 않을까…… 뭐 그런 생각이요. 그렇게 해서 모인 사람들 중 열성회원들이 동의하고 보증금 1천만 원을 마련할 수 있었어요. 돈을 낸 회원들은 이후 활동을 더욱 열심히

하게 되었죠……. 이 지역에 살던 이경숙, 박영숙, 권미혁 같은 본부 활동가와 황주영, 김은경, 김종현, 김영순, 이건애, 김연순이 창립멤버였어요(동북지부 회원).

서울동북여성민우회 개소식(1992)

서울 남서여성민우회는 구로·양천·영등포·안양 지역협의회 활동을 근간으로 94년에 출범했다. 남서지부는 생협활동을 하던 회원들과 민우회에 관심 있는 활동가들의 기반이 있는 상태에서 당시 목동의 쓰레기소각장 증축 반대 운동을 통해서 지역주민의 참여와 지지를 얻었다. 이후 지자체의 협조를 끌어내어 쓰레기 실태조사와 생쓰레기 퇴비화 운동을 활발하게 펼쳐나갔다.

고양여성민우회는 서울의 여러 지역에서 생협활동을 하던 회원들이 신도시 일산으로 이주하면서 생협에서 구매하던 유기농생활재를 계속 공급받기 원하면서 시작되었다. 이 회원들이 96년 고양여성민우회 창립의 구심점이 된 것이다.

김연우, 김인숙, 임재련 씨가 동시에 이사를 했는데…… 그 당시에 생협에서 뭔가 돌파구를 마련해야 하는데 새로운 지역을 개척하는 것으로 잡았다는 거야. 그게 일산이더라구요. 한 20명 정도…… 이희란, 정정희, 임해선…… 20명 정도가 이사했던데…… 지역에서도 생협을 했으면 좋겠다는 욕구가 있었던 거예요. 난 3월 30일 이삿짐을 풀었는데 바로 4월 3일 우리집에서 모임을 하게 된 거야. 생협본부에서 그런 생각이 있었더라구. 그래서 지역모임을 꾸리는 것으로 얘기가 된 거지…… 그때 지부를 꾸리는 것도 얘기되었고, 그래서 오숙희 여성학강좌 같은 것도 하게 되고…… 1년 정도 준비해서 97년에 만들어졌어요(고양지부 회원).

97년 창립된 김포여성민우회는 가족과성상담소 개소와 더불어 창립되었다. 아쉽게도 의욕적으로 출발했던 상담소가 지역에 뿌리내리는 데 실패함으로써 2006년을 끝으로 문을 닫고 현재는 일부 회원들을 중심으로 생협활동을 펼쳐가고 있다.

99년 출범한 군포여성민우회는 가족과성상담소 개소와 함께 창립해 상담사업을 중심으로 활동을 시작했다. 이후 민우회 본부와 연계해 한부모관련 사업을 활발히 펼쳤으며, 점차 활동영역을 넓혀 생협, 지방자치, 환경 과제 같은 다양한 활동을 전개해 지역의 주요 여성단체로 자리매김하게 되었다.

> 93년 무렵 산본은 소각장 반대투쟁이 활발했어요…… 후에 지역에 민우회를 만들자는 의견들이 있어 몇 번 모임도 하곤 했지만 쉽지 않더라구요. 그러다가 98년에 본격적으로 준비모임이 만들어졌어요…… 그때 같은 지역에 사는 이우정 선생님을 모시고 강좌를 열었거든요. '한국여성사'라는 여성문제를 주제로 한 교육이었죠. 민우회를 시작하면서는 본부에 있는 가족과성상담소 활동을 보며 '아, 지역에도 참 좋은 모델이 되겠다' 뭐 그런 생각을 하며 상담소로 출발하게 된 거예요(군포지부 회원).

97년 출범한 진주여성민우회는 지역의 여성학 모임과 상담공부모임을 중심으로 한 준비모임이 있었으며, 유치원 원장의 원아 성추행 사건에 대한 대응활동을 통해 지역 여성단체 결성의 당위성이 제기되면서 가족과성상담소 개소와 함께 창립되었다.

원주지역의 경우 시민단체 여성 활동가들은 많지만, 정작 여성이 당면한 문제들은 도외시되는 여건에서 여성 활동가들끼리 매주 한 번씩 새벽 5시, 6시에 모여서 공부하는 '새벽을 여는 여성들의 모임'을 1996년부터 갖기 시작했다. 모두 육아시기에 있었던 여성들이 어렵게 만든 시간대가 바로 새벽이었고, 피곤한 몸을 이끌고 나 자신만의 문제가 아니라 우리 여성의

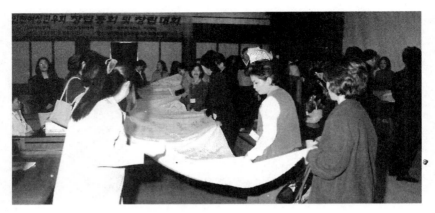

인천여성민우회 창립대회(2001)

문제로 풀기 위한 열정과 삶의 절박함이 새벽을 마다하지 않게 했고 원주여성
민우회 창립까지 가능하게 한 동력이 되었다.

춘천지역에서는 한편으로는 직장인들이 주축이 되어 직장 내의 성차별문
제를 상담하고 지원할 수 있는 통로를 찾고, 다른 한편으로는 97년부터 같은
아파트에서 비슷한 연령대의 주부들이 '열마녀회(열린 마음을 가진 여성들의
모임)'를 만들어서, 육아의 힘듦과 주부로서 사회와의 단절의 외로움을 함께
나누면서 여성문제 해결을 위한 조직을 탐색하던 중 춘천여성민우회를 창립
하게 되었다.

광주여성민우회는 지역에서 여성정책 모니터 및 제언활동, 살기 좋은 북구
만들기, 구정지기단 활동, 상담활동 등을 전개해온 광주여성회가 침체되어가
는 조직의 활로를 모색하던 중 기층여성운동조직에서 탈피하여 보다 폭넓게
중산층 주부들을 포괄하고 다양한 운동을 전개하고 있는 민우회 지부로 전환
할 것을 결의하여 2000년에 창립되었다.

인천 지역은 여성노동운동과 빈민지역운동 등 각 부문에서 활동하던 여성
활동가들이 준비모임을 만들고 지역주민과 여성들에게 보다 쉽게 다가갈
수 있는 대중적인 여성단체를 만들기 위한 논의과정을 통해서, 2001년 인천여

성민우회가 창립되었다.

서울남부여성민우회는 90년대 초 강남·서초지역협의회 시절부터 남부지역모임에 이르기까지 오랜 기간 생협활동을 근간으로 활동해오다가, 2006년 지방자치활동 등 새로운 출발을 다짐하며 서울남부여성민우회로 창립되었다. 초창기부터 민우회의 핵심활동가들이 자리 잡고 열심히 활동해왔으나, 경제적으로 부유한 계층이 밀집해 있고 자녀 교육에 대해 과도한 경쟁을 하는 강남지역의 특수성으로 회원 충원이 원활하지 않는 등 민우회 지부활동이 여러 가지 어려움에 직면해 있다.

3) 90년대 말 지부 창립의 활성화 배경

민우회 지부의 창립과정을 시기별로 나누어보면, 90년대 초중반에 창립된 서울을 중심으로 한 수도권 지부들의 경우 본부의 긴밀한 지원하에 생협 조합원 활동을 기반으로 창립되었다는 공통점을 갖고 있다. 그러나 지부 창립과 활동과정에서 무엇보다도 중요한 것은 지역에 인적 자원의 구심점이 확고하게 형성되어 있느냐 하는 것이었다. 본부의 적극적인 지원이 있었으나 서대문·은평지역협의회나 강동·송파지역협의회는 지부 창립으로 이어지지 못했다. 김포지부 역시 지역에 뿌리내리지 못하고 문을 닫게 되었는데, 그 이유는 무엇보다 지부의 구심점 역할을 할 회원들이 없었기 때문이었다.

반면 90년대 후반에 창립된 지부들은 서울 지역과 5~10년 정도의 사회경제적·인적 자원의 격차를 가진, 그러면서도 보수적인 정서를 띤 지역이라는 공통점을 가지고 있다. 또한 이들 지역에는 직장 내 성차별이나 가정과 사회 내의 가부장적 억압 등 여성의 목소리를 대변해주고 인권을 보호해줄 만한 대중여성조직이 없었다. 성폭력, 가정폭력특별법 등 여성인권관련 법들이 제정된 이후 각 지역마다 상담소가 개설되었지만, 여성은 여전히 구제되어야 할 피해자나 여성정책의 대상으로만 보는 활동에 머물러 있었다.

지역은 의식이 깨어 있거나 소위 여성학(?)에 관심조차 없는 사람들이 많다. 한마디로 보수적 사람들과 관계가 훨씬 많다는 것이다. 적은 사람들이 서로 얽히고 설켜 있는 곳이라 정으로 너무 많이 얽혀 있다는 것, 그 속에서 살아가는 여성으로서 복잡함을 가지고 있는 사람들이 지역에서 행동하고 운동을 이끌어가기는 시간이 많이 걸릴 것이다. 법제도가 많이 만들어졌다고 하나 그것을 현실의 피부로 인식하기에는 아직도 낯선 환경이 존재하는 지역에서 여성운동을 하는 것은 더디고 어려울 수밖에 없지 않을까……(광주지부 회원).

이렇게 어려운 지역현실에서 자생적으로 여성문제를 고민하며 그 해결점을 모색하던 인적 자원이 커가고 있었고 마침 민우회 본부의 지부 확대사업과 만나게 되었다. 민우회는 지역여성운동의 저변을 보다 확대하기 위하여 1990년대 말부터 '참여하는 여성운동', '함께가는 여성운동', '생활 속의 여성운동'이라는 슬로건을 내걸고 지부확대에 적극적인 지원을 하기 시작했다. 이같은 본부의 노력과 결합하여, 90년대 후반부터 많은 지부들이 창립되었다. 그러나 민우회 지부는 비록 지부의 형태를 띠고 있지만 위로부터 결성되었다기보다는 지역여성의 적극적 주도하에 아래로부터 조직되었다는 특성을 가진다.

민우회 지부로 창립하기까지 지역의 논의를 보면 독자적인 지역여성회를 만들자는 안과 한국 여성의 전화 지부, 그리고 한국여성민우회 지부 등 세 갈래의 조직형태를 놓고 고민했음을 알 수 있다. 창립주체들은 독자적인 지역여성회를 만들기에는 여성주의의 정체성이 막연했을 뿐만 아니라 정관부터 다시 만들어야 하는 등 절차상의 어려운 문제들이 많다고 판단했다.

처음에 독자적인 원주여성회 같은 것을 만들까 어쩔까 했는데 처음이고 잘 모르니간 지부로 하자 그렇게 결정을 했어…… 지부라면 여전 지부를 만들까, 민우회 지부를 만들까 고민했는데…… 여전을 만들자고 한 사람들이 몇

명 나갔어…… 여성의
전화! 그러면 상담이라
는 이미지가 강하다는
거지. 운동의 포용력 그
러니까 지역운동을 여
성이 한다는 측면에서
우리는 민우회를 봤던
거지. 그렇다고 여성주
의적 관점을 갖고 지역

원주여성민우회의 민우여성학교

운동을 바라본 것은 아니고…… 그때 당시에 우리의 수준에서 민우회가 훨씬
더 포괄적이고 사업도 다양하게 할 수 있다고 판단한 거지(원주지부 회원).

이 당시 지역에서는 여성의 전화가 대중적으로 알려진 상태였다. 보수적인
지역 정서상 상담을 통한 여성단체활동이 상대적으로 심리적인 부담을 덜
수 있는 무난한 조직활동으로 생각되기도 하였다. 그러나 상담을 통한 활동만
으로는 지역여성들과 만날 수 있는 통로가 제한된다고 판단하여, 창립주체들
은 보다 분명한 여성주의를 표방하면서 포괄적이고 다양한 활동을 하는 민우
회 지부를 택한 것이었다. 지부의 형태를 취함으로써 지역에서 자생적 단체들
이 겪었을 여러 가지 혼란을 피할 수 있었다. 본부의 여성운동 이념과 활동내
용, 운동방식 등의 기본 틀을 공유함으로써, 빠른 시간 안에 지역에서 여성운
동단체로서 뿌리를 내릴 수 있었던 것이다.

또한 90년대 후반 이후 지역여성운동단체가 활성화된 배경에는 여성관련
정책의 제도화에 따른 정부의 재정 지원이 한몫을 했다고 볼 수 있다. 특히
성폭력, 가정폭력특별법 제정 이후, 정부의 가정폭력, 성폭력 상담소 운영비
지원은 지역에서 민우회 지부뿐만 아니라 다른 여성단체들의 설립을 보다
용이하게 만든 요인으로 작용했다. 일반적으로 시민단체에서 회비를 내고

일상 활동을 하는 진성 회원의 확보가 어려운 가운데, 지역의 경우는 본인이 회비를 내고 단체활동을 하는 것이 아니라 오히려 단체활동에 참여하면 식사 대접이나 선물을 받아가는 데 익숙한 관변단체의 관행이 일반화되어 있어서 시민단체에 회비를 내는 문화는 매우 낯설었다.

또한 생활협동조합을 주요한 매개로 민우회 지부 활동을 시작한 수도권 지부들과는 달리, 비수도권 지부들은 생협을 매개로 하기 어려운 조건에 놓여 있었다. 환경, 건강한 먹거리 등에 대한 의식도 아직 약한 데다 생협 활동이 활성화될 만한 경제적 여건이 마련되어 있지 않았던 것이다. 따라서 90년대 후반에 창립되었던 지부들 중 일부는 상담소를 개소하여 정부의 운영 지원으로 초창기의 재정적 어려움을 일부 해결할 수 있었고, 지역여성들과 만나는 일상적인 통로로 활용하였다.

3. 새로운 지역여성운동으로서 민우회 조직의 특성

1) 풀뿌리 여성과의 첫만남: 작게, 적게, 천천히 스며들기

민우회 지역여성운동은 기존의 시민운동, 여성운동의 중앙 중심, 엘리트 중심, 거대담론 중심의 운동방식에 새로운 도전장을 내는 것이었다. 기존의 운동방식은 본부에서 주도하는 활동에 지역에 거주하는 회원들은 참여만 하는 형태였다. 내용을 정확히 몰라도 정해진 집회에 참여하고, 동원되고, 토론회 숫자 채우고 하면서 본부는 머리요, 지역 회원들은 손발이라 생각되었다. 동원되는 참여는 당연한 것이었고 운동방향과 내용은 집행부 소관이라 여겨졌다.

그러나 지역여성운동은 모여 있는 사람이 중심이 되는, 개개인 하나하나에 맞는 방법을 찾아내고 적용하는 바로 그런 운동이어야 했다. 비록 역동적인 거대담론은 아니지만 지역에서 일어나는 정적이며 미시적으로 여겨지는 작은 문제들, 그러나 일상적 삶을 유지하는 데 중요한 문제들을 여성들 스스로 상황에 맞게 찾아내고 해결해나가는 운동을 지향했다. 이러한 문제의식에서 민우회 지부들은 지역여성들과의 만남을 준비하기 위해 주로 욕구조사를 우선적으로 실시했다. 지역의 활동가들이 중심이 되어 창립하다 보니 실제 지역에 거주하는 다수의 여성들이 어떤 사람들인지, 어떤 욕구를 갖고 있는지, 어떤 방식으로 일을 해야 잘할 수 있을지를 파악할 필요가 있었기 때문이었다. 조사를 통해서 지부들은 일정한 편견과 오해로 여성운동에 대한 벽을 느끼고 있는 수많은 지역여성들에게 다가가는 방법을 찾아냈고, 참여하는 회원들의 능력과 적성에 맞게 자기를 발현할 수 있는 장을 제공할 수 있었다.

지역여성의 욕구조사 결과 주부들의 최고 관심사는 자녀교육 문제였으며, 환경문제, 여성문제에 대한 인지도가 높은 것으로 나타났다. 그러나 주부들은 여가시간을 이런 지역의 문제를 해결하는 것보다 문화강좌를 수강하는 데 할애하고 있었다. 사회문제는 내가 나서지 않더라도 누군가 해결해주겠지 하는 비주체적이고 이기적인 면을 볼 수 있었지만 그것이 현실이었다. 운동적 차원에서 해야 할 활동과 실제 원하는 활동과의 이 같은 괴리를 좁히는 것 역시 민우회의 과제였다. 따라서 민우회 지부는 주부들의 최대 관심사인 자녀교육 문제를 다루면서도, 생활협동사업 이외에 환경문제, 여성문제와 같은 사회교육과 취미 교양강좌들을 실시하였다.

어떤 사람들은 정치토론, 어떤 사람들은 남편 흉보기, 어떤 사람들은 심각하게 자녀교육과 부부갈등 상담, 어떤 사람들은 술먹고 노래방가기, 어떤 사람들은 끊임없는 수다…… 민우회의 다양한 교육들 틈틈이 이런 방법들이 활용되었는데, 서서히 성과가 나타났다. 가입하고 회비 내고 소모임이나 위원회 활동에 참여하고 거의 상근자처럼 일을 맡아하고 하릴없이 사무실이나 교육장에서 왔다 갔다 하며 일거리가 보이면 함께 하는 사람들이 점점 늘어갔다. 민우회를 전혀 모르던 사람이 호감을 갖게 되고, 운동권이라서 싫었다는 사람이 운동이 꼭 필요하다고 느끼게 되고, 잘난 여자들의 집합소인 것 같아서 거부감을 느꼈다는 사람이 자기 같은 평범한 사람들이 모여 있다는 것을 알게 되고, 남편이 반대해서 활동을 꺼리던 사람들이 어쩌다 저녁에 남편들까지 함께 술자리에 합석하게 되면서 각양각색의 이유로 민우회 활동을 하게 되었다.

> 학생운동 하던 사람은 일반 사람들의 망설임에 대해 이해하지 못하는 면이 있어요. 일반 전업주부들이 왜 그렇게 움직이지 못하는지, 왜 그렇게 운동성이 없는지 그런 걸 잘 이해 못해요. 그런 면에서 일반 사람들이 '단체에서 일하는 사람이 나랑은 다르구나, 나는 안 맞는 거 같다' 뭐 그런 생각을 하지요……. 하지만 그렇다고 다들 몰라서 그런 건 아니에요. 잠재되어 있는 거는 있어요. 내 주변의 사람들은 거의 모두가 운동을 한 적이 없는 사람이에요. 그 사람들이 전혀 문제의식을 안 갖고 사느냐 하면 그건 아니거든요. 관심은 많지만 익숙지 않아 남들 앞에서 나서는 걸 불편해할 뿐이에요. 이런 사람들이 서서히 민우회 활동을 하면서 자연스럽게 달라지는 거죠(동북지부 회원).

지부 창립의 주축이 되었던 지역여성들은 대학생 때 학생운동을 했거나 여성학을 교양과목으로 수강한 경험이 있는 극소수의 사람들을 제외하면, 대부분 주부로 살아가면서 가부장적 억압을 느끼거나 생활상의 필요로 인한 경제적 욕구를 가진 아주 평범한 여성들이었다. 지역은 중앙과 달리 경제적 조건의 격차가 적어도 10~20년 정도 있는 것으로 보아야 한다. 지역에 따라선 여건상 고졸이 여성의 최고 학력인 경우도 많았다. 아무리 딸이 유능하다고 할지라도 아들을 위해 딸의 대학입학을 보류하는 성별로 인한 교육차별이 여전히 이루어지고 있었기 때문이다.

또한 여성주의의 정체성과 관련해서 볼 때 지부의 창립선언문이나 정관상으로는 분명한 여성주의적인 정체성을 표방했으나, 지역의 여건상, 그리고 지부를 구성하는 회원들의 특성상 실제로 여성주의적 정체성은 매우 미약했다고 볼 수 있다. 여성주의적 정체성이 미약하다기보다는 구성원의 배경의 다양함, 보수적인 지역 여건, 지역여성 욕구의 다양함 등으로 하나로 명백히 정리하기 힘들었다고 보는 것이 더 정확할 것이다.

처음에 창립 멤버와는 좀 다르게, 활동하는 사람들을 보면 이 지역의 연고가 없어서 뭔가를 찾다가 민우회를 찾아오는 사람들이 많잖아요. 자기의 욕구에 의해서 찾아오는 사람들, 아이들의 교육문제나 그 외로움이나, 어디 뭐 좋은 거 교육받을 게 없나 이렇게 오는 사람과 또 어떤 사람이 있냐면 자기 전문성을 키워서 뭔가 취업의 길이 있지 않을까, 그런 생각하고 오는 사람들이 있어요……. 아마 여성운동을 해야 되겠다고 해서 오는 사람은 거의 없을 거야. 거의 없어요(원주지부 회원).

진주 같은 경우에는 워낙 통일 같은 거대담론을 이야기하는 동네였거든…… 그런 동네에서 여성 정책이나 여성적인 마인드, 이런 게 이해가 안 돼. 이게 항상 아래야. 아직까지도 이렇게 좀 아래 단계의 운동이라고 보는 면이 많은데……(진주지부 회원).

또한 신사회운동의 영향으로 계급과 민족, 통일 등의 거대 담론들이 퇴조했다고는 하나 지역에서는 여전히 큰 영향력을 발휘했다. 지역마다 편차를 보이기는 하지만 계급운동, 정치적 운동의 역사가 깊은 지역 — 예를 들어 농민회나 노동운동 등 민중운동의 전통이 강한 진주나 광주, 인천 — 의 경우, 여성주의의 표방이 상대적으로 희석되는 경향이 있다. 원주나 춘천지역은 전체 시민사회운동의 영향력이 적어서 상대적으로 자유롭게 여성주의를 표방할 수 있음에도 불구하고, 창립선언문을 보면 여전히 전체 민중운동의 과제가 우선순위에 놓여 있었다.

사실 민우회 지부의 여성운동이 '여성은 이러이러한 것이다'라고 전제하고 결집할 것을 요구할 경우 그 출발지점부터 조직의 한계가 드러나게 될 것이다. 그러나 분명한 것은 민우회 지역운동의 실체는 계층, 지역, 연령, 혼인상태, 학력 등 내부의 다양한 차이를 가진 지역여성들이 민우회라는 조직 안에서 활동하면서 연대와 자매애를 형성해가는 운동이라는 점이다.

　예를 들어 남부지부의 경우 지역의 특성을 반영해 반찬워커즈 '마을밥상'을 운영하는 것이 중요한 활동이었다. 3명의 공동출자, 공동운영, 공동노동으로 시작한 반찬워커즈는 일 년여 간의 준비 끝에 26명의 반찬회원으로 성공적으로 출발하였다. 여성의 삶이 자녀교육을 중심으로 개별화되어 회원들의 관심과 활동을 끌어들이기 힘든 강남 지역의 특성을 반영하여, 자녀와 가족을 위한 건강한 먹거리가 관심사라는 데 착안하여 시작한 활동이다. 반찬워커즈는 지부의 재정에도 도움이 되고 지부사무실에 회원들이 더 많이 찾아오는 등 긍정적인 작용을 하여 워커즈의 시범사례로 자리를 잡게 되었다. 그러나 시간이 흐름에 따라 이용자가 줄고 새로운 이용자 발굴에 소극적이었던 점, 워커즈 구성원 확보가 어려웠던 점 등이 '마을밥상'의 유지를 어렵게 만들어 현재는 문을 닫은 상태이다.

　결혼 햇수와 비례해 재능과 자신감을 잃어가는 수많은 여성들, 남편 뒷바라지와 아이 돌보기 이외에 뭔가 자신도 사회에 기여하고 싶은데 방법을 모르는 여성들, 가사노동과 육아를 통해 돌봄노동의 귀함을 느끼고 인정받으려는 여성들, 취업을 통해 사회에 편입하고자 하는 여성들, 가사노동과 육아 같은 돌봄노동을 사회화하지 않고 여성의 책임으로만 돌리는 사회에 반기를 드는 여성들, 지역에 세워지는 골프연습장 반대운동에 적극적으로 참가하는 여성들, '정치'라면 신물을 내면서도 생활정치를 위해 지방의회를 선택한 민우회 후보를 위해 온 힘을 다해 선거운동을 하던 여성들, 시간 내고 능력 대고 회비 내며 상근 간사 서너 명으로 꾸려가기 힘든 모든 일을 해내는 여성들, 그러면서도 아이 성적 떨어질까 마음 졸이며 좋다는 학원 찾아다니는 여성들,

서울동북여성민우회 의정활동평가회(2004)

모자라는 생활비에 전전긍긍하며 언제나 경제활동에 안테나를 켜놓고 있는 여성들, 이들 모두는 서로 각자의 모습으로 존재하면서 동시에 겹쳐 있고, 각기 분리된 존재이면서도 순간순간 서로 교차하는 존재들이다.

2) 살아 움직이는 힘: 자발적 회원활동

민우회 지부들은 아무리 어려운 상황이라도 '회원들에 의한, 회원들의 운동'을 견지하려고 노력해왔다. 민우회 지역조직들은 소수의 회원이라도 반드시 참여를 독려하고 활성화하는 노력을 게을리하지 않았다. 지역의 관변 단체와 90년대 이후 새로 생긴 진보적인 시민단체들은 한두 명의 상근자와 대표 중심의 주창형 활동으로 단체의 지명도는 높지만 실제로 활동하는 회원이 없다는 고민을 안고 있었다. 이러한 사정으로 지역시민운동은 '시민 없는 시민운동'이라는 자조적인 말들을 많이 한다. 그러나 민우회 지부들은 두세 명의 상근자와 함께 자원 활동을 열성적으로 하는 운영위원들과 소모임 회원들이 중심이 되어 활동을 해오고 있다.

원주에 많은 시민단체들이 있지만 회원 중심의 조직은 우리 민우회가 처음이었어요. 내가 보기엔 지역의 다른 단체들에게 미친 영향이 컸고, 보통 단체에 여성활동가들이 많다고들 하지만 이렇게 모여서 지역사회의 현안에 대해 문제 제기하는 그룹은 보면 또 다 남자들이잖아……. 그래도 여성의 이름을 걸고 그룹을 지어 얘기를 하고 여자들이 나가서 독자적 피켓팅도 하고 이러는 것 보면……. 회원들이 누구 특별한 명망가가 있는 것도 아닌데도 불구하고…… 다른 지부는 왜 교수들도 세우고 그러는데 원주는 특히 더 없었어. 가방 끈 긴 사람이 대부분 다 고졸이에요……. 그리고 운동권 출신들이 거의 없었어 요……. 그러니까 이 사람들이 그냥 정말 집에서 설거지하다 나온 사람들인 데…… 가서 피켓 들고 뭐 따따부따 해대고 이러는 게 지역에서도 굉장히 놀라웠던 거야. 왜 지역에 시민단체에서 일하는 사람들은 다 그 얼굴이 그 얼굴 아냐, 뻔한데…… 새로운 뉴페이스들이 막 나오고…… .

하다못해 문화제나 송년의 밤을 하더라도 우리는 각 소모임들이 장기자랑 을 준비해서 하는데 다른 데는 그런 식이 아니었는지……. 우리의 그런 일들이 다른 단체에게도 신선해 보였나 봐. 언론이나 지역사회에서 젊고 똑똑한 여자 들이 설친다는 부정적인 이미지도 있지만, 기존의 여성단체하고는 확 다르다 는 것, 그리고 문제제기하는 것도 식상한 문제제기들이 아니잖아. 명절 캠페인 뭐 이런 것만도 얼마나 참신해요. 다른 단체들이 너네가 참 모범적이다…… 이런 인상을 주었고……(원주지부 회원).

조직의 힘은 회원들의 참여가 좌우한다. 민우회 지부들은 대표 1인의 결정 에 의해 운영되는 것이 아니라 회원들을 대표하는 운영위원들이 민주적인 회의체계를 통해서 의사결정을 하고 모든 활동에 회원들이 참여하도록 노력 하고 있다. 특히 민우회 회원은 기본적으로 매월 5천 원 또는 만 원 이상의 회비를 내고 거기다가 또 시간까지 내어 활동을 하는 여성들이다.

우리는 수직적 구조가 아니라 수평적 구조이죠. 말하자면 직급으로 말하는

고양여성민우회의 '정회원의 날'

것이 아니라 활동 내용으로 말하고…… 예를 들면 젊은 사람이 대표도 할
수 있는 거고 나이 들었지만 실무간사도 할 수 있는 거고, 이를테면 그런
게 민우회의 장점이라고 생각을 하죠. 이사회 하나를 해도 밖에 나가 돈 쓰느니
공부방에서 십시일반해서 하자 이러면 착착 일이 진행돼…… 여성이 가지고
있는 장점이어선지 서로 나누는 것이 참 쉽고 빠르고…… 또 그런 데에서
정을 쌓고…… 이런 것들이 민우회 조직이 가지고 있는 건강함이에요. 단,
평가회 같은 것에서 서툴고 그러다 보니 서로 보이지 않는 상처로 작용하는
면은 조금 어려웠던 부분이고……(춘천지부 회원).

　새로운 회원의 충원은 재정적 독립의 기초가 될 뿐만 아니라 조직에 활력을
불어넣는다. 회원 확보와 회원활동 독려는 해마다 지부들의 중요한 사업목표
가 되어왔다. 회원확대를 위해서 각 지부들에서는 회원확대 기간을 설정하거
나 신입회원의 날, 정회원의 날, 회원의 날 등을 선정하여 회원 상호 간의
소통을 원활히 하며, 회원을 통한 회원 확대(회원확대 릴레이)와 회원의 요구에
맞는 다양한 소모임 조직을 통해 휴면 회원의 활동력을 이끌어내는 등 다양한
시도를 통해 지역의 조직기반을 안정화하기 위해 노력하고 있다.

전에 민우회에서 리더십 평가하면서 "가장 열정적이었을 때가 언제였느냐"에서 많은 사람들이 다 맨 처음에 민우회 들어왔을 때라고 말했거든요 그래서 하는 말이 그래 새로운 멤버가 들어와야 돼. 새로운 멤버가 들어와야 그 사람이 다시 그런 열정을 내는 거지 지나간 사람이 그 열정을 다시 내긴 힘들지. 그래서 회원확대가 중요한 거지……(진주지부 회원).

회원확대와 관련해보면 민우회 가입이 인지적 방식으로 이루어지는 수도권(이재인, 1999)과는 달리 지역에선 보다 연고적 방식으로 이루어지는 특성을 보인다. 대체로 민우회에 가입한 회원들은 두 부류로 나누어볼 수 있다. 한편으로는 지역에 아무 연고가 없어 향우회나 각종 계, 동창회 등에 연계되어 있지 않아 외로움을 느끼기도 하지만 상대적으로 주위의 시선으로부터 자유롭게 사회활동을 하고자 하는 여성들이 있다. 다른 한편으로는 지역에 연고를 가지고 있으나 여성문제나 사회문제에 대한 비판적 인식을 갖고 있어서, 학연이나 지연 등을 활용하여 회원확대에 중요한 역할을 하는 회원들이 있다. 그래서 실제로 대표나 운영위원 등 핵심 회원이 바뀌면 일시적으로 신입회원 수가 증가하는 현상을 보이기도 한다. 물론 조직적 노력에 의한 것이기도 하지만 대표나 운영위원 등 핵심활동 회원의 인적 네트워크가 지역에서는 중요하게 작용한다고 볼 수 있다.

그러니까 맨 처음 회원으로 가입한 사람은 오히려 진주 사람이 아닌 사람이 많아요 진주로 이사 오고, 시집온 사람들이 회원인 경우가 많을 수밖에 없는 게 무슨 일로 인해서 캠페인을 갔는데 뭐 TV에 나왔더라 그러면 바로 시댁이 알게 되고 하기 때문에 결혼한 사람들이 쉽게 활동할 수 없고 이런 건 많죠 (진주지부 회원).

회원들에게 회비를 받는데 난 그게 어떨 때 참 부채감으로 작용하는 거

같아. 사람들이 과연 만 원씩 받아서 만 원의 가치가 있는 일을 하고 있는가가 굉장히 개인적으로 부담스러울 때가 많거든요. 특히 나를 보고 회원이 된 몇십 명 되는 사람들을 생각해보면 이래도 되는가 싶은 때가 많지만, 그럼에도 불구하고 우리는 참 열악한 상태에서 참 많은 일을 하고 있다고 생각해요……
(춘천지부 회원).

회원가입의 연고적 특성은 장단점이 있다. 보수적이긴 하지만 건강한 의식을 가진 지역주민들에게까지 회원의 저변을 확대시킴으로써 지역에서 민우회에 대한 인지도를 높일 수 있는 장점이 있다. 반면 이러한 연고적 방식의 회원가입은 개인에게 많은 부담감을 주거나 일시적으로 수가 늘어나지만 안정적인 조직기반으로 이어지지 않는 경우도 있다. 조직이 한두 사람의 열정이나 역량에 지나치게 의존할 때, 잘 되면 좋지만 그렇지 않을 경우에 쉽게 쇠락할 위험이 있기 때문이다.

3) 소모임의 활성화

민우회 지부의 소모임은 회원 가입 후 민우회의 조직활동이 이루어지는 장이다. 소모임은 회원들의 관심에 따라 여성학 모임, 환경모임, 미디어 모니터 모임, 동화읽는 모임 등 여성주의적 의식 함양을 통해 개인의 성장이 이루어지고 잠재해 있던 자신의 리더십을 발견하고 훈련하는 장이 된다.

그니까 속에는 열망들이 있었는데 기회가 없었던 거 같애요. 소모임 하면서는…… 모여서들 관심분야 이야기하고…… 누가 얘기해도 잘못됐다 타박 안하고 서로 인정해주고 내 얘기에 귀 기울여 들어주고 하니까 자신감이 생기더라구요. 인정받아 그런지 기분이 좋아요. 내가 나로 살아 있구나……. 이름이 불려지잖아요. 생명력을 느껴요. 그전에 집에서도 그렇고 아이 학교에서도 그렇고 아이들 뒤치다꺼리 해주는 사람으로 여겨졌거든요. 민우회에서는 서로 선생님이란 호칭 쓰잖아요. 처음엔 어색했는데 서로에게 뭘 배우자는 의미에서 쓴다고 하니까 이젠 자랑스러워요(동북지부 회원).

지역에서 여성들의 모임은 혈연과, 학연, 지연 중심의 친목계, 동창회, 향우회 등 주로 친목도모를 위한 모임이다. 여성들이 함께 모여 학습과 토론을 하는 민우회 모임은 처음에 매우 낯설게 느껴졌지만, 점차 소모임을 통해 의식과 생활이 변화하면서 지역사회에 공부하는 새로운 여성 활동상을 도입했다.

소모임은 기본적으로 회원들의 관심에 따라 조직되며, 회원들의 수가 늘어나고 관심이 다양해짐에 따라 소모임의 가짓수도 해를 거듭할수록 많아진다.(<표 9-1> 참조). 또한 지역적 특성에 따라 지부 소모임의 내용이나 가짓수도 서로 다르게 나타난다. 예를 들어 인천지역의 경우 회원들 중 취업주부가 90%나 되고, 특히 한부모가정이 많아서 한부모관련 소모임들이 매우 활성화되어 있다.

특히 상담소가 있는 지부의 상담소 소모임은 회원들의 자기 성찰을 통해 성장할 수 있는 기회를 제공하고 있다.

상담소가 생기기 전인 98, 99년에도 그런 게 필요하다는 얘기가 있었지만 본인들이 감당하기가 어렵고 준비가 안 됐다는 것 때문에…… 잘 안 되었죠. 상담원 모임을 2년 정도 하다가 2002년에 드디어 사람들이 해볼 수 있겠다, 해야 되겠다라는 말을 했어요. 상담소 개소 이후에 지역자치나 생협 활동가와 구성원이 다르지 않은데 유독 상담소에 열정적인 거야. 상담소란 곳은 굉장히 자기 성장을 할 수 있는 기회가 많아요(고양지부 회원).

보수적인 정서가 강한 지역의 지부들에서는 친목계나 동창회, 학부모회 등 민우회의 소모임과 경쟁관계에 있는 모임들이 많아서 민우회 회원의 정체성을 갖고 소모임을 지속하기가 그리 쉬운 것은 아니었다. 일단 민우회는 단순히 만나서 먹고 노는 모임이 아니라 여성문제에 대한 책을 읽거나 사회적 이슈에 대해 생각을 하고 실천으로 옮겨야 하는 수고와 번거로움을 수반하기 때문에 발을 들여놓기도 어려울 뿐만 아니라 지속하는 것도 만만치 않았다. 그러다 보니 지역의 일반 여성들이 쉽게 관심을 가질 수 있는 취미 소모임이나 어학공부 모임 등을 만들기도 했다. 진주지부의 경우 2003년 여성축구단을 만들어 지역에서 폭발적인 관심을 불러일으켰다. 여성들에게 금기시되어 왔던 축구가 보수적인 지역정서에 맞지 않을 것이라는 사람들의 염려가 무색하게 많은 회원들이 적극적으로 참여하여 신입회원 확대와 조직사업의 활성화를 가져왔다. 그러나 스포츠를 통해 풀뿌리 여성들에게 가까이 갈 수 있었던 긍정적 효과도 컸지만, 축구단원들의 민우회 회원으로서의 정체성을 확보해나가는 것 역시 과제로 남아 있다.

민우회 내부에서는 지역의 특성을 반영한 다양한 취미모임이 행정기관에서 하는 여성회관 취미교육과 무슨 차이가 있으며, 민우회 소모임으로서 정체성이 있는지를 놓고 끊임없이 고민하고 논의한다.

그 한 방법으로 지부들은 소모임 회원들이 민우회의 정체성을 공유할 수 있도록 여성학과 관련된 토론과 공부를 하도록 권장해오고 있다. 여성학 관련 책들을 함께 읽으면서 여성으로서 자신의 삶과 사회를 되돌아보고 때로는 하소연을, 때로는 기발한 아이디어를 쏟아놓으면서, 회원들은 점차 젠더 관점에서 자신과 가족관계와 사회를 바라보기 시작한다. 그러나 소모임 활동이 항상 자매애로만 화기애애하게 유지되는 것은 아니었다. 때로는 회원들 간에 크고 작은 갈등을 겪으면서 '민우회로부터 상처받는다'는 말을 하기도 한다. 시간이 지남에 따라 소모임은 대부분 조직 경험이 없는 여성들에게 좌충우돌 서로 부딪치며 점차 익숙해져 가는 인간관계 훈련의 장으로 인식된다. 오랫동안 책을 손에서 놓고 가사와 육아에 파묻혀 있다가 어렵게 시작한

진주여성민우회 축구단

여성학 공부 모임은 민우회 활동의 근간으로서 회원 활동을 견고하게 지속시키는 접착제와 같은 역할을 하고 있다.

소모임 활동 외에 회원들은 민우회 지부행사에도 적극적으로 참여하고 있다. 특히 지역에서는 민우회 지부가 성평등 의식을 확산시키기 위한 캠페인과 서명운동에 새로운 문화를 도입한 것으로 평가되고 있다. 기존의 행정기관에서 하던 어깨띠 두르고 일방적으로 전단을 나눠주는 계몽적인 분위기의 썰렁한 캠페인과 달리, 민우회 지부들은 지역에서 시민들이 참여할 수 있는 부스를 만들고 회원들이 참여하는 퍼포먼스 등 볼거리가 있는 새로운 캠페인 문화를 선도해왔다. 대표적으로 본부와 함께 진행한 나여기(나의 여성차별 드러내기) 캠페인, 웃어라, 명절!, 평등직장문화, 회식문화 바꾸기, 제왕절개분만율 줄이기, 내 몸의 주인은 나 등 다양한 캠페인은 회원들이 주도적으로 참여하여 지역사회에 성평등한 문화를 확산시킨 사례들이라고 할 수 있다.

4) 다양한 교육을 통한 자기 성장과 임파워먼트

민우여성학교를 비롯한 여성주의 시각의 다양한 대중교육 강좌는 민우회 지부에 입문하는 중요한 관문이다. 수도권이나 광역시를 제외한 중소도시의 경우 대학교에 여성학과가 없고 여성학관련 강좌가 흔치 않은 상태에서 민우여성학교는 지역여성들의 목마름을 해갈시켜주는 중요한 통로였다. 교육을 통해서 지역여성들이 차츰 민우회에 대해 인지하기 시작하고 종종 회원가입으로 이어져 핵심 회원이 되었다.

보수적인 지역 정서에서 교육이라는 형식은 여성들에게 거부감 없이 다가갈 수 있는 통로였다. 민우회에서 실시하는 교육은 지역여성들에게 현모양처가 되기를 강요하는 시대에 뒤떨어진 기존 교육내용에서 벗어나 여성의 정체성 찾기, 미디어 비평, 호주제 폐지, 여성건강, 환경, 생태, 평화 등 다양한 주제로 지역에서 여성주의를 대중적으로 알리는 데 기여했다. 앞서 나가는 민우회의 교육내용은 지자체에서 실시하는 여성 대상 교육의 수준을 끌어올렸을 뿐만 아니라 기존의 다른 여성단체들의 교육 내용에도 영향을 미침으로써, 지역사회의 여성 교육의 질을 높이는 데 중요한 역할을 했다.

시간이 흐름에 따라 회원들의 욕구도 다양해지고 분화해나가면서, 교육내용도 점차 세분화되고 전문적으로 바뀌어나갔다. 민우회에서 마련한 교육에 참여하면 배울 게 있고 새롭다는 입소문이 퍼지면서, 점차 수강료를 받으면서 교육을 실시하는 새로운 문화를 만들어나갔다. 민우회 재정이 어렵기도 했지만, 교육의 질을 높이기 위해서 좋은 강사를 섭외하려면 당연한 것이었다. 그러나 지역에서는 일반적으로 자치단체나 관변단체들의 교육에 참여해주고 사은품을 받거나 식사대접을 받는 관행에 익숙해져 있어서, 수강료를 내고 교육을 받는 문화를 받아들일 수 있을지 반신반의하면서 조심스럽게 시도해 보았다. 하지만 결과는 좋았다. 수강료를 내고 강의를 듣는 만큼 출석률도 높았고, 자발적으로 참여했기 때문에 강의에 대한 기대와 만족도도 높았다.

민우회 상근자들은 교육을 홍보하기 위해서 현수막을 설치하고 벼룩시장, 지역 언론 등에 보도자료를 내고, 신문 간지를 10,000장 이상 배포하는 등 온갖 노력을 기울였다. 홍보의 노력에 비해 교육에 참여하는 수강생의 수는

30~40명 내외로 적은 편이지만, 민우회에게는 아주 소중한 사람들이었다. 교육을 수료한 후, 민우회 회원으로 가입하고 대부분 교육내용과 연관이 있는 소모임을 만들거나 기존의 소모임에 합류하여 활동하는 전통이 만들어지기도 했다. 진주지부의 영상제작 교육을 수료하고 만들어진 파란미디어 소모임은 지역의 여성 이슈와 관련된 다큐멘터리를 제작하여 지역 언론을 통해 방영하기도 한다. 춘천지부의 '여성자치학교'는 춘천시 의정모니터단의 탄생으로 이어지고, 인천지부의 '양성평등한 눈으로 세상보기'는 2002년 '아하(아줌마들의 하나됨을 위하여)'와 2003년 '나비(나를 찾아 떠나는 비행)' 소모임을 만들어서 지속적으로 활동하고 있다.

> 소모임 통해서 다른 삶이 보이는 거예요. 내 삶을 성찰하게 되고 관심사도 내 아이에서 다른 아이들로요. 나 혼자만의 고민에 빠져 있다가 우리 모두의 문제로 관심을 돌리게 되고요. 폭이 넓어지는 거 그런 거요…… 동네 모임 중엔 뭘 해야겠다 하는 목적의식이 없는 모임도 많잖아요. 잘못하면 남의 흉 보기 쉽고…… 근데 민우회 모임은 주제가 있는 모임이니까 힘이 되는 거지……(고양지부 회원).

> 그동안은 우리 아이만, 우리 집만 이렇게 알고 지냈거든요. (민우회) 가보니까 너무 반갑게 맞아주는 거예요. 내가 원하던 강의들도 많이 있구요. 그동안 집에서는 말발도 안 서구요. 아이들도 '엄마가 뭘 알아' 하구요. 동네사람들하고 모임도 해봤어요. 근데 그게 뻔해요. 남편 흉보고, 시댁 흉보고, 아이 자랑하고 처음엔 재미있지요. 근데 몇 번 하다 보면 지겹고 재미없어요. 근데 (민우회) 와보니 다른 이야기를 하게 되는 거예요. 환경, 교육 뭐 이런 거에 대해 여성들이 목소리를 내고, 주장하는 거예요. 전엔 순응하고 살았는데 뭔가 반론을 제기하고 주장하게 되구요. 강의 들을 수 있는 게 특히 좋았어요. 내가 필요하다 싶으면 그때그때 필요한 강의가 꼭 생기는 거예요(동북지부 회원).

▲ 서울남부여성민우회의 알뜰장터

춘천여성민우회의 벼룩시장 ▶

　　교육프로그램은 일반 지역여성들의 참여를 유도하고 여성주의를 학습하고 여성으로서의 정체성을 확립하는 내용을 중심으로, 회원들의 다양한 욕구를 충족시키는 사회교육, 전문성 강화 교육 등으로 분화·발전해나가고 있다. 교육내용도 여성리더십개발훈련, 미디어 강사교육, 영상제작교육, 여성자치학교, 여성노동 상담원교육 등 1회성 교육을 포함해 한 주제에 대해 6~8회의 연속 심화교육을 하기도 한다. 지역여성들의 경제적 욕구 충족과 임파워먼트를 실현시키기 위해 가능하면 교육 이수 후 성교육 강사나 상담원 등의 파트타임 일자리와 연계시키는 노력을 하고 있다.

　　교육참여자도 여성들뿐만 아니라 여성의 일상생활의 중요한 부분인 자녀와 관련된 교육, 그리고 가족 단위의 교육이나 활동들을 기획하고 실시해나가면서 지역사회 주민으로까지 넓혀가고 있다. 지역 어린이를 대상으로 한 교육은 어린이 의회교실, 어린이박물관학교, 어린이 미디어제작교실과 출장교육, 아이와 함께하는 생태기행, 한부모와 자녀를 위한 강좌, 들꽃나들이와 도농교류 등을 진행하고 있다. 또한 청소년, 청소녀를 대상으로 자원 활동교육과 '내 몸의 주인은 나'와 같은 성교육과 성희롱예방교육, 면월경대 교육강좌, 양성평등교육, 민주시민교육 등 다양한 교육활동을 펼치고 있다.

서울동북여성민우회 청소년 자원활동교육   광주여성민우회 호주제 폐지활동

이와 같은 교육프로그램을
통해서 민우회 지부들은 풀뿌
리 주민들과 소통하면서 지역
사회에 성평등 의식과 문화를
향상시켜왔다. 무엇보다도 민
우회의 교육은 여성들에게 '내
안의 또 다른 나'를 발견하고
성장할 수 있는 기회를 제공함
으로써, 지역사회의 변화를 이

군포여성민우회 한부모가족 캠프

끌어가는 주체를 형성시키는 데 중요한 역할을 하고 있다.

5) 부엌살림에서 지역살림의 전문가로

(1) 의회 방청과 지방자치 선거참여

민우회 지역운동 초기의 슬로건은 '부엌에서 세상을 보자'였다. 여기서
'부엌'은 여성의 경험과 관점으로 세상을 보자는 상징적 표현이며, '부엌은
세상이다'라는 의미이다. 여성들의 개인적 경험은 사실 공적이고 정치적인
것과 깊이 관련되어 있다. 따라서 여성의 경험과 문제를 사회적인 의제로

설정한다는 것은 정치적인 권력관계 속에서 해결점을 모색한다는 것을 의미
한다(윤정숙, 2005).

초창기 지역민우회 회원들은 민우회 활동을 통해 지역현안들을 접하게
되었고, 지역의 문제해결을 위해 여성들이 영향력을 발휘할 수 있는 통로를
모색하고 있었다. 특히 90년대 초반은 지방자치가 30년 만에 부활되었으나,
시민사회의 관심도는 지극히 낮았고 정치권에 대한 불신과 회의가 만연한
가운데 투표율도 매우 저조했다. 더욱이 지방의회는 대다수 돈 있는 지역유지
나 자기 사업을 위해 이권에 개입하고자 하는 사람들이 의원자리를 독식하던
상황이었다.

이러한 현실에서 민우회 본부는 93년 2월 지역운영위원 워크숍을 열고,
당시 여성으로서 활발하게 의정활동을 펼치고 있던 문수정(구로구 의원), 김혜
경(관악구 의원), 홍미영(인천시 북구 의원), 최순영(부천시 의원) 의원을 초청하였
다. 여성의원들의 생생한 경험담을 통해서 참다운 지방자치를 이루기 위해서
는 적극적인 주민참여가 필수라는 결론에 도달하였고, '바른 의정을 위한
여성모임'(현재의 지역자치위원회)을 구성하였다. 이후 지역별로 '바른 의정을
위한 여성모임'을 만들어서 지방의회와 지방자치단체의 기능 및 역할에 대한
이해, 국내외 사례들을 통한 참여정치 실현과 여성의 정치참여 등을 주제로
주 1회씩 모여서 학습했다. 몇 달에 걸친 학습을 해오면서 생활정치의 현장인
의회를 직접 방청하기로 결정했다.

지방의회 방청활동은 지방자치단체를 감시하고 예산과 결산을 심의해야
할 의원들이 그 역할을 잘 수행하고 있는지에 초점을 두었다. 지역에서 시민
단체가 의회방청을 한 것은 처음 있는 일이어서, 의원들은 방청단을 매우
무시하고 배타적으로 대했다. 심지어는 '설거지는 해놓고 나왔느냐'는 등
여성들이 정치에 관심을 갖는 것을 비하하기도 했다. 시민단체의 정당한
권리인 의회방청에 대한 의원들의 무관심과 배타적인 분위기를 개선하기
위해 동북지부에서는 정기의회에 참석하는 의원들에게 꽃을 전달하는 의식

바른 의정을 위한 여성모임 발대식(1995)

을 거행했다. 민우회 회원들은 그 꽃에 두 가지 의미를 담았다. 한편으로는 의원들이 지역주민을 대신해 열심히 성실하게 의정활동을 해달라는 주민의 바람을, 다른 한편으로는 실질적인 권한이 자치단체에 비해 현저하게 적은 지방의원들을 격려하는 의미를 담았다.

> 의회 방청을 해보니까…… 의원들은 회의 참석도 잘 안하고 분위기도 산만했어요. 처음엔 민우회가 뭔지도 모르더라구요. 의회방청 하려고 의회사무국에 언제 열리나 물어보면 대답도 잘 안 해줬어요. 근데 우리가 지역주민이라는 거…… 지역주민들이 방청한다는 걸 알게 되더니 출석률도 좀 좋아지고 답변도 약간 충실해지고. 그렇게 달라지더라구요……. 처음엔 속기록을 봤는데 그게 참, 한자가 엄청 많더라구요. 그걸 분석해서 소책자를 만들어내니까 지역신문도 관심을 보이고 의원들도 좀 고마워하더라구요……. 그렇게 한참 방청도 하고 속기록 분석도 하고 했는데…… 어린이 대상으로 의회방청을 하는 어린이 의회학교 같은 것도 하구요. 그런데 동북처럼 우리 쪽에선 직접 의원을 내거나 하지 않으니까 점점 우리가 꼭 해야 할 일을 찾기가 어려워지더라구요. 그러다가 2002년에 처음으로 이현주 씨를 후보로 내면서 엄청 일이 많아졌어요. 당선되면서 의회 자료를 쉽게 구할 수 있게 됐고…… (남서지부 회원).

    회원들은 의회 방청을 통해서 지방의회가 다루는 영역이 지역에서 주로 일상생활을 하는 여성들의 관심사를 반영하는 것인데도 지역정치에서 주민인 여성들이 소외되어왔다는 것을 확인할 수 있었다. 여성들은 의회방청을 하면서 지역 현안에 대한 정보들을 접할 수 있었다. 지역주민의 생활에 악영향을 미칠 것이 명확한 사안, 특히 환경사안이 발생했을 때 주민에게 이 사실을 알리고 참여를 유도하며, 자치단체장을 만나고 의회에서의 역할을 유도하는 등 민우회 회원들이 적극적으로 참여하여 지역 문제들을 해결해나 갔다.

    고양여성민우회의 러브호텔난립 저지운동은 의정감시단 활동을 통해 지역 현안을 해결한 대표적인 사례이다. 의정감시단은 1999년 일산도시 역세권 유해환경실태 조사결과를 가지고 고양시의 러브호텔과 유흥업소의 난립에 대해 정식으로 의회에 문제를 제기하였다. 대책이 없다는 고양시의 무책임한 답변에 공동대책위원회를 구성하여 도시설계지침 변경을 위한 법 개정과 시민궐기대회, 정보공개청구소송 등의 활동을 통해 적극적으로 대응했다. 이 운동의 주요 구성원은 집안 살림만 하던 평범한 주부들이었지만, 지역의 주거환경을 지키고 아이들의 교육환경을 보호해야 한다는 사명감과 여성

고양여성민우회의 러브호텔난립 저지운동(1999)

특유의 호소력, 그리고 섬세한 대응력으로 지역 문제를 누군가가 해결해주기만 바라던 이웃의 주부들이 스스로 문제를 풀어가는 주체로 성장해가는 계기가 되었다. 또한 2002년 노래하는 분수대 건립 저지운동을 통해 불필요한 예산 53억 원을 절감하여 복지예산으로 전환한 사례, 꽃아가씨 선발대회 폐지 등은 민우회 지부가 지역의 현안을 의제화하여 주민의 참여를 통해 해결해간 성공적인 사례들이었다.

그러나 다른 한편으로는 의정감시활동이 갖는 소극적인 측면을 보완하고 보다 적극적으로 지역 현안에 대해 여성의 관점을 관철시키기 위해서 민우회 회원을 직접 지방의회로 내보낼 필요성을 느꼈다. 특히 대표적인 예산낭비 사례인 주민계도지에 대해 소수 몇몇 개혁적인 의원의 눈물겨운 삭감 노력에도 불구하고 다수 의원들의 수적 횡포에 밀려 번번이 되살아나는 과정, 선진문물의 시찰이라는 미명하에 대다수 일정이 관광으로 짜여 있는 의원 해외연수일정 같은 사례들을 직접 보면서 방청인으로서 의원석 뒤에 앉아 방청기록지에 기록하고 방청보고서를 내는 것에 대한 한계를 절실히 느꼈다. 또한 어린이, 여성, 노인, 장애인 같은 사회적 약자에 시급한 복지시설 확충이 늘 예산부족 타령에 뒤로 밀리는 것을 보면서 새로운 각오를 다지게 되었다. 즉 시민사회단체에서 비판하고 요구하는 것도 좋지만, 우리의 뜻을 대변하는 우리의 대표를 지방의회 의원으로 배출시킴으로써 우리의 요구를 직접 실현하는 것이 더 효과적이고 빠를 것이라는 데 합의하게 되었다.

95년 지방의회 선거에 가장 처음 후보를 낸 동북여성민우회는 당시 운영위원 9명 중 8명이 '바른 의정을 위한 여성모임' 활동을 함께하고 있을 정도로 지방자치에 대한 관심이 매우 높았다. 그러나 의원으로 출마할 사람을 선정할 때는 누구나 꼭 필요한 일이라 생각하면서도 선뜻 나서는 사람은 없었다. 모두들 다른 사람이 나서면 적극 도와주겠다는 생각이었고 스스로 의원활동을 해보겠다는 사람은 좀처럼 찾기 어려웠다.

오랫동안 방청을 하면서 누군가 나서야 한다 꼭 필요한 일이다 그런 생각은
했지만 아무도 그것이 자기란 생각은 안하는 거예요. 서로 너 나가라, 아니
너 나가라, 나가기만 하면 다 밀어준다 이러면서…… 많은 논의 끝에 2명이
결정되었고, 이 두 사람을 위해 출마지역 선정부터 조직, 홍보, 재정마련 등
약 1년 6개월 동안 온갖 노력을 기울였어요. 그동안 함께 활동하지는 않았으나
뒤늦게 스스로 출마할 결심을 한 회원 1명과 함께 총 3명의 회원이 출마했는데
선거경험이 전무한 우리로서는 너무도 많은 어려움이 있었어요. 하지만 결국
은 모두 당선되었죠(동북지부 지원).[2]

이후 98년 지방선거에는 고양여성민우회에서 기초의원 2명, 동북여성민우
회에서 기초의원 1명과 광역의원 1명이 출마해 당선되었다. 이어 2002년
지방선거에는 동북과 남서에서 그간 지역운동을 해온 경험을 거름삼아, 시민
운동이 대중적 인지도를 얻고 있다는 판단하에 처음으로 무소속 시민후보로
출마하여 각각 1명씩 당선되었다. 고양지부에서는 여성후보 3명을 포함하여
시민후보 7명을 당선시키는 쾌거를 이루어냈다.

그러나 비수도권 지역은 여성의 정치진출에 대한 벽이 수도권보다도 훨씬
높다. 특히 2006년 지방자치선거법이 중선거구제와 기초의원 정당공천제로
개정된 이후 지역여성들이 지방의회에 진출하기가 더 어려워졌다. 실제로
비수도권 민우회 지부의 경우 조직적인 운동을 통해 여성의원을 진출시킨
사례는 아직 없다.

현재 조직의 힘이 조직구성원의 숫자와 동일시되는 정치현실에서 민우회
지부는 정치적 역량의 평가에서 지역의 여고 동창회만도 못한 조직으로 여겨

---

2) 당시만 해도 민우회를 아는 사람도 드물었고 시민운동이란 말도 그다지 대중적이지
않았다. 여성단체의 이름만 가지고 출마하는 것은 당선 가능성이 낮았기에 당시의
오랜 야당이었던 한 당의 내천을 받아 출마하였다.

진다. 지역에서 정치적인 대안을 제시하며 여성들의 정치진출을 위한 토대를 마련하기 위해 목소리를 높이고 있지만, 실제 그 열매는 엉뚱한 곳에서 거두어가는 것이 현실이다. 이는 2006년 기초자치단체의 여성비례대표의 면면을 보면 드러난다. 남성정치인들은 민우회의 활동에 대해 귀 기울이는 척하지만 속으로는 숫자게임에서 뒤처진 민우회를 무시한다고 해도 과언이 아니다.

지역여성운동의 현실을 반영한 지방선거법의 변화도 필요하다. 국회의원 여성 비례할당도 마찬가지이다.

> 언젠가 민우회의 선거 대응방안마련 워크숍에서 권역별 비례대표제를 제기한 적이 있다. 아마 당시만 해도 비례대표 국회의원을 선정하는 데 지역여성의 대표성을 지닌 사람을 포함시켜야 한다고 말하는 사람이 흔치 않았을 것이다. 이것이 단적인 사례이다. 한국여성운동을 대표하는 사람들은 대부분 서울에 거주하며 활동하기에 정치권에서 여성의 몫을 이야기할 때는 소위 중앙이라 부르는 서울 여성들이 들어가는 것을 아주 당연하게 여겼다. 중앙의 활동가들이 여성의 전국적 이슈를 반영하고 제도적 변화를 이끌어내는 데 성공적으로 활동했다는 것은 인정하지만 그들이 여성 내부의 차이, 즉 서울과 지역의 차이를 제대로 인정하고 인지하며 지역여성의 삶과 욕구를 구체적으로 반영하였는지에 대한 답은 다소 회의적이다(광주지부 지원).

앞으로 지역에서 여성의 의회 진출 등 정치적 대표성을 높이기 위해서는 지자체 선거관련 법의 개정과 더불어 지역여성의 정치세력화를 위한 다양한 시도들을 민우회 지부들이 주도적으로 모색해가야 할 것이다.

민우회 지부들은 지역에서 시민단체로서는 선도적으로 의정감시를 통해 의회와 지자체의 정책결정과정을 감시하고 지역 현안을 주도적으로 해결해 나갔으며, 여성의 불모지였던 의회에 진출하는 데 성공했다. 민우회의 지역정치 참여활동은 여성의 삶과 가치로 지역자치를 새롭게 구성해낸 조직적 실천들로서 제도를 바꾸는 일이었으며, 다른 한편으로는 풀뿌리 시민들의 구체적인 일상생활과 사람들 간의 관계를 성 평등하게 그리고 민주적으로 바꾸는 기획이었다. 생협 운동과 아파트 축제, 러브호텔 반대운동, 골프장 반대운동, 방과후 보육, 급식조례제정 등은 지역여성들에게 단순한 운동의 실천이 아니라 여성들 자신의 삶과 사회를 동시에 변화시키는 운동이었다.

(2) 성인지적인 정책과 예산 분석

민우회 지부들은 의정감시활동을 통해 주어진 지역 현안을 해결하는 데서 더 나아가, 보다 본격적으로 젠더 관점에서 정책을 분석하고 대안을 제시함으로써 지역여성들의 삶의 질을 향상시킬 수 있는 방안을 모색하기 시작했다. 실제로 지역에서는 여성단체들이 지역여성들의 삶에 직접 영향을 미치는 정책에 목소리를 낼 수 있는 통로가 거의 없었다. 자치단체의 각종 위원회에 여성위원 비율을 30% 이상으로 하라는 정부 지침에 따라 여성위원들의 비율이 점점 늘어나고 있기는 하지만, 위촉된 여성위원들은 학계나 각 부문의 전문가 여성들로서 젠더 관점에서 여성의 이해와 요구를 대변해내기에는 불충분했다.

이와 같은 현실적 필요에서 민우회는 2001년부터 성인지적인 관점에서 지방자치단체의 정책과 예산을 분석하는 작업을 시작했다. 민우회 본부와 지부의 활동가와 회원들은 '생강모임(생활정치를 건강하게 하는 모임)'을 만들고, 기존의 몰성적인(gender-blind) 정책과 예산 패러다임을 여성의 경험과 가치에 기반하여 분석하고 공론화하였다. 다른 한편으로는 정책간담회나 토론회 등을 통해서 지역여성들이 정책 행위자로 활동할 수 있는 기반을 마련하였다. 전문가와 공무원의 배타적 영역으로 인식되어왔던 정책들에 대해 여성들이 정책파트너로서 개입을 하고, 지자체와의 정책 대화를 주도해낸 것은 젠더 정치의 실현이며, 지역자치운동과 지역여성운동을 질적으로 확대시키고 향상시킨 활동이었다.

내가 예산서를 읽고 정책에 대해 말한다는 것이 스스로 놀라웠어요. 정책하면 전문가가 하는 일이고 활동가는 그저 수발을 드는 사람 정도였잖아요. 굉장히 구체적으로 사안에 접근하면서 그러니까 멀리서 숲을 보다가 현미경을 들이대고 난도질하는 것 같은 느낌이었어요. 그래도 여성운동가였는데, 이제야 우리나라 여성정책이 어떻게 '부녀'에서 '여성'으로 바뀌었는지 여성정책 기본계획의 실체가 뭔지 처음 알게 되었어요. 놀라움과 부끄러움이 동시에 생기더라구요. 이젠 어려운 예산서를 잘 읽고 볼 수 있겠더라구요. 우리 스스로 모델을 만들고 분석하고, 스스로 문제화한다는 생각에 스스로 큰 주체가 된 느낌이 들었어요. 자신감과 무기가 생겼다는 느낌 말이에요(예산분석에 참여한 활동가).[3]

예산분석에 참여한 활동가와 회원들이 성장하고 전문성도 증가했을 뿐만 아니라, 각 지부의 생강모임은 지역에서 여성발전조례를 제정하는 가시적인 성과를 이루어냈다. 또한 여성 통계조사와 중장기 여성발전계획 수립을 위한 연구조사 등 지역여성들의 다양한 요구를 실현하기 위해 예산을 확보하는 등 여성정책의 발전을 위한 견인차 역할을 해오고 있다.

젠더 관점에서 정책과 예산분석을 했던 이 같은 작업은 다른 여성단체와 지역의 여성운동에도 많은 영향을 미쳤다. 민우회의 성인지적 정책과 예산분석의 활동 결과는 지역운동의 지형을 변화시킨 것뿐만 아니라, 중앙의 여성관련 법제도의 변화를 가져오는 데 실질적인 역할을 했다. 모든 정책을 입안하고 실행하고 평가하는 과정에서 여성에게 미칠 영향을 미리 평가하고 반영하도록 하는 성별 영향평가 조항을 여성발전기본법(2002)에 삽입하고 성인지 예산제도(2006)를 도입하는 데 중요한 근거자료를 제공했다.

---

3) 윤정숙, 「성인지 예산 및 정책분석과 여성운동의 세력화」, 한국여성민우회, 『젠더, 예산과 여성운동』(2003) 중에서 인용.

여성들은 지역 정책을 분석하고 개입하면서 사회 내 권력과 자원의 재분배를 위한 협상과정의 주체가 되었으며, 생활의 모든 영역에서 세력화하는 계기를 마련하였다. 각 지부들은 어려운 조건 속에서도 상근활동가와 회원들이 결합하여 젠더의 관점에서 지식을 새롭게 생산함으로써, 지역여성정책의 변화를 만들어내고 자신의 변화를 경험하고 있다.

7) 지역연대활동을 통한 성평등 문화의 확산

민우회 지부는 비록 왕성하게 활동하고 있지만, 수적으로는 소수이며 지역여성을 대표하는 단체라고 하기에는 아직 역부족이다. 따라서 다른 여성단체와 시민단체와의 연대는 필수적이다. 지역의 현실은 진보적인 여성단체들이 생기기 이전부터 뿌리 내리고 있던 여성단체협의회(이하 여협) 소속 여성단체들이 여전히 다수이며, 이들이 지역여성을 대표하는 위상을 누리고 있다. 양성평등을 위한 법·제도의 제·개정운동을 통해 진보적인 여성단체가 기존의 보수적인 여성단체협의회와 파트너십을 형성하며, 때로는 견인하고 경쟁하면서 여성의 권익보호와 지위향상을 위해 협력하고 있는 중앙 여성운동의 현실과 대조를 이루고 있는 것이 지역여성운동의 현실이다.

지역민우회 조직들은 그동안의 각종 교육과 성인지적 관점의 정책 및 예산 분석, 의정 감시활동, 그리고 지역 현안에 대한 해결과정을 통해 지역여성들의 지지와 더불어 지자체와 새로운 거버넌스를 형성해가고 있다. 그러나 아직 보수적인 여협 소속의 단체들과의 긴밀한 유대나 소통을 통해 파트너십을 이루어내지 못하고 있다. 부분적으로 여협과 연대하여 성과를 얻은 사례가 있긴 하지만, 전반적으로 여협 소속 단체들은 민우회 지부들을 경계하고 협력하기를 두려워하는 경향이 있다. 그럼에도 불구하고 지역 민우회 조직들은 시민운동 안에서 차지하는 여성운동의 위상을 높이고 지역여성들을 위한 정책들을 보다 활성화시키기 위해서는 이념의 보수성이나 진보성을 넘어서서 긴밀한 협력이 필요함을 느끼고 있으므로, 포기하지 않고 여협 소속 단체들을 견인하고 협력하기 위한 시도들을 해왔다. 원주지부의 경우 2002년 지방자치선거에서 도의원 여성할당과 관련하여 여협과 함께 기자회견을 주도적으로 이끌어감으로써, 두 명의 원주지역 도의원을 비례대표로 당선시키는 성과를 이뤄냈다.

> 지방선거 때에요. 그동안 여협하고 같이 활동을 해보려고 몇 번 시도를 했었거든요. 그러다가 2002년 지방선거 때 여협과 같이 여성 할당제 문제에 대한 대응을 했어요. 방식은 기자회견 방식이었어요. 여협이 이 방식을 선호했죠. 글이랑 각본 등은 우리가 많이 준비했죠. 여협에서…… 성명서도 같이 읽고……. 그래서 그때 이길원 씨와 박봉림 씨가 비례대표 도의원이 된 거예요 (원주지부 회원).

지역 여성단체들 간의 연대를 통해서 여성주의를 확장해가고 있는 또 다른 사례는 남서지부의 녹색가게 운동이다. 생쓰레기 퇴비화운동을 통해서 남서여성민우회를 알게 된 지역여성들이 주축이 되어 녹색가게를 준비하던 중, 양천재활용센터 회장의 제의로 장소를 제공받아 목동아파트어머니연합회와 양천주부환경연합회와 함께 녹색가게를 시작하였다. 남서지부는 녹색가게 활동을 통해서 의식 있는 지역여성들을 만날 수 있는 공간을 확보하고 수익금으로 지역복지사업을 하고자 했다. 초기에 세 단체 간의 사소한 의견 차이로 때로는 갈등을 빚기도 했지만, 녹색가게를 운영해가는 과정에서 유대감과 신뢰감을 형성하고 지역의 여성네트워크와 자매애를 구축해나갔다.

> 생쓰레기운동을 하면서 온갖 조직을 다 다녔잖아요. 구청뿐만 아니라 동네 아파트부녀회, 동대표회, 주부환경연합회 같은 데를 다니면서 보니까 지역에 환경에 관심 있는 여성들이 많은 거야. 같이 모였는데 녹색가게 같은 것이

동네에 꼭 있으면 좋겠다 그런 얘기들이 나오는 거예요. …… 지역에서 녹색가
게를 세 단체가 같이 하다 보니 가끔 갈등도 있었죠. 그런데 그게 여성들이
모여서 그런지 대체로 서로 감싸주고 수고한다 하고……(남서지부 회원).

지부들은 여러 시민단체들과도 매우 활발히 연대해왔다. 지역에서 회원이
중심이 되어 활동하는 단체가 많지 않은 현실에서, 민우회 지부들은 다른
시민단체들의 연대요구를 많이 받고 때로는 주도적인 역할을 하고 있다.
그러나 연대활동은 일반적인 시민사회운동 이슈에 여성들이 참여하는 방식
으로 진행되며, 여성문제가 시민연대활동의 핵심 이슈로 제기되는 경우는
별로 많지 않았다. 통일문제, 노동문제, 대통령·국회의원·지방자치 선거, 장
애인 교육, 학교급식 등 지역 현안에 대한 연대활동에서 민우회 조직이 없으
면 시민단체 연대활동이 마비되는 상황이라 해도 과언이 아니다.

우리는 여성농민회나 민노당에 있는 여성 분과모임, YWCA, 그리고 대학
여학생회하고 같이 하는 모임이 있거든요. …… 일단 지역의 여성주의적 마인
드가 뿌리내릴 수 있게 하는 것은 민우회가 하는 건데…… 그러면서 이제
그 조직 내에서도 자체적으로 우리 조직이 얼마나 남성 중심적인가에 대해서
막 이야기하고 스스로 교육을 받고…… 이 교육프로그램을 여성들만 듣는
게 아니고 남성들도 다 들으라 하고…… 그렇다고 기존의 의식이 쉽게 깨지는
게 아니지만……(진주지부 회원).

최근 들어서는 지부들이 여성 이슈로 지역 시민운동을 주도하면서 남성
활동가의 의식을 조금씩 바꿔가고 있다. 춘천지역의 법조계 성성납 의혹사건
(2004), 원주 프로농구선수 여학생 성추행사건(2005) 등이 그 예인데, 민우회
지부가 주체가 되어 지역 시민단체들이 함께 대응하고 여론을 형성해감으로
써, 지역사회의 성평등 의식 향상과 평등한 성문화 조성에 기여하고 있다.

특히 춘천지부의 경우 2001년에 강원대 교수가 여대생을 성희롱한 사건이
발생했을 때 시민단체들에서도 대수롭지 않은 문제에 대해 민우회가 교수해
임을 요구하는 것이 너무 지나친 처사가 아니냐는 반응을 보였던 것과 비교해
보면 민우회의 지속적인 활동을 통해서 지역 내 성평등 인식이 많이 변화하고
있음을 알 수 있다.

민우회 지부의 활동을 통해서 여성관련 이슈가 여성들만의 문제가 아니라
지역사회의 핵심문제이며 남성들의 참여가 함께 이루어질 때 해결 가능하다
는 것을 인식하기 시작했다. 여성관련 이슈에 대한 대응도 남녀 대결구도에서
벗어나 여성 인권의 차원에서 시민단체들이 관심을 갖고 해결해야 할 지역
사안으로 간주되고 있다.

3. 민우회 지역여성운동의 활로를 모색하며

지난 20년간 민우회 지부는 상근활동가 중심의 운동보다는 지역에 거주하
는 풀뿌리 여성들을 운동의 중심에 두고 지역여성들의 삶의 터전에서 나오는
문제에 귀 기울이며 해결해왔다. 지난 10여 년간 민우회 지부는 본부와의
긴밀한 협력하에 회원 중심의 활동을 해오면서, 지역의 여성문제들을 찾아내
고 이를 적극적으로 해결해나가는 과정을 통해서 수동적이고 비주체적이었
던 지역여성들이 스스로 변화하고 리더십을 키워왔다. 이제 지역여성들은
자신들의 목소리로 필요한 정책을 요구하고 의회에 직접 진출하는 한편,
젠더의 관점에서 지방자치단체 정책을 분석하고 예산을 요구하는 등 지역
정책의 성 주류화를 위해 노력하고 있다. 이러한 민우회 지역여성운동을
통해서 여성운동이 더 이상 소수 엘리트 여성만의 운동이 아니라는 인식의
변화를 일구어왔다. 또한 평범한 여성들이 지역의 여성문제와 현안들을 자신
의 문제로 인식하고 보다 많이 참여할 수 있도록 풀뿌리 여성운동의 저변을

넓혀왔다.

그동안 지부 회원들의 수가 양적으로 늘어나면서 지부의 조직활동이 안정기에 접어들었으나, 최근 들어 회원의 수가 완만하게 증가하거나 정체되는 경향을 보이고 있다. 지역에서 민우회 조직은 다른 조직에 비해 여전히 진보적이고 젊은 여성들이 모여 있는 곳으로 평가되고 있지만, 젊은 여성들의 충원이 원활하게 이루어지지 않고 있다. 여성운동이 여성 내의 다양한 차이를 반영하여 세분화되고 인터넷을 통한 여성운동방식이 새로운 흐름을 형성하고 있는 가운데, 민우회 지부들도 풀뿌리 여성운동의 활동영역을 넓혀가려면 새로운 모색이 필요한 시점이다. 풀뿌리 여성들에게 보다 가까이 다가가기 위해 만든 민우회 지부의 부설기구들과의 관계를 정립하고, 현재의 활동방식을 풀뿌리 활동이 가능한 유연한 조직으로 바꾸어나가는 노력이 필요하다.

다른 한편 지부의 회원 수가 정체되고 있는 데에는 다른 원인도 작용하고 있는 것으로 보인다. 지부들이 지방자치단체로부터 상담소나 쉼터, 방과후 공부방 등의 지원을 받고 있어서, 조직의 재정운영이 회원들의 회비에 의존하는 비율이 낮아졌다. 물론 정부의 지원을 받는 것과 시민단체로서의 비판적 역할을 하는 것은 별개의 문제이다. 정부의 지원은 일방적인 혜택이라기보다는 지부들이 지자체를 대신하여 지역주민들의 복지를 위한 다양한 사회적 서비스를 제공하는 데 대한 정당한 대가라고 할 수 있다. 그러나 정부의 재정지원이 조직의 운영에 부정적인 요인으로 작용했던 일부 지부의 경험을 통해 볼 때, 조직의 안정적인 운영을 위해서 재정적인 독립이 무엇보다도 중요하다는 것은 아무리 강조해도 지나치지 않을 것이다. 여성운동이나 시민운동의 민간기금마저 중앙 집중화되어 있는 현실에서 지역은 기업의 영세성과 기부문화의 미정착으로 재정사업이 결코 쉽지 않은 현실이다. 지부 조직의 독립적이고 안정적인 재정운영을 위한 방안 모색도 중요한 과제로 남겨져 있다.

민우회 지부 조직이 당면한 또 하나의 과제는 상근 활동가의 안정적인

민우회원 여름 워크숍(2006)

활동과 충원이다. 지역 여성단체에 젊은 여성의 가입이 둔화되고 있는 것과 같은 맥락에서 지역 여성단체에서 저임금으로 상근 활동하는 것이 그렇게 매력적이지 않은 일이 돼버렸다. 민우회 활동의 초창기처럼 상근 활동가에게 무턱대고 여성운동에의 헌신을 기대하기는 어려운 현실이다. 또한 민우회 활동이 회원 중심의 활동이라 하더라도 아직은 소수의 상근활동가들에게 일이 집중되는 경향이 있어서 활동이 오래 지속되지 못하는 문제가 있다. 조직의 측면에서 보면, 상근활동가의 잦은 교체는 훈련된 인적 자원의 손실뿐만 아니라 상근활동가의 전문성 확보 문제를 낳는다. 지역여성운동이 긴 호흡으로 멀리 나아가기 위해서는 조직을 주도적으로 이끌어가는 상근활동가들에게 적당한 휴식과 재충전이 필요하며, 개인의 성장과 조직의 변화·발전이 함께 가고 있음을 체감할 수 있어야 할 것이다. 특히 지부의 전임 대표들이나 상근활동가, 운영위원 등 조직에서 훈련된 인적 자원들이 리더십을 유지하고 발전시켜줄 만한 새로운 연결고리와 운동 통로를 보다 활성화시켜야 할 것이다.

지난 20년간 일구어온 민우회 지역여성운동의 성과를 질적으로나 양적으로 향상시키기 위해서는 무엇보다도 앞으로 민우회 지부들이 변화하고 있는 지역상황에 맞게 새로운 대안적인 실천을 다양하게 시도해야 할 것이다. 민우회 지부들이 남성 중심, 중앙 중심이라는 변화하지 않을 것 같은 관성적인 제도와 의식을 여성의 관점, 지역의 관점에서 새롭게 바라본 참신하고 다양한 활동을 통해 지역사회, 더 나아가서 한국 사회를 변화시켜왔듯이, 이제 앞으로의 10년은 보다 많은 풀뿌리 여성들이 인간으로서, 여성으로서 행복한 삶을 살아갈 수 있도록 끊임없이 변화해가기를 기대해본다.

참고문헌

권미혁. 2007. 「민우회 지역여성운동의 역사와 과제」. 『2007 한국여성민우회 활동가 워크숍 자료집』.

김경희. 2005. 「여성정책 관점의 재구성을 위한 시론적 연구: 여성발전론과 성주류화 개념의 이해를 중심으로」, 한국여성학회(편). 《한국여성학》, 제21권 2호.

김종미. 1999. 「민우회 지역여성운동의 사회운동적 의미와 지도자 역할: 시민권의 성취와 경제세력화, 그리고 가치전환을 위한 정치세력화를 위하여」. 한국여성민우회. 『지역여성운동의 이론적 정체성을 찾아서』. 45~71쪽.

서울동북여성민우회. 2002. 『울타리를 넘어서 – 서울동북여성민우회 10년사』.

윤정숙. 2003a. 「한국여성민우회의 정체성 찾기 시론 – 16년의 실천과 경험의 성찰적 논의를 위하여」, 『한국여성민우회 회원 워크숍 자료집』.

_____. 2003b. 「성인지 예산 및 정책분석과 여성운동의 세력화」. 한국여성민우회. 『젠더, 예산과 여성운동』.

_____. 2005. 「민우회 지역자치운동 – '주변'에서 '중심'을 바꾸다」. 한국여성민우회. 『'민우회 지역자치 활동을 통해 본 지방자치 현재와 미래' 토론회 자료집』.

이재인. 1999. 「민우회의 지역여성운동의 이념과 성격에 대한 연구-90년대 사회운동의 지형 변화를 중심으로」. 한국여성민우회. 『지역여성운동의 이론적 정체성을 찾아서』. 22~44쪽.

이혜숙. 2002. 「지역여성운동의 형성과 전개 – 진주여성민우회를 중심으로」. 한국사회학회 (편), 《한국사회학》, 제36집 1호, 195~223쪽.

_____. 2006. 「지방분권과 지역여성의 전망: 경상남도를 중심으로」. 한국여성학회(편). 《한국여성학》, 제22권 2호.

이호. 2007. 「풀뿌리 자치 이야기」. 춘천여성민우회. 『살기 좋은 지역 만들기: '주민이 띈다! 지역이 뜬다!' 자료집』.

정현백. 2005. 「한국의 여성운동 60년: 분단과 전근대성 사이에서」. 한국여성사학회 광복 60주년 기념 심포지엄 발표문.

조주현. 2003. 「분권시대 지역여성의 위치와 전망」. 계명대학교 여성학대학원 여성학연구소. 『지방분권시대와 여성정책의 실현』.

한국여성민우회. 각 년도 총회자료집

허성우. 2006. 「지구화와 지역여성운동 정치학의 재구성」. 한국여성학회(편). 《한국여성학》, 제22권 3호.

_____. 2007. "지역여성운동에서 연대와 소통의 문제". 경기여성단체연합 외 공동주최. 99주년 3·8 세계여성의 날 기념 강연 발표문.

차이와 논쟁, 그리고 소통 04

 제10장

논쟁의 정치

김경희

이 글에서는 운동의 성과를 위해 외형적으로 한목소리를 낸 것처럼 보이지만 민우회 혹은 여성운동 내부에 존재했던 다른 관점들의 논쟁을 살펴보았다. 주요 논쟁으로는 가사노동의 가치, 남성과 여성의 같음과 다름이라는 논쟁을 수반했던 생리휴가와 생리공결제, 그리고 여성운동을 비롯하여 시민사회운동의 성장과 확대과정에서 나타나는 운동의 제도화에 관한 것이다.

이러한 논쟁들을 국내외적인 맥락에서 살펴보고, 민우회 내부에서 어떤 관점들이 존재했었는지 서술했다. 가사노동 가치 논쟁은 서구사회나 일본 등에서 사회적 주목을 받으면서 페미니스트 그룹들과 보수세력들이 오랫동안 논쟁해온 사안이고, 생리휴가나 생리공결제는 다른 나라에서 찾아보기 어려운 사안이지만 서구사회에서는 모성보호와 여성에 대한 적극적 조치를 매개로 여성과 남성의 차이와 같음에 대한 오랜 논쟁을 벌여왔으며, 운동의 제도화도 현재 전 세계적으로 이슈가 되고 있다. 비록 우리 사회에서 본격적으로 공론화되어 담론투쟁의 형태로 진행된 것은 아니지만, 여성운동 내부에서 운동의 안과 밖을 조율하는 것 역시 주요한 과제임을 알 수 있다.

이 글에서 다룬 논쟁들은 아직 끝나지 않은, 앞으로도 지속될 논쟁이라는 점을 보여준다. 논쟁을 통해 살펴보았을 때, 지난 20년 동안 여성운동의 진화뿐 아니라 여성들 내부의 차이가 다양한 방식으로 드러나고 있음을 알 수 있다.

민우회가 지난 20년간 전개해온 많은 활동들은 우리 사회에서 적지 않은 논쟁을 촉발하였다. 이 논쟁들에서 핵심어는 평등이었지만, 이 평등이 무엇을 의미하는지에 대한 서로 다른 생각들의 경합과 조율 과정은 논쟁의 정치라 표현할 수 있을 것이다. 사실 그동안 여성운동이 제기한 이슈들은 항상 여성 계와 기업, 혹은 여성계와 가부장 세력, 때로는 여성(계)과 남성이라는 구도를 만들면서 논쟁을 해온 듯이 보인다. 운동의 성과를 위해서는 여성운동 혹은 여성계라는 이름으로 대표성을 가지고 한 목소리를 내야 하는 전략적 필요성 이 있었던 것도 사실이다. 하지만 민우회의 20년 운동을 들여다보면, 개별 사안에 대해서 민우회 혹은 여성운동 내부에는 다른 관점들이 존재했음을 알 수 있다.

따라서 비록 드러나는 활동은 한 목소리로 들리지만, 이 목소리를 내기 위한 과정에서 벌였던 다른 생각들의 경합을 살펴볼 필요가 있다. 그 이유는 최근 들어 여성관련 이슈에 대해 여성운동 내부에서 차이들이 드러나고 있는 데, 논쟁 과정에서 드러났던 다른 생각들은 역사적·사회적 맥락에서 재해석 될 수 있는 잠재성을 지니고 있기 때문이다. 이 글에서는 그동안 많은 논쟁이 있었지만, 민우회가 주도적으로 참여하고 전개한 활동에서 촉발시킨 생리휴 가를 둘러싼 평등논쟁, 가사노동 가치 논쟁, 그리고 한때 지상논쟁의 포문을 열었으나 수면 아래로 가라앉은 여성운동의 제도화에 관련된 민우회의 고민 을 살펴보고자 한다. 사실 20년간의 활동에서 논쟁점을 뽑아내는 것이 쉬운 일은 아니어서, 우리 사회에서 여성문제가 공론화되었던 계기들을 중심으로 논쟁점을 선택하였다. 선택한 세 가지 논쟁을 정리하면서 자료의 가용성이 큰 한계로 다가왔다. 해당 논쟁과 관련되어 정리된 자료가 그다지 많지 않았 으며, 민우회 내부의 의견 차이는 활동과정에서 제기되는 것이기 때문에, 굳이 논쟁을 정리해두겠다는 의도가 아닌 이상 활자의 형태나 공식적인 자리 를 마련하여 진행하지 않았다. 따라서 이 글은 자료의 한계를 안고 신문이나 자료집 등 가용한 자료들과 해당 시기에 활동했던 운동가들과의 면접 자료에 의존하여 쓰였다. 또한 민우회가 중심이 되었던 논쟁들이 전체 우리 사회와 여성운동이라는 큰 맥락에서 어떤 의미를 가지고 있는지 헤아리는 시도도 필요하다. 그래서 민우회의 논쟁을 정리하면서 해당 논쟁과 관련된 국내외적인 맥락들을 짚어보는 작업을 배경으로 넣었다.

이 글에서 다룬 논쟁들은 아직 끝나지 않은, 여전히 계속될 것이라는 전제에서 살펴볼 필요가 있다. 이런 전제에서 본다면 민우회 운동과 한국의 여성운동, 더 나아가 한국의 페미니즘을 이해하는 데 시사점이 있을 것이다.

1. 가사노동 가치 논쟁

민우회 20년 운동에서 벌인 논쟁 중의 하나로 가정주부의 가사노동 가치를 들 수 있다. 지금은 가사노동이라는 용어를 자연스럽게 쓰고 있지만 주부들이 주로 수행해온 가사는 여성들의 가족에 대한 사랑에서 우러나오는 자연스러운 성역할로 인식되어온 경향이 있다. 바로 페미니즘의 공헌은 주류 경제학의 시각에서는 시장노동에 포함되지 않은 주부들이 수행하는 가사를 노동이라 명명한 점이다.

가정주부라는 용어는 19세기 말에서 20세기에 걸쳐 일어난 산업혁명 과정에서 만들어진 신조어이다. 우리나라에서도 가정주부의 기원에 대한 학문적 연구가 진행되었지만, 6·25전쟁 이후 산업화를 경험하면서 대중적으로 쓰이게 된 것으로 보인다. 집과 일터의 분리가 명확하지 않았던 농업사회에서 일터와 거주지의 분리를 동반한 산업화 과정은 여성노동력을 가정으로 돌려보내는 주요한 역사적 물결이었다. 이 과정에서 여성들은 노동력의 재생산을 위한 출산, 육아, 가사를 전담하는 역할을 공고히 하게 되었으며, 산업화 과정에서 지배적인 생산노동에 대비되는 비생산, 즉 화폐가치가 없는 활동으로 인식되었다. 이처럼 화폐가치가 없는 여성들의 노동은 사랑, 헌신과 같은 이데올로기를 통해 미화되고 유지되면서 노동이라 인식되지 않아 왔다.

페미니즘 내에서의 가사노동 논쟁은 노동의 성격을 둘러싼 인식론적 측면과 가사노동의 가치에 대한 보다 실용적인 측면을 모두 포함하고 있다.

페미니즘 내에서 가사노동 논쟁은 마르크스주의 페미니스트들의 가사노동의 사회화에 대한 주장에서 본격화되었다. 이는 기존의 생산노동 개념을 비판하고 여성노동의 가치를 평가할 필요가 있다는 주장이었다. 이 그룹에 속한 학자들은 가사노동에 임금을 지급하자는 캠페인을 주장하기도 하였으며, 이러한 주장에 대해 여성에게 가사노동에 따른 임금을 지불하는 것은 성별억압체계를 오히려 강화하고, 여성을 가정 내로 고립시키게 될 것이라고 반대하기도 하였다. 우에노 치즈코와 같은 학자는 시장의 필요에 의해 상품화되지 않은 노동이 여성들이 수행하는 가사노동이며, 우리의 인식 속에 박혀 있는 생산/재생산, 공/사적 영역, 시장노동/비시장노동의 경계는 시장의 강요에 의한 것이므로, 이를 극복할 필요가 있다는 의견을 개진하기도 하였다.

최근에는 여성의 노동을 돌봄노동(Care Work)의 관점에서 재구조화할 것을 환기하는 주장들이 제기되고 있다. 낸시 폴브르는 여성들이 담당하는 가사와 육아를 포함한 돌봄노동은 돌봄을 받는 사람과 돌보는 사람 사이의 평등하지 않은 관계에서 이루어지는 것이라 보았다. 최근에 돌봄노동이 시장에서 상품이 되면서 이러한 관계가 그대로 노동관계 속에 반영되어 낮은 임금, 노동의 저평가 등의 문제가 나타나고 있다. 가사노동이라는 주제는 페미니즘 내에서도 그 노동의 성격, 사회화되었을 때 노동의 수행 주체, 가사노동에 대한 금전적 환산이 가져올 성역할 고착화 우려 등 쉬운 문제가 아니다.

한국 사회에서 가사노동 가치 논쟁을 가능하게 했던 주요 계기는 90년대 초반의 가사노동 비용산정, 2005년의 이계경 의원 법안, 2006년의 부부공동재산제를 들 수 있으며, 여기에는 민우회가 깊이 연관되어 있다. 민우회는 가사노동을 20년간 지속적으로 주요 활동으로 삼아온 것은 아니나, 이 세 국면마다 적극적으로 개입하여 가사노동 문제를 사회적으로 부각시키고 논쟁을 일으켰다.

민우회의 가사노동 가치를 둘러싼 활동과 논쟁의 방식에서 나타나는 주요한 특징들을 먼저 정리하고 계기별 활동에 대해 살펴보고자 한다.

첫째, 가사노동과 관련된 활동은 세제나 보험금 지급, 재산분할 등 매우 실질적인 경제적 가치에 초점을 둔 경향을 보인다. 이는 가사노동의 금전적 가치와 관련된 사회적 현안이 발생하면, 이에 대처하기 위한 활동을 조직하였기 때문에 보여준 결과이다. 또한 실질적인 운동의 성과로 여겨지는 법과 제도에 반영되기 위해서는 경제적 가치와 같이 구체적인 내용이 포함될 수 있어야 했기 때문이기도 하다.

둘째, 가사노동과 관련된 사회적인 현안이 터졌을 때 대응하면서 논쟁을 벌이다가 논쟁이 더 심화되지 않고 아쉽게도 끝나버린 경향을 보인다. 당시에 남아 있던 문제의식이나 논쟁의 씨앗이 해결되지 않은 상태로 봉합이 되고 그 이후에 가사노동관련 문제들이 불거지면 사회적인 대응을 해왔다. 그러나 2000년대에 들어서면서 가사노동을 둘러싼 여성들 간의 차이, 젠더와 계급의 관계 등 보다 심화되고 근본적인 문제를 중심으로 논쟁들이 제기되고 있다는 점에 주목할 필요가 있다.

민우회가 가사노동과 관련된 활동을 시작한 것은 1990년 가사노동 가치평가와 세법개정 운동에 참여하면서부터이다. 이 운동은 지난 50년 이상 끌어왔던 가족법 개정운동의 일환으로 시작되었는데, 한국여성단체연합이 1989년 가족법개정특별위원회를 설치하면서 시작되었고, 여기에서 민우회는 주도적인 활동을 하였다. 민우회는 이혼 시 재산분할청구권을 신설하도록 제안하였으며, 가족법의 실질적 시행을 위해 세법개정, 재산분할청구권 확보 운동과 더불어 가사노동 가치인정 운동을 수행하였다. 당시에 전문가 대체 비용법을 적용하여 가사노동의 가치가 88만 원 정도임을 사회에 공표하여 커다란 반응을 얻었다. 1991년에 재판부에 재산분할청구권을 실질적으로 확보할 수 있는 판결을 촉구하는 건의문을 제출하여 초기 판결부터 가사노동 가치와 재산형성에서 주부의 기여도를 인정하는 판례를 도출하는 성과를 내었다. 세법에서도 민법에서 인정하고 있는 가사노동 가치를 반영하도록 세법개정운동을 통해 상속세와 증여세의 공제 한도가 대폭 인상되는 결과를 가져온 것이다. 1995년에 주부가 사망하는 사건이 있었는데 손해보험이 보상할 때 가사노동 가치를 어떻게 평가하는지에 대한 논란이 발생하였다. 터무니없이 주부노동의 가치를 절하하는 문제가 있어 민우회는 이전의 활동 경험을 토대로 고발센터 등을 설치하고 토론회를 개최하였고, 가사노동 가치 자료집을 발간하였다.

이러한 활동 이후 10년간은 가사노동 가치와 관련된 구체적인 활동을 벌이지는 않았으나, 정부나 국책연구기관 등에서 가사노동을 국가경제의 위성 계정에 포함시키는 방안을 모색하는 계기를 만드는 초석이 되었다고 평가할 수 있다.

1999년부터 통계청에서는 5년마다 실시되는 생활시간 조사를 통해 전업주부 가사노동의 경제적 가치를 추산하고 있다.

가사노동 가치가 다시 쟁점으로 부각된 것은 2005년 5월 이계경 의원이 소득세 개정법안을 국회에 제출하면서이다. 이 법안의 주요 내용은 가사노동에 경제적 가치를 부여해 연말 소득공제에 반영하자는 것이다. 즉 연말정산 때 소득이 없거나 연소득 100만 원 이하인 배우자의 기본공제액을 현행 100만 원에서 1,200만 원으로 높였다. 배우자가 있는 여성이나 배우자가 없더라도 부양가족이 있는 세대주 여성은 추가공제 금액을 현행 1인당 연 50만 원에서 100만 원으로 높이는 방안도 포함되어 있었다. 이 법안에 대해 민우회는 곧바로 반대입장의 성명서를 발표하였다. 성명서에는 법안이 남편의 소득을 통해 전업주부의 가사노동 가치를 인정함으로써 주부의 노동을 남편인 배우자에게 종속된 것으로 고착화시킬 수 있다는 요지를 담고 있다. 또한 여성의 경제활동의 중요성이 강조되고 참가율도 증가하고 있는 사회의 흐름에 역행하며, 전업주부에 의해 수행되는 가사노동만 그 대상으로 설정함으로써 다른 가사노동 수행자들의 노동을 부정하는 결과를 가져올 수 있다는

<표 10-1> 각계의 가사노동 가치평가안

발표시기	연구자	월 1인당	자료	방법
2005. 12	김종숙 한국여성개발원	약 111만 원	2004 생활시간조사	시장대체비용과 기회비용법을 계산한 뒤 가중평균
2005. 5	윤소영 한국문화관광정책연구원	약 240만 원	1999 생활시간조사	기회비용법
2001. 9	김준영 성균관대	약 133만 원	1999 생활시간조사	
2001. 5	여성부, 여성개발원	약 86만~103만 원		UNDP와 공동
1997. 7	재정경제원	약 139만 원		시간당 평균임금 4,647원 적용 하루 평균 10시간으로 계산
1991	한국여성민우회	약 88만 원		

*출처: 2006년 1월 13일 《미디어다음》, 김준수 기자의 기사내용 인용 및 재구성.

것이 요지이다. 민우회뿐 아니라 차별연구회에서도 이 법률안(소득세법일부개정법률안 50조 제1항)이 헌법 제11조의 평등권과 혼인 여부와 가족상황, 사회적 신분, 성적 지향 및 성별에 의한 차별을 금지하고 있는 국가인권위원회법 제30조를 위반한 차별적 법안이라 규정하고 국가인권위원회에 진정서를 제출하기도 하였다. 결국 이 법안은 적용대상이 연 1,200만 원의 소득공제를 받을 수 있을 정도의 소득이 있는 계층에 한정되어 저소득층은 배제되며, 실업자나 취업주부, 한부모의 노동은 배제된다는 점에서 여성운동과 여성주의 연구자들에 의해 비판을 받은 것이다.

민우회가 성명서를 통해 공식적으로는 이계경 의원의 법안에 반대 입장을 표명했지만, 민우회 내부에서는 여성의 많은 수가 전업주부로 살아가는 현실 속에서 가사노동의 가치를 실질적인 금전으로 환산하는 것이 여성에게 이득을 줄 수 있다는 입장(이계경 법안 찬성)과 그렇게 하는 건 결국 성별분업을 고착화시킨다는 입장이 극명하게 대립되는 논쟁을 거쳤다.

사실 이계경 의원의 법안에 찬성하는 입장이 다수는 아니었지만, 모든 여성들의 이해가 다르기 때문에 이 법안에 해당되는 여성들에게는 좋은 측면이 있어 여성운동이 이를 포용할 수 있다는 입장이 개진되었다. 반면에 이 의견에 반대하는 입장은 여성운동이 원하는 것은 성 평등이지 여성의 이익만을 추구하는 것이 아니라는 것이다. 이 입장에서는 전업주부에게 이롭다는 것이 무엇을 의미하는 것인지에 대한 근본적인 질문을 제기하였다. 일부 여성들에게 매력적인 것으로 읽혀질 내용이 있는 것도 사실이었으나 보다 근본적으로 이 법안이 가진 성역할 고정의 함의들에 좀 더 민감하게 반응하는 입장도 있었던 것이다.

우리 사회에서 여성들 내부의 다양한 구성으로 인해 이 법안을 둘러싼 논쟁에서도 여성들 간의 차이와 사회계층적인 차이가 드러났다. 이처럼 서로 다른 생각들의 단초가 민우회 내의 논쟁으로도 확장된 것이다. 이계경 의원 법안이 흐지부지되면서 더 이상 논쟁은 없었지만 이 과정에서 보여준 논쟁의 대척점은 유지되고 있다.

여성운동 내에서 가사노동 가치에 대한 논쟁은 부부공동재산제에 관하여 법무부가 과감한 안을 내놓으면서 다시 촉발되었다. 2006년에 법무부가 제출한 법안은 배우자의 상속분을 절반으로 하고 재산분할 청구를 가능하게 하는 것과 이혼숙려기간을 의무화하는 내용이었다. 이 안에 대해 민우회는 한국여성의 전화연합(이하 여전)과 함께 법무부의 안은 "균등분할원칙에 따라 배우자에게 상속된다는 절반은 원래부터 배우자의 몫이었으며, 부부별산제를 일부 보완한 것에 불과하다"는 공동성명을 내었다.

부부공동재산제 논쟁은 가사노동 가치 논쟁의 연장선상에 있으며, 민우회는 현재 부부공동재산제에 대해 내부 논쟁 중이다. 처음에는 여전의 성명에 연명(부부공동재산제 주장)하였지만 바로 내부에서 문제제기가 되면서 이에 대한 논쟁이 시작되었고, 이후 이 사안에 대해 하나의 입장으로 정리를 한 것은 아니다.

부부공동재산제 문제는 90년대까지만 하더라도 여성운동단체들의 공통된 찬성 입장을 유지하고 있었다. 그러나 민우회 내부에서도 운동의 흐름이 바뀌면서 부부공동재산제가 왜 당연한 것인가라는 반문이 제기된 것이다. 부부 각자는 서로의 소득이 다를 수 있는데 왜 공동이어야 하는가? 이전에는 공동인 것이 당연하다고 인식했었는데, 왜 지금은 아닌가? 어떤 근거로 공동이 되어야 하는가?라는 물음이 제기되고 있다. 공동재산 분할이 문제가 되는 이유는 특히 개정안에서의 가사노동 가치의 강화가 주부로서의 여성을 보호하는 것으로 성역할 분업 모델을 벗어나지 못한다는 것과, 여성의 재산권에서 중산층 핵가족 여성이 과잉 대표되고 있음에 대한 문제의식이었다. 사실 빈곤층 여성들은 거의 경제활동을 하고 있으며, 가사노동도 하고 있는데, 이런 여성들의 재산이나 소득을 반으로 분할하자는 논리도 성립하게 되는 것이다.

이런 관점에서 공동재산제가 오히려 여성의 경제권 측면에서 후퇴일 수 있으며, 별산제가 여성의 경제적 독립을 위한 제도라고 보는 시각들이 제기되었다. 재산권의 주체가 부부일 때 노동시장에서의 여성 경제권은 축소될 수 있다는 우려와 그동안 여성의 재산권을 인정하지 않는 우리의 가족문화에 대한 접근이 더 필요하지 않은가의 물음도 있었다.

가사노동 가치 논쟁은 최근 들어 여성운동 내부에서 관점의 차이들을 보임으로써 앞으로 논쟁이 계속될 전망이며, 또한 사회적인 관심을 높이고 있는 돌봄노동에 대한 생산적인 담론과 정책 수립의 기반이 될 가능성을 보여주고 있다. 그러나 가사노동 가치 논쟁에서 살펴보았듯이, 돌봄노동에 대한 사회적 담론이나 정책의 수립은 단순히 상징적으로 가사노동의 가치를 사회적으로 인정하는 차원을 넘어 실질적으로 출산과 양육이라는 물질적 토대를 갖고 있으며, 계급, 계층적 차이와 개인, 가족, 젠더 관계라는 중층적인 관계에 대한 인식 속에서 진행될 필요가 있다. 이 논쟁을 살펴보는 것은 특히 여성 내의 차이에 대한 천착의 필요성을 제기하고 있으며, 앞으로 더욱 이러한 차이는 커질 것으로 예상된다.

2. 차이를 인정하는 평등의 가능성과 논쟁: 생리휴가를 중심으로

평등 개념은 학문 영역과 현실정치에서 논쟁적이었고 여전히 그러하다. 페미니즘 내에서 평등개념은 남성과 여성 간의 같음과 다름이라는 화두를 중심으로 철학적·인식론적 논의로 전개되었다. 페미니즘 내에서 벌인 논쟁 가운데에서 가장 오래 된 것이 평등을 둘러싼 차이주의와 보편주의 입장의 경합이라 할 수 있다. 차이주의는 남성과 여성은 근본적인 차이가 있다고 믿는 반면, 보편주의는 남성과 여성의 육체적·생물학적 차이를 넘어 모든 점에서 같다고 인식한다. 서구의 여성운동 역사에서 보면 많은 경우 여성의 출산과 여성적 가치라는 차이를 부각시키면서 여성의 권리를 쟁취하기 위한 활동을 해왔다. 또 다른 편에서는 개인의 자유에 기반한 권리를 쟁취하기 위한 여성운동도 존재해왔다. 경향성을 가르기 위해 상반되는 것처럼 기술되었지만 두 가지 입장이 사안에 따라서는 선명하게 구분되는 것은 아니었다. 항상 여성으로서의 정체성과 개인으로서의 정체성은 모순적인 듯하면서도 함께 추구해야 하는 과제였다. 즉 '한편으로는 여성에 대한 기존의 범주를 없애 너무 경직된 역사를 파괴해야 할 필요성과 또 한편으로는 여성의 정체성을 세우고 그것에 굳건한 정치적 의미를 부여할 필요성 사이에서 형성되었던 것이다'(사빈 보지오-발리시, 미셸 장카리나 푸르넬, 2007: 219).

이처럼 남성과 여성의 같음과 다름이라는 다소 상이한 의미를 반영한 평등개념이 정책에 반영된 사례를 적극적 조치와 모성보호제도를 통해 알 수 있다. 적극적 조치는 성별에 근거하여 이루어진 불평등이 역사적으로 누적되었다는 점을 인정하고 이를 시정하기 위해 남성 지배적인 노동시장과

정치 행정분야에서 여성의 대표성을 높이기 위한 정책이다. 서구에서는 적극적 조치가 성별, 인종에 대한 차별금지 법률 속에 포함되어 있고, 평등개념이 젠더 차이를 어떻게 반영하는가에 따라 그 내용이 나라마다 조금씩 다르게 나타난다. 적극적 조치를 시행한 서구 여러 나라의 공통된 경험은 차별금지법 안에 담고 있는 여성이나 흑인을 대상으로 하는 적극적 조치가 역차별 논쟁을 일으켰다는 점이다(Ferree and Martin, 1995). 이러한 논쟁과정에서 제기된 쟁점들 중의 하나는 능력주의 신화였다. 능력주의 신화는 적극적 조치가 평등기회라는 개념과 양립할 수 없으며, 자격이 갖추어지지 않은 사람들에게 혜택을 주는 것이라는 인식을 강화시켰다. 따라서 예외조항들이 만들어졌는데, 유럽의 경우는 여성뿐 아니라 남성의 평등기회를 촉진하는 조치를 허용하였으며, 호주의 연방 성차별금지 법안은 여성에 대한 건강 서비스가 남성에 대한 역차별이라는 공격에 부딪히면서 임신에 대한 특별대우를 제외하기도 하였다(Bacchi, 1999). 적극적 조치를 실시하고 있는 서구의 대부분의 국가에서는 예외조항을 두기 시작하면서 적극적 조치는 방어적이 되었고, 능력주의 논리에 의해 완화되어간 경험을 보여준다. 여성주의자들 중에서도 단지 자격을 갖춘 여성만이 채용될 수 있다고 후퇴하기도 하였다. 이럴 경우 업적 혹은 자격이라는 것은 남성 혹은 수혜를 주는 입장에 있는 집단의 자격 요건을 의미하는 것이 되며, 이 자격에 맞는 사람들만 그 정책의 수혜자가 될 수 있다는 것을 의미하게 된다(Bacchi, 1999).

그동안 우리나라에서는 평등이 남성과 여성의 차이를 반영한 실질적인 의미에서의 평등을 강조해왔다고 볼 수 있다. 우리나라는 여성발전기본법, 남녀고용평등법, 그리고 지금은 폐지되었지만 남녀차별금지 및 구제에 관한 법률에 적극적 조치는 차별로 보지 않는다는 법적 근거를 가지고 있다. 우리나라는 적극적 조치를 실시한 경험이 길지 않아 평등과 젠더 개념을 둘러싸고 서구의 경험처럼 뜨거운 논쟁을 벌여온 편은 아니다.

하지만 우리나라에서 남성과 여성의 차이를 인정한 평등의 가능성을 둘러싼 대표적인 논쟁이 여성들에게만 고유한 생리를 둘러싼 논쟁이었으며, 이 논쟁의 와중에는 민우회가 있었다.

지금은 주5일제가 실시되어 생리휴가가 무급이 되었고, 이를 폐지된 것으로 인식하는 경향이 있지만, 생리휴가 논쟁을 들여다보면 페미니즘에서 항상 논쟁이 되어온 차이와 같음에 대한 이슈를 생각하게 만든다. 그리고 생리휴가가 아시아에서 일부 국가에만 있는 제도라 평등논쟁에 대한 한국적 맥락을 살펴볼 수 있는 중요한 이슈이다.

생리휴가가 사회적인 논란이 된 것은 항상 기업이 여성고용기피와 임금인상 요인으로 생리휴가를 지목하면서 폐지를 시도할 때였다. 민우회는 창립 당시부터 사무직 여성노동자 문제를 다루었으며 지금까지 지속적으로 여성노동 문제를 다루고 있기 때문에 생리휴가는 주요 이슈 중 하나였다.

민우회가 생리휴가를 둘러싼 활동과 논쟁을 벌이게 된 주요한 계기는 1990년대 초 임신 중 생리휴가 사용에 관한 소송과 1990년대 중반과 2001년을 전후한 노동법개정과 모성보호 입법 시기를 들 수 있다. 표면적으로 보면 1990년대에 생리휴가 문제는 항상 기업이나 정부에서 폐지의 입장을 들고 나올 때마다 여성운동이 존치해야 한다는 대응을 해온 특징이 있다. 그러나 존치의 근거가 생리는 여성의 고유한 특징이기 때문이라는 단순히 생물학적인 논리만이 아닌 노동시장의 상황과 평등을 보는 관점이 엇물려 있는 매우 논쟁적인 지형을 형성할 수밖에 없는 특징이 있다. 생리휴가에 관한 민우회의 내부의 입장을 들여다보면 이런 특징을 이해할 수 있다.

민우회 내에서 생리휴가를 바라보는 대척적인 논점은 첫째, 남녀의 신체적 차이를 고려한 생리휴가는 존재해야 하며 여성에게만 주어지더라도 억울하다고 생각하지 않도록 하는 것이 여성의 생활, 생애가 존중받는 방식의 사회를 만드는 길이라는 입장이다. 다른 논점은 남녀 공히 쓸 수 있는 건강휴가로 가야지 여성에게만 부여하는 생리휴가라는 것이 존재하는 한 여성들에 대한 비용문제 언급과 성차별문제는 해결되지 않을 것이라는 입장이 팽팽했다.

그래서 생리휴가 폐지 문제가 불거지면(예를 들어 생리휴가를 빌미로 경영계가 폐지를 언급할 때라든지) 민우회는 폐지에는 반대했으나 생리휴가만 단일주제로 해서 적극적으로 존치해야 한다는 주장을 하지 않는 입장을 취했다. 이유는 남녀 공히 사용할 수 있는 건강휴가로 대체되어야 한다는 판단이 많았기 때문에 방어하는 경향을 보였던 것이다.

민우회가 생리휴가 문제를 주요한 이슈로 삼기 시작한 것은 1992년 임신 중에 생리휴가 사용을 신청한 여성노동자가 제기한 소송을 지원하면서부터이다. 이후에 다른 여성단체들과 공동성명서를 채택하고 소송과 관련하여 재판부에 탄원서를 제출하고, 1994년에 국회 노동위원회에 유급생리휴가 폐지에 대한 여성계의 입장을 정리하여 전달하는 데 중추적인 역할을 담당하였다. 특히 1994년은 정부가 근로여성기본계획을 마련하면서 생리휴가의 무급화 또는 폐지 계획을 공식적으로 발표했던 때이다. 1996년 4월 김영삼 대통령의 '신노사관계구상'이 발효되면서 대통령 직속 민간 자문기구로 노사관계개혁위원회가 설치되어, 노동관계법 개정안 마련작업을 해왔는데 그중 합의가 되지 않고 공전을 해왔던 사안 중에는 생리휴가, 여성의 야업 휴일 연장근로 금지 등 여성관련 조항도 포함되어 있었다. 민우회는 생리휴가 폐지 시도에 대응하기 위하여 여성연합, 한여노협을 비롯한 여성단체들과 노동조합의 여성 간부들과 연대활동을 하였다. 연대활동의 주요 명분은 생리휴가 폐지가 모성보호를 후퇴시키는 것임과 동시에 근로조건을 더욱 열악하게 만든다는 것이었다. 민우회는 이를 뒷받침하기 위한 생리휴가 사용 실태에 대한 설문조사, 대자보 작업, 성명서나 의견서 발표 등을 통해 생리휴가 폐지 반대운동을 전개하였다.

당시 생리휴가에 대한 민우회의 입장은 다른 여성단체들과 마찬가지로 유급생리휴가는 유지되어야 하며, 임신 중 생리휴가 사용도 허용해야 한다는 입장이었다. 그러나 임신 중 생리휴가 사용의 근거는 태아검진휴가제와 같은 구체적인 내용을 담은 것이어야 한다는 입장을 세웠다.

이처럼 생리휴가 폐지 시도에 대응하면서도 90년대 중반 이후 여성운동 전반에서 생리휴가를 계속 존치해야 할 것인가에 대한 문제의식들은 생겨나고 있었다.

1990년대 말에 노동관련 법 개정이 진행되면서, 유급생리휴가 폐지를 둘러싼 경영계와 여성계의 찬반 논쟁이 불거졌다. 경영계의 입장은 한국에는 낡은 규제들이 존재하는데, 여성과보호 조항이며, 대표적인 것이 생리휴가제도라는 것이었다. 경영계의 입장은 생리휴가제도는 과거 열악한 작업환경에서 일하는 여성들을 보호하기 위해 도입되었는데, 최근에는 생리휴가를 사용하는 비율이 매우 저조하며 노동 강도가 약화되는 등 근무여건이 대폭 개선되었고, 여성 스스로 여성이라는 이유만으로 과보호받기를 꺼리는 의식 변화가 있다는 것이다. 더욱이 생리휴가제도는 한국, 일본, 인도네시아를 빼고는 어느 나라에도 없을 뿐 아니라 효율성 자체가 유명무실해졌다는 것이다. 더 나아가 여성의 야근금지, 휴일근로금지, 시간외근로금지, 갱내 근로금지조항도 함께 없애야 할 여성과보호조항이라는 입장이었다.

기업은 사실 모든 휴가에 대해서 인건비 증가를 유발하기 때문에 기업이윤에 미치는 부정적인 입장에 민감한 경향이 있다. 특히 생리휴가는 한국이 유일한 제도라는 점을 기업에서는 강조해왔다. 여성노동운동 쪽에서는 그것이 유일한 것이라 하더라도 임금보전을 위해서는 여전히 필요하다는 입장을 취해왔다. 기업에서는 생리 때에만 생리휴가를 쓰는 것이 아니며, 이 제도 때문에 여성들의 고용을 위축시키는 역할을 하고 있다고 주장해왔으며, 일부 여성들은 생리휴가와 월차를 연동시켜서 연차휴가를 내는 경향이 많다는 것이다.

반면에 생리휴가 폐지를 주장하는 기업의 논리에 대한 여성(노동)계의 입장은 여성은 신체구조상 임신 출산 수유라는 모성기능을 가져 남성과는 생리적·정신적 특성이 다르며, 여성 특유의 생리기능과 모성기능을 보호함으로써 사회적 재생산이 원활하도록 보장하는 일은 사회 전체가 나눠야 할 책임이라고 강조하였다. 기업에서 주장하는 것처럼 여성고용 기피 이유가 여성과보호 조항 때문이 아니며, 선진국과 비교하기 위해서는 노동자 전체의 건강을 증진할 수 있는 건강휴가제나 전반적인 근로시간 단축 등이 선행되어야 한다는 입장이다. 즉, 여성의 저임금 개선, 노동시간 단축, 휴가제도 사용, 모성보호 확대 등을 완전히 보장한 뒤 생리휴가 폐지를 논의해야 한다고 주장하였다.

이후 모성보호관련법안이 제출되면서 생리휴가 존폐를 둘러싼 구체적인 내용의 논쟁이 일었다. 생리휴가가 모성보호법안의 쟁점이 아니었음에도 불구하고 기업과의 협상에서는 항상 생리휴가가 빌미로 활용되었다. 노동부가 주 5일 근무제 도입에서 핵심적인 쟁점인 임금보전 대상에 연, 월차와 생리휴가 수당을 포함시키겠다는 입장을 보이면서 경영계가 반발하고 나섰다. 한국경총에서는 이러한 휴가수당을 보전한다면 기업은 20% 이상 임금인상 부담을 안게 되며, 만약 연·월차수당 보전이 없더라도 근로시간을 4시간만 단축해도 13.6%의 임금인상 효과가 있다고 추정한 입장을 내보였다. 당시에 출산휴가를 90일로 연장하는 논의 가운데 기업이 생리휴가폐지를 주장하고 나왔는데, 이에 대한 민우회의 입장은 생리휴가는 논점이 아니므로 주 5일제가 통과되면 그때에 논의하자는 것이었다. 왜냐하면 당시에는 주 5일제가 통과되지 않았고, 주 5일제가 되면 노동 강도와 노동시간을 기준으로 생리휴가 문제가 해결되어야 한다는 입장이었다. 즉 생리휴가를 노동시간 단축문제와 연동되어야 한다고 보았고, 주 5일제가 되어 근무시간 단축이 되면 남녀 공히 건강휴가를 쓸 수 있는 방안을 모색해야 하는 문제로 보았기 때문이다.

결국 2001년 여성노동관련 법을 개정하면서 근로기준법 제5장을 일반여성을 미성년자와 동일한 수준에서 보호하면서 남성에 비해 노동능력이 취약한 자로 상정하던 기존의 규정들을 임산부 여성에 대한 보호는 강화하되, 일반여성에 대해서는 남성과 동일한 수준의 근로조건으로 완화하는 방향으로 정리하면서 일부 규정들을 개정하였고 당시 생리휴가에 대한 개정은 없었다. 이후 주 5일제 근무가 실시되면서 무급 생리휴가로 변화되었다. 이에 따라 실제 여성노동자들이 생리휴가 활용도는 매우 떨어졌고, 심지어는 폐지되었다고 인식하는 경향까지 생겨났다.

생리휴가 무급화에 대해 여성운동이 대응하지 않았는데, 이것은 2000년대 들어 여성들에게만 부여하는 생리휴가에 대한 여성운동의 인식변화를 반영하고 있다. 민우회의 생리휴가를 둘러싼 활동이 적극적인 존치를 주장하지 않으면서도, 기업의 폐지 움직임이 있을 때에만 대응했던 것에 대해서는 앞서 언급하였다.

2000년대에 들어서면서 민우회는 여성들에게만 부여하는 생리휴가의 정당성이 얼마나 되는가의 문제에 천착하였다. 생리휴가는 폐경여성이라든가 생리를 하지 않는 여성들에게도 부여하는 것이므로 모든 여성들에게 적용되는 휴가이다. 더욱이 생리사실을 사용자가 입증하게 한다든가, 기업이 폐경인데 왜 휴가를 쓰느냐는 식의 질의를 하면 법에 저촉되기 때문에 기업에서는 모든 여성들에게 이 휴가를 부여하게 된다. 90년대까지만 하더라도 여성노동자들의 임금이 매우 열악하고 기업의 복지제도가 미흡하여 임금보전 수단으로 생리휴가가 활용되어야 하는 정당성이 컸으나 현재에는 이러한 논리가 시대적 흐름에 비추어 타당하지 않다는 견해가 민우회 내에서는 우세하다.

민우회 내부에서는 현재에도 여전히 여성노동자의 평균임금이 남성의 60%를 조금 넘는 상황이기는 하지만, 이에 대한 대책이 생리휴가를 통한 임금보전이 아니라, 성차별적인 임금구조를 변화시켜야 하는 근본적인 문제제기로 바뀌어야 한다는 논의가 진행되고 있다. 그러나 이러한 논의를 그동안 외부로 끌고 나가지 못했는데, 이것이 왜곡되어 기업이 활용할 가능성이 있기 때문이다. 그러나 생리휴가가 임금보전을 목적으로 존치되어야 한다는 입장에 대해 민우회와 다른 입장을 보이는 단체도 있다. 앞서도 살펴보았듯이 민우회는 생리휴가가 임금보전의 목적으로 존치되는 것은 문제가 있으며, 임금을 보전하는 다른 방식을 고민해서 싸워야 되는 문제이고 생리휴가를 주는 이유는 생리 때문에 힘들까봐 정말 여성의 건강을 보전하기 위해서 주는 의미가 강하다는 입장이다. 이 제도는 일본의 사회당이 있을 때 근기법을 만들면서 모방하여 우리나라에 들어온 것이기 때문에 상당히 문제가 있으며, 여성을 소년 등의 연소자근로와 같이 열외노동자로 대우하며 보호해야 된다는 입장으로 법안이 만들어진 것인데, 과연 그것이 옳은 것인가에 대해 고민해야 한다는 것이다.

그러나 이러한 생각은 다른 여성노동운동 단체들이 열악한 여성의 현실을 무시하고 현장을 무시하는 처사라고 비판하는 것을 감수해야만 관철될 수 있는 입장이다. 결국 평등과 계급의 문제가 교차하는 지점에서 발생하는 여성주의 내의 차이의 문제를 드러내는 것이다.

2000년대에 들어 생리와 관련된 민우회 활동 중 대표적인 것은 생리대 부가세 면세운동이었다. 생리대 부가세 면세운동은 생리휴가가 고용문제와 연동되어 제기되었던 맥락과는 다르지만, 여성들에게 고유한 생물학적 차이가 우리 사회에서 어떻게 인식되고 있는지를 엿볼 수 있는 쟁점이었다. 이것은 민우회 내부에서보다는 정부와 민우회의 논쟁이라 볼 수 있다.

2003년 6월부터 민우회에서는 생리대 부가세 면세운동을 실시하여, 2004년에 부가세가 결국 면세되었다. 이 과정에서 여성의 생리를 둘러싼 정부와 민우회의 시각 차이가 심각하게 드러났다.

재경부는 여성들의 생리대는 남성들의 면도기와 똑같은 필수품에 불과하다는 입장을 고수하였다. 반면 민우회는 생리대는 단지 생활필수품이 아니라 국가가 보호해야 할 모성권의 문제로 바라보아야 한다는 입장이었다. 여성들에게 생리는 선택의 문제가 아니며, 단지 여성 건강만의 문제가 아니라는 것이다. 여성들의 생리기능이 온전히 보존될 때 사회가 원활하게 돌아갈 수 있으며, 우리 사회를 건강히 유지시켜줄 수 있는 힘이라는 것이다. 생리대 부가세 면세를 둘러싼 공방 가운데에서 면세에 반대하는 입장의 주요 논거 중의 하나는 면세 혜택이 생리대 제조업자들의 이익만 극대화하는 것으로 끝날 것이라는 점이었다.

결국 2003년의 민우회의 문제제기는 재경부가 완강한 입장을 표명함으로써 별다른 성과 없이 끝이 났다. 민주당 정범구 의원 등 23명이 "생리대에 영세율을 적용받게 해 여성의 복리후생을 증진시켜야 한다"는 내용의 입법 발의안을 제출했으나 정기국회를 통과하지 못했다. 2004년에 한나라당 나오연 의원 등 24명의 의원이 국회에 생리대와 유아용 기저귀에 대해 부가세 면세를 허용하라는 내용의 부가세법 개정안을 제출하면서 이 문제가 다시 수면으로 떠올랐다. 이 법안이 국회를 통과하게 되어 2004년부터 생리대에는 부가가치세가 없어졌다. 생리대 부가세 면세는 영유아 기저귀에도 적용되어 국회에 법안이 제출되었다. 하지만 일부 언론보도에 따르면 2008년부터 다시 생리대에 부가세를 부과하는 계획을 세우고 있기도 하다.

민우회의 주요 활동은 아니었으나, 생리문제와 관련하여 민우회 내부에서 입장의 차이를 보인 사안 중 하나는 생리공결제를 도입하는 문제였다. 생리공결제는 전교조 여성위원회에서 제기하여 몇몇 중고등학교에서 시범적으로 실시되고 있으며, 일부 대학여성위원회에서 추진되고 있으며, 몇몇 대학에서는 제도화되었다. 처음 생리공결제 도입을 위해서 민우회에도 함께하자는 제안이 들어와 민우회 건강팀에서 검토하였으며, 전체적으로 논쟁이 일어났다. 논쟁의 축은 크게 신체의 다름을 인정하여 생리를 질병으로 취급하지 말아야 하므로 병결로 처리되어서는 안 되며 여학생의 건강을 위해서라도 도입되어야 한다는 입장이 하나이다. 또 다른 입장은 병으로 취급하지는 말아야 하나 그렇다고 병결보다 더 높은 점수를 주어야 한다는 것은 비약이며 현 교육 시스템에서 여학생들에게만 주어지는 공결방식은 오히려 역효과가 클 것이라는 입장이 팽팽하게 맞섰다. 이후 두 번의 논의를 거쳤으나 결론 내리지 못하고 결국 이 사안에 대해서는 민우회는 적극적 의사개진을 하지 않기로 결정했다.

이상에서 여성들에게 고유한 생리문제가 어떤 장에서 다루어지는가에 따라 해석과 대안이 다름을 알 수 있다. 생리, 임신, 출산과 같은 남녀의 생물학적 다름이 개인의 권리를 침해하지 않으면서 동시에 남녀 모두 자기능력을 발휘하고 기회와 대우를 동등하게 가지며 결과적으로 평등하게 될 수 있는 상황이 어떻게 가능할까? 정치적 국면과 여성운동의 역량에 따라 부침을 겪어온 생리 문제는 우리 사회에서 차이와 평등 개념이 가진 정치적·복합적 성격을 드러내주는 의제라 하겠다.

3. 운동의 안과 밖에서

우리나라에서 그동안 여성운동의 괄목할 만한 성장과 함께 운동의 제도화가 2000년대 들어 쟁점으로 제기되기 시작하였다.

시민운동의 제도화 문제는 그동안은 언론에서 시민사회단체의 정부지원금 수령 문제, 활동가의 정·관계 진입 등이 주요 화제가 되면서 운동단체와 정부와의 밀착을 암시하는 듯한 취지로 비판되어왔다. 그러나 2000년대에 들어서는 운동 내부에서도 이 쟁점을 가지고 논쟁이 진행되고 있다. 특히 여성운동의 제도화에 대한 여성운동 내부의 비판적 성찰은 상담소나 직접 사업을 수행하는 여성단체들에서 제기되어왔다. 그동안 정부의 시민사회단체 지원사업이나 여성부의 여성발전기금을 통해 민관협력 사업이 시행되면서 여성운동단체들은 정부와 직접적인 관계를 맺어왔기 때문이다. 또한 2000년대 들어 각종 선거와 정권교체 국면에서 여성운동가들의 정관계 진입도 여성운동의 제도화에 대한 논의를 부각시키는 계기가 되었다.

한때 《창작과 비평》에서 잠시 지상논쟁의 형식을 빌려 게재되었던 여성운동의 제도화에 대한 글에서는 정부의 시민사회단체 지원사업은 운동가들을 실무자로 변모시켰으며, 정부에 의한 운동단체의 감독과 관리 기능이 증가되어 운동의 정체성에 대한 고민을 안겨준다는 비판을 하고 있다(윤정숙, 2004). 그러나 여성운동의 제도화에 대한 이와 같은 비판에 대해 제도화란 여성운동이 국가의 재정지원을 통해 사회복지기관이나 유사한 기관으로 전락하여 여성운동의 비판능력을 상실한 경우를 일컫는 것이므로 엄밀한 의미에서 한국의 여성운동을 제도화되었다고 보기에는 무리라는 견해가 제기되기도 하였다(정현백, 2004).

우리나라 여성운동의 제도화에 대한 논쟁의 현재 지형은 이 상태라고 볼 수 있는데, 개별 운동단체에서는 공론화된 형태의 논쟁보다는 이 쟁점을 둘러싼 내부의 고민과 성찰들을 하고 있다고 보여진다.

이 글에서는 여성운동의 제도화가 국내외적인 경향성으로 나타나는 배경을 간단하게 살펴보고, 운동의 제도화와 관련된 주요 사안인 정부의 민간위탁 사업 수행, 운동가의 정·관계 진출, 정치세력화 운동을 중심으로 민우회 내부의 고민과 입장들을 살펴보려고 한다.

1980년대에 민주화운동을 주도하며 성장해온 한국의 시민운동은 1990년대 이후에는 '영향의 정치'를 통해 대안적인 정책 운동과 정치 개혁을 추진해왔다. 1990년대 이후 한국의 시민운동은 이전 시기나 다른 나라들과 비교해도 주목할 만한 성장을 보였다. 사회운동 및 NGO 연구자들은 1990년대 중반 이후 시민운동을 전개하는 시민운동단체를 의미하는 용어가 NGO로 통일되는 현상에 주목하고 있다(정종권, 2000; 정태석, 2001; 조대엽, 2003). 이런 특징은 시민사회의 성장과 영향력의 증대라는 측면에서 긍정적으로 평가되지만, 한편에서는 시민사회단체가 제도정치와 정책 영역에 개입하면서 나타나는 전문화와 제도화 양상 때문에 시민운동, 국가, 시장 간의 관계에 대한 긴장과 고민을 만들어내고 있다. 최근에는 1987년 민주화를 이끌어온 개혁·진보세력이 1990년대 말에서 최근까지 신자유주의적 지구화의 흐름 속에서 진보의 내용을 상실해가고 있다는 지적도 대두되고 있다.

2006년 사회포럼 중 여성분과에서는 차이와 소통을 주제로 여성운동의 진보성과 위기에 대한 토론이 있었다. 여성운동이 과연 위기인가에 대해 논란의 여지가 있었다. 그것은 과연 전체 여성운동의 위기인가라는 질문이다.

그 위기가 1987년 이후 '영향의 정치'와 '참가의 정치'를 통해 성장한 소위 주류 여성단체들의 위기일 수는 있으나, 여러 영역에서 다양하게 성장하고 있는 여성운동 그룹들의 위기는 아닐 수 있다는 것이며, 여성들의 성 평등 의식이 높아지고 운동의 지형이 확대되었다는 점에서는 기회로 볼 수도 있다는 견해가 제시되었다(한국사회포럼, 2006). 그 자리에서 논의된 내용들은 논쟁의 여지가 있기는 하지만, 1987년 이후 진보적 여성운동 진영을 형성하면서 여성운동 확장에 노력해온 주류 여성운동이 앞으로 변화가 필요하다는 점에서 위기를 화두로 삼아야 한다는 것에 합의하고 있었다.

운동의 제도화가 야기하는 위기의식은 우리나라뿐 아니라 민주화로의 이행을 경험한 다른 국가의 시민운동에서도 나타나고 있다. 동아시아와 라틴 아메리카의 사회운동 연구자들은 기존의 사회운동이 대중들의 느슨한 조직과 연대를 중심으로 한 자발적인 동원에 의존했다면, 최근의 시민운동은 대중들의 자원활동보다는 관료적인 조직체계를 갖추고 활동가 중심의 운동과 국가의 위탁사업도 진행하는 NGO화 현상이 두드러진다고 평가한다(Alvarez, 1998; Baldez, 2001; NG, 2002). 여성운동의 제도화 및 위기와 관련해서는 2002년 《먼슬리 리뷰(Monthly Review)》에서 벌어진 미국 여성운동에 대한 지상 논쟁이 대표적이다.[1]

---

1) 엡스타인(Epstein)은 1960년대 페미니즘의 제1의 물결에서 2000년에 이르기까지 미국의 여성운동을 반추하면서 페미니즘은 제도화되고 주변화되었으며 중산층의 관점을 흡수했다고 비판하고 있다. 엡스타인은 현재 가시적이지는 않지만 지역에 기반한 풀뿌리 조직들이 존재하고 있으며, 앞으로 이들이 가지고 있는 도전정신과 급진성을 이어받는 여성운동이 필요하다고 주장한다. 엡스타인의 견해에 대하여 액커(Acker)와 아이젠스타인(Eisenstein)은 미국에서 진행된 양극화와 정치적 우익화 경향 속에서도 이 정도의 명백을 유지한 것은 미국의 여성운동이 그렇게 비관적이지는 않으며, 시장 관계 밖에 있는 모든 것이 가치절하되는 흐름에 대한 공격으로 보살핌에 대한 관심이 페미니즘의 의제로 부각되어야 한다고 제언한다. 액커와 아이젠스타인의 주장이 엡스타인의 견해에 대한 반론이기는 하지만, 앞으로 여성주의 운동의 새로운 의제 개발의 필요성을 일깨워준다는 점에서 주목할 만하다.

우리나라뿐 아니라 다른 나라에서도 여성운동이 정책 중심의 운동을 전개하면서 보여온 제도화 현상에 대한 이론적·실천적 관심은 여성운동의 성과인 여성정책의 발전이 여성운동의 탈동원화(demobilization)와 제도화(institution-alization)를 초래하여 여성주의적 정치성을 상실케 하는 실패가 아닌가라는 질문에 함축되어 있다. 이러한 질문에 대하여 제도권에 기반을 둔 여성운동과 진보적 성향의 여성운동은 정책변화에 성공적으로 영향력을 끼치기 위해서는 필요한 것이며, 제도화는 운동의 성과를 보존하고 새로운 법의 집행에 대한 필요성을 유지할 수 있기 때문에 그 자체로 가장 중요한 자원이 될 수 있다는 입장이 있는 반면, 비록 여성운동의 흡수와 통합은 국가와 결합하기 위해서 필요하기는 하지만 불가피한 것은 아니라고 보는 입장이 공존하고 있다(김경희, 2007).

민우회의 경우 1997년 경제위기를 경험하게 되면서 일하는여성의집을 위탁받아 운영하게 되었다. 송파구에서 시작하게 된 민우회의 일하는여성의집은 여성의 경제세력화를 위해 교육기관을 통해 이를 수행할 수 있다는 판단에서 시작되었다. 여성의 집을 통해 여성들을 조직화하고 훈련하여 나름대로 경제주체화를 할 수 있다고 판단했던 것이다. 그러나 막상 일하는여성의집을 운영해본 결과 여성운동이 그렇게 반대하고 있는 성별분업화가 고용을 위한 교육에서 이루어지고, 그 다음에는 교육기관을 통해 교육받은 여성들의 취업은 비정규직화되는 모순에 처하게 되었다. 따라서 민우회는 1997년에서 2001년까지 4년을 운영하고 송파구의 일하는여성의집을 그만두게 되었다. 정부 위탁 취업교육기관의 운영과 폐쇄까지 4년간 민우회가 경험했던 고민은 다음에서 잘 나타난다.

　　…… 청년실업시대에 대학교를 나오고 박사 석사가 되어도 다 놀고 있는
이 시기에 예를 들면 그냥 주부로 있거나 중장년층 여성들이 3개월 6개월
교육받고 갈 수 있는 직업의 형태는 뻔한 거고 그러면서 활동하는 주체들이

회의가 들었던 거죠 정부의 지원을 받아서 진행을 하는데 이게 제대로 된 서비스도 아니고 운동도 되지 않는 악순환에 민우회가 앞장서고 있다고 생각하니까 이게 운동단위가 하는 일로서 맞는 것이냐라는 내부 논의가 계속 있었다고 들었구요. 그 유의미성에 대해 아니다라고 판단하고 접은 게 과감하게 정말 잘했다는 생각이 들었어요…….

(정부의) 돈을…… 받는다는 데는 문제제기할 수 없어요. 저희는 그런 자신감은 있었던 것 같아요. 정부에서 돈을 받아서 종속관계가 안 되고 운동으로 풀어갈 수 있다고 우리는 생각을 했고 그게 잘 진행이 되어왔다고 생각을 하는데 잘하는 도중에 여러 가지 갈등관계가 생기는 거죠. 예를 들어 감사과정에서 요구하는 내용이 지나치다든지 하면 저희는 그걸 거부하게 되는 거죠. 뭐를 내라 그러면 이걸 보고할 필요는 없겠다. 이런 식으로 계속하라는 걸 다 하는 게 아니라 싸울 수 있는 건 싸워야 된다. 주는 정당한 돈 가치에 맞는 처리를 할 수는 있지만 그 외에는 우릴 터치하면 안 된다 그런 게 있지만, 어쨌든 행정처리를 잘해야 되는 업무적으로 오는 스트레스는 굉장히 많이 있고요. 저희는 그렇게 돈을 받아서…… 상담으로만 끝나는 것이 아니라 정책이랑도 연결하고 이슈랑 연결이 되면서 열심히 활동하고 있어요.

민우회의 경우에는 본부의 활동 내용이 다양하고 많아 그 중 민간위탁사업은 일부분에 지나지 않기 때문에 조직의 약화를 초래하는 정도가 크지 않다. 하지만 지부의 경우 활동가의 수가 많지도 않으며 재정이 취약하기 때문에 민간위탁사업은 처음에는 단체활동의 활로를 모색할 수 있는 좋은 방안이다. 하지만 이 활동이 진행되는 과정에서 적지 않은 문제를 경험하였다.

지역 같은 경우 본체가 약하고 돈도 없고 활동가는 약한데, 상담소는 사람도 많고 돈도 있는 거예요. 왜 만들었는지에 대한 원칙을 잃어버리게 되는 거죠 맨 처음에 기본을 잃어버리게 되는 거고, 그 운동을 하면 그 운동에 투자가 되는 것도 사실은 맞는 거죠. 상담도 운동이라는 게 상담소운동하는 친구들의 모토잖아요 서비스가 아니다라고 하면서 서비스로 취급하는 것에 화가 나는 거죠. 지부는 본체가 약하니까 급여 수준도 꽹장히 열악하고 낮거든요. 그런 지부가 많으니까 초기에 어쨌든 상담소를 만들어냈던 거고. 그런데 서로에 대한 이해도가 떨어지면 상담소에서는 우리 운동을 무시한다, 상담운동에 대한 이해가 없다고 이야기하게 되고 본체에선 여성운동에 대한 마인드가 없고 상담만 하려고 한다고 생각하면서 갈등이 생기게 되죠. 감정의 골이 쌓이면서 반복되는 게 있는 거구. 그래도 해결을 잘해서 본부가 접점지점을 만들어서 오고가는 부분들이 있고 지금은 해결이 많이 되었어요.

여성운동의 제도화 쟁점과 관련되어 있는 또 다른 사안은 여성의 정치세력화 운동이다. 1990년대 들어 진보적 여성운동 출신의 활동가가 민주당의 전국구 의원으로 선출되었고 1995년 지방의회에서는 여성운동에서 추천하고 후원한 후보들이 지방의회의 의원으로 당선되었다. 1994년에 여성운동은 지방자치와 여성의 정치참여 확대라는 중점사업을 설정하고 공식적으로 지방자치에 20%의 여성 참여를 위한 특별본부를 발족시키기도 하였으며, 범여성단체를 아우르는 여성할당제 도입을 위한 연대를 만들어 정당 후보 공천에서 여성의 비율을 높이는 성과를 내기도 하였다. 범여성계는 2000년 16대 총선 과정에서 시민사회운동계의 낙천·낙선 운동에 참여하기도 하였다.

민우회는 1990년 중반에 지방자치 선거가 부활되면서, 지역후보를 발굴하고 당선시키기 위한 활동에 주력하였다. 거의 모든 민우회 조직들이 결합하여 후보들을 많이 발굴하고 당선시킨 경험은 현재 회고할 때 매우 순수하고 열정적인 활동이라고 평가하고 있다. 그러나 이런 긍정적인 평가 못지않게 1995년과 1998년의 지방선거의 경험은 민우회로 하여금 정치운동에서 한 발 물러서게 하는 결과를 초래하였다. 왜냐하면 정치운동은 후보 발굴과 당선에 그치는 것이 아니라 후보와의 지속적인 관계맺기가 이루어져야 하나, 단발적인 활동으로 그쳐왔기 때문이다.

사실 정치세력화 과제는 주요 선거가 있을 때만 이슈로 삼은 경향이 있다. 활동가들도 정치관련 운동은 여성계가 너무 준비가 안 되어 있다고 생각하고 있다. 의정감시활동이나 모니터링 운동을 지속적으로 하고 있지는 않기 때문이다. 물론 정치세력연대 단체들이 활동하고 있지만, 주요 선거를 앞두고 후보 등용에 초점을 맞추어온 것이 사실이다. 법 제도 개선과 같은 성과들은 사실 개인적인 인맥이나 네트워크를 활용한 경우가 많았다. 정치세력화에 대한 준비가 많아야 함에도 불구하고, 그동안 턱없이 낮은 여성의 정치적 대표성 때문에 가시적인 성과를 보인 여성운동의 활동에 대한 호응이 지나칠 정도로 컸던 것이다.

여성운동의 제도화에 대한 논쟁이 본격화된 것은 17대 총선이었다. 특히 여성단체 대표의 정계진출과 여성의 정치세력화 운동이 이러한 논쟁의 시발점이 되었다.

17대 총선에서는 한국여성단체연합을 비롯하여 전국의 321개 여성관련 단체들이 총선여성연대를 결성하였다. 이 연대는 여성의 정치적 대표성이 턱없이 낮은 현실을 개선하기 위하여 여성정치 진출을 돕기 위한 목적으로 만들어졌다. 총선과정에서 여성총선연대는 비례대표의 50%를 여성에게 할당할 것, 지역구에서 여성공천 할당제를 도입할 것, 공천위원회에 여성을 30% 참여시키는 방안을 요구하였다. 2004년 11월에는 맑은정치여성네트워크를 결성하여 여성100인 국회보내기 운동을 전개하여, 102인 여성의 명단을 발표하고 17대 총선 결과 여성의원의 비율이 10%를 넘었다.

17대 총선과정에서 한국여성단체연합 대표가 상임대표직을 사직하고 열린우리당에 입당하면서 여성단체 대표의 정계진출이 여성운동의 위기 혹은 기회라는 입장으로 나뉘면서 논쟁이 진행되었다. 특히 여성운동단체 대표의 정계진출에 비판적인 입장을 보인 사람들은 《일다》를 중심으로 한 여성주의 그룹이 주축이 되었다. 무엇보다도 특정 정당으로 진출할 경우 여성운동계가 정파성 시비에서 자유로울 수 없다는 점과 대표의 공석으로 조직역량이 약화된다는 점은 매우 심각하게 받아들여졌다.

한국여성단체연합에서는 여성운동가의 정계진출과 관련된 논쟁을 거쳐 2000년 총선을 앞두고 임원이나 실무자로 재직할 경우 정치권에 진출할 수 없다는 내규를 2003년 9월 이사회에서 여성단체장의 정계진출을 허용하는 쪽으로 입장을 정리하여, 임기 중이라도 3개월 전에 사퇴하면 선거에 나갈 수 있다는 내용으로 개정하였다. 민우회도 이에 대한 규정을 마련하였는데, 정관 제47조 임원의 정치활동 제한에 관한 규정에 따르면 본부와 지부의 대표는 임기 중에 정당에 가입하거나 이에 준하는 정치활동을 할 수 없다고 되어 있다. 민우회는 공직진출의 경우, 단체에서 임기가 끝난 이후에 가는 것은 허용하고 있다.

가장 크게 문제가 되는 것은 정계진출인데, 이는 단체활동을 하는 도중에 제안을 받는 경우가 대부분이기 때문이다. 사실 정계에서는 단체활동을 통해 인지도를 확보한 인물을 원하기 때문에 현직 단체활동가를 영입하게 되는 이치이다.

여성운동가의 정·관계 진출에 대하여 여성계 내부에서 역할분담이 철저하다면 문제가 되지 않을 수 있으며, 절차적이고 여성계 내부에서 공론화된다면 긍정적으로 볼 수 있다는 입장도 제시되었다(오장미경, 2004, 2005).

또 한편으로 정치세력화 운동에 대하여 보다 장기적인 관점을 제시하는 입장에서는 여성의 정치참여 확대는 단순히 여성의 권익증진이나 이익만을 위해서가 아니라 정치개혁의 한 과정으로 사고해야 하며, 현저히 낮은 여성정치역량의 낙후성 때문에 여성단체장이 영입될 수밖에 없는 상황은 단기적인 전략에 그쳐야 한다는 주장들도 나왔다(박이은경, 2004).

맑은정치여성네트워크의 활동은 결과적으로 여성의원의 괄목할 만한 증가를 가져왔지만, 여성정치세력화운동이 과연 여성주의적 기준으로 수행되고 있는지에 대한 문제가 제기되었다. 특히 네트워크가 범여성계를 대상으로, 정치적 성향보다는 생물학적으로 여성이라는 일관성 없는 기준으로 정치세력화 운동을 진행한 것이 아니냐는 비판이 가장 두드러졌다(조순경, 2004). 이미 2002년에 한 '여성'언론인의 박근혜지지 선언에서 촉발된 논쟁의 연속이었다. 과거 독재정권의 유산인 박근혜의 부상을 여성의 정치세력화로 볼 수 없다는 입장과 지나치게 낙후되어 있는 여성의 정치적 지위라는 현 상황에서 취할 수 있는 전략이라는 입장을 가지고 논쟁이 진행되었다.

사실 여성운동가의 정계진출과 관련하여 민우회도 자유로운 것은 아니다. 대부분의 정계 진출 활동가들이 민우회를 거쳐갔으며, 사회에서는 여성운동단체를 하나로 인식하는 경향이 있기 때문이다. 개인적인 선택으로 제도정치에 입문하는 활동가들의 거취는 조직의 선택이라고 인식되는 것이다.

여성운동가들의 제도정치의 진입은 그것이 개인적인 선택이었다고 하더라도 여성정책의 형성이나 정치지형에 영향을 끼쳐온 것이 사실이다. 17대 총선을 기점으로 행정부와 국회의 개방화와 정당운영의 민주화, 그리고 개혁적이고 진보적인 정치세력의 대거 진출로 그간 일부 시민운동단체들이 담당해왔던 준정당적 역할은 조만간 해소될 수밖에 없을 것이라는 전망이 나오고 있다(정대화, 2004). 입법의 영역에서는 정치독점이 아니라 제도정치와 운동정치의 적극적 소통이 이루어지기 위한 이의제기가 계속되어왔는데, 변화된 정치환경 속에서 이런 유형의 운동이 계속될 것인지는 여성운동뿐 아니라 사회운동 전반에 제기되는 질문이다(홍일표, 2006).

실제로 최근에 입법청원을 통한 시민입법운동은 확연히 줄어들고 있으며 의원발의 건수가 급증하고 있다. 이에 대해 박원순은 "단기적으로 보면 현재의 정치구조는 시민단체의 역할을 활성화시킬 가능성이 많다. 그동안 시민단체들이 제기한 다양한 어젠다들이 국회 안에서 논의되고 심지어 입법화될 가능성이 많기 때문에 시민단체들의 입법운동이 활성화될 계기가 많아진 것이다. 그러나 장기적으로는 원내에 입성한 개혁적 의원들과 이들을 구성원으로 하는 정당들의 적극적인 입법 활동과 아젠다 선점의 역할이 증대될 것으로 보여 상대적으로 시민단체의 역할이 줄어들 가능성이 크다. 실제로 17대 국회 이후 입법 청원은 줄고 있는 반면 국회의원이 주최하는 입법 공청회는 급증하고 있다"(홍일표, 2006에서 재인용)고 말한다. 사실 그동안 여성운동에 의해 제기되고 법제화 과정에 들어갔던 여성관련 의제들은 제도정치에 진입한 소위 성인지력을 어느 정도 갖춘 여성의원들에 의해 적극적으로 다루어지고 있다.

이러한 변화는 여성운동이 앞으로 젠더 의제를 다루는 방식이 과거와 다른 적극적이고 개입적인 방식을 모색해야 한다는 과제를 던지고 있다. 제도정치 안으로 들어간 여성운동가들이 그 안에서 여성주의를 주창하는 잠재력을 충분히 발휘하고 있는지에 대한 모니터링이 필요하며, 여성운동이 여성 이슈의 법제화를 위해 보여주었던 다소 국가친화적인(state-friendly) 접근이 앞으로는 법제화한 정책의 여성주의적 의미가 실현되는가에 주력하는 대안적인 여성운동이 필요할 것이다(김경희, 2007).

4. 맺는 글: 아직 끝나지 않은 논쟁

이 글에서는 그동안 민우회가 벌인 활동에서 촉발되었던 몇 가지 논쟁을 살펴보았다. 최근 들어 오히려 크게 부각되고 있는 돌봄노동에 대한 관심의 연장이라 볼 수 있는 가사노동의 가치, 생리휴가나 생리공결제와 같은 남성과 여성의 다름과 같음에 대한 이슈, 그리고 여성운동을 비롯하여 시민사회운동의 성장과 확대과정에서 나타나는 운동의 제도화에 대하여 민우회의 활동과 그 과정에서 벌인 논쟁들을 다루었다. 가사노동 가치 논쟁은 서구사회나 일본 등지에서 사회적인 주목을 받으면서 페미니스트 그룹들과 보수세력들이 오랫동안 논쟁해온 사안이다. 생리휴가나 생리공결제는 다른 나라에서 찾아보기 어려운 매우 드문 사안이다. 운동의 제도화도 현재 전 세계적으로 이슈가 되고 있다. 비록 우리 사회에서 본격적으로 공론화되어 담론투쟁의 형태로 진행된 것은 아니지만, 여성운동 내부에 존재하고 있는 논쟁의 주요 축을 살펴보는 것은 의미 있는 작업이었다고 생각된다. 사실 언론이나 여성운동의 대표성을 띠고 진행된 활동들은 마치 일관되고 합일된 관점이 존재하는 것처럼 보이기 쉽다. 하지만 지난 20년간 드러난 활동의 이면에는 운동의 진화뿐 아니라 여성들 내부의 차이가 다양한 방식으로 드러나고 있음을 알 수 있다. 무엇보다도 이제는 여성들 내부의 차이와 분화로 동질적인 집단으로서의 여성 혹은 단일한 여성운동이라는 호명이 적절하지 않게 되었다. 이제는 다른 요구와 정체성을 가진 다양한 여성들이 다양한 '여성운동들'을 하고 있다. 80년대 후반과 90년대 초반까지는 우리 사회의 여성억압의 구도는 선명한 편이어서 여성운동이 대변하고 활동하기가 비교적 용이하였다. 그러나 최근 10년만 보더라도 단일한 여성의제라도 경합을 거쳐야 하는 시대가 되었다. 그동안 여성운동 내에서 차이의 문제는 여성학과 여성운동, 영페미니스트와 올드 페미니스트 등 경험과 세대의 차이 정도로만 거론되어온 감이 있다. 이성애와 동성애, 성매매와 성노동, 낙태, 대리모문제, 기혼여성과 비혼여성, 노동자계급 여성과 중산층 여성, 이주여성 등 여성의제의 경합 자체는 여성운동이 풀어가야 할 새로운 의제가 되었다.

그러나 민우회 20년의 운동에서 벌였던 논쟁을 짚어보면서, 암묵적으로 합의되었다고 생각되는 꽤 많은 개념은 매우 다양한 차이들을 포함하고 있지만, 보다 치열한 논쟁과정을 거치지 않고, 사안에 따라 부각되었다가 다시 수면 밑으로 가라앉는 느낌을 받는다. 여성, 권리, 평등, 차이와 같은 여성주의와 여성운동 담론의 핵심어들에 대한 앞으로의 재논쟁이 촉발되기를 기대해본다.

참고문헌

김경희. 2007. 「법제화 운동을 중심으로 본 한국여성운동의 제도화와 위기론」. 사회과학연구 15(1). 서강대 사회과학연구소.

남윤인순. 2006. 「지구화 이후 진보의 내용과 여성운동의 방향 모색」. 한국여성단체연합 비전을 위한 심포지엄, 11월 22일.

박이은경. 2004. 「여성운동계의 갈등은 필연인가 위기인가: 17대 총선에 나타난 여성계의 논쟁을 중심으로」. 한국여성연구소. 《여성과 사회》 15호.

사빈 보지오-발리시, 미셸 장카리나 푸르델. 2007. 『저속과 과속의 부조화, 페미니즘』. 유재명 옮김. 부키.

오장미경. 2004. 「여성의 정치세력화: 지금 우리에게 요구되는 선택은 무엇인가?」 한국여성 연구소. 《여성과 사회》 15호.

_____. 2005. 「여성운동의 제도화, 운동정치의 확대인가, 제도정치로의 흡수인가?」 (사) 한국여성연구소 주최 토론회 자료집. 『페미니즘과 대안적 가치: 최근의 한국사회 변화에 관한 젠더분석과 전망 모색』. 2005년 3월 25일.

윤정숙. 2004. 「진보적 여성운동의 전환을 위한 모색」. 《창작과 비평》 여름.

정대화. 2004. 「시민운동과 정치세력화에 대한 검토」. 한국여성단체연합, 17대 총선과 여성 운동 대응활동에 대한 평가토론회.

정종권. 2000. 「시민운동에 대한 비판적 평가」. 한국산업사회학회. 《경제와 사회》 제45호 봄.

정태석. 2001. 「6월 항쟁 이후 한국시민사회의 변화와 사회운동론의 이데올로기」. 한국산업 사회학회. 《경제와 사회》 2001년 봄 특별부록.

정현백. 2004. 「여성운동의 세대갈등」. 《창작과 비평》 봄.

조대엽. 2003. 「시민운동의 제도화와 시민사회의 정치참여」. 《시민사회와 NGO》 창간호.

조순경. 2004. 「아직도 풀리지 않는 물음들: 17대 총선과 여성연합 대응에 대한 평가와 쟁점에 대한 토론」. 한국여성단체연합, 17대 총선과 여성운동 대응활동에 대한 평가 토론회.

홍일표. 2006. 「민주화 이후 한국 시민입법운동의 역사적 전개: 쟁투적(contentious) 입법의 유형과 궤적, 1988-2005」. 한국산업사학회 춘계학술대회, "한국지방자치의 역사와 현황 그리고 전망" 4월 18일~29일.

한국사회포럼. 2006. 『한국사회포럼 2006 자료집』. 3월 23일~25일.

Ferree, Myra Marx and Patricia Yancey Martin. 1995. *Feminist Organizations : Harvest of the New Women's Movement*. Temple University Press.

 제11장

자신과 세상을 변화하는 힘:
민우회 리더십*

김양희

이 글은 민우회가 창립이념에서 밝힌 대로 일상적인 실천을 통한 여성 인식의 확장과 사회변화에 대한 열망을 실현하기 위하여 어떠한 리더십을 실천해왔으며, 그 과정에 참여한 회원들의 리더십은 어떻게 키워졌는지에 초점을 두고 있다. 먼저 민우회 리더십의 특징을 살펴본 결과, 배려와 신뢰를 중시하는 관계 지향적 리더십, 소통과 합의를 추구하는 수평적 리더십, 권한과 책임을 공동 소유하는 분담된(shared) 리더십, 개개인을 키우고 임파워하는 리더십 등으로 나타났다. 이어, 회원들이 풀뿌리 조직 활동을 통하여 어떻게 임파워되고 리더십을 키워왔는지 알아보니, 첫째는 인식의 확장이고, 둘째는 조직능력과 일머리를 알게 되는 것, 셋째는 자신감, 넷째는 자신과 주변의 변화를 체험하고 이루어내는 것으로 나타 났다. 다음으로 민우회의 리더십 교육과 승계의 문제를 다루고, 마지막으 로는 향후 리더십과 관련한 민우회의 과제를 제안하였다. 구체적으로 인간관계 중심의 리더십의 한계 극복, 권력 개념에 대한 재해석과 수용, 교육과 상호 피드백의 활성화, 운동의 비전 설정, 새로운 세대의 운동가 통합 전략 마련, 활동가들의 커리어 관리 등으로 제안하였다.

---

* 이 글을 쓰기 위해 필자는 민우회 본부 회원 및 활동가, 지역활동가, 전·현직 임원들을 만났다. 면담을 조직해주신 본부 담당자와 귀한 시간을 내어 응해주신 분들, 초고에

마거릿 미드는 "관심을 기울이는 소수의 사람이 세상을 변화시킬 수 없다고 결코 생각하지 말라. 왜냐하면 그것만이 진정 세상을 바꾸는 힘이기 때문이다"라고 한 바 있다. 리더십은 변화를 추동해내는 힘이다. 조금 더 정식으로 말하자면 리더십은 '조직의 목적을 달성하기 위하여 비전과 용기와 영향력으로 구성원을 설득하고 조직 안팎의 인적·물적 자원을 동원하는 것'이라고 할 수 있다. 어원을 찾아가면 리더십의 '리드'라는 용어는 '움직이게 하다'라는 뜻의 라틴 동사 'agere'에서 유래하였다고 한다. 앵글로 색슨의 어원은 조금 엉뚱하게도 '여행 중인 사람'을 뜻하는 'laedere'라고 한다(Adler, 1999). 이 두 가지 어원으로 보아 리더는 사람과 조직을 움직여가면서 목표를 향한 여정을 이끌어가는 사람이라고 할 수 있다.

한국여성민우회는 1987년 사회적 노동과 가사노동의 현장에서 억눌려온 여성들이 스스로의 권익을 되찾고 거대한 정치세력으로 부상하여, 다가올 미래를 책임질 수 있도록 하는 대중조직을 만들기 위하여 출범하였다. 창립이념에 나타나듯이 "일상적 삶을 살아가고 있는 여성 대중들이 함께 인식의 지평을 넓히고 실천하면서, 물이 스미듯 천천히 소리 없이 흘러가 마침내는 도도한 격류가 되어 온갖 것을 휩쓸어버리는 대하"를 이룰 것이라는 신념을 바탕으로 하였다. 지난 20년 동안의 민우회의 리더십이야말로 한국 사회, 그 속에서 한국 여성의 삶의 변화를 이끌어내기 위한, 역사성을 반영하는 여정이라고 볼 수 있을 것이다.

이 글은 민우회가 창립이념에 담았던 일상적인 실천을 통한 여성 인식의 확장과 사회변화에 대한 열망을 실현하기 위하여 어떠한 리더십을 실천해왔으며, 그 과정에 참여한 회원들의 리더십은 어떻게 육성되었는지에 초점을

대한 의견을 주신 분들께 감사드린다. 면담을 통하여 이분들의 민우회에 대한 깊은 신뢰와 애정, 운동에 대한 헌신을 볼 수 있었던 것은 필자에게 더없이 귀한 경험이었다. 다만 민우회의 리더십을 포괄적으로 접근하여, 초창기의 노동분과나 사무직 여성노동 운동으로 키워진 리더십을 별도로 다루지 못한 것은 이 글의 한계이다.

두었다. 이 글은 크게 네 부분으로 구성되어 있다. 먼저 민우회 리더십의 특징을 살펴보기로 한다. 이어, 회원들이 풀뿌리 조직활동을 통하여 어떻게 임파워되고 리더십을 키워왔는지, 그러한 리더십을 육성하는 민우회만의 독특한 조직운영 방식과 요인은 무엇인지 살펴본다. 다음 민우회의 리더십 교육과 승계의 문제를 다루고, 마지막으로는 향후 리더십과 관련한 민우회의 과제를 도출하여 제안하고자 한다.

1. 민우회 리더십의 특징

1987년 9월 12일 90여 명의 발기인에 의해 창립된 민우회는 당시 기존의 여성운동이 대다수의 여성들과 유리된 채 여류명사들의 운동으로 인식되던 것과 다른, 여성대중이 함께 나갈 수 있는 새로운 조직을 만들고자 하였다. 민우회가 지향한 대중운동은 "여성대중을 조직화하고, 대중의 참여 증진을 통해 여성을 세력화하며 대중 속에서 리더십을 발굴하고, 여성대중의 지지를 받는 운동"(윤정숙, 2003: 9)으로 정의된다. 이러한 취지는 운동의 방식도 관념적 투쟁보다는 여성대중의 일상의 경험과 요구에 근거한 다양한 문제를 사회 의제로 제기하고 사회구조적인 해결을 촉구하는 동시에 회원 개개인이 실천에 동참하면서 함께 풀어나가는 접근을 택하게 하였다. 그에 따라 초기 민우회의 리더십의 모습은 "기존의 엘리트 여성운동의 모델을 전복하는 새로운"(윤정숙, 2003: 9) 시도를 하겠다는 다짐을 반영하듯이 탈엘리트적이며 비권위주의적이었다.

1) 배려와 신뢰를 중시하는 관계 지향적 리더십

필자가 만난 민우회 회원 및 활동가들은 민우회 리더십의 특징으로 '회원한 사람, 한 사람을 배려하는 리더십'을 가장 강조하였다. 특히 초기의 리더들은 배려와 보살핌의 윤리를 실천하는 리더십에 중점을 둔 것으로 보이며, 이러한 리더십은 구성원들이 서로 신뢰하고 의존하는 조직문화를 형성하는 데 크게 기여한 것으로 보인다. 운동의 초기에 주부조직을 담당하였던 민우회의 전 리더는 "주부들을 한 사람 한 사람 소중하게 여기고 포용하면서 그들의 얘기를 들어주고 섬김의 리더십을 실천하려고 노력하였다"고 회고한다. 초기 리더들이 배려와 보살핌을 중시한 것은 개개인의 성향과도 관계가 있겠지만 '대중여성'을 운동의 중심에 놓겠다는 단체의 지향에 따른 것으로 생각된다. "사회노동과 가사노동의 현장에서 여자라는 이유로 참담한 피해자가 되고 본원적인 인간성을 훼손당한 여성"(주부)들을 포용하고 배려하는 리더들의 모습은 처음 민우회를 찾은 주부회원들에게 감동을 주었다.

실제 필자가 만난 이들 중에는 결혼 후 아이를 낳고 사회와 단절된 채 살면서 자신의 정체성과 가치에 대해 혼동과 불안, 무력감과 좌절을 느끼던 중 민우학교를 통해 민우회에 발을 딛게 되었고, 지금은 주목받는 리더로 성장한 활동가가 있다. 처음에 그는 민우회가 "잘난 여자들의 모임"일 것 같고 "문턱이 높아 보여 두렵기도 하였지만" 회장을 비롯한 상근활동가들의 친절하고 다정다감한 배려에 두려움이 불식되었다고 한다. "여성운동을 위해 태어난" 것처럼 헌신적이면서도 인간적인 면모를 가진 선배들의 모습이 처음 민우회를 접한 이들에게 "저런 사람들과 함께 하는 모임이라면 참여해도 좋겠다"는 생각을 갖게 한 것이다. 그러다 보니 쉽게 한식구가 되어 "눈빛만 봐도 다 알아줄 것 같은" 친근함을 형성하게 되고, 가족의 일로 어려움에 처했을 때에도 전화해서 호소하거나 상담을 청할 수 있는 사이가 되기도 한다. 한 지역 활동가는 열악한 환경 속에서 지부를 끌어가느라 힘들고 외로웠는데, 본부 사람들과 얘기하면 먼저 다 경험하여 알아주는 것 같아서 많은 위로를 받았다고 하였다. 한번은 총준위 때 지부의 재정 상태를 보고하면서 어려운 사정에 왈칵 눈물이 치밀어 황황히 나왔을 때, 당시 대표 중 한 명이

신입회원 환영잔치(90년대 초반)

강의료를 받아 본부에 내고 남은 것을 건네주더라며 고마웠던 기억을 회상하였다.

선배들에 대한 자부심과 신뢰와 믿음이 있으니 그러한 선배들이 결정한 대표들을 회원과 활동가들은 "어느 정도는 당연히" 인정하고 따르게 된다고 한다. "안에서는 선배에게 후배들이 할 말 다해도" 밖에서는 대표나 민우회 선배들에 대해 나쁜 말을 전혀 하지 않고 "지켜주는 것"도 신뢰와 자부심이 높기 때문으로 보인다. 대표를 선정하는 과정에 회원들이 직접 참여하는 체제가 아니기 때문에 이 부분이 필자의 눈에 조금 독특하게 보였다. 물론 대표 중에 단 한 명도 외부 영입이 없고 대부분이 실무자에서 올라왔다는 점도 회원이나 활동가들의 신뢰를 형성하는 데 중요하였을 것이다. 아무튼 지도부에 대한 신뢰와 존경이 대물림될 수 있는 토양이 새로 대표직을 맡는 이들에게 큰 힘이 되는 것은 두말할 나위가 없다.

2) 소통과 합의를 추구하는 수평적 리더십

민우회 회원과 활동가들은 민우회 리더십의 또 다른 특징으로 "지배하고 휘두르는 대신 소통과 대화를 통하여 조율하고 합의점을 찾아가는 수평적 리더십"을 들었다. 권위주의적이지 않은 리더들의 모습, 일손이 달리면 상근자들과 함께 봉투작업이나 청소도 마다하지 않는 대표들의 소탈한 모습에서 회원들은 진정성을 발견한다. 배려와 보살핌의 윤리가 기초되는 관계 지향적 리더십과 수평적 리더십은 긴밀하게 연결된다. 수평적 리더십은 리더와 구성원 사이에 신뢰와 배려가 바탕이 될 때 가능하며, 소통이 없이 신뢰가 형성될 수 없다.

오랫동안 민우회 지도부에서 활동하였던 한 선배 운동가는 민우회를 "소통의 버전이 다양한 조직"으로 표현하였다. 대표나 활동가들, 또 회원들 사이에 때로는 운동의 선후배로서 일을 가르치고 배우기도 하고 때로는 언니와 동생처럼 사적인 갈등을 털어놓고 지혜를 나누며, 때로는 함께 밥을 먹으면서 다양한 방식으로 소통하는 것이 가능한 조직이라는 것이다. 필자가 만난 한 회원활동가는 "소통이 자유롭고", 그 속에서 "내가 존중받는다는 느낌"을 갖기 때문에 민우회 온다고 하였다.

민우회의 회의문화는 의사결정이 소수에 의해 독점되지 않고 소통을 통하여 합의를 이루어가는 것을 특징으로 한다. 누구든 자신의 의사를 표현할 수 있고, 참여하면서 기여와 책임을 느끼게 되는 것이 민우회의 의사결정 방식이다. 특히 활동가들은 특정사안을 놓고 회의를 할 때 소통의 걸림돌이 없고 직책이나 연배에 관계없이 각자 의견을 표현할 수 있는 자유를 누리는 점을 자랑한다. 물론 "각자의 다른 의견을 듣고 합의를 이루어가는 과정이 때로는 지난하기도 하고 비효율적인 측면도 없지 않지만 지나고 나서 생각하면 그러한 과정이 중요함을 느낀다"는 것이다. 이러한 가운데 '민우회에서 지도자의 리더십은 무엇을 단독으로 결정하거나 주도하기보다는 구성원들의 활동을 조정해주고 원활하게 해주는 윤활유 역할'로 해석된다.

3) 권한과 책임을 공동 소유하는 분담된(shared) 리더십

민우회의 자랑의 하나는 "권력관계가 없는 것", "개인이 도드라지려고 하거나 개인 간의 경쟁이 없는 것", "서로 대표를 하지 않겠다고 할 정도로 자리 탐을 안 하는 조직문화"라고 한다. 역대 회장이나 대표들이 개인적인 권력을 얻거나 행사하는 데 연연해하지 않았던 것은 조직의 지도부에 대한 회원들의 신뢰를 얻는 데 중요한 요인으로 작용한 것으로 보인다. 조직운영 방식도 강력한 카리스마를 가진 한두 사람에 의해 좌우되지 않으며, 권한을 여러 사람이 공동으로 소유하고 책임을 분담하도록 되어 있다. 즉 민우회는 '집단지도체제'를 갖춤으로써 어느 한 개인에 지나치게 의존하거나 그에 의해 휘둘리지 않도록 하면서 상호 의존과 공동 책임의식을 키워왔다. 창립부터 1993년까지는 회장 1인과 2~3인의 부회장을 두었고, 1994년부터 현재까지 3인의 공동대표체제로 구성하여 최고 리더십에 대한 책임을 분담하도록 되어 있다(참고로 1995년에 대표 중 한 사람이 사임하여 1996년도에는 2인의 대표를 둔 적이 있기는 하다). 현재 3인의 대표도 각자의 전문성에 따라 이슈를 나누어 맡고, 행정적인 업무도 분담하면서 대표로서의 권한과 책임을 나누고 있는데, 이러한 체제가 때로는 갈등의 소지가 될 수도 있으련만 조율이 되지 않는 일은 거의 없다고 한다.

한 활동가는 민우회는 모든 것이 "협업을 통해 이루어지므로 한두 사람의 리더십으로 끌어가기 어려운 조직"이라고 한다. 활동가들 역시 팀별로 일하는 체제에 익숙하여 서로 책임감을 가지고 "내가 조금 더하면 다른 사람이 조금 덜해도 되겠지" 하는 생각으로 일한다고 한다. 민우회는 조앤(Joan, 1976)이 여성적 리더십 특징으로 지적한 바 있는 '분담된 리더십(shared leadership)'을 실천하고 있다고 볼 수 있다. 즉, 리더십 기능을 한 사람 또는 소수의 리더가 모두 수행하는 것이 아니라 조직 구성원들이 각각 동등한 정치적 인격체로서 유기적인 관계를 통하여 목적을 달성해나가는 것이다. 신뢰와 배려의 문화를 가진 '집단' 속에서 민주적 조직 운영과 팀워크를 위한 실험이 가능했던 것으로 해석된다.

민우회가 분담된 리더십을 실천하게 된 것은 관계성과 상호의존성 등의 여성주의 가치를 중시하였기 때문이기도 하겠으나, 한편으로는 당시 운동의 현실이 그러한 방식을 택하도록 하였을 가능성도 있는 것으로 보인다.

민우회가 대중여성운동을 표방하면서 출범하였던 당시에는 여성운동의 전형이 엘리트 중심이었고 민우회가 지향하는 운동의 모델은 없었다. "참고 문헌이 없는 여성운동을 했다"고 선배 운동가가 표현을 하였듯이, 다만 회원 조직화와 교육, 재정 운영 방법, 사업과 캠페인, 리더십 등 모두를 이전 패러다임과 다르게 하고자 하였던 것이다. 그러다 보니 "해답"을 가진 어떤 한 사람이 있었을 리가 없고, 자연히 함께 고민하고 치열하게 논쟁하면서 함께 답을 찾아가는 방식을 취하였던 것으로 보인다.

비위계적이며 수평적인 리더십을 지향한 것은 그것이 바로 여성주의적인 리더십을 실천하는 방식이었기 때문이었음은 물론이고, 그 외에도 모델이 없는 상황에서 크고 작은 사안이 있을 때마다 함께 풀어가면서 결속을 다지고 책임을 분담하며 위험부담을 줄이는 방식으로 "민우회를 주조해나갔던" 것으로 보인다. 이러한 가운데 "믿고 맡기는 것, 권한 주는 것을 주저하지 않음으로써 개개인을 임파워하는 것"이 민우회 리더십과 조직운영의 또 다른 특징이 되었다. 다만 본부와 달리 지부의 경우에는 구조적으로는 운영위원회를 통해 집단지도체제 형식을 취하더라도 인적 자원 풀과 시스템의 한계로 인하여 결국 한두 사람의 리더십에 의해 좌우되는 경향이 있다.

4) 개개인을 키우고 임파워하는 리더십

여러 회원활동가들은 민우회가 개인의 잠재능력을 키워주는 단체라고 자신 있게 말했다. 회원조직의 운영방식도 협업과 공동의 의사결정을 중시하고 어떠한 일을 특정인에게 맡겼을 경우에는 시행착오의 기회를 통하여 잠재력을 최대한 발휘하도록 허락한다고 한다. 상담에 관심을 가졌으나 사무직으로 있어서 잠재력을 표출할 기회가 없었던 한 회원을 상담직으로 전환하여줌으로써 자신의 관심과 잠재력을 키울 수 있도록 한 사례도 나타났다.

흔히 여성운동이나 여성학 담론에서 주부는 가부장제 가족문화 속에서 성별 분업을 유지하는 데 기여하는 문제집단이거나 가부장적 이데올로기를 재생산하도록 강요받고 있는, 구제되어야 할 집단으로 인식되어온 경향이 있다. 그러나 민우회는 주부집단을 대중여성운동의 주체로 위치 지웠으며, 이는 주부들이 성별 분업에 의한 역할을 기반으로 하여 사회 변화를 견인해낼 수 있는 잠재력을 가졌다고 보았기 때문이다(김종미, 2004).

민우회가 표방한 대중여성의 조직화는 지역의 생협과 지부를 두기 시작한 두 번째 단계에서 본격적으로 이루어졌다. 생협과 지부활동을 통해 지역의 주부들은 "일상의 문제를 발굴하고 해결방안을 모색하고 실천하는 적극적 행위자로 스스로의 위치를 전환"하여 '생활정치'의 주도자가 된 것이다(윤정숙, 2003: 10).

사실 이를 준비하기 위하여 민우회는 1단계 때부터 일반 여성들을 위한 민우여성학교를 운영하면서 여기에 참여하는 여성들을 눈여겨보고 역할과 직책을 하나씩 주고 훈련시켰다고 한다. '지역여성들은 대중을 움직일 수 있는 생각과 정서를 가지고 있기' 때문에 이들이 리더십을 가지면 막강한 영향력을 발휘할 수 있다고 본 것이다. '대중 속에서 리더십이 나오는 것이 얼마나 중요한가에 대한 동의'와 '생활과 지역이 여성운동을 풍부하게 해줄 것'이라는 확신이 있었던 것으로 이해된다. 민우회 출신의 한 활동가의 말대로 "여성대중의 이슈를 파악하는 능력은 지역여성들이 운동가들보다 나을 것이며, 이들의 체득된 대중성은 민우회 지역운동의 저변 확대에 중요한 자원이라는 점을 소중하게 생각했던 것"이다. 지역여성들의 활동은 본부활동가들에게도 상당한 영향을 미친 것으로 보인다. 비록 지역에서는 사소한 문제를 놓고 "찌글찌글하다고 하지만 그것이 대중운동의 소리"임을 깨닫게 되고 지역을 보면서 사람을 움직이게 하는 것이 무엇인지 볼 수 있기에, "지역에 가면 은혜받고 온다"고 말할 정도이다.

초기의 민우회 활동가들 중 상당수는 학생운동이나 노동운동, 사회운동의 배경을 가지고 있었다. 이들 중에는 남성 중심의 운동조직의 상명하달식 문화, 거친 언어와 의사소통 양식에 익숙해져서 처음에는 민우회의 여성주의적 조직문화와 운영방식이 다소 불편하였다고 고백하는 이도 있다. 그런가 하면, "권위주의에 찌들어서 명예남성과 같이 행동하다가 민우회에 와서 많이 달라졌다"고 하는 이도 있다.

더욱 중요한 것은 대부분이 민우회에 와서 자신과 주변사람들, 그리고 사회의 변혁을 동시에 지향하며 실천하는 데 남다른 보람과 의미를 발견하게 되었다는 점이다. 운동의 의제도 학생운동이나 노동운동에서처럼 '큰 스케일'이 아니라 일상적이며 사소한 것이지만 "후배들에게는 변절했다고 욕을 먹었을지 몰라도 누군가를 위한 운동이 아닌, 나를 위한 운동이고 내가 제기하는 문제가 곧 나의 문제여서 좋았다"고 회고한다. 세상을 향한 구호에 그치는 것이 아니라 스스로 실천하고 성찰하면서 운동의 진정성을 확신하게 되고, 내 삶이 변하고 세상을 변화시킬 수 있음을 느끼게 되니 운동에 대한 주인의식(ownership)도 생기게 되었을 것이다.

종합하면 민우회 리더십의 특징은 <표 11-1>과 같이 배려와 신뢰를 중시하는 관계 지향적 리더십, 소통과 합의를 추구하는 수평적 리더십, 권한과 책임을 공동 소유하는 분담된 리더십, 개개인을 키우고 임파워하는 리더십으로 정리할 수 있다. 리더십을 위해 조직적이고 구조화된 시도를 한 것은 아니었지만 초기 활동가들과의 면담에 의하면 이들은 여성주의 가치를 실천하는 리더십을 모색하기 위해 공부하고 토론하고, 또 실험하였던 것으로 보인다. 당시 국내에 여성주의적 리더십에 대한 학문적 관심이나 자료도 없었고, 그 모델은 더더욱 없던 시절이었으므로 민우회 초기의 이 같은 시도

<표 11-1> 민우회 리더십의 특징

- 배려와 신뢰를 중시하는 관계 지향적 리더십
- 소통과 합의를 추구하는 수평적 리더십
- 권한과 책임을 공동 소유하는 분담된(shared) 리더십
- 개개인을 키우고 임파워하는 리더십

는 더욱 큰 의미를 가진다.

필자는 민우회의 리더십에서 상호의존과 협동, 참여와 지원을 통한 개개인의 임파워먼트, 통합성(주장과 실천의 일치), 개인과 조직의 전환 등과 같은 가치를 발견할 수 있었다. 파겐슨(Fagenson, 1993)은 여성주의 경영(feminist management)에서 부하 직원의 임파워먼트를 증진하는 것을 여성 리더가 지녀야 할 '의무로서의 권력(power as obligation)'으로 강조하였다. 조직 구성원을 강요하고 통제하는 데 권력을 사용하기보다는 긍정하고 고무하며 임파워하는 데 사용하는 것이야말로 소외집단의 세력화를 추구하는 페미니즘의 이념을 리더십에서 적용하는 바른 길일 것이다.

아래에서는 민우회가 평범한 여성들의 리더십을 어떠한 방식으로 육성하였는지, 민우회에서 자신이 할 일이라고는 아무것도 없을 것으로 생각하였을 정도로 자신감이 없던 여성들을 어떻게 임파워하고 리더로 성장시킬 수 있었는지 살펴보고자 한다.

2. 여성들은 어떻게 임파워되는가?

위에서 살펴본 민우회 리더십의 특성들은 구성원들의 임파워먼트에 매우 중요한 영향을 미친다. 서머빌(Sommerville, 1998)은 임파워먼트를 자신의 삶에

대한 통제력을 증대시켜가는 과정으로 설명하였다. 리더십에 의한 조직 구성원의 임파워먼트는 구체적으로 의미, 유능감, 자기 결정권, 영향력 등의 네 가지 요소로 구성된다.

첫째, 구성원들이 자기 일을 가치 있고 중요한 것으로 인식하는 것이다(의미). 둘째는 자신이 과제 성취를 위한 역량을 가졌다고 느끼는 것이다(유능감). 셋째는 원하는 방식으로 일할 수 있다는 자유를 느끼는 것이고(자기결정권), 넷째는 조직에 긍정적 영향을 미치고 있다고 생각(영향력)하는 것이다.

한 중견 활동가는 민우회의 장점 중 하나로 "회원들 스스로가 자신을 임파워하려는 의지와 능력을 가지고 있으며, 그들 자신이 바로 그 점을 알고 있다"는 점을 꼽았다. 처음 민우회에 들어올 때는 두려움과 소심함을 보이던 이들도 민우회 활동을 하면서 자신의 잠재력을 발견하고 주체성을 형성하게 된다. 특히 초기의 여성학에 대한 교육이 회원들에게 주체성과 성장에 대한 동기를 불어넣어주는 데 긍정적으로 기여하는 것으로 보인다.

신규 회원들은 대부분 민우여성학교에 참여하면서 민우회와 연을 맺게 된다. 대부분의 주부회원들은 처음 민우회에 참여할 때 전업주부로서 자신의 위치에 대한 불안감, 위축감과 함께, 삶의 의미를 찾고 싶은 욕구를 가지고 온다. 이들 중 적지 않은 수는 과거 학생운동이나 노동운동 등의 사회운동을 경험하였으나 결혼 후 전업주부로 지내면서 자신의 사회적 정체성의 상실을 경험하였던 것으로 나타난다. 직업을 가진 미혼의 경우에도 남성 중심의 조직에서 크고 작은 갈등과 혼란을 겪던 중에 민우회에 들어오는데, 민우학교를 통하여 주부로서 또는 남성조직의 여성으로서 자신이 경험하는 소외감과 정체성의 혼란이 자신만의 문제가 아니라 가부장적 사회구조에서 규정된 삶을 사는 대다수의 여성의 문제임을 깨닫게 된다.

민우학교를 수료한 회원들은 지역에서 여성학 소모임에 참여하는데 이를 통해 일상에서 경험해온 모순을 짚어보고 자신의 정체성을 다시 성찰하게 된다. 소모임의 진술한 분위기는 각자 내면의 갈등을 거부감 없이 내놓고

<표 11-2> 조직 구성원의 임파워먼트의 결과

- **의미**: 조직에서 자신이 하는 일이 중요하다고 느낀다.
- **유능감**: 자신이 조직의 과제를 성취하기 위한 역량을 가졌다고 느낀다.
- **자기결정권**: 원하는 방식으로 일할 수 있는 자유를 가졌다고 느낀다.
- **영향력**: 긍정적으로 영향을 미치고 있다고 생각한다.

얘기할 수 있도록 하며 회원들은 소통하면서 신뢰를 형성한다. 처음에는 여러 사람 앞에서 자신을 소개하는 것도 어려웠을 정도로 위축되었던 여성들도 교육과 소모임, 그 후 단체의 활동을 통해 조직의 정체성을 공유하고 사회적 관계 속에서 자신의 존재에 대한 가치를 새롭게 발견하며 사회적 자아에 대한 자신감을 찾는다.

김종미(2004)는 여성들이 민우회 활동을 통하여 자신의 삶의 통제력을 찾아가고 자아확장이라는 임파워먼트를 경험하는데, 이러한 토양을 제공하는 것은 민우회의 관계 지향적인 문화, 구성원들 사이의 관계에서 경험하는 신뢰와 인정의 분위기라고 보았다. 특히 수평적 리더십과 민우회 리더들의 보살핌과 배려가 매우 중요하게 작용한 것으로 해석하였다. 회원들은 서로 인정하는 분위기에서 역할과 책임을 맡으면서 당당함과 자아 존중감을 가지게 되고 개인적 성취감도 맛보게 된다. 이러한 성취감과 자부심은 활동이 운동의 성과로 이어지면서 공적인 성취감으로 연결되기도 한다(김종미, 2004).

필자가 면담한 활동가들은 한결같이 민우회 활동을 하면서 자신이 성숙하고 발전했다고 느끼는 것으로 나타났다. 회원들이 임파워되면서 자각하는 현상은 크게 네 가지 정도로 요약할 수 있다. 첫째는 인식의 확장이고, 둘째는 조직능력과 일머리를 알게 되는 것, 셋째는 자신감, 넷째는 자신과 주변의 변화를 체험하고 이루어내는 것이다.

1) 인식의 확장

회원이나 활동가들은 민우회의 교육과 운동을 통하여 가부장적 사회에서의 주부 또는 여성 직업인으로서 느끼던 갈등의 정체를 파악하고 자신의 생각이 열리는 것을 경험한다고 한다. 민우학교나 지역 소모임에서 환경과 교육, 정치 등 사회의 다양한 문제를 공부하면서 '개인적인 것'으로 알았던 일들의 '정치적인 측면'을 이해하게 된다. 현모양처 이데올로기와 가족주의에 매몰된 삶에 대하여 확실한 문제의식을 가지게 되면서 개선을 위한 실천의 동인을 발견한다. 또, 민우회 활동경험은 구성원들로 하여 어떤 현상을 조직적·구조적으로 생각하고 전체에서 보도록 하는 훈련의 기회를 제공하는 것으로 나타난다.

전직이 교사였던 한 활동가는 "사회에서 형성된 편견이 민우회에 와서 자유로워지고 넓어진 것이 보람"이라고 하면서, 그에 따라 사람관계에서도 편해졌다고 하였다. 또한 민우회에서 일상을 파고드는 다양한 활동을 하다 보니 아파트 모임에서도 문제의식과 책임을 느껴 먼저 화두를 던지는 역할을 하는 등 동네일에서도 리더십 발휘하게 되었다고 한다. 민우회 활동을 하면서 다른 공적인 일에 대해서도 스스로 의무를 느끼고 추동력을 얻게 되는 것이다.

2) 조직능력과 일머리를 알게 됨

활동가들은 무엇보다도 민우회의 회의방식에서 많은 것은 느끼고 배운다고 한다. 즉, 어떤 사안에 대해 서로 충분히 논의하고 서로 다른 의견을 조율하고 새로운 안을 마련하는 과정에서 '조직적 관점'을 알게 되고 '사람의 마음을 움직이는 방식'도 배우게 된다. 또한 운동 이슈를 놓고 타인을 설득해야 하는 입장에서 사회현상을 객관적으로 보도록 훈련이 되었고, 그런 감각이 발달했다고 한다. "학교 다닐 때는 리더 역할 해보지 않았고 스스로 리더라고 생각해본 일이 없으며, 지금도 본부에 오면 다들 대단해 보여 위축되지만 아이들 학교 모임 등 다른 조직에 가면 어떤 이슈를 조직화하는 능력이 일반 여성들보다 내가 낫다는 생각이 든다"는 한 지역활동가의 말을 빌려도 민우회의 경험이 사회조직 경험의 기회가 없는 주부들에게 많은 도움이 되는 것으로 짐작된다.

이들은 소위 "일머리가 잡혔다"고 표현한다. 어떤 활동을 통해 그런 역량이 커졌는지 물으니 교육이나·워크숍도 중요하지만 선배들로부터 노하우를 배운 것이 유효했다고 응답하였다. 특히 선배로부터 일에 대한 노하우뿐 아니라 인간관계의 노하우를 배운 것이 사람들 사이에 감수성을 가지고 관계를 맺는 데 매우 중요했던 것으로 보았다. 한 회원은 평소에 리더십 문제가 자신의 고민으로 다가오지 않았지만 다른 모임에 참여하는 여성들이 회의에서 의사표현과 회의를 꾸리는 것에 익숙하지 않은 것을 보면서 자신이 민우회에서 축적한 리더십 노하우를 실감하게 되었다고 한다.

3) 자신감

여러 회원들과 중견 활동가들은 처음에 민우회를 방문하였을 때와 현재의 자신이 상당히 다르다고 하면서, 자신의 가치와 능력에 대한 자부심을 갖게 된 것을 무엇보다 중요하게 평가하였다. 한 활동가는 원래 사람들 앞에서 말을 잘 못했고 종종 얼굴도 붉혔으나 민우회에 들어온 후에 역할을 부여받아 책임감 때문에 사람들과의 모임을 조직하고 활동을 하면서 성격이 많이 바뀌었다고 한다. 그는 "미숙하고 어리버리하였으나 상근활동가로서 활동의 기획, 회의운영 등을 하면서 단련되었고, 처음엔 나서는 것 좋아하지 않았으나 자꾸 나설 기회가 생기면서 외향적 성격이 발현되었다"고 한다. "잘났건 못났건 내 의사를 표시할 수 있는 기회를 가지는 것"이 자신의 새로운 면모를 발견하고 키우는 데 도움이 되었다는 것이다.

한 전직 대표는 필자와의 면담에서 민우회가 자신의 잠재력을 확인하고 성장하게 만드는 힘이 되었다며 "하루 10센티씩 크는 것 같았다"고 말했다. 회원과 지도자로 오랜 동안 민우회에 몸을 담았던 그는 면담에서 "민우회는 늘 나에게 내 능력보다 30% 벅찬 일을 믿고 맡겨주었다. 그 30%를 채우려고 애를 썼고, 그것이 나를 성장시켰다"고 하였다. 비슷하게 다른 회원 활동가도 주부회원으로 참여하여 대표의 자리에 오른 이를 보면서 민우회가 사람을 놀라울 정도로 키워준다고 느끼게 되었다고 하였다.

김종미(2004)는 민주적인 토론문화, 즉 누구나 아무리 사소한 아이디어를 내놓아도 소중하게 고려되고, 여러 사람이 그 같은 작은 아이디어들을 검토하고 조직하면서 문제해결의 큰 줄기를 잡아가는 과정을 경험하는 것을 소중하게 보았다. 그 과정에 자기 의견이 반영된다는 것을 느끼면서 자부심을 가지게 되고 책임감이 생기기 때문이다. 이러한 경험은 리더들로 하여 개인적으로는 암담하게 느끼는 의제가 있어도 함께 논의하면서 해결할 수 있다는 긍정적인 기대를 가지게 할 것이다. 이 또한 개인이 조직을 지배하지 않는 수평적 리더십의 산물이라고 하겠다.

4) 변화를 체험하고 이루어냄

면담에서 만난 이들은 민우회를 통하여 자신이 변화하고 주변이 변화하는 것을 체험하는 데서 큰 보람과 의미를 느끼고 있었다. 민우회에서 교육을 받은 사무직 여성이 노동운동가가 되고, 평범한 주부가 생협운동을 통해 "부엌에서 세상을 보는 눈을 뜨게 되고", 더 나아가서 생협 이사나 민우회 대표가 되는 등의 변화를 목격하는 것은 당사자는 물론, 주변사람들에게도 고무적일 수밖에 없다.

민우회의 한 선배 운동가는 "민우회가 오감을 살아 있게 만들었다"고 하였다. "빡시게 학생운동을 하다가" 민우회로 왔던 그는 학생운동 때는 "남의

음식물 쓰레기퇴비화에 대한 주민·행정기관 간담회(1995)

것 같았고 불안했다. 반면 여성운동은 몸으로 막 느껴지는 것이 있다. 나 자신의 변화와 다른 사람들의 변화를 체감하는 운동이 여성운동이다"라고 표현하여, 변화를 스스로 체험하는 것이 운동의 진정성을 위하여 얼마나 중요한지 보여주었다.

음식물 생쓰레기 퇴비화, 지방선거, 생협 매장 설치 등 굵직굵직한 새로운 일을 시도하여 성공시킨 한 지역활동가는 책임을 맡아 일을 하면서 전에 몰랐던 본인의 리더십을 발견하였다고 한다. 그는 "거대한 파도가 오는데 그것을 타고 넘어가고 싶은 의지가 생기는 것을 느꼈다. 어려운 줄 알지만 오히려 조금 더 힘이 솟고, 오히려 새로운 것을 즐기게 되었다"고 할 정도로 리더십의 도전적 측면에 대한 수용성과 변화에 대한 자신감을 보여주었다. 바로 이러한 모습이 리더로서 임파워된 결과일 것이다.

회원들은 쓰레기, 먹거리, 가정폭력, 미디어 등과 관련한 활동을 하면서 일상생활의 문제를 구조적인 것으로 이해하게 되고 그 해결을 모색해나간다. 또한 소각장 건설 반대운동, 바른 의정을 위한 모니터, 지방자치단체의 여성예산 분석 등의 활동을 통하여 힘을 기르고 생활정치의 주역이 되며 집단적인 임파워먼트를 경험하게 되는 것으로 나타난다. 활동 참여는 평소 단체가 지향하는 다소 추상적인 이념과 가치를 체화하도록 계기를 제공하고, 실천력을 형성한다. 그리하여 전에는 "내 가족과 주변이 행복한 것이 행복인 줄 알았지만 민우회 활동을 통해 사회 변화를 위한 일을 하면서 동지애를 맛보고 마음이 통한다는 느낌을 경험하고 지역에 대한 애정과 함께하는 사람들에 대한 믿음도 생긴다." 김종미(2004: 120)는 이러한 과정을 "비슷한 가치관과 사고를 가진 이들이 모여 서로 영향을 주고받으면서 서로 더 다져지는 과정" 으로 해석했다.

3. 민우회의 리더십 교육 및 리더십 승계

1) 민우회 리더십 교육

민우회의 리더십 교육 사업은 본부와 지부 활동가들의 역량강화를 위한 훈련, 운영위원 워크숍 등 공식적인 프로그램과 평소의 활동을 통하여 이루어 지고 있다. 민우회의 리더십 역량 요인을 정형화하고 이를 체계적으로 육성하 는 프로그램을 가지고 있지는 않지만 해마다 개최하는 운영위원 워크숍에 대한 기록에 리더십에 대한 고민이 녹아 있는 것을 보면 이 같은 기회가 리더십 교육의 산실이 되어온 것을 알 수 있다. 특히 생협의 경우에 생협아카 데미, 월례 포럼, 상근자 워크숍, 중장기발전계획 및 비전 작업 등과 함께, 이사들과 상근자, 실무자, 지부대표, 운영위원 등 대상자 중심의 단계별 맞춤 교육이 체계적으로 이루어진 것으로 보인다. 전반적으로 가장 중요한 것은 본부 및 지부의 각종 위원회나 사업, 총회 등이 활동가들의 리더십이 성장하 는 데 매우 중요하였다는 점이다.

1998년 민우회는 "여성의 힘을 세상의 힘으로: 여성 리더십 향상 프로그램 의 현황 및 개선방안"에 대한 연구를 수행하고 세미나를 개최한 적이 있다. 여기서 박진경(1999) 당시 지역위원회 실장이 "지역여성리더십향상 프로그램

리더십 교육, '열정·전망·
나눔'(2007)

의 성과와 과제"라는 제목으로 12년 동안 민우회 본부와 각 지부, 센터 등에서
실시한 리더십 향상 프로그램을 정리하였다. 그는 리더십 향상이라는 개념을
"여성들이 자신의 삶 속에서 주체의식을 갖는 과정, 가정과 사회의 변화에
영향력을 미치고, 전문화된 역량으로 운동의 주체로 나서는 전 과정"으로
보았다. 정리 방법은 아래와 같이 시기별로 큰 변화가 있었던 세 단계로
나누어 각 단계의 특징과 중점 사업에 따른 프로그램을 분석했다. <표 11-3>
은 그가 정리한 내용에 필자가 탐색한 리더십 프로그램을 보완한 것이다.

박진경의 분류에 의하면 1987년부터 1991년까지는 민우회의 1단계 활동
기로, 대중여성단체로 뿌리 내리기 위해 다양한 대중의 요구에 따라 운동의
내용과 형식을 모색하였다. 중산층 주부를 목표 그룹으로 하면서 생활과제와
직접 연결되는 접근으로 생협을 선택하였고, 이에 따라 지역조직의 필요성이
부각되었다(1991년 동북여성민우회 창립). 이 단계의 교육 프로그램에는 신규
회원들의 사회적 인식과 여성적 관점을 형성하기 위한 의식화 교육으로 '민우
여성학교'(11~12강), 활동가를 발굴하기 위한 중앙교육, 단기 특강, 생협 지역
조직화를 목적으로 한 집중지역교육 등이 있었다. 특히 단기간에 활동가를
키우기 위하여 프로그램을 통해 활동가를 발굴하여 단기 리더십 교육을 실시
했다. 아울러, 생협의 지역조직 건설과 함께 지역으로 들어가기 위한 활동가
훈련이 강도 높게 이루어졌다.

<표 11-3> 단계별 활동가 육성 프로그램

단계	년도	전반적 특징	프로그램
1단계 "대중 여성 속으로"	1987 ~91	- 대중여성단체로 뿌리 내리기 위해 다양한 대중의 요구에 따라 운동의 내용과 형식을 끊임없이 모색 - 목표 그룹으로 중산층 전업주부 선택 - 생활과제 접근으로 생협 시작, 지역 조직의 필요성 부각	- 활동가 발굴 위한 중앙교육 - 사회 이해와 여성적 관점을 강조한 대중 의식화 공개교육 "민우여성학교"(11~12강) - 월례회, 단기 특강 - 생협: 지역조직화 목적의 집중지역교육
2단계 "지역 속으로"	1992 ~95	- 지역조직 건설과 지역사업에 주력 - 생활과제 해결 위한 공동 실천 내용 개발 - 지방자치 시대의 지역과제 발굴 - 여성의 정치세력화 활동 및 지역여성 리더십 개발 - 지역 실무력 미형성으로 본부에서 프로그램 기획·수행 - 동북지역 선정하여 지역사업 모델 개발 - 환경, 생협, 문화, 모니터, 지방자치와 의정활동, 여성인권 등 위원회 활동 통한 회원 전문성 훈련	- 대중실천 사업 통한 리더십 형성 - 회원 관심 분야별 교육 분화와 전문화 - 민우여성학교 5강좌로 축소, 지역별 운영으로 재교육 효과, 지역별 후속모임 - 월례회, 교양강좌, 상근자 워크숍 - 지역 주부 접촉 목적의 어린이 강좌 - 지방자치학교, 의정활동 등 정치세력화 교육 - 생협: 소개교육 강사 훈련
3단계 "여성의 힘을 세상의 힘으로"	1996 ~99	- 영역별 전문화 시기 - 1, 2단계 거치면서 대중단체로서의 뿌리, 지역사업 활성화와 함께 회원 성장, 조직 확대 이룸 - 지역사업의 수도권으로의 확산, 99년부터 전국조직화 목표로 지부 확산	- 대중과 지역에 기반하여 전문성 쌓아 통합적 리더십 향상 - 대중적 확산 위해 "사회주부대회" 등 제2의 도약 모색 - 분야별 회원 전문성 향상 프로그램 - 지역주부운동 정체성 찾기 및 이론화 - 지역활동가 워크숍 - 지부별 회원교육 프로그램

4단계 힘모으기, 힘나누기 1)	2000 ~07	- 이전에 중앙 중심으로 이루어져왔 던 리더십 양성이 전국으로 확산됨 - 지부에서 활발한 교육이 진행됨 - 본부는 민우회 전체를 관통하는 공 통된 내용과 업무 수행에 필요한 내용으로 연 1~2회의 전국 활동 가 수련회 등을 개최 - 리더십이 지부로 나누어지고 이러 한 힘이 지역으로 모아짐. 구체적 프로그램 예시는 <표 11-4> 참조	- 본부: 활동가 포럼, 상근자 워크 숍, 신입 상근활동가 교육, 지부 활동가 교육 - 지부: 각종 위원회(지역자치, 생 협, 환경 등) 활동관련 - 내용이 자아성장, 의사소통과 리 더십 훈련, 세계화, 이주여성, 건 강, 농업 등 다양화함. - 생협: 생협아카데미, 활동가 워크 숍, 중장기발전계획 및 비전 만들 기, 해외연수, 공동학습회 등

두 번째 단계는 1992년부터 1995년까지로 구분되었는데 이때 민우회는 지방자치제 시행에 따라 지역 사업의 과제 발굴과 여성의 정치 세력화에 대한 적극적 활동을 전개하였다. 본격적으로 지역조직을 건설하고(1992년 지역협의회 조직) 지역사업에 주력한 결과 지역여성들의 리더십이 개발되고 발휘되었다. 지역의 생활과제를 해결하기 위한 공동의 실천내용을 개발하고 환경, 생협, 대중매체 모니터, 지방자치단체 의정감시활동, 여성인권 등 다양한 주제의 위원회 활동을 통하여 회원의 전문성 훈련을 강화하였다. 대중실천사업을 통한 리더십 형성에 중점을 두었고, 민우여성학교를 5강좌로 축소하여 지역별로 실시하는 한편, 지역별 후속모임을 운영하면서 재교육의 효과를 도모하였다. 그 외에도 교양강좌, 상근자 워크숍, 생협소개교육 강사훈련, 지방자치학교 등 정치세력화 교육과 지역별 월례회가 있었다. 이 시기의 중점 사업이었던 지방자치 참여 사업은 지역사업의 혁신과 여성 리더십 향상에 크게 기여한 것으로 평가된다(박진경, 1999). 93년 지역의 주부들로 구성한 '바른 의정을 위한 여성모임'은 의회 방청에서 출발, 지역사회를 바꾸는 주체

---

1) 4단계 교육을 정리하는 데 생협의 박영숙 전 이사장의 도움을 받았다.

로 성장하여 여성의원(6인)을 배출하는 등의 성과를 만들어냈다.

세 번째 단계인 1996년부터 1999년까지는 영역별 전문화를 더욱 강화한 시기이다. 1, 2단계를 거치면서 대중단체로 뿌리를 내리고 지역사업 활성화와 함께 회원 규모와 회원조직의 성장을 이루었다. 이에 따라 3단계에는 지역사업의 확산을 도모하고, 99년부터 전국 조직화를 목표로 지부 확산을 위한 활동을 본격적으로 추진했다. 활동의 영역이 노동과 고용평등, 상담활동을 통한 건강한 가족과 성 문화 형성, 일하는여성의집(현재 여성인력개발센터)를 통한 직업능력 향상 등으로 더욱 확대되고 전문화되었으며, 이 모든 활동을 이끌어나갈 활동가들의 리더십이 더욱 요구되었다. 따라서 이때의 교육은 대중과 지역에 기반한 전문성을 키우고 통합적 리더십을 향상하는 데 관심을 두었으며, 지역주부의 정체성 찾기를 위한 공부와 '사회주부대회', 지역활동가 워크숍과 지부별 회원교육 프로그램, 분야별 회원 전문성 향상 프로그램 등도 있었다.

이후 민우회는 2000년부터 나날이 확대되는 외부 연대활동과 함께, 지속적으로 다양화하고 증폭하는 여성관련 이슈에 보다 조직적·체계적으로 대응하기 위하여 사무처를 강화하고 회원조직 활성화 등 자체 역량을 키우는 데 부심해왔다. 부족한 인력과 재정으로 조직을 운영하는 가운데 업무 전문성을 강화하고 세대 간 차이 등 조직 내부의 차이를 효율적으로 조율하며 운동의 비전을 가꾸어가기 위한 리더십이 민우회의 도전으로 대두되었다.

이에 따라 다양한 교육이 전개되었는데, 본부에서는 주로 업무수행에 필요한 주제에 대한 활동가 포럼, 상근자 워크숍 등을 실시했다. 연 1~2회의 전국 활동가 수련회는 지역에서 고군분투하는 활동가들이 서로 힘을 모으고 나누는 리더십 교육의 기회였으며, 이러한 힘이 다시 지역활동으로 모아졌다. 이 시기에 지부에서 이루어진 교육의 주제도 자아성장과 성찰, 의사소통과 리더십, 세계화, 이주여성, 건강, 농업 등 매우 다양했다.

'열자! 나누자! 풀자!'
활동가 워크숍(2003)

<표 11-4>는 2001년부터 2003년까지의 교육프로그램을 몇 가지 제시하고 있다. 2003년에는 사무처에서 특별히 교육사업에 역점을 두었음을 볼 수 있다. 민우회 정체성이나 여성주의 조직문화에 대한 교육이 진행되어왔으나 업무에 밀려서 보다 체계적인 재교육과 성장교육이 부족하였다는 반성에 따라 집중적인 중견활동가의 재충전 교육도 이루어졌다. 민우회의 교육사업이 운동의 발전방향에 대한 거시적 안목을 바탕으로 체계적이며 효율적으로 기획되고 투자가 이루어져야 한다는 요구가 높아졌다. 여러 지부에서는 '리더십'이라는 이름을 가진 교육이나 모임이 이루어졌다.

2006년 민우회는 "내 안의 리더십 키우기"라는 주제로 민우특강을 개최하였다. 시중에 리더십에 대한 강의는 많지만 여성주의 관점에서 진행되는 교육이 부족한 상황에서 기획한 이 프로그램은 상당한 관심을 불러일으켰다. 소주제도 'Why? 여성 리더십'(새로운 리더상, 여성 리더상 등), 'How? 여성 리더십'(여성 리더의 강점 활용, 자가 진단 시뮬레이션 등), 'Wow! 여성 리더십'(권력, 성공과 실패 등)으로 구성되어 여성주의적 리더십에 대한 지향이 확실하였다. 2007년에는 다시 업무 중심의 상근활동가 리더십 교육이 이어졌다.

<표 11-4> 2001년 이후 주요 교육프로그램 사례

년도	프로그램 및 내용	비고
2001	- 2001 상근활동가 워크숍 '민우회를 공부하자': · 미디어, 환경, 생협, 일하는 여성, 상담소, 노동, 사무처 운동 등에 대한 발제와 토론 · 민우회 중장기 전략과 향후 전망	- 민우회 현황 전반에 대한 이해 제고, 고민 심화
	- 운영위원 워크숍 '행복한 운영위원·살아있는 지역운동' · 시민운동·여성운동 돌아보기 내다보기 · 회원조직화와 안정적 재정확보 · 민우회 15년 속에 지역여성민우회 10년	- 지역민우회 리더로 활동하는 운영위원들에게 통합적 조직운영 관점 제시를 목적으로 함.
2002	- 상담소 하반기 리더십 훈련 등 다양한 활동가 교육 - 지부별 교육, 간부 수련회, 운영위원 워크숍 등	
2003	- 분야별 교육사업 · 상담원 워크숍 등 · 여성환경활동가 워크숍 - 사무처: · 지부회원 담당자 실무교육 · 지부회계 및 행정담당자 교육 · 본부 신입 상근자 교육(수시) · 본부 상근활동가 포럼(7회), 워크숍 · 사무처 공부방 · 2003파트너십을 위한 여정(4박 5일 본부 5년차 이상, 지부 3년차 이상 활동가 21명) - 회원활동가 워크숍(1박 2일, 180명 참석) - 지부별 · 고양: 여성활동가 리더십 강화 워크숍 · 광주: 여성리더십 강화모임, 여성리더십 훈련 워크숍 "여성의 힘으로 세상을 바꾼다" · 군포: 창조력 개발훈련 소모임 · 동북: 활동가 워크숍 · 원주: 활동가 리더십교육 · 진주: 여성리더십 교육	- 본부 사무처 교육사업 대폭 확대
2005	- 지부활동가 교육: 재정, 회원 관리 등	

2006	- 민우특강 "내 안의 리더십 키우기" · Why? 여성 리더십: 새로운 여성 리더상, 여성 리더상 등 · How? 여성 리더십: 자가 진단 시뮬레이션 등 · Wow! 여성 리더십: 권력, 성공과 실패 등	- 여성주의 관점의 리더 십 워크숍
2007	- '열정·전망·나눔 2007 여성민우회 활동가 교육' · 민우회 역사와 전망, 비전 찾기 · 지역여성운동, 희망을 찾아서 · 조직운영 ABC · 회원과의 의사소통 및 회원참여 프로그램 개발 · 회계운영과 CMS · 기획력 향상 · 리더십 등	- 본부 및 지부 활동가의 기획력 높이고 대중과 의 소통능력 높여 리더 십 향상에 기여

2) 리더십 승계

활동가들은 조직 관리나 리더십에 대하여 대표나 선배들로부터 하나하나 일을 통하여 '도제 수준'으로 배웠다고 한다. 한 활동가의 표현을 빌리면 "특별한 교육보다는 일을 통해 배우는 방식, 구조화되지 않은 방식으로 하는 것이 체질화된" 것이다. "프로그램이 사람을 키우는 것이 아니라 먼저 하는 사람이 열심히 하는 모습을 보고, 또 선배들을 보며 자라는 것 같다"는 말에서도 선배들의 다양한 리더십 스타일을 보고 성찰하면서 자연스럽게 학습이 이루어지는 것을 알 수 있다. 선배들 중에는 업무 능력보다는 남의 말을 진심으로 들어주고 개별적으로 배려할 줄 알며, 따스함으로 조직을 봉합해나가는 리더, 누구나 똑같이 친근하게 대하여 허심탄회하게 가까이 갈 수 있는 리더, 여유로움과 안정감을 주는 이들이 있는가 하면, 성취 지향적이어서 목표를 본인이 쥐고 밀고나가면서 일을 저지르는 스타일의 리더도 있다. 공적을 드러내지 않고 힘든 일을 묵묵히 하는 리더, 부드러움 속에서도 끊임없이 공부하고 늘 창의적이며 새로운 것을 추구하여 후배들로 하여 각성하게 하는 리더, 자기희생적인 리더 등도 있었다. 후배들은 이렇게 다양한 유형과 색깔의 리더들을 보면서 자신을 되돌아보고 '나는 어떠한 리더인지 또는 어떠한 리더가 되고 싶은지' 생각해본다고 한다. 물론 지부의 경우는 본부와 사정이 다른 것으로 보인다. 지부의 한 활동가는 "학생운동을 할 때는 늘 선배가 있었는데, 지역에서 민우회 활동 시작하면서 선배가 없어서 힘들었다. 구체적으로 무슨 일을 어떻게 해야 할지 암담했다"고 한다.

대체로 민우회는 일과 사람을 통해서 리더십 노하우가 자연스럽게 승계되는 체제인데 상근자가 자주 바뀌는 일부 조직의 경우에는 리더십의 승계가 매끄럽지 않다. 본부 대표직을 보면 이제까지 외부 영입이 없고 본부에서 활동가로 일하면서 검증된 이들이 대표가 되었던 것으로 보인다. 필자의 면접에 의하면 대표직의 승계를 위한 계획(succession plan)하에 미리 사람을 골라서 시간을 두고 훈련시키는 의도적인 과정은 없는 것으로 보인다. 본부 활동가들은 대부분 그간의 대표들이 "학생운동 등을 통해 리더십이 쌓인 이들이어서 자연스럽게 (대표로) 올라온 것"으로 인식되고 있다. 대표를 결정하는 과정에서 공식·비공식적인 기제가 모두 작동하는 것으로 보이며, 합법적인 절차와 광범위한 동의가 모두 중요한 것으로 간주된다. 과거에는 직책이 부여되지 않아도 "저 사람은 리더라는 암묵적 동의가 있던 역사와 문화가 있었다"면 이제는 "리더십을 찾아내고, 주변의 동의를 구하는 과정이 필요"하게 되었다. 특히 최근에는 지역의 지도력이 본부의 지도력으로 진출하는 것이 필요한 시점이라는 인식이 형성되고 있다. 지부에서 성장한 이들이 본부 사무처로 와서 일하면서 두루두루 알게 되어 전체 지도력으로 성장하는 것이 바람직하다고 보는 것이다.

새로운 대표가 선출된 후에도 이들의 역할을 명확하게 정의해주고 그 역할을 잘할 수 있도록 공식적인 훈련을 제공하지는 않는 것으로 보인다. 다만 선배들의 격려가 큰 힘이 되고 활동가들에 대한 신뢰가 있기 때문에 대표직을 맡은 사람은 "이 구조 속에서라면 열심히 하면 수용되고 함께 갈 수 있을 것"이라는 용기를 갖게 된다고 한다. 집단지도체제이기 때문에 혼자 모든 것을 책임지는 것이 아니라는 점도 중요하게 작용할 것이다.

4. 민우회 리더십의 발전과제

1) 인간관계 중심의 리더십의 한계 극복

공동대표체제와 운영위원회체제는 평상시에는 합리적인 역할분담과 충분한 소통, 민주적 의사결정을 할 수 있는 장점을 가진다. 그러나 의사결정이 느린 문제가 있기 때문에 "빨리 대처해야 하는 경우에는 강력한 리더가 일사불란하게 잡고 가는 부분은 떨어지고 이 점이 답답할 때가 있다"는 호소도 있다. 더욱이 민우회에 대한 외부의 기대치가 점점 높아지는 가운데, 특정사안이 대두할 때 "민주적으로 소통하다 보니까 활동가들도 100% 같은 의견이 아니어서 빨리 의견을 모아서 민우회의 한목소리를 내는 것이 쉽지 않다. 회원 입장에서 보면 누가 확 끌어주었으면 하고 바라는 부분과 다양한 것을 고려하는 것을 바라는 부분도 있어 갈등이 생긴다"고 한다. 아울러, 합의를 추구하는 과정에서 "내 의견은 아니지만 그래도 민우회 의견으로 수용할 수 있다고 할 수 있었으면 좋겠다"는 말에서 암시하듯이 여럿이 협의과정을 거쳐 일단 결정되면 따라야 하는데 "결정하고 나서 또 다른 얘기를 하는 등" 비효율적인 면도 있는 것으로 보인다.

회원과 활동가들을 만나면서 민우회가 '일'보다는 '사람' 중심의 조직이라는 점을 확인할 수 있었다. 선배들에 대해서도 지식이나 일처리 방식보다는 인간적인 배려에 대하여 감동과 존경을 느끼는 것으로 보인다. 어떤 활동가는 "일 중심의 조직은 차라리 쉽다"고 하면서 민우회에서는 "일 중심인 사람은 강하고 공격적이라고 간주되는 경향"이 있음을 털어놓았다. "여성조직이므로 일보다 사람을 중시하는 것이 당연하지만 때로는 큰일을 해야 하는데 사소한 감정적인 것 때문에 일을 못한다는 생각"으로 힘들었던 적이 있다고 하였다. 한 지역의 활동가는 인간관계를 중시하기 때문에 회의가 끝나고 나서는 회의 때 상처 입었을 것 같은 사람은 따로 만나서 풀어주어야 하는 경우가 있다고 하면서 일 자체보다 감정관리가 힘들다고 하였다. 이같이 보살핌과 배려를 덕목으로 하는 리더십을 중시하다 보니, 성취지향적이며 추진력을 가진 리더십에 대한 아쉬움과 요구도 있는 것으로 나타났다. 향후 과제 중심의 리더십과 인간관계 중심의 리더십을 조화롭게 육성하고 실천하는 것이 민우회의 발전과 회원들의 민우회 리더십에 대한 만족을 높이는 데 관건이 될 것이다.

2) 권력 개념에 대한 재해석과 수용

마찬가지로, 수평적이며 비권위주의적인 리더십은 민우회의 자랑거리이자 특징이지만 한계도 안고 있다. 한 중견 활동가는 "수평적 리더십이라고 해서 원형으로 가는 것은 문제이다. 일렬로 놓고 보았을 때 맨 앞에 있는 이가 먼저 경험하고 멀리 보는 사람이며, 그것이 바로 리더의 역할이다. 어떠한 경우에도 리더는 필요하며, 그 리더는 먼저 예견하고 조직의 비전을 제시할 수 있어야 한다. 그리고 그러한 리더에게 권력이 주어져야 한다"고 한다. 민우회에서는 권력과 리더십 개념에 대해 불편하게 여기는 분위기도 있는 것으로 보인다. 한 활동가는 지도자가 권력을 행사한다고 보일 때 거부감이 있었던 것이 사실이라고 하였고, 지도부 쪽에서는 민우회가 "지나치리만큼 민주적"인 면이 있다고 하였다. 한 선배 운동가는 면담에서 "나에게 주어진 파워는 도구라고 여겼고, 나는 그 도구를 책임 있게 써야 한다고 생각했다"고 하였다. 권력에 대해서 외부의 누군가에 의해 주어지는 것이 아니라, 개인과 집단 내부에서 만들어내는 것이며(power within), 아래에서 위로 형성되는(bottom-up power) 힘이고, 함께 만들어가는 힘(power with)으로 해석한 것이다

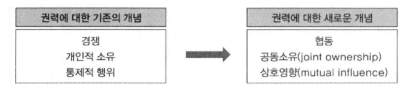

<그림 11-1> 권력 개념에 대한 재해석

권력에 대한 기존의 개념	권력에 대한 새로운 개념
경쟁 개인적 소유 통제적 행위	협동 공동소유(joint ownership) 상호영향(mutual influence)

(윤정숙, 2003). 마찬가지로 다른 활동가도 "리더십은 내가 하고 싶은 일을 할 수 있는 자리에 있는 것, 동의를 쉽게 얻을 수 있고 함께할 수 있는 힘을 가지는 것"으로 이해하고 있었다.

종전의 권력 개념에서 경쟁과 개인적 소유, 통제경향성을 중시하였다면 (Marshall, 1974) 대안적 또는 여성주의 리더십에서는 이 개념을 <그림 11-1>과 같이 재해석할 것을 제안한다(김양희, 1992). 즉, 경쟁을 통한 권력 쟁취보다는 협동을 통한 집단의 권력 형성으로, 권력을 개인적으로 소유하기보다는 공동의 소유로, 권력을 가지고 타인을 통제하기보다는 상호 영향을 미치는 방향으로 권력에 대한 인식과 실천을 바꾸어나가자는 것이다. 분명한 것은 권력은 리더십에서 필요하고 중요한 요소이며, <그림 11-1>과 같이 재해석한다면 권력 개념에 대해 굳이 거부감을 가지거나 불편할 이유가 없을 것이다.

3) 교육과 상호 피드백의 활성화

면담 결과 활동가들은 민우회의 의사결정과정 자체가 리더십을 쌓는 가장 좋은 코스라고 한다. 특히 회의 때 기탄없는 논의와 평가가 이루어지고 있고, 일을 평가하는 데 있어서 다른 어떤 조직보다 냉정하고 객관적이어서, 사업 하나하나를 매우 치열하게 평가하여 중요한 학습기회가 되고 있다고 한다. 반면 평가 결과를 잘 자료화하여 나중에 학습하도록 충분히 체계화하지는 않는 것으로 보인다. 경우에 따라서는 매번 처음부터 다시 시작해야 하며,

"학습이 연륜으로 성장하지 못하고 일회로 끝나버리는" 경향이 있다는 것이다. 노하우(경험지식, tacit knowledge)의 축적을 위한 보다 체계적인 접근을 통하여 학습을 좀 더 구조화하는 것이 필요한 것으로 보인다.

또한 일에 대한 평가에 대해서 개인적으로 받아들이는 경우도 없지 않다고 한다. 한 활동가는 민우회에는 "여성조직이므로 일반적 경쟁조직과 다르다고 생각하는 데서 오는 허구"가 있다고 하였다. 즉, "일을 가지고 비판해도 비판 강도가 심하면 비인간적이라고 본다. 일에 있어서는 심각해야 하는데 그게 잘 안 되는 거 같다. 인간적이어야 한다는 생각이 우리에게 잘못 영향을 미칠 수도 있다"는 것이다.

리더십은 조직의 일상을 통해 단련되고 육성되고 학습된다. 조직 구성원들의 리더십을 육성하기 위한 방안의 하나로 조직의 일상에서 서로의 리더십 행동에 대한 피드백 주고받기를 활성화할 필요가 있겠다. 우리의 문화에서는 사람들이 서로 좋지 않은 얘기를 하는 것을 꺼리는 경향이 있기 때문에 피드백을 주고받는 습관이 되어 있지 않고, 어쩌다 하게 되면 주는 이나 받는 이 모두 심적 부담이 크다. 이러한 풍토는 리더십 학습에 큰 장애가 된다. 한 활동가는 "민우회는 일하는 과정에서 비판하지 개인을 따로 불러서 가르친다든지 육성하지는 않는다"고 하였다. "선배들도 나의 실수를 별도로 비판하고 가르치지 않아서 스스로 습득했어야 했다. 개인적인 피드백을 받아본 적 없다. 만일 피드백이 있었으면 실수도 적고 빨리 배웠을 것"이라고 한다. 그러면서 그는 "물론 각자가 일하면서 체험하고 느껴야 하는 일이기도 하다. 선배들이 일에서 스스로 부딪혀 깨져보지 않으면 소용이 없다고 느꼈을 수도 있다"고 설명하였다. 서로 객관적인 피드백을 주고받는 것을 연습하고 조직 차원에서 실천하도록 권장한다면 조직의 일상적 경험 속에서 상호의존적인 리더십 학습이 촉진될 것이다.

4) 운동의 비전 설정

리더십의 중요한 덕목의 하나는 조직 구성원에게 비전을 제시하는 것일 것이다. 한 선배 활동가는 "당신과 당신이 하는 일이 세상을 바꿀 것이라는 확신을 주어야 하고 민우회에서 지금 그것이 과거 그 어느 때보다 더욱 중요한 시점"이라고 하였다. 부족한 인력으로 수많은 의제를 다루다 보니 항상 정신 없이 일이 돌아간다. 이 가운데 활동가들은 "우리가 어느 방향으로 가는지 가늠하기 어렵고 교육이 없어서 답답했다"고 하였다. "우리가 정말 잘 가고 있는 것인지"를 끊임없이 공부하고 방향을 걱정하는 사람이 있어야 하는데 사정이 그렇지 않으니 안타깝다는 것이다. 또 다른 활동가도 "비전을 고민할 여유가 없이 왔다. 중요한 걸 놓치고 있다는 생각은 하는데, 어떻게 가야 하는지 구체적으로 고민하지는 못하였다"고 털어놓았다. 자신이 활동가로 성장하면서 커나가야 할 부분은 고민해보았지만 민우회가 어떻게 나가야 할지 고민하지 않았다는 것이다.

변화가 심한 사회이다 보니 어느 조직에서나 지난 경험에 의해 사고하는 것은 부족하고 앞일을 미리 예측하여 적극적으로 대처할 수 있는 리더십이 요구된다. 특히 조직원들 각자가 자기가 하고 있는 운동과 조직에 대한 비전과 논리를 가질 수 있도록 하기 위해서는 미래와 변화를 예측할 수 있는 리더십이 필요하다. 그간 생협과 민우회 전체 차원에서 중장기 비전 수립을 위한 워크숍이 있었듯이 앞으로도 조직의 비전에 대한 지속적인 논의와 함께, 활동가들을 대상으로 비전 설정을 위한 체계적인 교육이 필요하다.

5) 새로운 세대 운동가의 통합 전략 마련

민우회에서 30대 이전의 젊은 층을 만나는 일이 점점 더 어려워지고 있다. 운동의 세대 이전이 필요하지만 대학에서 여성운동 조직들이 약화되면서

회원확대 캠페인 '1,000명의 마녀, 친구야! 빗자루 타고 민우회 가자'(2004)

대학 졸업생들이 운동조직으로 투입되지 않고 있는 실정이다. 그래서 민우회
는 최근 젊은 활동가들이 어디서 운동의 동인을 찾는지 파악하기 위해 고민하
면서 대학생 그룹을 회원 조직화하려고 노력하는 중이다.

1세대 리더들의 상당수는 학생 시절에 학생운동이나 노동운동, 아니면
민주화운동을 몇 년 하다가 여성평우회에서 활동을 시작하여 민우회의 창립
과 함께 식구가 된 경력을 가지고 있다. "운동 환경이 무척 열악한 시절이어서
운동을 하는 것은 그만큼 중대한 결단을 요구하는 것"이었기 때문에 초기의
활동가들은 사회변혁에 대한 열정과 헌신하겠다는 의지, 그리고 자질 면에서
탁월하였던 것으로 평가된다. 또한 이미 운동의 이론도 공부하였고 실전경험
도 가지고 있으며 조직의 미션이나 전략을 세우는 훈련도 된 이들이어서
어려울 때마다 잘 해왔던 것으로 보인다.

반면, 신세대 회원이나 활동가들은 경험과 가치관, 동기와 열정이 다르다.
과거 희생이 당연한 시대에 운동을 하던 선배들은 사회 지향적이고 헌신적인
활동가를 원하지만 "요즘 세대는 운동도 재미로 또는 자신을 위하여 하는
경향"이 있어 이해하기 어려운 면도 있다. "최근 여성운동의 발전, 시민사회
의 변화에 따라 다양한 그룹이 들어는 오는데 공통점은 대의명분보다 개인

중심이고, 자기실현이나 행복추구 등의 동기"가 높다고 한다. 자연스러운 현상이기는 하지만 세대 간 가치의 전수나 후배 세대의 육성을 체계적으로 지원하고 이들을 통합할 수 있는 특별한 노력이 필요하다.

특히 최근 종전에 민우회를 떠받쳐주던 선배들이 조직을 떠남으로써 그들과의 접촉기회가 적어지고 조직의 상징적인 리더십이 약해지면서 새로운 방식의 리더십 육성이 필요한 시점이다. 초기 회원들은 선배들의 모습을 직접 보고 감동과 영향을 받을 수 있었지만 요즘 회원들에게는 그런 기회가 적다. 다양한 관심을 가진 회원들 간의 교류가 줄어든 것도 사실이다. 민우회가 그만큼 커졌기 때문이다. 뿐만 아니라, 과거에는 민우회가 "사회에서 숨쉴 수 있는 단 하나의 공간"이었지만 지금은 온라인 공간, 다른 모임들도 많이 있다. 지금의 영페미니스트 그룹은 민우회의 방향을 선호하지 않을 수도 있다. 이들은 "급진적이거나 지나치게 사소거나 하여 전체적인 운동으로 아우르기 어려운데 민우회는 전체 판으로 가기 때문"이다. 어떻게 하면 이들을 적극적으로 흡수할 수 있을 것인가가 민우회의 미래를 결정한다고 하겠다.

새로운 세대를 통합하는 데는 회원 소모임에서 할 역할이 크다. 새로운 회원을 선배들과 한 명씩 연결하여 선배들로부터 가치관과 운동의 노하우를 전수받도록 하는 멘토링 프로그램의 도입, 또는 기성세대의 운동가가 젊은 세대의 가치관과 요구를 잘 파악할 수 있도록 하는 역멘토링(reverse mentoring)의 도입을 생각해볼 필요도 있다. 멘토링에서는 시니어 멘토를 주니어 멘티(또는 프로티제)와 연결하는 것이 보편적이지만 역멘토링에서는 주니어 멘토를 시니어 멘티와 연결해준다(김양희, 2006b).

6) 활동가들의 커리어 관리

민우회의 또 다른 20년을 내다보면서 가장 강조할 부분으로 한 선배 운동가는 "사람에 대한 투자"를 꼽았다. 지속적인 교육기회를 주는 것도 중요하지만 "그들의 문제의식과 어젠다를 잘 파악하여 해결할 수 있는 주체가 되도록 지원하고 맵핑해주는 리더십"이 필요하다는 것이다. 아울러, 활동가들의 커리어 관리가 필요한 것으로 보인다. 직업이동이 심한 시대로 접어들고 있고 이 현상은 시민운동 분야라고 해서 다르지 않을 것이다. 제2, 제3의 커리어를 염두에 두고 준비 또는 관리해야 하는 시대이며, 민우회에서도 이에 대한 고민이 필요하다. 한 지역활동가는 "지역이다 보니까 여성이 전문가라면 인정되는 부분이 많다. 지역에는 전문가가 없으니까 활동가들이 특정 분야 전문가로 일할 필요가 있다"고 하였다. 창립 멤버들은 이 일이 필요하면 이 일하고 저 일이 필요하면 저 일을 하는 식이었지만 이제 활동가들에게 전문적인 일 한 가지 정도는 중점으로 키워주어야 할 것이다.

이 글에서는 민우회의 리더십의 특징과 민우회가 회원들의 리더십을 육성하는 방식을 살펴보고, 향후 민우회라는 조직의 발전을 위하여 풀어나가야 할 리더십 과제들을 정리해보았다. '리더십'이란 개념은 생각하는 사람에 따라 상당히 애매하게 느껴질 수 있는 개념이다. 특히 우리 사회에서는 관리자와 리더의 역할을 구별하지 않는 경향이 있기 때문에 그로부터 발생하는 혼란도 적지 않다.

흔히 리더를 '옳은 일을 하는(do the right things) 사람'으로, 관리자를 '일을 올바르게 하는(do things right) 사람'으로 구별한다. 리더와 관리자의 역할은 분명히 다르다. 관리자는 조직의 현실적 조건 하에서 성과를 내기 위해 자원을 할당하고 관리하며 구성원들이 조직의 규범을 따르면서 차질없이 업무를 수행하도록 통제한다. 반면 리더는 조직의 장기적 비전과 의미를 창조하고 목표를 설정하며 그를 달성하는 데 필요한 변화 전략을 수립하고 그에 부합하도록 구성원들의 가치와 태도, 행동의 변화를 도모한다(Conger와 Kanungo, 1998). 리더십이 조직의 비전과 의미, 문화를 창조하는 데 초점을 둔다면 관리는 일상적인 행정에 초점을 두는 것으로 비교되기도 하고, 리더십이 사람에게 초점을 둔다면 관리는 시스템과 구조에 초점을 두는 것으로 비교되기도 한다(Kotter, 1988). 민우회의 미래 비전을 위한 리더십의 발전을 위해 이 두 가지를 구별할 필요가 있겠다.

이 글의 모두에서 필자는 리더십을 '변화를 추동해내는 힘'으로, 리더를 '사람과 조직을 움직여가면서 목표를 향한 여정을 이끌어가는 사람'으로 정의하였다. 민우회는 리더십을 한두 사람에게만 책임지우지 않고 집단 리더십 체제를 두고 있다. '분담된 리더십'을 실천하고 있는 것이다. 아울러, 민우회의 리더십은 '수평적이며 관계 지향적'이라는 특징을 가지고 있다. 본문에서 살펴본 바와 같이 이러한 특징들은 동전의 양면처럼 개개인을 존중하고 참여시키며 민주주의를 실천한다는 장점과 함께, 의사결정이 비효율적이며 외부 요구에 일사불란하게 대응하기 어려운 점 등의 취약 요소를 가지고 있다.

또한, 여성주의 관점에서 리더십을 생각할 때 자주 논쟁거리가 되는 것이 '권력'의 문제이다. 많은 여성주의자들이 권력관계 자체에 거부감을 가지고 있기 때문에 권력관계의 불균형을 전제하는 '리더십'에 대해서도 불편함을 느끼는 경향이 있다. 그러나 권력은 여성주의에서 매우 중요한 주제일 뿐 아니라, 여성주의 자체를 '……를 변화시키는 권력'으로 볼 수 있다. 이상화는 여성의 리더십 개발이 여성주의 정치학의 가장 중요한 과제인 '힘 갖추기, 역량강화, 세력화와 네트워킹'의 가장 효과적이고 영향력 있는 전략으로 자리매김하기 위해서는 리더십과 권력에 대한 재개념화가 필요하다고 하였다.

민우회는 협동과 공동 소유, 상호 영향을 특징으로 하는 새로운 권력 개념을 상당부분 수용하고 있는 것으로 보인다. 중요한 것은 모든 상황에 효과적인 리더십 스타일이란 없으니, 그때그때 상황에 따라서 적절한 리더십을 행사할 수 있도록 다양한 레퍼토리의 리더십 역량을 구축하는 것이다. 아울러, 누구나 때로는 리더십을 발휘해야 하므로 회원과 활동가들을 위한 활동 연차와 역할에 맞는 단계별·체계적 리더십 교육이 필요하며, 멘토링 프로그램을 통하여 신규 회원을 밀도 있게 육성하고 조직문화를 이어가는 것이 절실하다. 끝으로 일부에서는 여성운동에서 후배를 키우지 않는다는 비판이 있는데, 민우회 대표 및 핵심 활동가의 리더십 승계를 미리미리 준비하기 위하여 잠재력이 있는 몇 사람을 선정해서 집중 육성하고 인맥을 나누어주며 리더십을 물려줄 수 있어야 할 것이다.

참고문헌

김양희. 1992. 「여성 리더십의 특질」. 『여성과 리더십』. 한국여성개발원.
_____. 2006a. 「여성을 위한 멘토링 훈련 프로그램 개발」. 이화리더십개발원 미발간 연구보고서.
_____. 2006b. 『여성, 리더, 그리고 여성 리더십』. 삼성경제연구소.
박진경. 1998. 「지역여성 리더십향상 프로그램의 성과와 과제」. 민우회 내부 자료.
윤정숙. 2003. 「한국여성민우회의 정체성 찾기 시론: 16년 실천과 경험의 성찰적 논의를 위하여」. 2003. 8. 23. 한국여성민우회 회원 워크숍 자료.
이상화. 2004. 「여성주의 관점에서 본 리더십과 권력」. 이화리더십개발원 개원 1주년 기념 학술대회 "여성적 가치와 여성 리더십" 자료집.
한국여성민우회 연도별 총회 자료, 내부 교육자료 등.

Adler, N. 1999. "Global leaders: Women of influence." in Gary Powell(ed.) *Handbook of Gender and Work*. Sage.
Conger, J. A. & R. N. Kanungo. 1998. *Charismatic Leadership in Organizations*. London: Sage Pub.
Fagenson, E. A. 1993. *Women in Management: Trends, issues, and challenges in managerial diversity*. Newbury Park: Sage.
Kotter, J. P. 1988. *The Leadership Factor*. N.Y.: The Free Press.
Joan, R. 1976. *Quest*, Winter, p.24~25.

결론

또다시, 새로운 문법의 여성운동을 위하여

윤정숙

　한국여성민우회의 지난 20년을 담은 이 책은 '여성대중운동'을 지향해온 한 여성조직의 긴 여정의 기록이다. 민우회 운동을 영역별로 정리, 분석한 앞의 글들은 정치의 지형, 법과 제도, 문화와 사람들의 삶의 방식이 어느 시기보다도 질적으로 크게 변화해온 시기에 여성의 일상을 정치화해내며, 여성운동의 새로운 패러다임을 만들어온 운동에 대한 평가이자 의미화의 시도이다. 또한 그간의 운동적 성취와 한계를 넘어서서 새로운 길을 찾아가려는 조직 내부 구성원들의 문제의식과 질문에 대한 해법의 실마리를 담고 있다. 이 글은 민우회가 만들어온 운동적 특징과 성과에 대한 간략한 정리이자, 오랫동안 그 조직에서 함께 일해왔던 활동가로 이제는 외부자의 위치에서 앞으로 변화를 위해 어떤 논의와 고민이 필요한지에 대한 제안이다.

　이 책에 실린 글의 '모든' 행간 속에는 짧지 않은 격변의 한 시대에 '새로운 여성운동'을 꿈꾸며 열정을 아끼지 않았던 여성운동가들의 호흡과 숨결이 담겨 있다. 역사는 "시대나 관점에 따라 끊임없이 몇 번이고 다시 쓰이면서 재심을 허용하는 언설 투쟁의 장"이라는 말처럼 이 책을 첫발자국으로 앞으로 민우회 역사와 숨결에 대한 여러 개의 해석과 담론이 풍부하게 나와주기를 기대한다.

새로운 주체, 새로운 문법

　민우회는 여성운동의 '전시장'과 같다. 단일 조직이면서 다영역, 다주체 그리고 여러 층위의 운동양식과 전략을 실험하면서 성장해왔다. 이러한 독특한 포괄적 운동방식이 오랫동안 지속되어온 것은 다수의 보통여성들이 지지하고, 참여하는 여성운동을 지향하면서 삶의 다양한 의제들이 운동의 내용을 결정해나갔기 때문이다. 일상적 삶의 복합적인 맥락에서 모색된 운동의 전 과정은 당연하게도 담론과 전략 그리고 새로운 리더십의 실험, 의제들 간의 각축, 논쟁과 선택의 연속이었다.

　창립 미션이었던 '여성운동의 대중화'는 민우회의 모든 활동과 조직운영의 가장 중요한 원리, 규범 그리고 문화가 되어왔으며, '여성대중운동'은 민우회 정체성의 핵심으로 현재까지도 미션과 실천의 근간이 되고 있다. 여성대중을 주체로 한다는 것은 그들이 경험하고 있는 일상의 크고 작은 문제가 여성운동의 의제로 된다는 것을 의미했다. 민우회는 1987년 시민사회가 자기 동력과 영역을 급속히 확장하기 시작한 시점에 출발했다. 다양한 '시민주체'가 운동의 주역과 동력으로 등장하기 시작한 이 공간에서 여성대중운동이라는 새로운 문법의 운동적 실험이 시작되었다. 그것은 남성권력의 '동원과 계몽의 대상이자 도구'인 주변집단이기를 거부하고, '엘리트 여성'의 뒤를 따르는 위치에서 벗어나 참여적 주체로 '자신과 세상을 바꾸는 여성'들이 중심이 되는 새로운 대중여성운동의 시작이었다.

　민우회는 당시 여성운동이 여전히 소수 엘리트 여성들의 얼굴과 목소리로 대변되는 운동으로 인식되고, 때론 전체 운동을 약화시키는 분열적 실천이라는 비판 속에서, 그러나 한편으로는 새로운 패러다임의 여성대중운동의 가능성에 기대와 지지를 받으며 출발하였다. "일상적 삶을 매일매일 살아가고 있는 여성대중들이 함께 인식의 지평을 넓히고 함께 실천하면서 여성해방의 길에 동참하는 공간을 지향할 것"이며, "물이 스미듯 천천히 소리 없이 흘러가 마침내는 도도한 격류가 되어 온갖 것을 휩쓸어버리는 대하를 믿기에 우리는 여기에 모인 것"이란 여성대중운동 선언은 창립 이후 누가 여성대중인가, 여성대중은 어떻게 무엇을 통해 운동의 주체가 될 수 있는가라는 질문 앞에 수많은 논쟁과 실천적 모색 속에서 운동의 주체나 운동방식은 점차 분명한 성격을 가지게 되었다.

'참고문헌'도 '선례'도 없는 여성대중운동을 시작하면서 처음 수년간 새로운 이슈와 활동을 기획하고 실천하는 것 자체는 여성운동의 가보지 않은 길을 닦아나가는 일이었다. 당시로선 생소하기조차 한 '여성운동의 대중화'를 지향하며, '시도되지 않았던' 많은 새로운 활동이 기획되었다. 매년 조직과 사업을 수정, 개척해가면서 민우회는 새로운 양식의 여성운동 모델로 자리 잡아나갔다. 변화와 실험은 운동의 일상이 되었다.

일상을 살아가는 보통여성들, 주부와 사무직 여성노동자들이 점차 민우회 운동의 주체로 서게 되었고, 한부모, 생협의 여성생산자 등도 '여성대중'이었다. 모든 운동방식은 그들의 일상에서 어젠다를 끌어내는 '일상의 정치화'로 집약되었다. 존재하지만 보이지 않았던 이들 '새로운 운동주체들'은 조직의 중심을 이루었고, 또한 리더십으로 성장하면서 주변화되어왔던 자신들의 노동과 일상의 '주변적' 의제들을 사회적·정치적·정책적 어젠다로 만들어내었다.

정치지형과 시민사회가 가장 역동적으로 변화해온 지난 시간과 공간 속에서 민우회는 여성대중운동의 실험실이자 용광로였다. 이러한 실험과 성취를 가능케 했던 힘은 여성들의 삶의 현장에 발을 딛고 그 안에서 경계를 넘나드는 많은 실험적 실천 속에서 독자적 운동영역으로 또한 조직 내외적인 연대와 네트워크를 통해 지속, 축적되어갔다. 한 조직 안에서 다른 주체와 영역의 공존이 가능했던 것은 일상의 이슈를 어떻게 대중적·사회적 영향력으로 전환시킬 것인가에 대한 치열한 질문과 함께 구체적인 실천 속에서 해답을 찾아가는 '민우회적' 운동문화 때문이었다. 그러한 운동문화는 부단히 변화하는 사회적 성별권력관계와 연관되어 있는 여성들의 삶의 방식, 욕구와 관심사에 주목하면서 새로운 모색과 도전을 주저하지 않게 만들었다.

생활 속의 차별과 배제의 관행과 문화를 사회적 어젠다로 만든 '이슈 메이커'로서 젠더 의제를 공적 공간으로 끌어냈으며, 또한 대안과 자율의 공간을 확장해가는 실천을 쌓아나갔다. 여성 생협운동과 지역운동, 고용차별과 성희롱, 직장과 양육의 병립, 군가산제 철폐와 여성우선해고 반대, 출산문화에서 대안생리대, 회식과 명절문화, 한부모와 가족관계, 성과 미디어, 가사노동 가치와 가족 간 호칭문화, 지방의회 진출과 지방의회 감시, 젠더 예산 등의 다양한 의제들은 제도와 일상의 경계를 넘나드는 전 방위적인 실천으로 이어졌다. '법제화에서 문화적 실천', '주창에서 조직화'까지 망라하면서 민우회는 평탄과 굴곡, 논쟁과 합의, 통합과 분화의 동적인 과정을 거치면서 '하나의 조직 안에 여러 개의 여성운동들'을 담아냈다.

일상의 정치화: 지역과 생활의 재발견

창립 후 십 년이 지난 후 '함께하는 여성운동', '생활 속의 여성운동', '참여하는 여성운동'은 민우회의 지향과 가치를 포괄해주는 미션이 되었다. 새로운 여성주체들이 각각 자신의 삶의 맥락과 관심에서 출발해 자신들의 차별과 배제의 위치를 스스로 말하며 자신을 대변하는 여성대중운동의 전형이 가시화된 것이다. 여성운동은 '여성 자신이 스스로를 정의할 수 있는 힘을 갖게 하는 것'이며, 남성과 지배권력의 규범과 시선으로 규정되고 통제되는 것을 거부하고 자신의 경험과 의미로 말하며 소통하는 것임을 깨닫는 과정이었다. 또한 여성운동은 여성들이 자신으로 살기 위해 자신을 무단히 변화할 수 있는 힘을 갖는다는 것, 그리고 모든 것에 앞서 자신이 변화해야만 가능한 운동이라는 것을 실천의 전 과정에서 체감하고 공감할 수 있었다.

1989년 (여성)생활협동조합의 창립, 1992년 서울 동북지역에서 지부조직화를 통한 본격적인 지역여성운동의 시작으로 민우회는 선도적인 이슈메이커로 삶의 현장에서 어젠다를 발견하고 사람들을 조직화하는 운동, 그리고 제도와 일상을 넘나들며 자신과 세상을 변화시킬 수 있는 여성대중의 참여와 자율의 공간이 되어갔다. 생협과 지부의 존재는 '운동의 지역화', '일상의 정치화', '실천의 일상화'를 만들어냈고, 민우회의 조직문화와 활동에 역동성을 주며 늘 새로운 의제를 발견해내는 마르지 않는 '저수지'가 되었다.

'일상의 정치화'는 민우회를 특징짓는 담론이다. 여성주의의 가장 큰 공헌의 하나는 "권력과 정치의 개념과 영역을 재구성한 것이다"는 말처럼 90년대 초반 시작된 민우회 지역여성운동은 생활정치를 통해 일상의 문제를 정치화해내는 다양한 선례를 만들어냈다. 환경, 교육, 육아 등 다양한 실천은 정치의 범주와 의미를 확장하면서 지역시민사회와 지역자치의 얼굴을 바꾸어나갔다. 일상의 정치화 과정은 나와 세상, 개인과 사회구조가 이분법적 존재이거나 독립된 변수가 아니라 서로 긴밀한 연속성과 상관성을 지닌 상호반응과 인과관계라는 것을 깨닫는 통로였다.

"지역은 우리의 생활 중심지이며 뿌리"로 선언되었고, 여성들은 "지역생활자로서 일상의 경험으로부터 시작해…… 더 많은 사람을 만나고 우리 삶의 조건을 스스로 바꿔가는 활동"을 하나씩 쌓아나갔다. 여성들이 자기 삶으로부터 세상을 읽어내는 것, 자기의 일상이 개인을 넘어서 사회와 맞닿아 있음을 깨달아가는 것, 참여하고 스스로 결정하면서 자신과 세상이 동시에 변화해가는 것을 경험하는 것은 여성대중운동의 과정이자 결과였다. "여성운동을 밥 먹는 것처럼, 생활처럼, 문화처럼 해야 하는 것"이란 어느 활동가의 말은 여성들이 자신 삶의 맥락과 경험에서 움직여갈 때 가장 적극적 주체가 되며,

이러한 개인들의 자발적 연결망이 바로 운동임을 증명해주는 것이다. 또한 노동상담 창구는 일하는 여성들이 노동의 일상에서 경험하는 차별과 폭력을 정치화하는 채널이 되었다.

민우회 지역운동에서 '지역'은 단지 서울과 떨어진 어떤 물리적 지점으로서의 공간이 아니다. 지역은 사람들의 일상과 관계들의 교차점으로 생활을 구성하는 제도, 문화, 가치 등이 교직되는 구체적인 공간이자 역동적 정치적 장소이다. "부엌에서 세상을 보자"는 초기의 슬로건은 "부엌이 세상이다"로 의미가 달라졌다. 여성의 사적 삶을 상징화했던 부엌은 공적 공간이나 구조와 분리된 고립의 장소가 아니라 여성의 삶을 규정하는 노동, 환경, 교육, 복지 등 모든 사회적 어젠다와 연결된 공사의 교직 장소이다. 지역은 일상의 문제를 의제화하기, 공동체 방식으로 해결하기, 지자체 정책에 개입하기 등을 통해 기존의 삶, 제도, 문화의 패러다임을 다시 구성하면서 생활세계의 구조, 작동방식, 사람들의 관계방식을 새롭게 만들어내는 뿌리이기 때문이다. 여성대중운동, 여성운동의 대중화, 일상의 정치화, 실천의 생활화, 제도와 일상의 경계 넘나들기, 대안과 자율 공간의 창출 등은 민우회의 운동을 설명하는 개념이자 언어이다.

이제, 민우회는 안과 밖에서 새로운 변화를 요구받고 있다. 운동의 내외적 환경이 급속히 달라졌으며, 여성대중 내부의 차이가 분명해지면서 의제와 운동적 요구 또한 다양하게 분화되고 있다. 하나의 조직 안에 여러 개의 운동을 담아내는 기존의 방식을 재구성해야 한다는 요청을 받고 있다.

새로운 패러다임을 위한 질문들

운동은 변화를 추구하는 것이 속성이며, 변화를 위해서는 조직의 변화가 가장 중요한 전제조건이다. 조직과 활동영역이 확장되는 질과 속도에 비례하여, 운동을 둘러싼 사회와 사람들의 변화에 부합되는 형태의 조직과 소통의 구조가 필요하다. 민우회는 '여성대중운동'을 지향하며 다영역, 다주체의 운동방식을 유지하면서 여성운동의 독특한 전형으로 시민사회와 여성운동에 영향력을 미쳐왔다. 그러나 민주화와 정치적 기회의 확대, 여성부의 설치, 지역운동의 확대, 온라인 소통의 활성화, 여성들 간의 차이와 다름, 새로운 젠더 이슈의 등장 및 운동의 분화와 전문화, 활동가와 리더십의 세대교체 등 운동을 둘러싼 지형은 급격히 변화해왔으며, 이러한 변화에 대한 분석과 대응을 둘러싸고 민우회 내부에서 수년간 새로운 모색이 논의되어왔다.

그동안 새로운 의제발굴과 창의적인 실천방식들, 수평과 네트워크의 리더십 모델 만들기, 이슈메이커와 인큐베이터로의 역할은 여성운동의 의미 있는 획을 만드는 동력이 되어왔지만 여전히 그러한 복합적·포괄적 조직구조와 운영방식이 지속 가능한 것인가에 대한 질문이 요구된다. '샐러드형' 조직형태와 운동방식은 앞으로도 여전히 유효하며, 영향력을 가질 수 있을까. 한 조직 안에서 다른 의제와 주체들 간의 소통과 시너지 효과는 어디까지 가능한가. 그것이 가능하다면 그것을 지속 가능케 하기 위해서는 어떤 조직적·운동적 조건이 필요한가.

지난 십여 년간 민우회를 포함한 여성운동의 가장 큰 전략이자 성과는 법제화와 어젠다 설정의 역량이었다. 그러나 법제화 전략은 일정한 성과에도 불구하고 여성운동의 역동성을 제한하는 결과로 나타나 대안과 자율공간의 확장 그리고 현실을 다르게 구성할 수 있는 경계 없는 상상력의 힘을 약화시켜 왔다. 의도하지 않은, 그러나 예측 가능한 결과였다. 법제화는 빠르고 가시적인 결과를 보여주는 '익숙한' 전략적 선택이 되었으며, 많은 경우 법의 의미와 해석은 법을 집행하는 사람들의 손에 맡겨져 있다. 이는 법제화 자체에 대한 문제제기가 아니라 법을 바꾸는 '경로와 접근방식'에 대한 문제이다. 법이 현실을 바꾸는 것이 아니라 '현실이 법을 바꾼다'는 사실을 아는 데 오랜 시간이 필요했다. 법제화 운동의 결과를 통해 깨닫게 된 것은 법은 현실의 권력관계의 반영이며, 법의 내용과 집행을 바꾸는 힘은 법조문이 아니라 사람들의 삶의 가치와 문화가 근본적으로 변화할 때 가능하다는 사실이다.

이슈를 만드는 것, 다시 말해 의제를 발명하는 것은 운동의 가장 중요한 역할이다. 또한 의제를 둘러싼 관점과 이해의 차이는 운동의 전문화와 집중을 요구한다. '여성대중'이라는 단일화된 범주로 공감하고 지지와 참여를 만들어낸 기존의 운동방식은 여성대중 내부의 계급, 세대, 지역, 인종의 다름에 따라 기존의 포괄적 운동방식의 재구조화를 요청한다. 이슈를 제기하는 것을 넘어서 이슈 내부의 다른 함의와 담론 그리고 대안을 둘러싼 논리와 자원의 집중화와 전문화가 필요하며, 이에 합당한 조직구조가 필요한 시점이다.

민우회는 '형식적 단일조직, 내용적 연합체'적인 조직과 같다. 이슈와 영역이 다양해지면 그에 맞는 조직구조와 운동방식의 질적 변화가 필요하다. 수년간의 오랜 논쟁 끝에 생협은 그 자체로 독자적 의사결정구조와 리더십 그리고 지역회원조직을 갖고 운영되며, 마찬가지로 미디어운동이나 상담소의 운동도 독립된 조직으로 운영되고 있다. '이슈의 사회화'의 단계에서는 소수의 활동가와 전문집단의 역량으로 가능하고, 소수의 리더십으로도 무리 없이 작동 가능하다. 그러나 그것이 다수의 공감과 지지를 바탕으로 사람들의 생활을 바꾸는 단계에서는 다른 전략과 구조가 필요하다. 이슈 제기와 법제화 그리고 생활세계의 변화를 위한 느리게 그리고 길게 가야 하는 운동이 병존하려면, 또한 대응적 운동과 대안적 운동의 공존이 가능하려면 어떤 조건이 필요할까에 대한 새로운 해법을 모색할 시점이다. 한마디로 '여성대중운동'의 방식을 재구성해야 한다.

여성대중은 누구인가? 어떤 그릇에 어떻게 담아야 할까? 그 그릇은 어떻게 만들어가야 할까? 이 질문들에 선택 가능한 방법은 두 가지일 것이다. 하나는 단일조직의 구조와 인적·재정적 역량에 맞게 기존 운동의 범주를 몇 개의 영역으로 축소 선택을 하고 나머지는 독립적 조직으로 인큐베이팅하는 것이다. 즉, 각 이슈별로 별개의 독자적 조직으로 분화하는 방식이다. 또 다른 방법은 연합체 혹은 네트워크 방식이다. 기존의 다영역 운동이 동일한 미션과 비전을 가진 여러 개의 운동조직으로 재편되어 독자적 의사결정과 리더십과 활동방식을 유지하는 것이다. 하나의 지붕 아래 '다가구 연립주택' 형태의 조직이다. 내부적으로는 서로는 정보를 공유하고 독자적으로 그러나 필요에 따라 사안별로 협력과 연대관계를 가지며, 동시에 각 조직은 자기 운동의 필요에 따라 외부의 네트워크의 구성원이 되는 방식이다. 독자적인 이슈와 영역을 가지고 각각을 대표하는 리더십과 전략, 회원과 전문인력의 풀을 갖는 여러 개의 중심을 만들어내고, 각 영역에 기초한 개별조직의 리더십은 자기 조직의 대표이자 연합체 혹은 네트워크의 공동의 대표성을 가지는 것이다.

'차이를 보는 것이 현실을 보는 것'이란 말처럼 다름이 운동의 자율적 동력이 되는 조건을 모색하는 것에서 해법을 찾아야 할 것이다. 차이가 갈등과 경쟁이 되지 않으면서 조화와 상호성을 만들어내는 것, 그리고 해야 할 것, 할 수 있는 것, 하고 싶은 일, 요구받는 일들 간에 우선순위를 정하는 것이야말로 운동이 변화를 주도하는 생명력을 지속하는 지혜의 조건이다.

여성운동은 자기 안의 힘을 찾는 것

민우회가 걸어온 길은 '여성들이 자신의 존재를 (재)정의하면서 자신의 삶을 변화시키기 위한 기회와 참여의 공간을 확대해간' 역사이다. 그 공간은 일상의 정치화로, 대중조직화로, 선도적 이슈메이킹으로 확장되었다. 또한 그 공간은 일상을 사는 여성들이 자신의 문제를 세상과 연결시켜 사유하고 실천하는 힘을 찾아가는 장소였으며, 법제화와 삶의 가치, 문화를 바꾸는 다양한 실천을 통해 성별권력관계를 바꾸고 일상의 민주주의를 만들어가는 여성들의 광장이었다. 공간을 지키고 키워가는 과정은 실험과 모색, 성취와 좌절, 논쟁과 갈등, 공유와 각축, 조화와 부조화, 저속과 고속, 시행착오와 수정의 연속이었다. 돌아보면 그것이 성취였건 한계였건 그 모든 과정은 민우회 조직과 그 안의 구성원들이 자신을 성찰하고 변화를 주도하는 힘을 만드는 과정이 되어주었다.

전환의 시점에서 필요한 것은 과거 속의 교훈, 가장 중요하게는 그동안 한 조직에 생명력을 주었던 핵심이 무엇이었는지를 돌아보는 일이다. 그건 거대 담론도, 강고한 이데올로기도, 총론과 정답도, 소수 리더만이 주도하는 운동을 지양하는 것은 물론 여성들의 일상의 삶에서 운동의 어젠다를 만들어 내고, 구성원들이 실천을 조직하면서 변화와 영향력의 공간을 만들어낼 수 있었던 힘의 근원을 돌아보는 일이다. 생활에서 출발하는 운동, 개인의 일상에서 시작하는 실천, 이러한 운동방식은 바로 조직을 지속시켜온 거름이자 조직문화의 뿌리로 민우회의 정체성을 구성하는 핵심 요소이다.

일상의 정치화, 제도와 문화의 경계를 넘나들기, 토론을 통한 소통과 합의의 문화는 새로운 패러다임의 여성운동을 모색하는 시점에서 지속시켜야할 덕목이자 원리이다. 개인이나 조직이나 자신에게 오랜 것과 익숙한 것을 떠나 변화와 전환을 만들어야 하는 때는 예외 없이 '진통과 혼돈의 터널'을 통과해야 한다. 어떤 변화와 도약도 이를 피해가거나 생략해서는 도달할 수 없다. 운동은 보이지 않는 것을 보이게 만드는 일이며, 자기 안에 변화를 만들어내는 힘이 있다는 것을 알아내는 과정이고 또한 '새로운 시작의 시작'이기 때문이다.

부록

창립선언문

우리 여성들은 사회적 노동과 가사노동의 현장에서 여자라는 이유로 가장 참담한 피해자가 되어왔다. 여성은 생존권위협, 임금차별, 고용차별, 불완전 취업, 가사노동, 비인간적 자녀교육 환경의 굴레에 허덕여왔고, 나아가 성폭력, 성차별 문화의 공세 앞에서 여성의 본원적인 건강한 인간성은 크게 훼손되었다. 하나의 주체적 인간으로서 존엄성이 보장받기는커녕 여성자신의 생존과 모성이 파괴되는 위험에 놓여 있는 것이다.

여성이 겪고 있는 고통의 뿌리는 이 사회의 반민주적·반민중적 구조에 있으며 그 위에서 경쟁위주, 물질위주의 비인간적 사회가 독버섯처럼 번창하고 있다. 여성이 해방되기 위해서는 가정을 포함한 이 사회가 인간의 존엄을 구현하는 진정한 민주주의 사회로 바뀌어야만 한다.

오늘 우리 여성들은 분단된 조국의 통일과 민주사회를 향한 기로에 서 있다.

한편으로는 자주적 민주사회를 목마르게 갈구하는 국민들의 힘이 분출된 결과 '민주주의의 실현'이 당위적 과제로 설정되고 있으며, 한편으로는 반민주적 구조를 자기 기반으로 하는 억압세력이 여전히 자신의 온존을 꾀하고 있다. 바로 이러한 현실은 여성들에게 역사 앞으로 한 발 다가설 것을 시급히 요청하고 있다.

지금이야말로 여성들이 이제껏 억눌려온 자신의 권익을 되찾고 거대한 정치세력으로 부상, 다가올 미래를 책임져야 할 시점이기 때문이다.

이 역사적 과제 앞에서 무엇보다 우리는 과거 여성해방의 대의를 위해 헌신해왔던 선배들의 투쟁정신을 이어받을 것이다.

세계 각국의 역사는 여성해방과 인간해방을 요구하는 여성들의 힘찬 투쟁에 의해 세계가 진보해왔음을 보여주고 있다. 우리나라 역시 여성해방과 민족해방을 통일적 과제로 삼았던 일제하의 여성운동 이래 오늘에 이르기까지 숱한 여성들의 피 끓는 투쟁이 여기까지 우리를 이끌어왔다. 그러나 앞서 간 여성들의 때로는 목숨을 건 투쟁에도 불구하고 아직까지 우리 여성대중들은 우리에게 부과된 막중한 역사적 과제를 당당히 감당하지 못하고 있다. 여기에는 무엇보다 50년대 이래 유지되어온 어용적 여성운동이 여성대중들에게 심어준 부정적 인식이 크게 작용하였다. 이는 여성운동이란 본래 반민중적 성격을 지닌 것으로 낙인찍히게 하고, 지도자 중심의 운영은 여성운동을 여류명사들만이 하는 운동으로 인식시켜왔던 것이다.

70년대 들어 이에 대한 반성에서 새로운 여성운동이 출발했으며, 여성문제가 해결되기 위해서는 사회구조의 변화가 있어야 한다는 점에서는 진전을 이룩했다. 그러나 실제 운동에서는 여성대중의 생존권 투쟁을 여성운동 속으로 흡수해내지 못하였다. 80년대 들어서 여성문제와 사회문제를 통일적으로 인식하고 이의 해결을 위해 정치적 투쟁이 강조되었다. 그러나 이는 원칙적으로 올바른 방향이었음에도 불구하고 여성대중들의 광범한 참여 기반 위에서 이루어지지 않았기 때문에, 실제의 운동은 관념적 과격성으로 이어지고 대다수 여성들과는 유리되고 말았다.

몇몇 앞장선 여성들이 목청을 높였을 뿐 대다수 고통받는 여성들은 이들을 따라나서지도, 이들의 외침을 자신의 문제와 연결시키지도 못하였다. 오늘 우리들은 바로 이러한 벽을 뛰어넘고자 여성대중이 함께 나갈 수 있는 새로운 조직을 만들었다. 우리 여성들의 고통은 선두에 선 몇몇 여성들이 대변하여 해결될 수 있는 그런 간단한 문제가 아니다. 우리들은 일상적 삶을 매일매일 살아가고 있는 여성대중들이 함께 인식의 지평을 넓히고 함께 실천하면서 여성해방의 길에 동참하는 공간을 지향할 것이다. 이 길은 길고 지난하기에 때로 조급한 마음에 절망할 때도 있을지 모른다. 그러나 우리는 여성대중의 거대한 저력을 믿는다. 물이 스미듯 천천히 소리 없이 흘러가 마침내는 도도한 격류가 되어 온갖 것을 휩쓸어버리는 대하를 믿기에 우리는 여기에 하나로 모인 것이다.

우리 운동에는 도시와 농촌의 근로여성대중, 주부, 청년 등 고통받는 모든 여성들이 참여할 것이다. 각 계층마다 고통의 차이가 있을지언정 이 모든 여성들이 겪는 문제는 이 땅에 진정한 민주사회를 건설함으로써만 함께 해결될 수 있다. 조그만 차이를 넘어서 여성대중들이 하나로 결집되어 밀고 나갈 때 우리들은 오랜 세월 버티고 선 억압의 사슬을 끊어내고 해방을, 기쁨을 맞이할 것이다.

1987년 9월 12일
한국여성민우회

한국여성민우회 회원의 다짐

우리는

하나, 성평등과 사회정의가 실현되는 사회를 만듭니다.

하나, 자연과 인간이 조화로운 세상을 만듭니다.

하나, 생활 속의 여성운동을 만듭니다.

한국여성민우회 소비자생활협동조합 창립선언문

오늘날 우리는 가까운 가게나 시장에서 생활에 필요한 물자를 얼마든지 손쉽게 구할 수 있습니다.

그러나 우리의 생활이 풍요롭고 편리한 반면 강이나 논에서는 새가 죽어가고 기형의 물고기가 나오며 땅은 죽어가고 농산물은 오염되고 물은 마실 수가 없을 정도로 되어 있습니다. 가공식품 또한 안전성이 확인되지 않은 방부제, 착색료 등 각종 식품첨가물이 사용되고 있습니다. 기업은 소비자가 왕이라고 하면서도 실상은 상품에 대해 소비자가 판단할 여유를 주지 않고 각종 광고를 통해서 소비자를 단순히 상품 구입자로만 남아 있기를 강요하고 있습니다. 우리의 가치관은 물량 위주와 금권 위주로 굳어지고 참다운 인간적인 가치관인 우애, 협동, 믿음 등은 밀려나고 있습니다.

이에 한국여성민우회에서는 주부들이 이를 개인의 힘으로 가정 안에서 해결하고자 하거나, 어쩔 수 없이 끌려다니기만 할 것이 아니라 함께 모여 해결해나가기 위해 민우회 생활협동조합을 설립하기로 하였습니다. 따라서 우리는 협동조합활동을 통해 다음과 같은 일을 하고자 합니다.

1. 참먹거리를 나누는 일을 하겠습니다.

   이를 위해 올바른 생산을 추구하는 농민을 찾아서 농민은 우리의 식탁을 오염된 식품으로부터 안전하게 하고 우리는 농민의 생활을 보장하는 데 기여할 것입니다.

2. 이윤추구를 위해 생활환경을 파괴하고 생활의 질을 고려하지 않은 기업에 대해 힘을 모아 주부들의 요구가 반영되도록 하겠습니다.

3. 생태계 보호, 생산자 보호에 앞장서겠습니다.
   무농약 생산영역을 확대하여 땅을 살리는 일에 힘이 되고, 우리의 땅에서 우리 농민이 생산한 물품을 소비함으로써 우리 농업을 보호하고 장기 수송에 따른 과대한 보존료 사용으로 농약 등에 범벅이 된 수입농산물로부터 소비자를 보호하겠습니다.

4. 우리 사회를 보다 인간화된 사회가 되도록 하는 일에 힘쓰겠습니다.
   주부들의 협동활동이 먹거리를 나누는 일에서부터 시작하여 여성문제, 교육문제, 환경문제, 지역문제, 소비문제 등 생활 제반 영역까지 넓혀지도록 하겠습니다.

이것은 단순한 먹거리를 나누는 활동이 아니라 우리의 생활과 우리 사회의 변화를 추구하는 운동이며 나아가 물질위주의 현대문명의 흐름을 바로잡으려는 노력인 것입니다. 이 운동의 필요성은 누구보다도 우리 주부가 가장 심각하고 정확하게 알고 있습니다. 그러므로 힘들고 어려울지라도 주부들이 앞장서야 합니다.

이제 흩어져 있던 주부들이 모여 작은 출발을 함으로써 모든 생산이 인간을 위하고 자연을 파괴하지 않으며, 협동의 가치가 실현되는 사회를 앞당기고자 합니다. 비록 처음에는 이 운동에 시행착오와 어려움이 있을지라도 우리 모두가 신념을 갖고 끊임없이 추진하면 우리 사회에 맞는 소비자협동조합을 만들어갈 수 있을 것입니다.

1989년 8월 30일

생활협동조합 조합원 선언문(2002년부터~)

우리가 추구하는 행복은 소박하면서도 원대합니다.

우리는 안전한 밥상을 원합니다. 우리는 좀더 깨끗한 물, 좀더 맑은 공기, 생명이 살아 숨 쉬는 자연 속에서 살고 싶습니다. 그리고 우리는 여성이 당당하고 행복하게 살 수 있는 세상을 꿈꿉니다. 우리는 때로는 섬세함으로, 때로는 담대함으로 세상을 바꾸려 합니다. 우리의 작은 실천은 생태적이고 평등한 삶의 시작이며, 사람에서 사람으로 이어져 전 지구로 확대될 것입니다.

우리는 약속합니다.

• 신뢰할 수 있는 안전한 생활재를 통해 생명존중의 삶을 실천한다.

• 친환경적이며 지속가능한 생산을 위하여 협동소비의 힘을 확대한다.

• 여성인 나를 존중하고 자립을 추구함으로써 평등한 사회를 만든다.

• 우리의 자매애를 사회에 대한 사랑으로 확장시켜 더불어 사는 세상을 만든다.

그 세상을 여성인 우리가 이루어낼 것입니다.

2002년 10월 16일

창간에 부쳐

《함께가는 여성》은 남녀가 평등하고 인간의 존엄이 보장되는 민족공동체 사회를 향한 여성들의 힘찬 대열에서 받침돌이 되고자 한다.

이를 위해 우리는 첫째, 복종적이고 이기적이며 나태한 여성상을 극복하고 당당하고 진취적이며 건강한 여성상을 고취하려 한다. 이 사회의 지배 질서는 소리 높여 순종적인 여성, 성적 매력 있는 여성을 찬양하고 있으나 우리는 현실의 생활에 굳건히 뿌리박고 있는 여성의 건강성을 발굴할 것이다.

둘째, 여성들의 연대의식을 돕고자 한다. 생산직 여성, 사무직 여성, 주부, 농촌여성, 학생 등 각자가 현재 서 있는 자리와 지금 갖고 있는 생각들은 다르다 할지라도 이들은 진정한 민주사회와 남녀평등사회의 건설에서 공통의 이익을 찾을 것이기 때문이다. 공통의 목표를 위해 각자가 몸담고 있는 자리에서 최선을 다하는 것, 이를 위해 연대의식을 갖고 함께 나아가는 것, 이것을 위해 노력할 것이다.

셋째, 여성대중이 올바른 정치·사회의식을 갖도록 힘쓰려 한다. 여성들은 비록 취업을 하고 있는 경우에도 가정이라는 책무까지 같이 지고 있으므로 흔히 세상을 보는 시야가 좁고 자기 가족, 가정의 작은 울타리에 갇혀 있는 수가 많다. 거기에다 지배질서는 여성에게 올바른 의식, 깨어나는 의식을 주기보다는 온갖 거짓된 정보와 허위의식을 심어줌으로써 여성의 정치·사회 의식을 잠재운다. 우리는 여성이 잘못 보고 잘못 인식하고 있는 현실을 바로 볼 수 있도록 현실의 문제점을 파헤치고 남녀평등하고 민주적인 사회의 모습을 제시함으로써 여성 스스로의 판단을 도우려 노력할 것이다.

우리는 여성들을 위한 신문이라고 해서 여성의 특수한 문제만을 다루지는 않을 것이다. 여성들은 여성의 특수한 문제뿐 아니라 여성문제를 발생시키는 사회전반의 문제에 관심을 가져야 하고 또 가질 수 있기 때문이다.

여성의 정치적 세력화·조직화를 위한 도구로서의 역할을 자임하면서 우리는 어떠한 작은 변화도 여성대중이 함께 참여할 때만이 이루어진다는 점을 거듭거듭 명심하고자 한다. 이를 위해 우리는 언제나 구체적 생활의 현장에서 기사를 끄집어내려 한다. 삶의 현장에서 느끼는 고통, 분노, 기쁨과 함께 왜곡된 의식, 이기적 태도 등을 도마 위에 놓고 같이 토론해보고자 한다. 여기에서 우리 여성들은 자신의 분노, 외로움이 혼자만의 것이 아닌 모두가 같이 가지고 있는 공통의 문제였음을 확인하게 될 것이다.

《함께가는 여성》이 분명한 방향을 제시하면서도 구호의 남발이 아닌 친절한 사실탐구로서 여성 스스로의 공감 속에 뿌리박는 것, 이것이 우리의 목표이다.

의욕만 크고 힘은 못미쳐 주저앉지 않도록 여성 여러분의 큰 성원과 가르침, 적극적 참여가 있기를 기대한다.

1987년 9월 12일

▌부록 5 : 주요 기구 설립

1987년 9월 12일 : 한국여성민우회 창립
1987년 9월 12일 : 기관지 《함께가는 여성》 창간
1989년 12월 16일 : '함께가는생활협동조합' 결성
1991년 12월　　　 : 한국여성민우회 '생활협동사업부'로 개편
1995년　　　　　 : '가족과성상담소' 설립
1995년　　　　　 : '고용평등추진본부' 설립
1997년–2001년　 : '일하는여성의집'
1998년　　　　　 : '미디어운동본부' 설립
1999년　　　　　 : '여성환경센터' 설립
2000년 7월 4일　 : 한국여성민우회 소비자생활협동조합 법인 창립
2005년　　　　　 : '성폭력상담소'(기존 가족과성상담소)로 개편

• 한국여성민우회 지부

1992	4	6	서울동북여성민우회 창립
1994	5	1	서울남서여성민우회 창립
1997	1	1	고양여성민우회 창립
1997	6	19	진주여성민우회 창립
1997	6	19	진주여성민우회 부설 '가족과성상담소' 개소
1997-2006			김포여성민우회 창립
1999	4	30	군포여성민우회 창립
1999	4	30	군포여성민우회 부설 '가족과성상담소' 개소(현 성폭력상담소)
1999	8	6	원주여성민우회 창립
1999	6	14	춘천여성민우회 창립
1999			서울동북여성민우회 생협매장 개장
2000	3	11	광주여성민우회 창립
2000	3	9	서울남서여성민우회 생협매장 개장
2001	4	28	고양여성민우회 생협매장 개장
2001	3	27	인천여성민우회 창립
2002	6	8	고양여성민우회 성폭력상담소 개소
2002	3	4	진주여성민우회 '해야해야' 공부방 개소
2004			광주여성민우회 '다솜누리'(성폭력 피해자 보호시설) 개소
2005	11	16	서울남서여성민우회 소비자생활협동조합 창립
2005	12	13	서울동북여성민우회 소비자생활협동조합 창립
2005	7	3	춘천여성민우회 부설 '달팽이공부방' 개소
2006	1	19	고양여성민우회 소비자생활협동조합 창립
2006	1	22	서울남부여성민우회 창립
2006	3	2	인천여성민우회 부설 '민우공부방' 개소
2007	3	2	고양여성민우회 '꿈틀이' 공부방 개소
2007	6	8	고양여성민우회 성폭력피해자보호시설 '하담' 개소
2007			광주여성민우회 정책교육센터 설립

| 부록 6 : 주요 활동

    1897년 9월, 한국여성민우회가 창립되었습니다. 민우회가 걸어온 길은 여성인권과
성평등을 이루기 위한 여성운동의 역사입니다.

1987	기관지 《함께가는 여성》 창간
1988	참교육 실현을 위한 활동
1989	'함께가는 생활협동조합' 결성
1989	딸기잼, 복숭아잼, 유자차 등 재정사업 실시
1990	'자! 우리 모두 노래가 되어' 여성 노래공연
1991	재정사업으로 고추장 생산
1991	주부의 가사노동 가치인정 및 재산분할 청구권 정착을 위한 활동
1993	노원구 쓰레기소각장 반대활동
1993	'바른 의정을 위한 여성모임' 결성
1995	지자체 선거에서 민우회 후보 선정 및 선거운동
1995	가사노동 가치의 정당한 인정을 위한 토론회
1996	서울시민 한마디 제안활동 전개 및 제안집 발간
1997	지역여성정보화 교육 및 가족 홈페이지 콘테스트
1997	제1회 사회주부대회
1997	사이버공간의 여성권리 찾기운동
1997	주부연금관련 토론회 "여성의 국민연금권 확보 방안"
1997	"여성의원이 바라본 지방자치의 과제와 전망" 토론회
1997	민우회 홈페이지 'WOMEN LINK' 오픈
1998	나우누리 포럼 및 천리안 CUG 'WOMENLINK' 개설
1998	국제심포지엄 "아시아 지방자치발전과 여성정치세력화"
1999	'나의 여성차별 드러내기·21세기 평등세우기' 캠페인
1999	나여기 캠페인 '20세기 여성차별 버리기, 21세기 평등세우기' 여성축제
1999	'웃어라, 명절!' 캠페인(~현재까지)

2000	인터넷 음란물 대응활동
2000	'여성들아, 인터넷에서 놀자' 지역여성 정보교육
2000	'참여하는 여성이 아름답다' 캠페인
2000	러브호텔난립 반대운동
2000	총선에서의 반여성적 인사 감시·낙천·낙선운동
2000	비례대표 30% 여성할당제 요구활동
2000	여성의 사회참여 활성화 및 사회적 평가를 위한 토론회
2001	성인지적 관점에서 본 지자체 여성정책과 예산분석 활동(~현재까지)
2001	웃어라, 여성! 걷기대회(~현재까지)
2001	지자체법 개정, 주민소환제 도입활동
2001	저소득 실직가정 지원사업 – 실직가정 돕기 결연사업
2001	여성의 사회참여 활성화 운동
2001	사이버 성폭력 온라인 상담실 운영과 사이버 성폭력 추방 캠페인
2001	"네티즌이 즐거운, 게시판 여론문화 만들기" 토론회
2002	창립 15주년 기념 여성과 평화의 축제 – '옴' 콘서트
2002	제2의 여성참정권 운동 – 생활정치, 지방자치 여성의 손으로!
2003	학교급식 개선활동
2004	창립17주년 기념 콘서트 – 웃어라, 여성! Woman Power 인순이
2005	창립18주년 기념 콘서트 – 웃어라, 여성! (심수봉, 김범수)
2006	창립19주년 기념콘서트 – 웃어라, 여성! (SG워너비, 박혜경, 씨야)
2006	지역민우네트워크(~현재까지)
2006	한미 FTA 반대 활동
2006	생활 속에 평등 생동하는 도시 만들기 캠페인
2006	위풍당당 그녀들의 페달밟기 – 자전거교실(~현재까지)
2007	창립 20주년 기념행사 – 2007 웃어라, 여성! 희망을 걸어라!(월드컵공원 평화의 공원 평화광장)
2007	창립 20주년기념 회원의 밤 '함께 있어 좋은 밤'
2007	창립 20주년 기념 수필집 『여자들의 유쾌한 질주』 발간
2007	이전기금 마련을 위한 일일호프 – 고고싱!(술마시Go 땅파Go 이사 가Go)
2007	4개 단체 사무실 이전 계획 수립(녹색교통, 한국여성민우회, 환경정의, 함께

하는 시민행동)

2007	대선 대응활동(2007 대선시민연대)
2007	1가구 1주택 국민운동
2007	버마 군부 민중학살 규탄과 버마민주화 지지활동

• 여성 노동자의 권리 찾기

1987	직장여성교실(사무직 여성근로자의 지위 향상과 민주 시민의식 고취를 위한 공개 교육)
1987	생산직 여성근로자 대상 "젊은 여성을 위한 인생론" 강연회
1987	일하는 여성 상담(개인적 문제 및 부당인사이동, 부당해고 등)
1988	직장여성 교실, 여성조합원 교실, 여성간부 교육
1988	남녀고용평등법 개정운동, 직장 내 폭력추방운동
1990	계간 《사무직여성》 창간
1990	심각한 차별임금관련 대응활동
1991	결혼임신퇴직제 철폐운동, 동일가치노동 동일임금 요구활동
1991	자료집 발간 『건강한 삶, 안전한 노동』
1991	『사무직 여성과 임금』 자료 발간
1992	"신인사제도 어떻게 볼 것인가?" 공청회
1993	서울대성희롱사건공동대책위구성, 직장 내 성희롱문제 사회화
1993	모성보호비용의 사회분담화 제기
1994	모집채용 시 용모를 제한한 44개 기업체 남녀고용평등법 위반으로 고발
1994	"이것이 직장 내 성희롱이다" 토론회
1994	맞벌이부부를 위한 지침서 『여보 우리 이렇게 해요』 출판
1995	'고용평등추진본부' 설립
1996	평등법 내 간접차별금지 및 직장 내 성희롱 금지조항 신설과 근로자파견법 제정 반대운동
1997	'일하는여성의집' 개원
1998	노동조합여성조직 활성화를 위한 활동
1998	여성우선해고 반대운동

1998	"흔들리는 여성노동권, 대안을 모색한다" 토론회
1999	실직여성가장 문제 사회화
1999	"임금체계의 유연화와 여성노동" 토론회
1999	농협의 성차별적 구조조정에 관한 대응활동(~2002)
1999	군복무가산점제 반대시위
1999	예비취업 여성을 위한 책자 『2000년 꿈을 찾아가는 job소리』 발간
1999	여성노동 다큐멘터리 〈평화란 없다〉 시사회
2000	사내부부 해고반대 운동
2000	비정규직 여성노동자의 평등한 노동권 확보 운동
2000	평등한 모집채용 모델만들기 운동
2000	'여성노동영화제' 개최, 직장 내 성희롱 예방교육 실시(~현재까지)
2001	여성노동관련법 개정운동, 간접차별·비정규직 실태조사 및 정책토론회
2001	성차별적 부당해고 지침서 『사직서는 절대 안 돼! 차라리 해고를 당하라!』 발간
2002	성평등한 직장문화 만들기 캠페인 1 – 회식문화를 바꾸자
2002	여성노동예산 및 정책분석
2002	기업의 사회보고제도 법제화 추진 활동
2003	평등한 일·출산·양육을 위한 캠페인(~현재)
2003	남녀고용평등법 실효성 제고를 위한 행정해석 분석
2003	노조 여성간부 교육 "노동과 페미니즘" 개최
2003	남녀고용평등법과 근로기준법 제5장 개정안 연구
2004	평등한 일·출산·양육을 위한 캠페인 2 – Stop! 출산해고, Go! 평등양육
2004	직장 내 성희롱 예방교육 지침서 발간
2004	영상물 〈선택은 없다 – 일과 양육〉 방영 – KBS2 TV 열린채널(KBS 시청자 참여프로그램우수상 수상)
2004	사내부부해고 사건백서 발간
2005	노동시장 진입 차별 드러내기 실태조사 및 차별해소 캠페인, 직장 내 성희롱 대응 사업
2005	저출산-고령화 관련 정책 및 담론에 대한 성인지적 분석 토론회
2006	가정·일·양육 관련 토론회

2006	"KTX 여승무원 직접고용, 왜 필요한가?" 토론회 개최 및 KTX 여성승무원 차별 대응활동(~현재까지)
2007	'남녀고용평등법 전부 개정 법률안'에 대한 대응활동
2007	비정규직 관련법 대응활동
2007	성별화된 노동시장 대응 - 여성 비정규직 노동자 평등노동권 확보 활동(이랜드 뉴코아 비정규직 대량해고 관련 등)
2007	비정규직 여성의 권리찾기 안내서『여성 비정규직 차별 밀어내기 한판!』 발간(공동제작)
2007	스포츠계 성차별, 성폭력관련 대응활동
2007	20주년 기념 여성노동운동 방향성 모색을 위한 연속 심포지움
2007	차별금지법관련 대응활동

• 성폭력 · 가정폭력 없는 세상 만들기

1988	「윤락행위방지법」 개정운동 전개
1990	한국정신대문제대책위원회 구성 및 수요시위 시작(~현재까지)
1993	성폭력특별법 제정을 위한 활동
1994	성폭력상담원 교육 실시(~현재까지)
1995	'가족과성상담소' 설립
1996	「윤락행위등방지법」 개정활동, 학교 성교육 대안 제시를 위한 토론회
1996	청소년 성폭력 예방 길잡이 책자『내 몸의 주인은 나』 발행
1997	성폭력예방을 위한 '당당한 성, 안전한 성, 즐거운 성' 거리캠페인 실시(~현재까지)
1997	성폭력 피해 치유프로그램 실시
1997	성폭력 예방을 위한 학교 성교육 실시
1997	남녀 청소년 성 의식 및 성폭력 실태조사 자료집 발행
1997	초등학교 고학년 대상 성고민 상담책자『두근두근 상담실』 발행
1998	서울대 성희롱 사건 승소 축하연
1999	'내 몸의 주인은 나' 청소년 성교육캠프(~현재까지)
2000	성폭력 가해자 상담 및 교육프로그램 실시(~현재까지)

2002	성적의사결정능력 향상을 위한 프로그램 실시
2002	'나를 찾아 떠나는 여행 – 여성.몸.성 워크숍'(~현재까지)
2003	성폭력 없는 학교 만들기 심포지엄 개최, 성폭력 가해자 프로그램 개발
2004	밤길 되찾기 달빛시위(~현재까지)
2005	가족과성상담소 성폭력상담소로 개편
2006	성폭력사건 보도 모니터링 심포지움 및 가이드라인 발간
2006	운동사회 내 성폭력 토론회
2007	이○○ 전 시민의 신문 사장 성추행사건 대응활동
2007	성폭력관련 형법 개정안 대응활동
2007	'검·판사 이렇게 할 수 있다' 프로젝트 – 성폭력 법정 사용 문구 바꾸기
2007	반성폭력 운동의 제도화 대응 간담회

• 다양한 가족선택권이 존중받는 사회만들기

1989	가족법 개정운동 및 정착화를 위한 제반 활동
1994	'열린 가족 이야기 한마당' 개최
1995	'가족과성상담소' 설립
1996	열린 가족관계를 위한 대중강좌 개최
1997	한부모 교실 운영(~2004)
1997	『한부모를 위한 지침서』 제작 및 한부모 사업정책 토론회
1997	부모성 함께 쓰기 운동 시작
1998	호주제 폐지 운동 시작
1998	'한부모가족을 위한 힘내기 한마당' 개최, 한부모가족 지원정책 토론회
1999	한부모 지원 상담실 운영
2000	한부모를 위한 홈페이지(www.hanbumo.or.kr) 제작
2001	'한부모 양육비 지급 이행을 위한 정책 심포지엄 I' 개최
2001	'이혼여성을 위한 집단프로그램' 실시
2002	'한부모 양육비 지급 이행을 위한 정책 심포지엄 II' 개최
2002	한부모 자녀가 당당한 학교 만들기
2002	『열려라, 한부모세상』 지침서 발간

2003	호주제 폐지운동, 양육비 확보를 위한 가이드북 제작
2004	한부모가족 지원단체 네트워크 결성 및 심포지엄, 워크숍
2005	한부모가족 관련 사업
2005	건강가정기본법 대응 활동(~현재까지)
2005	'가족' 차별 드러내기·버리기 캠페인 및 정책관련 연구사업
2005	『가족 차별 없는 세상 만들기』 핸드북 발간
2005	목적별 신분등록법 제정을 위한 활동(~현재까지)
2006	"가정환경조사서 필요한가" 토론회 개최 및 관련 활동
2006	가족문화 정책방향 및 실천적 대안찾기 토론회
2006	부르면 부를수록 즐거운 호칭문화 만들기 '호락호락캠페인'(~2007)
2007	호락호락 캠페인 『호칭에 대한 모든 이야기 – 호락호락 호칭백서』 발간

• **성평등한 사회를 위한 미디어 만들기**

1991	방송제작진과의 간담회 "방송구조 개편과 시청자의 역할"
1991	제1회 매스미디어 모니터 교육
1992	총선 및 대선시기 미디어의 선거보도 감시활동
1994	미디어교육 시작
1994	방송개혁 및 미디어 감시활동 전개
1994	어린이방송학교 개최
1994	방송문화 지표 발표
1996	"미인대회 방송중계 무엇이 문제인가" 토론회 개최 및 항의시위
1998	'미디어운동본부' 설립
1998	'미디어포럼 21' 개최(~현재까지)
1998	푸른미디어상 시상(~현재까지)
1998	청소년 미디어학교
2000	최악의 방송프로그램상 시상(~현재까지)
2001	워스트 방송개선을 위한 시청자 캠페인
2001	시청자평가단 발족, 학부모와 어린이를 위한 출장 미디어교육
2003	외모지상주의 관련 모니터단 운영(~현재까지)

2003	초등 대상 미디어교육(~현재까지)
2003	양성평등한 방송문화 형성을 위한 시청자 캠페인
2004	성평등적 관점에서 다시 쓰는 심의사례집 발간, 여성미디어 네트워크 추진 사업, 언론피해구제법 토론회
2005	성평등적 관점의 방송심의 구축, 방송통신 융합시대의 수용자주권 의제화
2006	"케이블방송의 저질 논란화, 해법은 무엇인가" 토론회 개최
2006	방송통신구조 개편관련 대응활동
2007	미디어 바로보기 교안 개발 및 완성
2007	시민미디어 포럼
2007	나쁜방송프로그램 선정 및 발표(~현재까지)
2007	'2007 푸른가족영상제' 개최
2007	"여성주의 관점의 미디어 비평과 케이블방송" 토론회 개최

• 여성 눈으로 생명 돌보고 환경 살리기/여성이 건강한 세상 만들기

1991	수돗물 살리기 운동, 생활쓰레기 분리활동 시작
1992	환경과 소비자운동 - "유기농업의 현주소 : 전망과 과제" 토론회
1993	노원-도봉 지역협의회, 환경교재 『주부의 손에 지구가 있어요』 발간
1994	환경위원회 초청 강의 "여성운동단체에서의 환경과제 개발"
1995	음식물쓰레기 퇴비화사업
1997	국제심포지엄 "21세기 환경운동과 여성의 역할"
1999	'여성환경센터' 설립, 지역공동체 만들기, 녹색아파트 지원사업
1999	인간복제에 대한 법적 대응을 위한 토론회
1999	생명복제연구지침 제정에 대한 공청회
2000	출산문화 바꾸기 운동(제왕절개 줄이기와 새로운 출산문화 운동 전개)(~2003)
2000	'작게, 적게, 천천히' 대안적 생활양식 운동
2001	영유아식품 및 학교급식에서 GMO 추방운동
2001	"여성의 입장에서 본 생명윤리기본법" 토론회
2001	"지역의료서비스 활성화와 여성건강 증진" 토론회
2001	생명윤리기본법 제정운동 및 관련 활동

2002	생리대 up down 캠페인, 생리대 부가가치세 면제 캠페인
2002	여성건강을 위한 정책과제 개발 및 제시
2002	난자, 정자 매매 및 인공수정 문제에 대한 토론회
2003	외모지상주의 문제점 및 관련 활동(~현재까지)
2003	내 몸의 주인은 나-No 다이어트 No 성형, Stop 불법광고 캠페인
2003	다큐멘터리 〈나이프스타일-성형외과의 미용성형 프로젝트〉 제작-KBS 열린채널 프로그램으로 방영
2003	과학기술의 발전과 여성과학자의 역할 토론회
2003	'내 몸의 주인은 나-No다이어트 No성형' 캠페인
2004	13/18 초·월경캠프, 『월경이야기』 소책자 발행, 면생리대 만들기 강좌
2004	"생명공학기술과 여성의 몸" 토론회
2005	"인간배아 연구 이대로 좋은가" 토론회
2005	"생명과학시대의 여성인권과 정책" 심포지엄, 생명공학기술과 여성의 몸 관련 대응활동(~현재까지)
2005	여성건강전문가 네트워크 구성, 여성건강정책 감시활동, 1318 청소녀 건강 지키기, 건강한 출산문화 만들기
2006	난자손해배상청구소송 기자회견 및 지원활동
2006	'생명과학기술시대-여성인권확보를 위한 국제포럼'
2007	여성건강포럼 개최
2007	여성농구교실 '자신만만'
2007	페미니스트 가을대운동회 '여자들이여, 가을을 달리자'
2007	여성건강강좌 "여신별곡, 그녀들의 건강레시피"

• 먹거리로 바꿔가는 세상 만들기

1989	'함께가는생활소비자협동조합' 창립
1992	『생활협동운동과 유기농산물 직거래』 자료집 발간
1995	생협 6주년 기념 '나눔의 잔치' 실시, 자료집 『특별한 이야기』 발간
1996	회원 1,000명 확대 운동
1998	'실직 여성가장 겨울나기' 쌀 공급 활동

1998	환경을 살리는 요리지침서 『건강도 살리고 환경도 살리고』 발간
1999	월간 소식지 《여성민우회 생협》 발간, 첫 매장으로 동북매장 개점, 소비자 생활협동조합법 시행
2000	"구멍 뚫린 검역체계에 금속탐지기를" 성명서 발표 및 항의시위, 한·중·일 아시아자매회의 개최
2001	영유아 식품에서 GMO추방 결의대회, 스타링크 옥수수 불법유통 규탄시위, '함께 나누는 쌀이야기' 개최
2001	『생활재의 특별한 이야기』 발간
2002	생협컨설팅 발표회 실시, 식생활지도사 발대식 개최, 정체성 확립을 위한 조합원활동가 워크숍 실시(조합원선언문 채택)
2004	한국여성민우회 생협 15주년 기념행사
2005	고양, 남서, 동북 단위생협 전환
2006	수입쌀 반대 캠페인
2007	생협 본부 직영 반포매장 '행복중심' 개장
2007	한미FTA 소비자대책위
2007	광우병 미국산 쇠고기 반대 캠페인
2007	도농상생 풍년 기원 한마당 - 충남 홍성
2007	여성생산자·소비자 워크숍
2007	생명평화 친환경농업 대축제

이효재 (창립~1989년 회장)

이미경 (창립~1988년 부회장)

최영희 (창립~1989년 부회장)

한명숙 (1989년 부회장, 1990년~1993년 회장)

이옥경 (1989년~1992년 부회장)

이금라 (1990년 부회장, 1994년~1995년 공동대표)

서혜란 (1992년~1993년 부회장)

이경숙 (1990년 부회장, 1994년~2001년 공동대표)

정강자 (1993년 부회장, 1994년~2004년 공동대표)

김상희 (1992년~1993년 부회장, 1997년~2004년 공동대표)

윤정숙 (2002년~2004년 공동대표)

유경희 (2005년~ 공동대표)

권미혁 (2005년~ 공동대표)

최명숙 (2005년~2007년 공동대표)

▌부록 8 : 재정사업의 역사

민우회는 회원들의 회비로 운영됩니다. 그러나 안타깝게도 회원분들의 열화와 같은 회비만으로 운영하기는 늘 빠듯하여 민우회는 매해 재정사업을 진행하고 있습니다.

• 1987 민우회 회원달력 제작·판매

• 1988~2002 레몬차, 인삼차, 딸기잼, 유자차, 고추장, 된장

　민우회 상근자들이 다같이 모여 며칠을 밤새~ 직접 자르고, 졸여 만든 딸기쨈과 유자차. 당시를 기억하는 상근자들은 살짝 눈물샘을 찍기도 하지만, 회원들에게는 여전히 그 맛과 품질에 있어 단연 최고였다고 회자되고 있습니다.

• 1995 양말 판매

　판매가 천 원, 크흑~ 팔다 남은 양말을 상근비로 지급해 몇 년간 그 양말을 신었다는 일화가 전해 내려오고 있지요.

• 1995 보약차 판매

　'날씨가 더워지니 몸이 허하시다고요? 여기 믿고 드실 수 있는 신토불이 보약차가 있습니다'라는 오매불망한 홍보문구가 민우회 소식지에 실렸죠.

• 2003~2007 걷기대회, 콘서트, 민우티, 민우목걸이

　그래도 최근에는 조금 더 세련되게 콘서트와 민우티셔츠, 민우목걸이 등을 통해 민우회 재정을 탄탄하게 만들려고 노력하고 있습니다.

▌부록 9 : 회원소모임

• 창립 당시

  주부분과와 모니터팀, 노동분과, 철산리 글쓰기 모임

• 90년대 초반

  풍물반, 노래반, 한달에 한 번 산행하고 관심 분야를 학습하는 '공부하는 산악회',
  영화비디오방(이후 '영화친구들'로 발전), 영화비디오방 모임의 숙원사업이 모임
  이름찾기와 텔레비전 구하기였다고 합니다.

• 90년대 중반

  컴퓨터통신소모임, 신문모니터위원회, 유쾌한노동법연구위원회, 학원강사모임,
  글쓰기반, 역사연구반, 노래세상 등.
  컴퓨터통신소모임은 당시 세계 컴퓨터들이 연결된 정보의 바다 인터넷으로 항해
  할 야심찬 계획을 가지고 시작됐다고 하네요.

• 현재

  생명과 여성의 관점에서 여성의 몸을 다시 보는 '에코끼리'
  여성주의 타로모임 '사라스바티'
  소설 속의 각 나라 여성을 만나는 '세계로 가는 여성주의 소설읽기'
  기타를 배우는 기타모임 'etc.'
  성소수자 인권과 성에 대해 말하는 '일이삼반 이구동성(異口同性)'
  여성주의 영어자료읽기위원회 '바닥', 여성주의인권위원회 '다소'
  신입회원 모임인 '멋진 페미니스트가 되기 위한 새모람 프로젝트'
  우리 공부해서 여행가요 '우행가', 등산모임인 '휘뚜루마뚜루'
  '미디어교육분과', '모니터분과', '상담소 상담원 모임' 등

  다양한 소모임은 그동안 민우회의 소모임들이 생겨나고, 사라지고 변화·발전하는
모습 속에서 존재하고 있습니다.

한국여성민우회는 성평등한 민주사회와 여성인권이 존중되는 사회를 지향하며 1987년 창립되었습니다. 여성이라는 이유로 차별받지 않는 사회, 여성의 인권이 존중되는 사회, 여성이 사회 모든 영역에서 동등하게 참여하는 사회, 자연과 인간이 조화로운 사회를 만들어갑니다.

웃어라, 여성!
여성이 웃는다! 세상이 웃는다!

가정폭력·성폭력이 없는 세상을!
가족 내 평등한 관계·다양한 가족선택권이 존중받는 사회를!
여성의 성적자기결정권이 보장되는 사회를!
여성이 평등하게 일할 권리가 보장되는 사회를!
여성과 남성이 평등하게 직장과 가정에 참여하는 사회를!
성평등한 사회를 위한 여성주의 미디어를!
'작게·적게·천천히' 대안적 생활양식을!
환경과 생명을 지키는 생활협동조합운동을 함께 만들어갑니다.

- 고용평등상담　　: 02-706-5050
- 성폭력상담　　　: 02-739-1366~7
- 미디어운동본부 : 02-743-1046
- 한국여성민우회 성폭력상담소 : 02-739-8858
- 한국여성민우회 생활협동조합 : 02-581-1675
- 홈페이지 : www.womenlink.or.kr
- 전　화　: 02-737-5763
- 팩　스　: 02-736-5766
- 이메일　: minwoo@womenlink.or.kr

전국 10개 지부와 함께하는 여성운동

전국 10개 민우회 지부는 지역 여성들과 함께 여성운동의 역사를 만들어갑니다! 지역여성들이 생활 속에서 느끼는 모든 문제들에 개입하고 참여해 바꿔나가는 지역 민우회 활동은 다양합니다. 성폭력·여성노동 상담활동 등을 통해 지역여성들과 함께 합니다.

서울남서여성민우회	02-2643-1253	서울남부여성민우회	02-459-3519
서울동북여성민우회	02-3492-7141	고양여성민우회	031-907-1003
광주여성민우회	062-529-0383	군포여성민우회	031-396-0201
원주여성민우회	033-732-4116	인천여성민우회	032-525-2219
진주여성민우회	055-743-0410	춘천여성민우회	033-255-5557

◎ 민우회원이 되시는 방법 / 회원이 되자! 평등세상 디딤돌 되자!

회원가입서 가입서를 작성해서 우편으로 보내기
인터넷 www.womenlink.or.kr 클릭! → 회원가입 클릭! → 가입신청서 작성하기
이메일 friend87@womenlink.or.kr
전화 02-737-6050 / 02-737-5763   팩스 02-739-8871
직접방문 서울시 종로구 평동 27-9 동평빌딩 4층

◎ 여러분의 후원이 평등세상을 만듭니다.

국민은행 : 813-25-0011-869 (예금주 : 한국여성민우회)
우리은행 : 064-121846-13-403 (예금주 : 한국여성민우회)

20주년 운동사 연구위원

● 한국여성민우회 20년 운동사 기획
유경희(한국여성민우회 상임대표), 권미혁(한국여성민우회 공동대표), 최명숙(한국여성민우회 공동대표), 정은숙(한국여성민우회 사무처장), 박봉정숙(한국여성민우회 사무처장), 김선화(한국여성민우회 팀장), 신이찬희(한국여성민우회 전 팀장, 현 생협 상근활동가)

김경희 (20년사 연구위원장, 중앙대 사회학과 교수)
한국여성민우회 성인지 예산과 정책분석 활동에 참여했으며, 현재는 민우회 정책위원, 20년사 연구위원장을 맡고 있다. 주요 논문으로는 「법제화운동을 통해 본 한국여성운동의 제도화와 위기론」, 「여성정책관점의 재구성을 위한 시론」 등이 있다.

최명숙 (한국여성민우회 공동대표)
민우회 창립멤버로 여성노동센터 사무국장, 고용평등추진본부 사무처장, 민우회 사무처장을 거쳐 공동대표를 지냈다. 현재 한국비정규노동센터 이사, 노동부 적극적 고용개선위원회 위원, 서울시 녹색시민위원회 위원으로 있다.

이임혜경, 정하경주 (한국여성민우회 성폭력상담소 사무국장, 활동가)
이임혜경은 1997년부터 한국여성민우회 여성노동센터에서 활동하였고 2005년부터 한국여성민우회 성폭력상담소로 이동, 현재 사무국장을 맡고 있고, 정하경주는 2004년부터 한국여성민우회 성폭력상담소에서 활동하고 있다.

백영경 (Johns Hopkins 대학교 인류학과 박사수료)
한국여성민우회 정책위원이자 한국여성연구소 회원. 《여성과 사회》 전 편집위원. 2005년부터 2006년까지 저출산 위기론을 통해 변화하는 한국 사회의 정책, 가족, 여성건강 문제를 현지조사하면서 민우회와 함께 활동하기 시작했다. 2006년 9월에 민우회가 주최한 국제포럼 '생명공학시대, 여성건강과 인권' 코디네이터로 활동하였다.

강혜란 (한국여성민우회 미디어운동본부 소장)

99년 회원활동을 시작하여 일편단심 미디어운동본부에 머물고 있다. 밥 먹는 걸 잊을 만큼 일하는 걸 좋아하며, 운동은 소모적이고 희생적인 것이 아니라 세상을 바꾸어가는 즐거운 도전이라고 믿고 있다. 미디어수용자주권연대 운영위원, 시청자주권공대위 정책위원, 국가청소년위원회 매체물분과위원, 국립국어원 국어순화분과위원으로 활동하고 있다.

이재인 (서울대 여성연구소 책임 연구원)

여성학 석사를 마친 97년도부터 민우회에 들어와 주로 정책위원으로 활동하였으며, 2004년에 서울대학교 사회학과에서 박사학위를 받았다. 여성가족정책, 서사방법론, 가족 분야 연구에 매진하고 있다. 주요 저작으로는 「서사의 개정과 의식의 변화」(2006. 6. 《한국여성학》 22권 2호), 「노동권과 부모권의 관점에서 본 한국의 보육정책」(2006. 《가족과 문화》 18집 2호), 「노동자정체성과 결혼생활의식」(2005. 《가족과 문화》 17집 1호), 「서사방법론과 여성주의 연구」(2004. 《여/성 이론》 통권 10호) 등이 있다.

유경희 (한국여성민우회 상임대표)

1992년 동북여성민우회 회원 활동을 시작으로 1995년에서 2004년까지 만 10년을 한국여성민우회 가족과성상담소에서 '성'과 '가족'을 테마로 씨름하였다. 이후 대표로 활동하면서 민우회에 온전히 파묻혔다. 활동하면서 만난 좋은 사람들과의 인연을 소중하게 느끼며, 오십을 훌쩍 넘은 나이에도 신나게 때론 치열하게 활동가·회원들과 소통할 수 있는 장이 있음을 행복으로 알고 있다. 공저 『두근두근 상담실』, 『새로 짓는 우리집』, 『당당한성·안전한 성·즐거운 성』 등이 있다.

박영숙 (한국여성민우회 생활협동조합 전 이사장)

대학시절부터 이효재 교수의 활동에 적극 동감하고 5년간 여러 대학에서 사회학, 여성학을 가르쳤다. 1990년부터 민우회와 생활협동조합의 조사홍보부장으로 활동하다가 1994년 생활협동사업부장으로 생협활동에 전념하였다. 1996년에 귀농하여 농업현장의 어려움을 깊이 인식하고, 생협 이사장으로 민우회 생협의 운영체계와 생산자와 소비자의 협동체계 만들기에 주력하였다. 농림부 친환경농업발전위원회 위원, 농림부 여성농업인 육성정책 자문위원회 위원, 대통령자문 지속가능발전위원회 위원으로 활동하고 있다.

한정원 (성신여자대학교 대학원 여성학과 전임강사)

2000년 한국여성민우회 복지위원 및 정책위원으로 민우회와 인연을 맺게 되었다. 영국 Sussex 대학교에서 여성학 박사학위 취득 후 현재 성신여대 대학원 여성학과에 재직 중이다. 9살, 4살 난 두 아이의 엄마로 개인적 휴식 시간 완전 반납. 그러나 아이들과 놀면서 매일매일 재충전되는 기쁨을 누리고 있다. 주요 저작은 여성복지 및 돌봄노동 관련 논문 다수.

박기남 (춘천여성민우회 공동대표, 전북대학교 사회과학연구소 연구원)
1994년 춘천에 이사와 살면서 1999년 춘천지부 창립의 산파역할을 한 후, 2003년 상임대표
를 맡으면서 조직 활동의 뜨거운 맛을 느끼기도 하지만 무엇보다도 즐거운 마음으로
활동하고 있다. 연구자로서는 여성 노동 문제와 일·가족 양립 연구에 중점을 두고 있으나,
최근에는 고령화 사회와 여성노인의 삶의 질, 노인 돌봄 경험과 관계적 자율성 문제에도
관심 갖고 연구하고 있다.

김연순 (한국여성민우회 생협 이사장)
1990년 한국여성민우회 가입해 1992년 동북민우회 창립 때부터 2002년 대표 임기를
마칠 때까지 회원, 간사, 총무, 사무국장, 대표라는 여러 역할을 하며 죽을힘을 다해, 그러나
행복하게 활동한 복 많은 경험을 가지고 있다. 1년의 안식년을 통해 신나게 재충전을
하고 복귀, 생협 본부에서 교육위원장, 부이사장 활동을 하다 2007년부터 이사장을 맡아
힘들지만, 몸과 맘의 즐거움에 귀를 열어두고 있다.

김양희 (한국여성정책연구원 성별영향평가센터장, GM(젠더메인스트리밍)연구본부장)
공공정책에 성인지 관점을 통합시키기 위한 일을 하고 있다. 91년 생협운동을 연구하던
중 민우회를 알게 되어 다소 먼발치에서나마 인연을 유지해오고 있다. 늦은 밤 산책으로
하루를 마무리하는 것을 최고의 행복으로 느끼고 있다. 최근 몇 년 동안 여성리더십에
관심을 가지고 『여성, 리더, 그리고 여성리더십』, 『누가 진정한 리더가 될 수 있는가』
등의 저서와 역서를 냈다.

윤정숙 (한국여성민우회 전 공동대표, 아름다운재단 상임이사, 한국인권재단 이사)
민우회 창립멤버로 1987년부터 2004년까지 활동하였다. 초기 노동센터를 거쳐 사무처장,
공동대표를 역임하였다. 한국여성단체연합 '정책과 사업위원회'위원장, '대안사회연구소'
소장으로 활동했고 시민사회단체연대회의 운영위원 등으로 활동하였다. 주요 저서로는
「여성학과 여성운동」(한국여성학회 학술대회 발표, 미간행), 「'진보적' 여성운동의 전환을
위한 모색」(2004, 《창작과 비평》 가을), 『젠더·예산·여성운동』(2003, 한국여성민우회 공
저), 「성인지적 예산분석 지침 수립방안 연구」(2003, 여성부, 공동연구), *Gender Budget
More Cents*(2002, Commonwealth Secretariat, UK, 공저) 등이 있다.

한울아카데미 1008

한국여성민우회 20년 운동사
여성운동 새로 쓰기

ⓒ 한국여성민우회, 2008

엮은이 | 한국여성민우회 20년 운동사 연구위원회
펴낸이 | 김종수
펴낸곳 | 도서출판 한울

초판 1쇄 발행 | 2008년 2월 11일
초판 2쇄 발행 | 2012년 2월 20일

주소 | 413-756 파주시 문발동 535-7 302(본사)
      121-801 서울시 마포구 공덕1동 105-90 서울빌딩 1층(서울 사무소)
전화 | 영업 02-326-0095, 편집 031-955-0606, 02-336-6183
팩스 | 02-333-7543
홈페이지 | www.hanulbooks.co.kr
등록번호 : 제406-2003-000051호

Printed in Korea.
ISBN 978-89-460-4557-6 93330

* 책값은 겉표지에 있습니다.